渡辺利夫精選著作集
第2巻

開発経済学研究

渡辺利夫

勁草書房

渡辺利夫精選著作集第 2 巻　開発経済学研究―――まえがき

　私の研究者人生は，『開発経済学研究―輸出と国民経済形成』（東洋経済新報社，1978 年）により博士号（慶應義塾大学経済学研究科）を授与されたことから始まった．この著作については本巻Ⅱの「まえがき」で解説する．

　博士号を取得してからの私の研究は，当時まだ十分な市民権を得ておらず，その全体系も何かぼんやりとしていた開発経済学の分析仮説を，思い切ってまとめあげようというものであった．その頃，アメリカの学会で繁く発表されていたラテン・アメリカを対象とした開発途上国の関連文献，タイ，インドネシアなどのアジア諸国を舞台にした，やはりアメリカ人学者による文化人類学系統の論文，日本でも次第に盛りあがりをみせつつあった主としてアジア経済研究所のスタッフによる諸研究を編んだ機関紙『アジア経済』などに掲載される論文のコピーを積みあげ，これらを読み込み 2 年ほどかけて『開発経済学―経済学と現代アジア』（日本評論社，1986 年）を執筆した．日本評論社の雑誌『経済セミナー』に 12 回の掲載をお願いし，刷りあがったコピーを同学の諸兄に読んでもらってコメントを求めた．コメントを寄せてくれた西島章次さん，大野明彦さん，木村光彦さん，小島眞さんなどには今でも感謝している．その折，渡辺さんの論文にコメントをするための研究会を立ち上げようという提案が誰彼からともなくだされて，毎月 1 回の研究会が六本木の国際文化会館で開かれた．西島さんなどの時に鋭いコメントは本書のクオリティをあげるのに大いに役立った．

　ありがたいことにこの著作は，大平正芳記念財団からの 1987 年度の第 3 回大平正芳記念賞を賜ることになった．そんな次第で私には本著は深い思いがあるのだが，次の事情で本著作集にはこれを収録しなかった．収録したのは 2001 年に出版した『開発経済学入門』（東洋経済新報社）である．

　私は，2000 年に拓殖大学国際開発学部の設置に関わることになって，その学部長となり，設置後はこの学部の中心科目である開発経済学を担当すること

になった．そこで上述の『開発経済学―経済学と現代アジア』よりも整合的で，何よりも平易で，経済学の知識をさしてもたなくとも読み込むことができるような開発経済学のテキストを書いてみようという思いに駆られ，2000 年 4 月の授業開始から 1 年をかけてこれを書きあげた．こんなに集中して物を書いたことは前後にもなかったような気がする．それゆえ本著作集では，この著作で私が開発経済学をどのような体系としてまとめあげたのかを順序立てて記しておこうと思う．

(1) まずは開発の理念についてである．人間が一個の自然生命体としてこの世に生を受けた以上，その生存をまっとうすることが第一義的な重要性をもつ．貧困はこの与えられた生のまっとうを不可能にしてしまいかねない．貧困国においては，子供が出生してもこの子供が 5 歳を迎えることなく死んでいく確率が高いのである．

さらに，人間がこの世に存在することの意味は，個々の人間の中に秘められている潜在的能力を開花させることにある．能力が顕在化されねば一国はその資源を大きく浪費したことになる．人間はその潜在的能力を顕現して，そうして経済的，社会的，政治的な自由を享受することができる．この自由が人間が人間として生きて在ることの証である．潜在的能力を顕在化するためには教育が必要である．しかし，貧困国の特に弱い立場にある女性の識字率は今なお低い．また一国の発展のためには，中等教育の広範な広がりが必要である．残念ながら貧困国では中等教育はいまだ不十分な状況におかれている．

アマルティア・セン教授は，「極端な貧困という経済的不自由は，他の種類の自由を侵害し，人を無気力な犠牲者にしてしまう」といい，それゆえ開発とは相互に関連する自由が一体となって拡大していくことだ」と述べた．開発とは所得水準の上昇を通じて，人間が本来もっている潜在的能力を顕在化し，そうして経済的，社会的，政治的自由を手にしていくプロセスだということができる．

(2) それでは，貧困とは経済学的にみてどのようなメカニズムをもつものなのか．このメカニズムは経済学の始祖たち，リカードやマルサスなどの古典派

の学者が追究したテーマであった．

　人間が生存していくための絶対的な必要条件は，食糧の確保である．食糧生産のためには土地と労働力を要するが，土地の供給には限りがある．一方，労働力（人口）は急激に増殖する．人口増加は食料需要の増加をもたらす．そうなれば，未開の土地を開墾するなどして農耕地を拡大していくものの，しかしやがて「耕境」の限界にいたる．

　農業技術が進歩しないという条件のもとで，さらに人口が増加すれば，1人当たり食糧供給量は減少してしまう．一定の耕地に労働力を多投していけば，食糧供給量は増加するものの，その増加分は次第に減少していく．これが「収穫逓減法則」である．1人当たり食糧供給量の減少は，やがて人間がどうにか生存を許される「生存維持的水準」にまで落ち込んでしまう．1人当たり食糧の一層の減少は人間の生存を許さず，人口の淘汰が始まる．土地供給が制約的で人間が増殖していく社会の帰結は，1人当たり食糧が増えも減りもせず，それゆえ人口も増えも減りもしない「定常均衡点」である．これが「マルサスの罠」である．いかにすればこの「罠」から人間社会を脱却させることができるか．これが開発経済学のまずは何よりも重要なテーマである．

　（3）そもそも人口は人間社会を低水準の「罠」におとしめるほどまでになぜ増殖するのか．貧困な社会における出生率は高い．なぜならば，この社会においては死亡率が高く，それゆえ高死亡率を上回る出生率を維持しなければ社会が消滅してしまうからである．ミクロ的な観点からいえば，親が希望する子供の数を得るには，子供の死亡率の高い社会においてはより多くの子供を生まなければならないのである．これが高出生率・高死亡率の社会である．

　所得水準の高まりとともに死亡率は急減する．しかし，高出生率の方はそれを支えてきた価値観がそう簡単には変わらないために変化は緩慢である．ここに人口の「爆発的増加」が始まる．高出生・低死亡率の社会である．しばらく前までアジアはこの人口爆発に悩まされてきた．とはいえさしもの高い出生率も次第に減少し，死亡率も下限に近づいて，低出生・低死亡率の人口増加率の低い社会となる．今日のアジアはこういう社会へと変化しつつある．人口増加率が高位段階から中位段階を経過して，低位水準にいたる過程を説明した模式

が「人口転換」である．

　経済発展とともになぜ出生率が下がるのかを説明する論理が，「出生の経済学」である．追加的に生んだ子供が両親にもたらす効用と不効用を比較し，前者が後者を上回れば子供を生み，逆であれば子供を生まないという論理である．現代のアジアはこの「出生の経済学」が示唆する通りに，人口増加率の減速局面に入っており，「マルサスの罠」から脱したとみていい．

　(4) 現実のアジアの人口動態をみてみると，人口爆発期を終え，逆に「少子高齢化社会」に急速に踏み込みつつあることがわかる．合計特殊出生率とは，1人の女性が生涯を通じて生む子供の数のことである．この値の 2.1 が，一国の人口を長期的に静止・安定させる「人口置き換え水準」である．アジアの国々の合計特殊出生率は軒並みこの水準を下回りつつある．日本はすでに人口の絶対的減少期に入っている．しかし日本はもとより，韓国，台湾，中国さらにはタイなどの東南アジア諸国も，そう遠くない将来にこの局面に入っていくであろう．

　少子化と同時に高齢化も急速に始まっている．総人口に占める 65 歳以上人口の比率が 7% を超え 14% へと倍加する速度は，今日のアジア諸国は日本と同じ速度か，もしくはそれ以上の速度をもって進んでいる．所得水準が先進国に及ばない中にあって，少子高齢化の社会的負担にアジア諸国がいかに耐えていけるかが問題である．

　このことを考える理論的枠組みが「人口ボーナス」論である．老齢人口がまだ少ない社会において開始される少子化は，次の段階で生産年齢人口の比率を高めるという，発展にとって最も有利な時期である．生産年齢人口は所得をつくりだし，貯蓄に励む年齢層である．少子化は生産年齢人口の増加という「ボーナス」を一国に与えるのである．このボーナスを次にやってくる高齢化社会のためにいかに有効に用いることができるか否かに，その社会の命運がかかっている．このことを人口ボーナス論は教えている．

　(5) こうしてアジアの人口増加率は減少期に入った．しかし，過去の高い増加率のゆえに人口は現在なお増加中である．それゆえ，(1) で説明した「罠」

の命題はまだ生きている．だが多くのアジア諸国は，この「罠」からの脱却を，「緑の革命」と呼ばれる，米を中心とした穀類の高収量品種の開発・普及・拡大によって可能ならしめた．

　農業の技術進歩とは，導入された肥料によりよく「感応」して単収を高める「多肥多収性」改良品種を創出することである．アジアの伝統的な米の品種であるインディカ種と日本のジャポニカ種の「交配」を無限に繰り返すことによって，アジア各国の土壌や気象条件に適合的な改良品種を開発し，これを圃場に普及・拡大させることによって「革命」と名づけてもいい成果をアジアは手にした．

　この農業技術進歩は，速水佑次郎教授によって「誘発的技術進歩」と名づけられた．人口増加によって1人当たりの耕地規模が減少すれば，単収の増加が図られない以上，米の収量は当然のことながら減少する．その意味でアジアの農業は高い人口増加率と単収増加率との競合のもとにおかれていたのである．この競合に敗れれば「罠」にとらえられてしまい「生存維持的水準」での生計を余儀なくされる．だが，同一の事実は，改良品種を創出しようという人間努力を誘いだす．そうした人間努力がつくりだした技術進歩という意味で，速水教授はこの緑の革命の技術進歩に「誘発的」という形容をつけたのである．アジアの農民の合理的な行動様式を示す一つの証でもある．

　(6)　さて，人間社会の進歩の起点が「マルサスの罠」であった．アジアはここからの脱出には成功した．しかし，一国経済は農業部門のみで成り立っているわけではない．むしろ農業社会を脱して工業社会をいかにして実現しうるかが大きなテーマとなる．一国の経済発展の一段と強力な牽引車は工業部門の拡大と進化に他ならない．

　実際，アジア諸国の工業化は，各国の産業構造の地図をすっかり塗り替えてしまうほどに力強いものであった．発展とともに，農業を中心とする第一次産業の比率が下がり，次いで製造業を中心とする第二次産業の比率が上昇し，最後にサービス産業を中心とする第三次産業の比率が上昇するという，いずれの先進諸国でも観察された「ペティ＝クラーク法則」に沿う動きがアジアでも明瞭にみられた．

第二次産業の比率が上昇するのは，一つには，発展とともに人間が需要する財が食糧から工業製品へと変わるからである．二つには，第一次・第二次・第三次産業就業者それぞれの所得を全産業就業者の所得で割った相対所得（相対労働生産性）において，第二次産業が他の部門のそれより高いからである．

　経済発展とは，農業部門（伝統部門）の労働力を吸引しながら工業部門（近代部門）が拡大していくプロセスとして描かれる．このプロセスを理論化したものが「二重経済発展モデル」である．低所得の労働力が農業部門に大量に滞留している限り，工業部門はこの伝統部門の低所得，したがって低賃金の労働力を用いて利潤を大きくしながら自分を拡大していくことができる．しかし，農村に余剰労働力が存在しなくなった時点以降，工業部門は技術革新により労働力を節約的に利用しながらより高度の産業に移行していくことになる．この同じ事実，すなわち農業における余剰労働力の消滅は，農業部門自体が近代化しなければならないことを意味する．これが経済発展の「転換点」である．開発経済学の主要テーマは，この転換点を開発途上国がいかにしてはやく迎えられるかにある．

　(7) 工業化の一般的命題を超えて，現実のアジア諸国においてどのような工業化が展開されてきたのかを観察しなければならない．多くのアジア諸国の工業化は，それまで輸入に依存してきた消費財の輸入を制限し，輸入制限によって生まれた保護された国内市場に向けて生産・販売する国内企業の育成を図るという「輸入代替工業化」であった．輸入を国内生産によって「代替」しながら工業化を進めるという方式である．この方式によって形成された産業基盤なくして，今日のアジアの工業化の成功はなかったであろう．

　しかし，この工業化の中心的役割を担ったのは誘致された外国企業であり，民族企業は容易に育成されることはなかった．また，輸入制限によって生まれた国内市場が狭隘であり，「規模の経済効果」が発揮されにくかった．外国企業が労働節約的技術を採用したために雇用吸収力は弱く，余剰労働力の解消に対する貢献が少ないという問題点をも残してしまった

　これと対照的に，韓国や台湾などNIES（新興工業経済群，かつてNICSといわれていた国家群の名称変更）と称される一群の国々が，積極的に輸出市場

に活路を求めて「輸出志向型工業化」を図る挙にでた．その実績にはみるべきものがあり，NIESモデルとして開発経済学の焦点の一つともなった．

広い国際市場に向けて輸出を拡大するために，輸入代替工業化の振興のために用いられてきた輸入制限政策をはじめとする保護政策を廃止し，逆に輸出を奨励するさまざまな政策が採用された．NIESが輸出志向工業化を開始した時点は，先進国の産業構造の変動が激しく，多国籍企業が低付加価値産業については自国ではなく，アジアに生産拠点を移管しようとしていた時期と重なった．そのためにNIESは先進国の優れた多国籍企業を豊富に導入しながら輸出志向工業化の道を歩むことができた．

NIESの実績をみてNIESモデルを採用したのが，東南アジアと中国である．東南アジアと中国は，先進国はもとよりNIESからの企業をも導入して，今日ではNIESを凌ぐような高成長国となろうとしている．典型が中国である．外国企業を大規模に誘致し，彼らに輸出を担わせて高成長を実現し，経済大国の地位を掌中にしたのである．

(8) アジアはNIESのみならずASEAN諸国や中国をも含めて，グローバリゼーションの中に巻き込まれ，そこから大きな経済的メリットを享受してきた．その一方，グローバリゼーションのリスクにもさらされている．1997年の夏には，タイを震源地とするアジア経済危機が全域を襲った．高成長アジアが簡単に手に入れられる短期資本（短資）を大量に導入し，投資国も高成長アジアに短資を流し込んでその運用益を得ようとした．

短資は短資であるがゆえに，短期的利益の上げられやすい株式や不動産，オフィスビルなどに向けられた．そうして「資産バブル」が発生した．バブルはバブルであるがゆえに，あるきっかけから一気にはじける．短資のうえに組み立てられてきたアジア各国の屋台骨が折れて，経済成長率が反転下落したのである．しかし，繰り出された政策が功を奏して間もなくアジアはV字型の回復を示した．アジア経済の潜在力がここでも示されたのである．

もう一つの危機がアジアを襲った．2008年のリーマン・ショックのアジアへの波及である．2008年の震源地はアジアではなく，アメリカであった．アメリカで住宅ブームがつづき，低所得者でも容易に住宅が購入できるようなサ

ブプライム・ローンが組成され，これが証券化されて内外に売り出された．この証券を購入した個人や機関投資家は一時は大いに潤ったが，バブル化していたアメリカの住宅価格の暴落によって金融機関の破綻が欧米で相次ぎ，経済が手ひどい低迷を余儀なくされた．証券化されたサブプライム・ローンを購入したアジア諸国は少なく，これに由来する損失は欧米に比べれば少なかった．しかし，アジアの圧倒的に大きな輸出市場である欧米の市場がリーマン・ショックによって低迷して，アジアの成長率を下落させてしまった．アジア経済危機とリーマン・ショックはグローバリゼーションの光と影を見据える必要性を示唆している．

　（9）このようなグローバリゼーションのリスクからアジアが逃れていくためには，アジアの貿易や投資資金の「アジア化」を図り，欧米の経済的変動から身を守ることが必要である．幸いなことに東アジアは各国が高い成長率をつづけてきたために，域内の相互需要が高く，域内輸出比率は世界の中でも最もはやい速度で上昇してきた．また，その成長が高い生産性をともなったものであったがゆえに，アジアは域内のアジアからの輸入が大きくなり，つまり域内輸入比率の上昇も顕著なものとなった．

　加えて，高成長の結果，海外投資資金が企業に蓄積され，東アジアは東アジアの企業に積極的に投資するようになった．最も注目すべき投資国は韓国，台湾，香港，シンガポールなどのNIESである．NIESは東南アジア諸国はもとより対中投資においても傑出したポジションを誇っている．域内貿易比率とともに域内投資比率も急上昇したのである．現在の東アジアはEU（欧州共同体）やNAFTA（北米自由貿易地域）とならぶ世界で3つの主要な経済統合体として立ち現れている．FTA（自由貿易協定）やEPA（経済連携協定）などを通じてこの統合がさらに進んでいくことが望まれる．

　さて，本著作集Ⅱの『開発経済学研究──輸出と国民経済形成』についてである．私の処女作であり，先にも記したように私の博士論文でもある．博士論文であるからには，全体の整合性はもとよりだが，何よりもその専門性，独自性，

他の論者とは異なるユニークな視点を提示し，この視点にもとづいた分析が要求される．この点で本書のいわば目玉は，第１章の「輸出と国民経済形成―アメリカ南部の綿花生産とタイ小農輸出経済の拡大過程」ならびに第２章の「二重経済論の再考察―マラヤにおけるゴム小農の拡大と経済発展」の二つの章であり，これが本書の分量の３分の２を占める．

輸出と経済発展というのは，経済発展論においてはやい時期から活発に議論されてきたテーマであった．このテーマが経済発展論において繁く展開されたのは，実はこれが国民経済形成史という歴史分析において比較的豊富な実績をもっていたからであり，私の２つの章の展開もそれらの史的分析をベースにこれをアジア諸国の歴史に投映させたものであった．

貿易はかつて周辺国の「成長のエンジン」として機能し，これが研究者の関心を惹きつけていた．周辺国としてかつて注目を浴びたのは，アメリカ，カナダ，オーストラリア，ニュージーランドなどの「温帯周辺国」であった．大陸ヨーロッパ諸国の強力な一次産品需要に応じて，これを供給する側に一次産品輸出という「貿易の利益」が生まれ，次いで一次産品輸出部門がそれに関連する工業部門，サービス部門の発展を誘発したのであり，これが「成長の利益」である．輸出部門がいかなるメカニズムをもって国内諸部門の成長を誘発したのか，あるいは誘発できなかったのか．その経緯が明らかにされれば，これは開発経済学における一つの重要な貢献となる．歴史研究の重要な対象が，アメリカの南部諸州における綿花生産の拡大過程であり，往時，「ステイプル・モデル」あるいは「輸出ベース論」としてアメリカの学会における重要なテーマとされていた．そこでは次のように論じられていた．

アメリカ南部諸州が綿花生産に強い比較優位をもち，しかも綿花に対する海外需要が継続的に存在したために，南部の利用可能資源は綿花生産に充当されつづけ，結果として現れたのが「モノカルチャー型産業構造」の強化であった．南部においては工業部門のみならず農業部門が多様化することもなかった．農業の多様化の欠如がもたらした最大のものは食糧不足であり，これは西部の余剰食糧の流入によって賄われた．西部にとってみれば当時の南部は最大の食糧需要地域であり，また南部綿花生産者にとってみれば綿花生産の拡大もこの食

糧流入なしには考えられなかった．その意味で，西部農民と南部綿花生産者，さらにこれにイギリス木綿業者を加えた共通利益の基盤，クリスティのいわゆる「三者同盟」が形成されることになった．

南部には綿花生産への投入財産業はいうに及ばず，膨大な輸出収益がもたらす消費財需要に応える工業部門さえもほとんど形成されることはなかった．南部は工業製品を北東部からの流入にまたざるを得なかった．のみならず金融，運輸，保険などの綿花生産・輸出拡大のためのサービス部門も北東部に依存することになった．同時に，北東部の工業ならびにサービス産業は南部に需要を見出すことによって活発化した．こうして相互補完的な三地域間の分業体系が形成されたのであり，この三地域間の相互依存関係の要の位置にあったものが，綿花という単一の輸出ステイプルであった．

海外需要に敏速に反応して試みられた綿花の輸出生産に依拠することなくして，当時のアメリカの国内市場を急速に拡大していく方法は他になかった．その意味で，南部における綿花は19世紀前半期のアメリカ国民経済形成史において決定的に重要な役割を果たした．

アメリカやカナダの歴史的事例から導かれるこれらと同様の事実が，熱帯の開発途上国の中にも観察されるのではないか．この発想を抱かされた時の感動は忘れられない．イングラムのタイ小農の経済分析やリム・チョン・ヤのマラヤ（マレーシア）におけるゴム小農の研究に，毎日，目を開かされながら私はそれら文献を読み込んでいった．アジア経済研究所の図書資料室で過ごした日々のことが懐かしく思い出される．

わかりやすい一例として，マラヤのゴム生産について述べておこう．一般的な理解によれば，イギリス資本によって開発されたマラヤの大規模なゴムプランテーションは，この部門のみが突出して発展し，プランテーションを取り巻く伝統部門は停滞をつづけると考えられ，この考え方は「二重経済論」として定式化され，この分野ではおなじみのものであった．しかし，事実を歴史資料によって多少なりとも詳細に分析してみると，二重経済論の虚構性は明らかであった．この虚構の事実を発見して，私はアジア経済研究所の機関誌『アジア経済』にいくつかの論文を発表し，アジア政経学会では，自分でいうのもなん

だが，ずいぶんと意気軒昂な報告をした．主張の趣旨はこうであった．

　20世紀に入る頃から，マラヤのゴム小農は，マレー連邦州と海峡植民地を中心に急速に拡大したプランテーション周辺部においてはやくもゴム生産を開始した．小農によるゴム栽培面積はすでに1910年にマラヤ全土のゴム栽培面積の30％を超え，公式のゴム統計に現れた1992年になるとその比率は48％と実に半分近い水準にまで達した．15年をわずかに超える短期間に，経営知識や技術知識の乏しかったはずの伝統部門の小農がこれほどまでに急速に近代部門プランテーションの生産物を模倣し，与えられた市場機会に敏速に反応していったという事実は，植民地経済における「二重性」を念頭においてきた多くの研究者にとって確かに一つの驚きであろう．

　しかも，この急速な小農ゴム栽培の拡大過程を，植民地政府が何らかの政策を用いて支持した，という形跡はみられない．1922年以降の統計を用いてその後の小農ゴム栽培の拡大過程を追跡することにより，私どもはプランテーションによる小農生産の「誘発」関係が強力に作用し，少なくとも第二次大戦にいたるまで衰えをみせていなかったことを知ることができる．

　そして，独立後のマレーシア政府は小農による多収樹植替費用に対しては，プランテーションのそれに比較してより手厚い補助金を用意し，さらに栽培面積の一段と小さい小農範疇には，政府による新開発地に優遇条件を与えて小農をここに入植させるという画期的な計画を用いることによって，伝統部門を近代部門化しようという試みにでた．

　このようなプランテーションの先行的発展による小農の誘発関係を歴史的に追跡すると同時に，かかる誘発関係を生起せしめた経済学的事実を見出そうというのがここでのもう一つの目的であった．

渡辺利夫精選著作集第 2 巻　開発経済学研究

目次

まえがき

I　開発経済学入門［第3版］

はしがき …………………………………………………………………… 3

序　章　開発経済学を学ぼう ……………………………………… 5
　　補論：散布図の読み方　13

第1章　「マルサスの罠」 ……………………………………………… 17
　　　　――貧困のメカニズムを探る
　1.　収穫逓減法則とはなにか　17
　2.　貧困のメカニズム　20
　3.　「罠」からの脱出　23

第2章　人口転換 ………………………………………………………… 26
　　　　――人間はどうして「増殖」するのか
　1.　人口爆発　26
　2.　死亡率低下　32
　3.　人口転換と出生の経済学　34

第3章　少子高齢化 ……………………………………………………… 41
　　　　――アジアの人口はまもなく減少する
　1.　合計特殊出生率　41
　2.　高齢化社会の到来　46
　3.　人口ボーナス　49
　4.　アジア人口の将来　57

第4章 「緑の革命」……………………………………………… 60
　　　　　──農業の技術進歩はいかにしておこるか
1. 増加する人口　消滅する耕地　60
2. 緑の革命　64
3. 化学肥料投入　67
　補論：「緑の革命」の経済学　71

第5章 工業発展Ⅰ ………………………………………………… 77
　　　　　──工業化はいかにして開始されるか
1. ペティ＝クラーク法則　77
2. 農工2部門モデル　88
　（1）考え方の基本　88
　（2）工業部門の雇用はどこで決まるか　89
　（3）労働需給　92
　（4）利潤極大化　94
3. 圧縮型工業発展と後発性利益　94

第6章 工業発展Ⅱ ………………………………………………… 99
　　　　　──初期条件と工業化政策
1. 初期条件　99
2. 輸入代替工業化政策　103
3. 輸入代替工業化の問題はなにか　108
　（1）市場制約　108
　（2）貿易収支制約　109
　（3）労働節約的生産　112

第7章 貿易と海外直接投資 …………………………………… 116
　　　　　──アジアを興隆させたもの
1. 輸出の拡大と高度化　116
2. 重層的追跡　118

3. 輸出志向工業化政策　125
　4. 海外直接投資　127

第8章　社会主義経済から市場経済へ　……………………… 134
　　　　──中国の体制転換
　1. 体制転換とはどういうことか　134
　2. 集団農業と家族農業　137
　3. 国有企業改革　139
　4. 経済発展の課題　145
　　（1）外資依存型発展　145
　　（2）消費内需の拡大は可能か　152
　　（3）少子高齢化　154
　補論：体制転換にともなう農業の変化　156

第9章　日本の政府開発援助　………………………………… 159
　　　　──自助努力支援の旗を高く掲げよ
　1. ODAはなぜ必要か　159
　2. 日本型ODA　164
　3. ODAの理念　168
　　（1）自助努力支援　168
　　（2）もう1つの日本型ODA　172

第10章　グローバリゼーションのなかのアジア　……………… 174
　　　　──2つの経済危機
　1. 経常収支と資本収支　174
　　（1）多様化する外国資金　174
　　（2）経常収支と資本収支　176
　2. アジア経済危機と修復　180
　　（1）経済危機のメカニズム　180
　　（2）修復のメカニズム　186

（3）貯蓄と投資　187
　3．リーマン・ショックと世界同時不況　191

第11章　アジア経済の新動態 …………………………………… 199
　　　　──「アジア化するアジア」
　1．東アジアの全域を眺める　199
　2．域内相互依存関係の強化　204
　3．FTAとEPA　208
　4．東アジア共同体　211

終　章　本書のまとめ ……………………………………………… 215

参考文献 ……………………………………………………………… 225

Ⅱ　開発経済学研究──輸出と国民経済形成

はしがき …………………………………………………………… 229

序　章　意図と課題 ……………………………………………… 232

第1章　輸出と国民経済形成 …………………………………… 240
　　　　アメリカ南部諸州の綿花生産とタイ小農輸出経済の拡大過程
　Ⅰ　「ステイプル・モデル」によるアメリカ国民経済形成論　245
　　1．南部諸州における綿花生産の外延的拡大　246
　　2．綿花生産と輸出ベース　252
　Ⅱ　熱帯周辺国経済の外延的拡大　258
　　1．米生産の外延的拡大　260
　　2．外延的拡大と単位収量の下落　269
　Ⅲ　熱帯米作と経済発展　275

1. 粗放性，連関効果　276
    2. 未分化　280
    3. 教育効果，所得効果　281
  Ⅳ　輸出一次産品と経済発展　286

第2章　二重経済論の再考察　…………………………………… 294
マラヤにおけるゴム小農の拡大と経済発展
  Ⅰ　ゴム小農の拡大（1921年以前）　297
  Ⅱ　ゴム小農の拡大（1922年以後）　304
  Ⅲ　天然ゴム生産の特質と小農　313
    1. 規模の経済　313
    2. 外部経済　321
  Ⅳ　小農保護政策の展開　326
    1. ゴム植替政策　326
    2. 土地開発入植計画　330
  Ⅴ　要　　約　336

第3章　保護主義型工業化の諸偏向　…………………………… 339
開発途上諸国の輸入代替工業化と経済発展
  Ⅰ　輸入代替工業化論　340
  Ⅱ　輸入代替工業化の諸偏向　343
  Ⅲ　輸入代替工業化の停滞メカニズム　347
  Ⅳ　輸入代替工業化論と幼稚産業保護論　353
  Ⅴ　輸入代替工業化と外国資本　358

第4章　輸出志向工業化政策の展開　…………………………… 364
台湾および韓国の開発経験と東南アジア
  Ⅰ　輸入代替工業化と資源配分　366
  Ⅱ　台湾，韓国の輸入代替工業化　378
  Ⅲ　台湾，韓国の輸出志向工業化政策　385

1. 「市場自由化政策」 385
　　2. 輸出インセンティブ政策 391
　　3. 輸出志向工業化 393
　Ⅳ　台湾,韓国の輸出成長と要素集約度 398
　Ⅴ　東南アジア諸国の輸出促進政策 407

第5章　外向型経済発展と社会的公正 …………………… 413
　　　　韓国における工業化・人口移動・所得分配
　Ⅰ　輸出工業部門の労働吸収力 416
　Ⅱ　労働人口移動動態と都市化 420
　Ⅲ　都市の所得分配 429
　Ⅳ　都市農村間所得分配 435
　Ⅴ　農村の所得分配 441
　Ⅵ　要　　約 445

【『渡辺利夫精選著作集』の編集に際して】
1 『著作集』に掲載する際に用いた著書の底本は，以下のとおりである．
 　Ⅰ　開発経済学入門［第3版］
 　　　東洋経済新報社，2010年
 　Ⅱ　開発経済学研究―輸出と国民経済形成
 　　　東洋経済新報社，1978年
1 底本において，明らかに誤記・誤植と思われる表現，あるいは不統一の用字・用語等については，編集の際に適宜改めたところがある．
1 本文あるいは注の中で自著に言及している部分は，底本のままとした．ただし，『著作集』に収録した論考には，当該箇所に〔『本著作集』第○巻所収〕という付記を挿入した．
1 底本に付されている付録・索引は，割愛した．

# Ⅰ　開発経済学入門［第3版］

はしがき

　欧米をはるかに凌ぐ戦後日本の高成長の姿を眺めて，人々はこれを「日本の奇跡」と呼んだ．1960年代の中頃に始まる韓国の高成長は「漢江の奇跡」と称された．漢江とはソウルの市中をたゆとう大河の名前である．1992年，当時の最高実力者である鄧小平によって発せられた「南巡講和」以来の中国は年率10%を前後する超高成長を持続し，この間「驚異の中国」論が世を風靡した．

　一国の経済発展には「奇跡」も「驚異」もない，1つの「王道」があるだけだと私は考える．熟練労働者を蓄積し，企業家を育成し，官僚を錬磨する営々たる努力が積み上げられ，初めて発展は軌道に乗るのである．

　奇跡的とも驚異的とも形容される成長実績の背後には，技術を革新し，生産性の向上を図り，市場の拡大に腐心し，産業構造の高度化を追い求める着実な国内的努力が必ずや潜んでいる．日本の経済発展も韓国や中国のそれも，この努力のうえに花開いたものである．

　貿易や海外直接投資，ODA（政府開発援助）などの「外的インパクト」も，一国の発展を促す重要な要因である．しかし，外的インパクトが国内的努力を「代替」するというわけにはいかない．前者は後者を引きだす力としてのみ重要なのである．ことの順序を逆に考えてはいけない．

　1997年夏以来，アジアは半世紀に及ぶ開発史のなかでも最大級の経済危機に苦しんだ．多くのジャーナリストやエコノミストは，アジア危機はアジアが抱える構造的な矛盾や重篤な病のあらわれであって，修復と治癒は容易ではないといいたてた．

　しかし，危機に陥ったアジア各国のマクロ経済指標のほとんどが，1999年中に危機前の最高水準を上まわった．アジアの経済は未曾有の危機をわずか3年で脱したのである．アジア危機を構造的矛盾や重い病とみたてたジャーナリストやエコノミストの議論は，すべて誤りであったことが証明されてしまった．

　なぜそのような情けない見通しの失敗をやらかすのかといえば，アジアの経済発展がその王道を歩んで今日を築いたという事実を，事実に即してきちんと

理解していないからである．

　2008年の後半には，「リーマン・ショック」と呼ばれる一段と厳しいディスインパクトがアジアを襲った．この傷もアジアでははやくも癒えつつある．アジアが世界経済を牽引するという構図は今後もなおつづいていくものと予想していい．

　一国の経済には成長期もあれば低迷期もある．成長期といえどもその過程は一直線ではない．成長率が著しく高いこともあれば，これが急降下することもある．アジアはそういう変動を貫いて力強いエネルギーを発揚する「歴史的勃興期」の直中にある，と私はみる．ここのところに目がいかないがゆえに，危機がおこるとある種の知的パニックに陥ってしまい，極端な悲観論に堕してしまうのである．

　本書は，アジアの経済発展の50年余を振り返りながら，各国がどのような道筋をたどって現在を築いたのか，その論理を説いたものである．経済学の基礎的知識をもたない初学者を開発経済学の世界に招待したいという意図をもって出版された．

　本書は第3版である．章を再編し，旧版を大きく書き換え，データを全面的に入れかえた．

　多忙の日常の中でこの作業をつづけることは，率直にいってつらかったが，出版までなんとかこぎ着けた．最大の功労者は拓殖大学の同僚，国際学部の徳原悟先生のきわめて積極的で誠意あふるる協力であった．図表は徳原先生が全面的に再編集して下さった．本書の改訂がもし成功したとすれば，その功績の過半は徳原先生のものである．

　東洋経済新報社出版局の茅根恭子さんの，誠によく目配りをきかせた編集によって本書が生まれた．方々に深く御礼申し上げる．本書が大学の授業やゼミなどで大いに活用していただけるよう願っている．

平成21年　夜寒　渡辺利夫

序　章　開発経済学を学ぼう

「十歳かそこらのころだったが，ある日の午後，私は現在のバングラデシュの首都ダッカ市にある自分の家の庭で遊んでいた．すると，一人の男が悲鳴を上げ，大量に血を流しながら門から入ってきた．背中をナイフで刺されていた．当時はインドとパキスタンの分離独立の前で，各地域で暴動が起こっていた（ヒンズー教徒とイスラム教徒が互いに殺し合っていた）時代だった．刺されたカデール・ミアと呼ばれるその男は，イスラム教徒の日雇い労働者で，わずかばかりの賃金で近くの家に働きに来ていたのである．そして，ヒンズー教徒の多い私たちの地域で地元のならず者たちに路上で刺されたのだ．私は大声で家の中にいる大人たちの助けを求め，水を与えた．しばらくして私の父がカデール・ミアを病院に急いでつれていったのだが，その間彼は，このような危険な時に敵の多い地区には行くなと妻に言われていたと語り続けた．しかし彼は仕事と少しの稼ぎを求めて来なければならなかったのだ．家族には食べるものがなかったからである．結局彼はその後病院で死んだ．経済的不自由のために死という罰を受けることになったのだ」

　この文章は，イギリスの植民地支配下におかれていたインドのベンガル州（現在のバングラデシュ）で生まれそこで幼少期を過ごし，カルカッタ大学を経てケンブリッジ大学教授を務め，その高い研究業績によって1998年にノーベル経済学賞を受賞した**アマルティア・セン**（Amartya Sen）教授の著作『自由と経済開発』（石塚雅彦訳，日本経済新聞社，2000年）の序章に出てくる悲劇的

な挿話である．

　少年期に遭遇(そうぐう)したこのできごとは，セン教授を打ちのめすほどに激しいものであったらしい．長い間「心的外傷」(トラウマ)のようにセン教授をさいなみつづけた．このできごとを引き合いに出してセン教授は，「極端な貧困という経済的不自由は，他の種類の自由を侵害し，人を無力な犠牲者にしてしまう」と慨嘆(がいたん)している．カデール・ミアの家族は，彼のわずかな収入がなくとも，つましいながら生計を維持することができていれば，恐ろしい敵がまちかまえる地域に働きにやってこないでもよかったはずだからである．

　極度の貧困という経済的不自由こそが宗教対立の真只中にカデール・ミアを誘い出し，双方の確執を激化させてしまったのである．宗教対立という社会的・政治的不自由が，労働によって所得を得るという経済的自由をもカデール・ミアから奪ってしまった．それゆえにこそ，セン教授は，「開発とは相互に関連する本質的自由が一体となって拡大していく」過程のことだと定義するのである．

　一国の国民の所得水準を上昇させること，これが人間的自由を手に入れるためのなによりも重要な条件である．このことは容易に理解されよう．人間が1個の自然生命体としてこの世に生を受けた以上，その生存をまっとうすること，これが第一義的な重要性をもつ．しかも，自然生命体には，発揮されるべき能力が潜在している．この潜在能力を顕在化させるには，単にその社会と個人の所得水準が上昇すればいいというだけではすまない．潜在能力を顕在化させるためには教育が重要である．教育（education）のラテン語の語源を調べてみると，eは「外に」，ducは「導く」であり，ationはもちろん名詞形にするための語尾である．教育とは，元来が人間のなかに眠っている潜在能力を外に導き出すことなのである．

　初等教育から中等教育，高等教育へと進む教育制度・組織，教育人材の養成により一国の教育レベルを上昇させなくては，貧困からの脱却は難しい．教育なくしては経済的生産性が上昇しないばかりか，社会生活を普通に営むためのルールやマナーも保たれず，さらに就業を初めとするさまざまな社会活動への参加の機会も限定されてしまう．また国民の広範な政治参加を通じて社会的意思を決定するための制度，すなわち民主主義も実現できない．教育は人間の潜

図 1　世界の女性非識字率と 1 人当たり所得（2007 年）

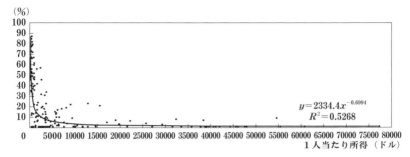

（資料）　World Bank, *World Development Indicators 2009*, Washington, D. C., 2009; Asian Development Bank, *Key Indicators*, Manila, 2009. 台湾については，Council for Economic Planning and Development, Republic of China, *Taiwan Statistical Data Book 2009*, Taipei, 2009.

在能力を引き出し，経済的，社会的自由を拡大させる重要な手段であり，人間的自由を掌中にするための，それ自体が重要性をもつ社会的営為なのである．

　一国の教育レベルを最も端的に示す指標として，世界各国の成人女性の**非識字率**（**illiteracy rate**）（日常生活の簡単な事柄についての読み書き能力をもたない 15 歳以上の成人女性の人口数を，全人口数で割って 100 分率で示したもの）を取り上げて，これとそれぞれの国の 1 人当たり所得水準との結合値をプロットしたものが図 1 である．ここであえて女性を取り上げたのは，もちろん例外はあるが，おしなべて貧困国においては女性の社会的地位が低く，男性に比べて女性の初等教育へのアクセスが不十分だからである．貧困と教育の関係が如実にあらわれるものが女性の非識字率なのである．

　結果は，同図にみられるように，所得水準の低い国々の女性の非識字率は圧倒的に高い．対照的に中所得国や高所得国においてその比率はほとんどゼロ近傍にあることがわかる．成人男性の図はここには示さないが，女性ほどではないものの，傾向は図 1 とそれほど変わらない．貧困国の女性の多くは非識字率が高いことによって経済的，さらには社会的，政治的自由を享受できずにいる．逆にいえば，所得水準を引き上げ，教育機会へのアクセスを容易にするための政策的努力に意を注げば，貧困国の女性がもつ潜在能力は大きく花開く可能性がある，ということができる．

　次は，中等教育就学率である．世界各国の中等教育機関への就学者数を各国

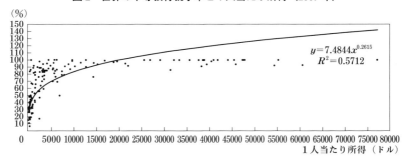

図2 世界の中等教育就学率と1人当たり所得(2007年)

(資料) 図1に同じ.

の同年齢人口数で除して100分率としたものである.この指標と,各国の1人当たり所得水準との結合値をプロットしたものが図2である.一国の経済発展や社会・政治の近代化の基礎を広範に形成する人的要素は,経験則によれば中等教育就学者の比率である.実際,現在では貧困国においても小・中学校は義務教育となっている.図2からもわかるように,所得水準が低いにもかかわらず,この比率が100%に達している国も少なくない.しかし,就学はしたものの中途退学を余儀なくされるものの比率,つまり「脱落率」が低所得国の中等教育就学率には多く,これがこの図には反映されていないことには留意が必要である.

図2を眺めて総じていえることは,中等教育就学率は1人当たり所得水準と高い相関関係があり,特に低所得国においては国民のうちのきわめて多くの部分が中等教育の恩恵に与れないでいるという事実である.再びいえば,低所得国では中等教育を充実させることによって,その国民の擁する潜在力が大きく高揚する可能性があることが示唆される.

もう1つの図を掲げてみよう.各国の乳幼児(生後5歳未満の子供たち)の死亡率と,それぞれの国の1人当たり所得水準との結合値をプロットしたものである.これが図3である.各国の乳幼児死亡率と1人当たり所得水準との間には,驚くほどに高い「逆相関」の関係がみられる.きわめて多くの貧困国において,生まれた子供は生後5年間を生き延びていくことができない.潜在能力を発揮させようにも,その存在自体が5年未満で消滅してしまうのであるか

図3 世界の乳幼児死亡率と1人当たり所得（2007年）

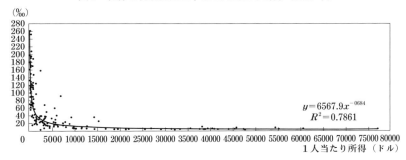

（資料）図1に同じ．

ら，事態はまことに深刻だといわねばならない．乳幼児死亡率の高い国においては，当然のことながら5歳未満の子供たちのさまざまな病気の罹患率も高い．子供の時の疾患は生涯にわたってその人間の能力の開花を妨げて，所得稼得の能力を低下させてしまう危険性がある．

図3は縦軸を1000分率（‰，パーミルと読む）でとってある．したがって，例えば乳幼児死亡率が150ということは，1000人の子供が生まれれば5年未満のうちに150人が死にいたるという数値である．ちなみに，乳幼児死亡率が150を超える国がこの図に示される総数153カ国のうち14カ国ある．高い順に列記しておく．カッコ内は乳幼児死亡率である．シエラレオネ（262），チャド（209），ギニアビサウ（198），マリ（196），ブルキナファソ（191），ナイジェリア（189），ルワンダ（181），ブルンジ（180），ニジェール（176），中央アフリカ（172），モザンビーク（168），コンゴ民主共和国（161），アンゴラ（158），ギニア（150）といった次第である．

すべてがアフリカの国である．アジアの国はこのなかには1国も入っていない．本書で対象とするのは20カ国のアジア諸国であり，そのリストは表1の通りである．ミャンマー（103）が100を超え，カンボジア（91），パキスタン（90），インド（72），ラオス（70），バングラデシュ（61）あたりが比較的高いものの，それ以外はかなり小さな値になっている．

本書で主として取り上げられる20カ国を1人当たり所得水準の高い国から低い国へと順次並べ，その関連指標を表記したものが表1である．世界の150

表1 本書が対象とするアジア各国の諸指標（2007年）

	国民所得 （億ドル）	人口 （100万人）	1人当たり所得 （ドル）	乳幼児死亡率 （1000人当たり）	中等教育 就学率	成人識字率 （女性）
ミャンマー	225	48.8	462	103	37	86
ネパール	99	28.1	350	55	48	44
バングラデシュ	749	158.6	470	61	48	48
カンボジア	80	14.4	550	91	42	68
ラオス	37	5.9	630	70	44	63
ベトナム	654	85.2	770	15	67	87
パキスタン	1402	162.5	860	90	33	40
インド	10710	1124.8	950	72	55	54
モンゴル	34	2.6	1290	43	92	98
スリランカ	308	20.0	1540	21	41	89
フィリピン	1421	87.9	1620	28	83	94
インドネシア	3726	225.6	1650	31	66	89
中国	31260	1318.3	2370	22	76	90
タイ	2172	63.8	3400	7	83	93
マレーシア	1705	26.5	6420	11	69	90
台湾	3902	22.9	17040	5	99	95
韓国	9558	48.5	19730	5	98	97
シンガポール	1484	4.6	32340	3	100	92
香港	2186	6.9	31560	5	86	99
日本	48289	127.8	37790	4	100	99

（資料）図1に同じ．

を超える国々と比べてみれば，1人当たり所得水準や乳幼児死亡率などの指標でみて，アジアはアフリカやラテンアメリカの国々などより，相当高いところに位置している．アジアは開発途上国のなかで「優等生」の部類に属する．アジアの国々がなぜこのような良好な開発実績をみせたのかを分析し，この実績から得られた論理を整理することが本書の目的である．

そうはいいながらも，表1をよく眺めてみれば，この20カ国の間にも1人当たり所得水準や関連する諸指標には相互にかなりの隔たりがあることがわかろう．図1，図2，図3にはこれら20のアジア諸国も含まれているが，アジアの20カ国のみを取り上げて同じような方法で作図したものが図4，図5，図6である．

アジア各国の成人女性非識字率，中等教育就学率，乳幼児死亡率などと各国の1人当たり所得水準との結合値をプロットしてみると，形状は世界全体のも

図4 アジアの女性非識字率と1人当たり所得（2007年）

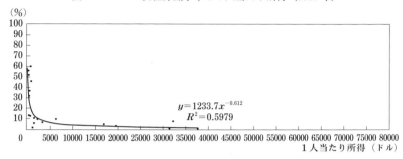

（資料）図1に同じ．

図5 アジアの中等教育就学率と1人当たり所得（2007年）

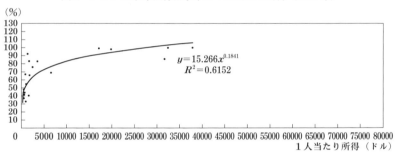

（資料）図1に同じ．

図6 アジアの乳幼児死亡率と1人当たり所得（2007年）

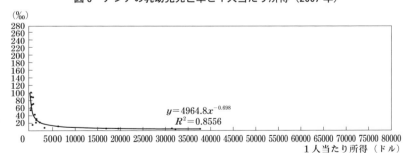

（資料）図1に同じ．

表 2　ミレニアム開発目標

目　標		ターゲット
1　極度の貧困と飢餓の撲滅	①	2015年までに1日1ドル未満で生活する人口の割合を1990年の水準の半数に減少させる．
	②	2015年までに飢餓に苦しむ人口の割合を1990年の水準の半数に減少させる．
2　初等教育の完全普及	③	2015年までにすべての子供が男女の区別なく初等教育の全課程を修了できるようにする．
3　ジェンダー（社会的性差）平等推進と女性の地位向上	④	可能な限り2005年までに初等・中等教育における男女格差を解消し，2015年までにすべての教育レベルにおける男女格差を解消する．
4　乳幼児死亡率の削減	⑤	2015年までに5歳児未満の死亡率を1990年の水準の3分の1に削減する．
5　妊産婦の健康の改善	⑥	2015年までに妊産婦の死亡率を1990年の水準の4分の1に削減する．
6　HIV／エイズ，マラリア，その他の疾病の蔓延の防止	⑦	HIV／エイズの蔓延を2015年までに食い止め，その後減少させる．
	⑧	マラリアおよびその他の主要な疾病の発生を2015年までに食い止め，その後発生率を減少させる．
7　環境の持続可能性確保	⑨	持続可能な開発の原則を国家政策およびプログラムに反映させ，環境資源の損失を減少させる．
	⑩	2015年までに安全な飲料水および衛生施設を継続的に利用できない人々の割合を半減する．
	⑪	2020年までに少なくとも1億人のスラム居住者の生活を大幅に改善する．
8　開発のためのグローバル・パートナーシップの推進	⑫	さらに開放的で，ルールにもとづく，予測可能でかつ差別的ではない貿易および金融システムを構築する．
	⑬	後発開発途上国の特別なニーズに取り組む．
	⑭	内陸開発途上国および小島嶼開発途上国の特別なニーズに取り組む．
	⑮	債務を長期的に持続可能なものとするために，国内および国際的措置を通じて開発途上国の債務問題に包括的に取り組む．
	⑯	開発途上国と協力し，適切で生産的な仕事を若者に提供するための戦略を策定・実施する．
	⑰	製薬会社と協力して，開発途上国において人々が安価で必要不可欠な医薬品を入手できるようにする．
	⑱	民間部門と協力して，特に情報・通信における新技術による利益が得られるようにする．

（資料）外務省編『ODA政府開発援助白書〔2005年版〕』国立印刷局，2005年10月．

のとさして変わってはいないことに気づかされよう．アジアはきわめて多様であり，世界全体の「縮図」であるともいいう．

開発途上国の貧困をいかに解消するのか．この関心は今日では世界的な広がりをもってきた．2000年9月にニューヨークで開かれた「国連ミレニアムサミット」において，次の8つの目標が1990年を基準年とし2015年までに達成されるべきものとして各国間で合意されたことは画期的であった．目標は，**ミレニアム開発目標**（Millennium Development Goals, MDGs）と称される．表2をみてほしい．ここでは，(1)極度の貧困と飢餓の撲滅，に始まり，(8)開発のためのグローバル・パートナーシップの推進，にいたる8つの目標が掲げられている．しかも，この目標を数値化して18の「ターゲット化」したことの意味は大きい．このターゲット化は日本の大いなる貢献によって合意されたものである．その意味で，この目標値達成に関して日本は国際社会に深い道義的責任を負うているといわねばならない．今日の世界において解決されねばならない開発課題とは何かについて考えながら，この表をじっくりと吟味してほしい．

さて，序章は以上で終わる．次の第1章からは，一体，ある国はなぜ貧しく，他の国はなぜ豊かなのか．豊かな国といえども古い時代から一貫して豊かであったわけではない．長い低所得の時期を経て，次第に経済開発のための諸条件を整え，そうして豊かな社会を実現したのである．開発途上国が貧困を脱するにはどのような考え方の枠組み（理論）が必要なのか．さらにはその考え方の枠組みを使ってどのような開発のための手だて（政策）を打ち立てなければならないか．これらについて順次，思考を深めていこう．

補論：散布図の読み方

本書には数多くの図が載せられている．これらの図によって，私どもはアジアの国々の経済が長い時間をかけてどのように変化してきたのか，そして現在どのような状態にあるのかを，一目で知ることができる．なかでも「散布図」は，各国の状況や地域全体の傾向を明らかにするうえで非常に優れた道具である．このコラムでは，1つの事例を用いて図の読み方を説明しておこう．コラムを読んだ諸君は，ぜひとも作図にチャレンジしてほしい．エクセルなどのソフトを用いれば，簡単につくることができる．

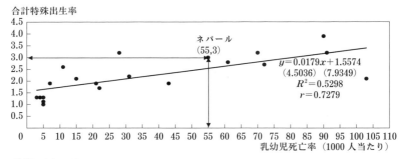

図7 アジアの乳幼児死亡率と合計特殊出生率Ⅰ（2007年）

（資料）図1に同じ．

　本書第2章の29頁に，こんな表現がある．「乳幼児の死亡率が高ければ，親は自分の期待する子供の数を得るためには，より多くの子供を生まねばならない．」この内容をアジアのデータを使って実際に検証してみよう．

　図7は，2007年のアジア各国の合計特殊出生率（縦軸）と乳幼児死亡率（横軸）の2つの変数の関係を示している．合計特殊出生率とは人口学の難しい表現であるが，要するに「1人の女性が生涯を通じて生む子供の数」のことである．乳幼児とは5歳未満の子供のことであるから，乳幼児死亡率とは5歳未満の子供1000人当たりの死亡数である．

　図中の点は，各国の乳幼児死亡率と合計特殊出生率との結合値をプロットしたものである．例えばネパールをみると，(55, 3) と書かれている．これは乳幼児死亡率が55人，合計特殊出生率が3人，ということである．横軸の55が縦軸の3と交差する点がネパールの点である．乳幼児死亡率が1000人当たり55人のネパールでは，母親は生涯にわたって3人の子供を生んでいると読んでほしい．同じような方法で，アジア20カ国の点が示されている．このように各国の位置を点で示したものが散布図である．

　この散布図をみると，乳幼児死亡率が高いと合計特殊出生率も高くなる傾向がある．しかし，これだけでは2つの変数の間にどの程度の強い関係があるのかはわからない．この強さを示すのが相関係数（r）である．相関係数は，マイナス1からプラス1の間の値をとり，マイナス1に近づくと負の相関，プラス1に近づくと正の相関，ゼロは無相関となる．負の相関は，1つの変数がふえるともう一方が減るという関係である．正の相関は，1つの変数が増加（減少）するともう1つの変数も増加（減少）するという関係を示す．このケースは $r=0.7279$ なので正の相関関係にある．

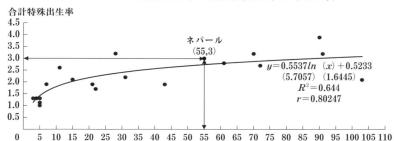

図8 アジアの乳幼児死亡率と合計特殊出生率II（2007年）

（資料）図1に同じ．

　これらの各国の点の間を縫うように右上がりの直線が示されている．これは「傾向線」や「近似線」と呼ばれる．この傾向線は，各国の点と傾向線との間の距離の値を二乗し，その合計値が最も小さくなるようにして描かれる．この傾向線の形から，乳幼児死亡率と合計特殊出生率は同じ方向に動くことが読み取れる．すなわち，乳幼児死亡率が高い国は合計特殊出生率も高く，乳幼児死亡率が低い国は合計特殊出生率も低いという傾向である．

　この傾向を具体的に数値で表したのが，$y=0.0179x+1.5574$ という「回帰式」である．この式の $0.0179x$ は乳幼児死亡率（x）が1人増えると合計特殊出生率は0.0179人上昇するということである．次の1.5574という値は定数項（切片）と呼ばれ，乳幼児死亡率がゼロであっても合計特殊出生率は1.5574人であることを示している．つまり，乳幼児死亡率がゼロのとき，合計特殊出生率は1.5574人$\{(0.0179\times 0)+1.5574\}$ であり，乳幼児死亡率が1人になると，合計特殊出生率は $1.5753\{(0.0179\times 1)+1.5574\}$ となる．

　回帰式の下のカッコ内の値は t 値と呼ばれる．t 値は各変数の有意性を示す指標である．目安として2以上であれば，その変数は「有意」である．すなわち t 値は合計特殊出生率の動きを予測するのに，乳幼児死亡率という変数が有効なものであるかどうかを判断するのに用いられる．この例では，乳幼児死亡率（4.5036），定数項（7.9349）なので，有意だと判断できる．

　最後の R^2 は「決定係数」と呼ばれ，0〜1の値をとる．この値は相関係数を二乗して得られる．この値が0に近ければ回帰式の説明力は低く，1に近づけばその説明力は高くなる．すなわち，乳幼児死亡率の大きさで合計特殊出生率の大きさをどれだけ説明できるかを示す．このケースでは R^2 は0.5298であるから，合計特殊出生率の動きは乳幼児死亡率の大きさの約53％を説明できるということ

序　章　開発経済学を学ぼう　　15

になる．残りの47%は他の要因が影響していることを示す．他の要因については，本書にヒントがあるので，そのヒントを手掛かりにしていろいろと考えてみてほしい．

　なお，傾向線は直線の線形よりも，図8のような曲線の方が各国のデータの分布をうまくあらわすことがある．このような曲線は「非線形」と呼ばれる．これと同じ形の図は本書にも描かれている．非線形での回帰式の方が決定係数の値が高くなっている．非線形での回帰式については，別の科目の統計学入門などで学んでもらいたい．自分が扱うデータがどのような形の傾向線で最もうまくとらえることができるのかを調べることも大切なことである．

第1章 「マルサスの罠」
——貧困のメカニズムを探る

本章の課題

1. 発展を開始する以前の社会はいかなる状態におかれていたのかについて論理的に考える．
2. 「収穫逓減法則」とはどのような経験法則かを理解する．
3. 「マルサスの罠」の意味を問い，一社会がいかなる条件を備えれば「罠」からの脱出が可能かを考察する．

---

1. 収穫逓減法則とはなにか

　発展を開始する以前の社会について考えてみよう．この社会には農業以外にみるべき産業は存在しない．貧しい社会における農業は，産業というよりは人々が生き延びていくための「なりわい」である．技術水準は低く，したがって土地生産性（単位面積当たり収量＝単収）も低い．

　他方，人間は他の生物と同じように種を保存しようという強い欲求を潜在させている．人々は貧困のうちにあっても多くの子供を生み育てようとするものの，貧困のゆえに乳幼児の死亡率は高い．しかし，多少なりとも豊かになれば，乳幼児の死亡率が急速に下がって人口はとめどもない増殖を開始する．

　ジョン・デュラン（John Durand）という人口学者が作成した世界人口の増

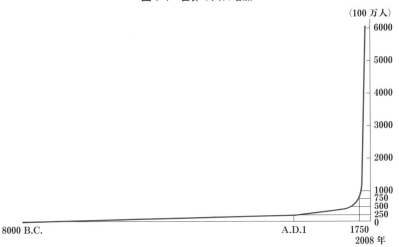

図1-1 世界の人口増加

（資料）John D. Durand, "The Modern Expansion of World Population," Proceedings of the Philosophical Society, Vol. 111, No. 3, *Population Problems*, Jun. 22, 1967, pp. 136–159 に加筆.

加図式を示したものが，図1-1である．1750年頃にいたるまで，この地上に住まう人口はさして増加しなかった．しかし，農業革命，産業革命により人間の生存にとって都合のよい環境がつくりだされるとともに，人口はほとんど「垂直的」な増加を開始した．世界の人口が10億人をこえたのは19世紀に入ってからのことであった．1900年前後に16億人を上まわり，2008年現在の世界人口は67億5000万人である．20世紀の人口増加は確かに「爆発的」であった．人間の増殖力は途方もなく強いものなのである．

人間がかろうじて生存を許される最低限の1人当たりの食糧供給量を**生存維持的水準**（subsistence level）と呼ぶことにしよう．1人当たり食糧供給量が生存維持的水準を上まわれば，人間はただちに急速な増殖を開始する．人口数が食糧供給量よりも高い率で増加するならば，この社会の1人当たり食糧供給量は減少していって，再び生存維持的水準にまで引きもどされてしまう．それにともなって人口の増殖力も減退していく．

人間社会のこのような「陰鬱」な帰結を予想し，ここからいかに脱却するかに関心をよせた人々が，古典派経済学の**マルサス**（Robert Malthus）や**リカー**

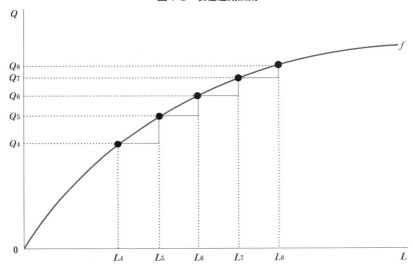

図 1-2 収穫逓減法則

ドウ（David Ricardo）たちであった．

　一社会の人口はそれが妨げられなければ，25 年ごとに幾何級数的，つまり 1, 2, 4, 8, 16, 32, ……といった具合に増加する．他方，食糧の方は算術級数的，つまり 1, 2, 3, 4, 5, 6, ……といった具合に増加するのがせいぜいだ，とマルサスは考えた．

　リカードウは，食糧の増加率は人口の増加率よりも低く，その結果，1 人当たり食糧は逓減するとみなした．これが**収穫逓減法則**（law of diminishing returns）である．別に理論的法則というわけではない．農民なら誰でも知っている経験則である．収穫逓減法則は図 1-2 のように記される．横軸は一定面積の土地に投入される農民数つまり労働量（L），縦軸はこの一定の土地面積から収穫される食糧（Q）である．Q は単位面積当たり収量（キログラム），つまり単収である．単収の増加が f のような形をとるというのが収穫逓減法則である．

　すなわち収穫逓減法則とは，一定面積の土地に投入する労働量を増加させるとともに，食糧の生産量自体は増加するものの，その増加率が次第に逓減していくという農業の経験則のことである．

第 1 章「マルサスの罠」　19

一定面積の土地に 4 単位の労働量 $0L_4$（原点 0 から L_4 までの長さで示される労働量：人）を投入して収穫される食糧は $0Q_4$（原点 0 から Q_4 までの長さで示される生産量：キログラム）であり，5 単位の労働量 $0L_5$ を投入して収穫される食糧は $0Q_5$ である．さらに 6 単位の労働量 $0L_6$，7 単位の労働量 $0L_7$ を投入して収穫される食糧は $0Q_6$，$0Q_7$ である．労働量が増加するにともなって単収の増加分は減少していく．

　収穫逓減法則とは，労働量の増加率よりも食糧の増加率の方が低いということ，したがって労働量の増加とともに農民 1 人当たりの食糧供給量が減少していくことを意味する．最終的には農民 1 人当たりの食糧供給量は，農民がどうにか生存を許される最低限のレベル，つまり生存維持的水準にまで落ち込んでしまうのである．

2. 貧困のメカニズム

　1 人当たりの食糧供給量が生存維持的水準にまで落ちこんでしまうというこのメカニズムは，図 1-3 に示される．この図の f は，図 1-2 と同様の収穫逓減法則にしたがう食糧の単収増加曲線である．$0L_2$ の労働投入量によってえられる食糧は L_2q_2（L_2 から q_2 までの長さで示される食糧の量：キログラム）であり，したがって農民 1 人当たり食糧は $L_2q_2/0L_2 (=\tan\theta_2)$ であらわされる．これをこの社会の生存維持的水準だとしよう．

　図 1-3 の右下に描かれる直角三角形のうち直角ではない角の 1 つを θ とすると，三辺相互の比の値は θ によって決定される．$\tan\theta$ は BC/AB である．ちなみに，$\sin\theta$ が BC/AC，$\cos\theta$ が AC/AB である．三角比が角度 θ によって決まるというこの法則が三角関数である．

　この社会の発展の出発点（初期条件）が，農民 $0L_1$，食糧 L_1q_1，したがって農民 1 人当たり食糧が $L_1q_1/0L_1 (=\tan\theta_1)$ だとしよう．そうすると，この農民 1 人当たり食糧は生存維持的水準よりも高く（$\tan\theta_1 > \tan\theta_2$），人口増加が誘発される．

　すなわち，$0L_1$ の労働力を最低水準で生存させるのに必要な食糧は L_1h であり，これを上まわる hq_1 を消費する人口が q_1h' だけ誘発される．q_1h' の人口

図1-3 マルサスの罠

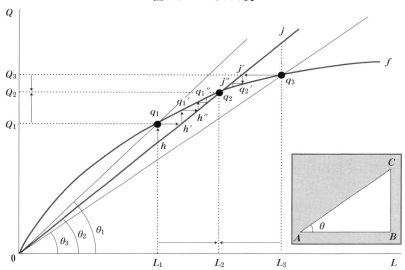

増加は食糧を $h'q_1'$ 分増加させ，この食糧を消費する農民がさらに $q_1'h''$ 増加する．こういった過程が繰り返され，結局のところ q_2 でこの過程が終了する．なぜならば，q_2 における農民1人当たり食糧が生存維持的水準 $(L_2q_2/0L_2)=\tan\theta_2$ に等しいからである．

逆に，この社会の初期条件が，農民 $0L_3$，食糧 L_3q_3，したがって農民1人当たり食糧が $L_3q_3/0L_3 (=\tan\theta_3)$ であるとしよう．この農民1人当たり食糧は生存維持的水準を下まわる $(\tan\theta_2>\tan\theta_3)$ から，人口の一部は淘汰されざるをえない．$0L_3$ の農民に生存維持的水準を保障する食糧は L_3j であり，q_3j の不足分が生じる．したがって，この不足分に見合う人口 q_3j' が淘汰される．この人口減少は食糧供給を $j'q_2'$ だけ減少させるから，さらにそれに見合う $q_2'j''$ の人口淘汰が避けられない．最終的に q_2 でこの過程は終わる．q_2 における農民1人当たり食糧が生存維持的水準 $(L_2q_2/0L_2)=\tan\theta2$ に等しいからである．一社会の人口の生活水準が生存維持的水準で低迷せざるをえないという因果的経緯は，以上のように描かれよう．

念のために1つ付け加えておこう．後にも必要となる考え方でもある．図

第1章「マルサスの罠」　21

図 1-4 限界労働生産性逓減の模式図

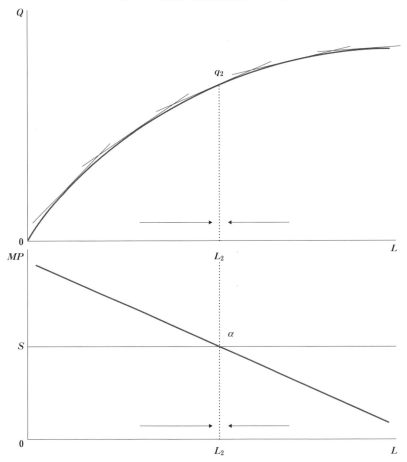

1-2 が収穫逓減曲線であった．もう一度いえば，労働量の増加とともに食糧生産量は増加するが，前者の増加率よりも後者の増加率の方が低いがゆえに，こういう収穫逓減が生じるのである．この曲線に接線をいくつか引いてみよう．これを表したものが図 1-4 の上図である．接線の傾きが次第に緩やかになっていくことがわかる．この接線の傾きのことを，経済学では「限界労働生産性」という．

「限界」というのは「追加的」という意味だと理解してほしい．そうすると収穫逓減法則というのは，一定規模の土地で働く農民の数を追加的にふやしていくと，この「追加的」農民がつくり出す食糧の「追加的」増分が次第に減少していくということを意味する．つまり収穫逓減法則とは限界労働生産性（MP）の逓減法則だといい変えることができる．

限界労働生産性の逓減は図1-4の下図のような形で示すことができる．図1-3で示した生存維持的水準（$L_2q_2/0L_2$）＝$\tan\theta_2$が，図1-4下図の$0S$（原点からS点までの長さで示される食糧供給量：キログラム）だとしよう．そうすると，農民の数が$0L_2$より少なければ彼らの限界労働生産性は生存維持的水準よりも高いために，人口は増加する．他方，農民の数が$0L_2$よりも多ければ彼らの限界労働生産性は生存維持的水準を下まわってしまうがゆえに，生存は許されず，結局は農民の数，つまり人口数は$0L_2$にまでもどってしまうのである．

1人当たり食糧のこの生存維持的水準が**マルサスの罠**（Malthusian trap）である．1人当たりの食糧が増加も減少もしないこの時点にいたって，人間社会の進歩は完全に停止する．この社会は永遠の貧困にしばりつけられてしまうのである．「マルサスの罠」は，人間社会が長期にわたって人口増殖と食糧供給という2つの力の「せめぎあい」のなかにおかれ，1人当たり食糧を容易に増加させることができずにいたという事実を反映している．

食糧供給のいかんは，長い歴史において人間の生存と増殖を決定する最も重要な要因であった．豊かな時代に住まうわれわれにとって，こうした社会状況は理解しにくいかもしれない．しかし，農業革命や産業革命を経て社会的生産力が劇的に増加する以前の欧米や日本の近代史において，このような状況はいくらでも見出すことができる．実際，「マルサスの罠」は農業革命以前のイギリスの現実を理論化したものなのである．アフリカやアジアの最貧国は，いまなお「マルサスの罠」のなかにある．

3．「罠」からの脱出

「マルサスの罠」は，人間社会がその起点においてなにを最大の課題としてきたのか，いいかえれば人間社会の発展の「初期条件」のありかを明快に示し

ている．その意味で「罠」の定式化は重要な理論的貢献である．

それにしても，「マルサスの罠」の議論は，現実に照らしてみて少々「陰欝」に過ぎはしまいか，という疑問がわくであろう．経済発展を開始して以降の欧米や日本の歴史は，「罠」がそれほど強固なものではなかったことを教えている．韓国や台湾など今日 NIES（新興工業経済群）と呼ばれる国々，タイやマレーシアなどの東南アジア諸国，中国沿海部の住民の多くは，「罠」とは無縁の豊かな生活を営んでいる．これらの国々はいかにして「罠」からの脱却に成功したのか．人口と食糧の両面で次のことが現実には生起したのである．

マルサスは，一社会の人口は1人当たり食糧が生存維持的水準を上まわれば必ずや増加すると考えた．マルサスが生きた時代は，ヨーロッパにおけるかつてない人口増加期であった．人口はそれが妨げられなければ幾何級数的に増加する，という「恐怖」をこの時期の経済学者が抱いたとしても不思議ではなかった．マルサスとならぶ古典派経済学のもう1人の創始者リカードウも，人口についてはマルサスとほぼ同様の考えをもっていた．

ところが現実には，農業革命，産業革命により人々の生活水準が上昇して以降，実は人口増加率は次第に減少していったのである．そして人口増加率はやがてピークを迎え，次いで減少期に入った．つまり人口は一時期急速に増加するものの，その増勢は次第に弱まるというのが経験則なのである．人口増加率が低位局面に始まり，高位局面を経て，最終的には再び低位局面に向かうという傾向を定式化したものが，人口学において名高い「人口転換」命題であり，これについては次の第2章で考えることにしよう．

「マルサスの罠」では解釈できないもう1つの重要な現象が，食糧生産の面でも生じた．食糧生産に必要なものは，基本的には土地と労働である．土地を耕す農民労働によって米や小麦が生産されるのである．

人口はマルサスのいうように幾何級数的に増加するとしよう．他方，可耕地はまぎれもなく有限である．それゆえ，人口増加とともに1人当たりの可耕地は減少せざるをえない．この事実は，単収に変化がないとすれば1人当たりの食糧を確実に減少させる．

一方，この同じ事実は，単収を増加させるための人間の努力，つまりは農業技術の進歩を促す可能性が高いのであり，現実がそうであった．ヨーロッパや

日本における農業革命ならびに現在のアジアにおける「緑の革命」などは，有限で希少な可耕地に対する人口圧力が「誘発」した農業技術進歩の重要な例である．この技術進歩を通じて人間社会は「罠」に捉えられることなく持続的な増加が可能となる．農業技術進歩のありようについては，第4章で考えることにしよう．

第2章　人口転換
―― 人間はどうして「増殖」するのか

本章の課題

1. アジアの「人口爆発」はいかにしておこったか．出生率と死亡率の動態変化を観察しながら，このことについて検討する．
2. 先進国の歴史的経験と比較すると，アジアの人口増加にはどのような特徴があるのかを考える．
3. 一国の人口増加率は，経済発展の初期段階では高まるが，経済発展がさらに進むと減速するという傾向がある．一国の経済発展と人口増加とがいかなる関係にあるのかを「人口転換」命題に沿って考察する．
4. 所得水準の上昇にともなって出生率は低下する．なぜそうなるのかを説明するものが「出生の効用・不効用」仮説である．この仮説を援用した「ライベンシュタイン・モデル」を理解する．

---

1. 人口爆発

　アジアの人口は，第2次世界大戦後に「爆発的」な増加を始めた．アジアの人口の年平均増加率は，先進国の人口史における最大値を2倍以上も上まわる激しいものであった．
　すぐ後で述べるが，一国の人口は，**出生率**（birth rate）が高いけれども同時に**死亡率**（death rate）も高く，したがって人口増加率（出生率－死亡率）の

図 2–1 先進国における人口増加率の最高値

国　名	人口増加率の最高値（%）	期　間
イギリス	1.3	1801/11 〜 1851/61/71 年
フランス	0.4	1831/40 〜 1861/70 年
アメリカ	3.1	1834/43 〜 1859 年
スウェーデン	0.7	1885/94 〜 1905/14 年
ロシア（旧ソ連）	1.5	1870 〜 1913 年
オランダ	1.4	1890/1900 〜 1825/29 年
日本	1.7	1946/67 〜 1955/76 年
ドイツ	1.2	1825/29 〜 1950/54 年
イタリア	0.7	1925/29 〜 1951/54 年

（資料）　S.クズネッツ『諸国民の経済成長』西川俊作・戸田泰訳，ダイヤモンド社，1977 年．

低い段階から出発する．次いで，出生率は高い一方，死亡率が急減して人口増加率の高い段階を迎える．そして，最後には出生率，死亡率がともに低下して人口増加率の低い段階にいたる，というのが経験則である．これが「人口転換」命題である．つまり横軸に時間をとり，縦軸に人口増加率をとってトレースすれば，人口増加率曲線は一つの山のような形状を示す．

　先進各国の人口史の中で，人口増加率の最も高かった時期のその値を推計した経済学者に**サイモン・クズネッツ**（Simon Kuznets）がいる．同教授の推計を示した図 2–1 によれば，先進国の人口増加率の最高値は，19 世紀初頭のイギリスが 1.3%，19 世紀中葉のドイツとフランスがそれぞれ 1.2%，0.4%，19 世紀後半から 20 世紀初頭にかけてのオランダとロシアが 1.4%，1.5%，20 世紀中葉の日本が 1.7% であった．先進各国の 30〜40 年つづいた人口増加率の「歴史的最高値」をみても，この程度のものであった．ただし 19 世紀中葉のアメリカの人口増加率はきわだって高い．これはヨーロッパやアジアからの移民がきわめて多かったことの反映であり，アメリカは例外だとみなされよう．

　アジア各国の人口増加率も山型を示しており，近年では「少子化」が深刻な問題として認識され始めている．このことは後で記すが，それにしても山型のピーク時の人口増加率は，先進国のそれよりははるかに高いものであった．一国の人口数を比較的正確に示す統計は，各国で 4〜5 年に 1 回の頻度で行われる人口調査（人口センサス）によって得られる．アジアの人口増加率が高かった時期のその値を示したものが，図 2–2 である．

図 2-2 アジアにおける人口増加率の最高値

国　名	人口増加率の最高値（%）	期　間
ベトナム	2.5	1961～1969 年
インド	2.3	1975～1984 年
バングラデシュ	2.6	1963～1972 年
パキスタン	3.6	1980～1989 年
スリランカ	2.8	1951～1960 年
中国	2.7	1962～1971 年
ミャンマー	2.4	1967～1976 年
インドネシア	2.4	1965～1974 年
フィリピン	3.1	1956～1965 年
タイ	3.1	1957～1966 年
マレーシア	3.1	1955～1964 年
韓国	3.0	1954～1963 年
台湾	3.5	1951～1960 年
香港	4.6	1952～1961 年
シンガポール	4.8	1951～1960 年
日本	1.7	1946/67～1955/76 年

（資料）　World Bank, *World Development Indicators 2009*, Washington, D. C., 2008; Asian Development Bank, *Key Indicators*, Manila, 2009 および各国統計．

　シンガポールや香港のような人口規模の小さな「小国」の人口増加率は，国内の出生率や死亡率によってよりも，海外からの人口の流出入によって大きな影響を受ける．1950 年代の台湾の 3.5% という驚くべき高率は大陸からの大量の人口流入のゆえであった．そこで 3 つは考察の対象外としよう．1980 年代のパキスタンの人口増加率は 3.6%，1950 年代の中頃から 10 年間ほどのフィリピン，タイ，マレーシアのそれも 3.1% であり，それ以外のアジアの国々はいずれも 2% 台の増加率であった．クズネッツの推計した先進国の人口増加率の歴史的最高値は，第 2 次世界大戦後の日本の年平均増加率 1.7% であったが，アジアの人口はそれを大きく凌いで増加したのである．

　貧しい国々の出生率はなぜこれほどまでに高いのだろうか．貧困国であるがゆえに，医療体制は未整備であり，アジアの場合であれば人々は熱帯，亜熱帯，乾燥地帯の厳しい自然条件のなかに住まっている．そのためにアジアの貧困国の死亡率は，ヨーロッパや日本に比べておのずと高い．死亡率の高い社会が存続していくためには，出生率が死亡率を上まわらねばならない．アジアの出生率が高いのは，死亡率が高いことの反映なのである．

死亡率が最も高いのは，いずれの社会でも乳幼児である．貧困国であれば**乳幼児死亡率**（infant mortality rate）は一段と高い．乳幼児の死亡率が高ければ，親は自分の期待する子供の数を得るためには，より多くの子供を生まねばならない．それゆえにであろう，高出生率を支持する価値観，低年齢結婚などの慣習，一夫多妻などの制度がアジアでも広くみられた．アジアがヨーロッパや日本に比べて一段と明瞭な高出生率・高死亡率パターンを示したのはそのためである．

　しかし，アジアの高い死亡率はある時期からはっきりと減少を開始した．アジアがヨーロッパの列強によって植民地化されるにともない，ヨーロッパの「法と秩序」が導入された．輸送や通信のネットワークも濃い密度で形成された．その結果，部族間の争いが影をひそめ，しばしば生じた局地的飢餓の救済が可能となった．アジアに高い死亡率をもたらした要因の一部が，植民地化によって排除されたのである．

　第2次世界大戦を契機に，アジアは列強からの政治的な独立を達成した．独立後のアジア各国の政府は，大衆ベースでの医療・保健計画や公衆衛生計画を積極的に展開し，病院，診療所などが広範に普及した．そうしてアジアの死亡率は一段と低下した．

　さらに第2次世界大戦後，先進国で開発され普及していたDDTなどの殺虫剤，サルファ剤，ワクチンなどが安価に，あるいは援助を通じて無償でアジアに導入された．マラリア，黄熱病，天然痘，コレラといったアジアの人々を死にいたらしめた病の多くが，これらの防疫・医療手段の導入によって制圧され，死亡率はさらに低下した．

　死亡率の顕著な低下に寄与したのは，乳幼児死亡率であった．ちなみに乳児とは生後1年未満の子供であり，幼児とは満1歳から5歳未満の子供のことである．乳幼児とは，したがって5歳未満の子供のことをいう．乳幼児は病原菌に対する抵抗力が弱く，栄養不足によって容易に死にいたる脆弱な存在である．一国における2時点間の死亡率を年齢別にみると，図2-3のような軌跡が一般に観察される．つまり一国の死亡率の減少は乳幼児ほど大きく，加齢とともに死亡率の減少幅は小さくなる．一社会の医療・防疫体制や厚生的水準の改善は，何よりも脆弱な存在である乳幼児死亡率の減少という形をとってあらわれるの

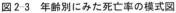

図2-3 年齢別にみた死亡率の模式図

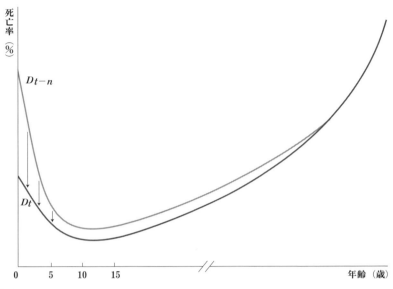

である.

　こうしてアジアの死亡率は急減した. 他方, 出生率の方は死亡率に比べて緩やかにしか下がらなかった. 社会に根強く定着してきた, 高出生を支持する価値観, 慣習, 制度はそう簡単には変化しない. 死亡率が急減する一方, 出生率の低下が緩やかであれば, 人口は急増する.

　独立時点におけるアジアの死亡率は, ヨーロッパに比べきわだって高かった. しかし, アジアの死亡率は, ひとたび低下を開始するや, その速度は著しく急速であった. それがゆえにアジアの人口増加は「爆発的」な様相を呈したのである. アジアの人口動態のありようを典型的に示すものとしてインドを取り上げ, これをイギリスのそれと比較してみよう. 図2-4がこれを示している.

　2つの図の比較から次のことが理解されよう. 1つは, 初期的時点におけるインドの出生率と死亡率はいずれもイギリスのそれよりはるかに高かったこと. 2つは, インドの死亡率の低下速度はイギリスのそれより格段にはやかったこと. 3つは, 出生率の低下速度においてはインドとイギリスの両者でそれほどの差はなかったこと. したがって4つには, イギリスの人口増加は比較的緩や

図 2-4 イギリスとインドの人口動態

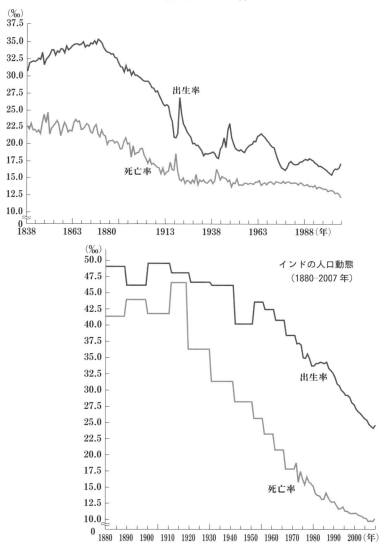

（資料） B. R. Mitchell, *International Historical Statistics*, London, Palgrave Macmillan Ltd., 2003; Government of India, *Sample Registration System*, New Delhi, various years; World Bank, *World Development Indicators*, Washington, D.C., various years.

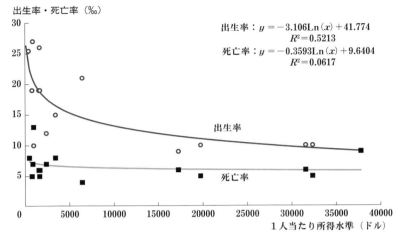

図2-5 アジアの1人当たり所得水準と出生率・死亡率（2007年）

（資料） World Bank, *World Development Indicators*, Washington, D. C., 2009; Asian Development Bank, *Key Indicators*, Manila, 2009.

かである一方，インドのそれが急激であったこと．

　アジアにおいては今日，最貧国といえども，その死亡率は下限近くにいたっている．それゆえ，高所得国と低所得国の間で死亡率の差はそれほど大きくはない．他方，出生率の方は，低所得国ほど高く高所得国ほど低いという傾向がある．図2-2に列記された国々を対象に，1人当たり所得水準と出生率ならびに死亡率との結合値をプロットしたものが図2-5である．

　この図からわかるように，低所得国ほど出生率と死亡率との格差が大きく，すなわち人口増加率は高い．対照的に，高所得国ほどその格差が小さく，すなわち人口増加率は低い．NIES，中国，一部の東南アジア諸国の人口増加率には歯どめがかかったが，南アジアを中心に低所得国はいまなお高い人口増加のなかにある．

2. 死亡率低下

　アジアにおける死亡率急減の主因は，第2次世界大戦後にアジアに導入され

た，さきに指摘した近代的防疫・医療手段の普及であった．外的インパクトが，発展段階の異なる国々に同時に与えられたことによって，死亡率はほとんどの国々でいっせいに低下した．アジアの人口増加は**外生的**（exogenous）要因によって生じたのである．

対照的に，先進国におけるかつての人口増加の要因は**内生的**（endogenous）であった．ヨーロッパや日本の死亡率低下は，農業革命や産業革命を通じて各国の生産力が飛躍的に拡充したことの結果である．生産力の拡充は，食生活の改善，防疫・衛生手段の進歩，医療施設の整備，物資輸送手段の発達，医療・保健制度の充実，衛生思想の普及をもたらし，そうして死亡率を減少させた．

先進国の場合には，経済発展が死亡率低下のための「先行条件」をその社会のなかにつくりだしたということができる．つまり，先進諸国の人口増加の要因は「内生的」であった．人口増加が「内生的」に発生した社会においては，増加した人口は経済活動のなかに吸収され，経済の「パイ」自体を大きくする活動に参加していった．また，そうした社会において増加した人口は，「パイ」を消費する国内市場の拡大にも寄与した．

しかし，アジアの場合には，人口増加が外的インパクトによって，つまりは経済発展に先行して発生した．人々を生産活動に吸収するための経済発展がいまだ不十分な状況にありながら，人口が急増してしまったのである．就業の場を与えられない人々が滞留せざるをえない．このことがまた人々の所得上昇を阻む要因として作用した．

低所得国において高い出生率が持続する一方，乳幼児死亡率の減少を通じて人口が急増するのであれば，その国の人口構成は幼若年化する．この事実は，低所得国の経済的負担をいちだんと重いものとする．人口構成の幼若年化とは，総人口に占める消費人口比率の増加を意味するからである．

15歳から64歳までの人々が生産年齢人口（**独立人口** independent population）であり，彼らが養う15歳未満の人々が年少被扶養人口（**従属人口** dependent population）である．従属人口数の独立人口数に対する比率を年少従属人口係数として，各国のそれを計算してみよう．この係数をそれぞれの国の1人当たり所得水準と結びつけて作成したものが，図2-6である．

年少従属人口係数は低所得国ほど高く，高所得国ほど低い．貧しい国におい

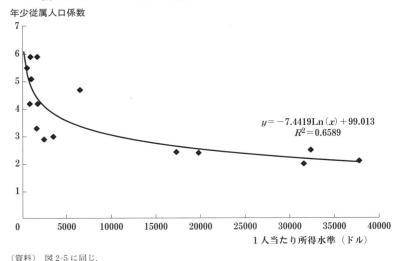

図2-6 アジアの1人当たり所得水準と年少従属人口係数（2007年）

$y = -7.4419\text{Ln}(x) + 99.013$
$R^2 = 0.6589$

（資料）図2-5に同じ．

て独立人口1人が養わなければならない年少従属人口の数は，豊かな国のそれに比べて大きいのである．

3. 人口転換と出生の経済学

アジアの死亡率は第2次世界大戦後大きく低下し，すでに下限近くにある．他方，出生率も低下を始めた．程度の差はあれアジアの人口増加率はピークをこえたのである．アジアの人口増加率は，今後とも低下をつづけていくのであろうか．人口学において一般的な経験則とされる**人口転換**（demographic transition）命題からみる限り，アジアの人口増加率は減速していくと考えていいであろう．

ここで人口転換命題について考えておこう．イギリスの長期人口動態を記したさきの図2-4をもう一度みてみよう．イギリスの「政治経済計画委員会」は，この図の起点にさきだつ時期の人口動態をも想定し，改めて図2-7のような模式曲線を作成し，「人口転換曲線」と名づけた．この模式図により，一国の人

図 2-7 人口転換の模式図

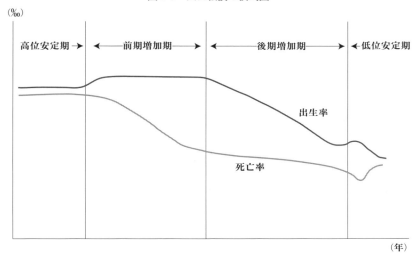

(資料) Political and Economic Planning, *World Population and Resources*, London, Chiswick Press, 1955 を修正.

口は次の 4 つの局面を経過して変化すると説明した.

第 1 局面は,出生率と死亡率がともに高く,それゆえ人口増加率が高位で安定する「高位安定期」である.第 2 局面は,出生率は高位にとどまるものの,死亡率が急減して人口が急増する「前期増加期」である.第 3 局面は,死亡率が次第に下限に近づく一方,出生率が顕著な低下を開始し,人口増加率が下がり始める「後期増加期」である.第 4 局面は,出生率と死亡率がいずれも低水準で均衡する「低位安定期」である.

一国の人口の長期趨勢は,その増加率が低い時期から高い時期にいたり,その後再び低い時期に向かうという「転換」過程を経過するというのが,この模式図の意味である.人口転換は,多くの国々の人口動態に関する多くの実証研究を通じて,高い現実妥当性をもつ経験則だとみなされている.

人口転換命題に鑑みてアジアの人口問題を考える場合,論点となるのは次のことである.すなわち,アジアにおいて死亡率はすでに下限近くにまで達しているのだから,出生率が人口転換命題の示唆するような形で今後低下していく

図 2-8 日本，韓国，台湾の 1 人当たり所得水準と出生率（1951-2007 年）

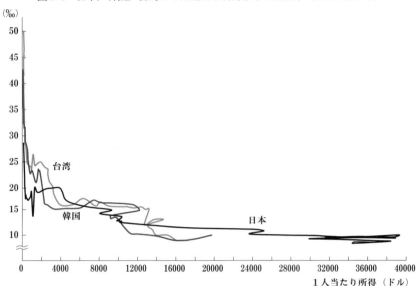

（注1） 日本と台湾は 1951 年，韓国は 1953 年から．
（注2） 1 人当たり所得は名目値．
（資料） Economic Planning Board, *Korea Statistical Yearbook*, Seoul, various years; Council for Economic Planning and Development, Republic of China, *Taiwan Statistical Data Book*, Taipei, various years；内閣府『国民経済計算年報』，総務省統計局『人口推計年報』，同『国勢調査報告』，厚生労働省『人口動態統計』，日本銀行『金融経済統計月報』各年版．

可能性があるのか否かである．

　その可能性は高い．さきの図 2-5 でみたように，アジアの 1 人当たり所得水準と出生率との間には有意な相関がある．一国の出生率の長期趨勢をその 1 人当たり所得水準と結びつけてみても，確かな相関がみられる．図 2-8 は，日本，韓国，台湾の 1 人当たり所得水準と出生率との結合値をプロットしたものである．両者が逆相関（負の相関）関係にあることが理解されよう．

　1 人当たり所得水準の上昇は，なぜ出生率の低下につながるのだろうか．このことを考える枠組みが「出生の経済学」である．これについて以下，みてみよう．

　子供を生み育てるのは両親である．したがって，新たに生まれる子供が両親

にもたらす「効用と不効用」のバランス，これが出生を決定する最も重要な要因である．ここで効用というのは「満足度」，不効用というのは「不満足度」といった意味で理解しておいてほしい．

　発展とともに家庭を取り巻く社会的・経済的環境が変化する．この変化にともない，新たに生まれる子供が両親にもたらす効用ならびに不効用もまた変化する．不効用が効用を上まわれば出生は抑制され，その逆であれば出生が促進される．発展にともなって生じる社会的・経済的環境の変化が，両親というミクロ単位の「フィルター」を通じて子供の数を決定するのである．

　子供を新たにもうけることの**効用**（utility）ならびに**不効用**（disutility）とはなんであろうか．効用には次の3つが考えられる．

　1つは，**消費効用**（consumption utility）である．子供を生み育てることによって両親が得る本能的な充足感，これが消費効用である．この効用を「消費」効用というのは，子供をある種の消費財とみたて，その消費によって満たされる両親の満足度（効用）を想定しているからである．

　2つは，**所得効用**（income utility）である．貧しい社会においては子供は労働の担い手であり，所得の稼ぎ手である．新たに生まれる子供が両親にもたらす所得，これが所得効用である．

　3つは，**老後の安寧保障効用**（security utility）である．所得水準が低く，また年金などの社会保障制度が整備されていない貧しい社会の両親にとって，子供は自分たちが年老いてから後の安寧を保障してくれる存在である．

　以上が出生の効用であるが，不効用には次の2つが考えられる．不効用は子供を生み育てるための「費用」と考えてほしい．1つは，子供に衣食を供し，学校に通わせるための「直接的費用」である．もう1つは，子供の養育によって両親とくに母親が就業機会を犠牲にすることによって生じる「間接的費用」（**機会費用** opportunity cost）である．子供を生まずに就業していれば得られたであろう所得分のことである．子供が学校に通い，子供が就業機会から遠ざけられることによって発生する間接的費用もこれに含まれる．

　この効用と不効用との関連は，経済発展すなわち1人当たり所得水準の上昇とともに変化する．どのように変化するのであろうか．

　経済発展とともに，子供の労働は，機械によって，さらには雇用労働者によ

って代替される．また所得水準の上昇は，子供が得る所得への家計の依存度を減少させよう．さらに，経済発展とともに人々に要求される技能水準が高度化し，子供の労働は難しくなろう．また，義務教育制度や児童労働禁止法などにより，子供は就業の機会からますます遠ざけられる．

社会が一層豊かになってくれば，親は生産年齢の時代に貯めた貯蓄を取り崩すことによって子供に頼ることなく老後を暮らすことが可能になる．豊かな社会であれば，年金制度が整備されるようにもなる．社会保障制度が存在すれば，老後の安寧を子供に頼る必要性も低下し，これも子供の出生数を引き下げる要因となる．こうして出生の効用は発展とともに減少する．

他方，不効用は発展にともなって増加する．生活水準の上昇とともに，子供にもよりよい衣食を与えるようになって，子供を育てることの直接費用は増大する．都市化により住宅の費用が高まり，このこともまた子供を養育する直接費用を高騰させる．学校教育が浸透すれば，そのための費用増加は避けられない．初等から中等，中等から高等へと教育水準が高まるとともに教育期間が長期化する．これは子供の親への依存の期間を長引かせて，養育費用を増加させる．

また母親の雇用機会が拡大し，入手可能な賃金が上昇するにともない，さきにも述べた子供を生み育てることの間接的費用（機会費用）は一段と増加する．子供の教育期間の延長も同様である．

こうした因果関係を考えると，1人当たり所得水準の上昇に応じて，新たに生まれる子供が両親にもたらす不効用は効用を上まわるようになり，そうして出生は抑制される．所得水準の上昇が出生率を低下させる力をその社会のなかにつくりだすのである．

以上のことを簡単に図式化してみよう．$n-1$ 人の子供をもつ両親が，新たに n 番目の子供を生むか生まないかを決めるという場面を想定してみよう．図2-9の上図の横軸に，経済発展水準をあらわす指標として1人当たり所得水準をとる．縦軸は，n 番目の子供が両親に与える効用と不効用の大きさを示す．n 番目の子供の効用線（U_n）は，上で説明した論理からすれば右下がりであり，不効用線（D_n）は右上がりである．それゆえ2つの線は a 点で交差し，これに対応する1人当たり所得水準が y^* である．

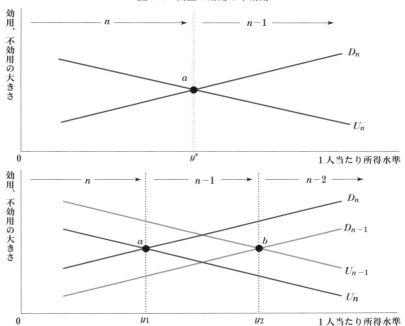

図2-9 出生の効用と不効用

(資料) H. Leibenstein, "An Interpretation of the Economic Theory of Fertility: Promising Path or Blind Alley?" *Journal of Economic Literature*, Vol. XII, No.2, June 1974 を修正して転載.

1人当たり所得が y^* 以下の低い水準の状態であれば，効用の方が不効用より高く，それゆえ n 番目の子供を生もうという両親の選択を促す．しかし，1人当たり所得が y^* 以上の高いレベルになれば，こんどは不効用が効用を上まわって n 番目の子供の出生は見送られよう．以上が，一社会が豊かになるとともに出生率が低下していくことの因果的関係を示す，人口経済学者による最も基礎的な考え方である．

この考え方をもう少し展開してみたものが図2-9の下図である．同図は，このモデルを初めて示した学者の名前をとって，**ライベンシュタイン・モデル (Leibenstein Model)** と呼ばれる．同図で U_n, U_{n-1} はそれぞれ n 番目，$n-1$ 番目の子供が両親にもたらす効用，D_n, D_{n-1} はそれぞれの不効用である．n 番目の子供の効用 (U_n) は $n-1$ 番目の子供の効用 (U_{n-1}) より小さく，逆に

第2章 人口転換 39

図 2-10 限界効用の逓減と限界不効用の逓増

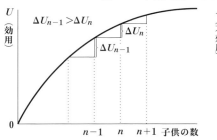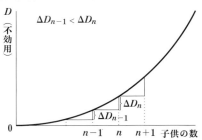

n 番目の子供の不効用（D_n）は $n-1$ 番目の子供の不効用（D_{n-1}）より大きい，と仮定されている．

　この仮定は人間の消費行動を説明する「限界効用逓減法則」に由来している．いずれ「ミクロ経済学」で学習することになろう．消費者（この場合は両親）がある財やサービスの購入量（この場合は子供の数）を「追加的」にふやしていくと，これによって得られる効用の総量は増加するものの，「追加的」な効用は次第に低下（$\Delta U_{n-1} > \Delta U_n$）するというのが経験則である．$\Delta$ 印は，子供の数を1人ふやす「追加」分を示す記号である．逆に，「追加的」な不効用は次第に増加（$\Delta D_{n-1} < \Delta D_n$）する．図2-10のようにである．

　図2-9にもどろう．ある社会の所得水準が非常に低く，例えば y_1 以下にあるとしよう．そこでは効用 U_n が不効用 D_n を上まわり，両親は n 番目の子供を生むことを選択しよう．しかしこの社会の所得水準が y_1 をこえると，こんどは不効用 D_n が効用 U_n を上まわる．そうすると，n 番目の子供の出生はあきらめられ，1人の出生減となる．所得水準がさらに y_2 をこえると，$n-1$ 番目の子供についてもその不効用 D_{n-1} が効用 U_{n-1} を上まわり，$n-1$ 番目の子供の出生も見送られ，2人の出生減となる．所得水準の上昇とともに，両親が生む子供の数は，n 人，$n-1$ 人，$n-2$ 人と減少していくのである．所得水準の上昇にともなって生まれる子供の数がだんだんと減少していくことを示す，最も説得的なモデルがいまなおライベンシュタイン・モデルだといっていい．

第3章 少子高齢化
——アジアの人口はまもなく減少する

本章の課題

1. アジアは人口の「爆発的」な増加期を過ぎて，人口増加率は次第に低下期に入っていることを観察しよう．
2. 合計特殊出生率，人口「置き換え水準」の意味を理解する．
3. アジア各国の人口構成が急速に「少子高齢化」に向かっていることを知ろう．
4. 少子化が始まった国は，次期に生産年齢人口がふえるという「人口ボーナス」を手にする．この「ボーナス」は，さらにその次にやってくる高齢化社会のために有効に用いられねばならない．人口ボーナス論とはどのような考え方かを理解しよう．

---

1. 合計特殊出生率

　アジアにおける「人口爆発」は，発展の初期段階において各国を苦しめた大きな要因であった．しかし，経済発展にともなってアジアの人口増加率は明らかに低下傾向に転じた．現在のアジアにおける人口問題の焦点は，「人口爆発」ではなく，次第に「人口減少」に移りつつある．前章で議論した人口転換命題に即していえば，アジアの各国は高出生率・高死亡率の低人口増加期に始まり，高出生率・低死亡率の「爆発的」な高人口増加期を経て，急速に低出生率・低

死亡率の再度の低人口増加期に入りつつあるとみられる．

　人口学の用語に**合計特殊出生率**（total fertility rate, TFR）という言い方がある．簡単に再生産率ともいう．1人の女性が生涯を通じて生む子供の数のことである．合計特殊出生率は，特定年における全女性の出生状況を，1人の女性の生涯にわたる出生状況と仮定して計測された値である．性比が完全に1対1であり，すべての女性が出産可能であり，かつ出産可能年齢をこえて生存すると想定し，1人の女性が生涯にわたって生む子供の数が2人（男1人，女1人）であれば，一国の人口は不変である．2人以上であれば一国の人口は増加し，2人未満であれば減少する．

　現実には，アジアでは性比において男性の方がやや高く，また出産可能年齢に達する以前に死亡する女性もあり，また不妊の女性や出産を意図的に行わない女性も存在する．それゆえ人口の「置き換え水準」は2.1だと推定されている．死亡数と出生数が同一数となる，つまり死亡数を出生数が「置き換え」て一国の人口数を長期的に一定に保つ合計特殊出生率水準が2.1だというふうに考えてほしい．

　アジア各国の合計特殊出生率を記してみると，2005年において日本は1.3，NIES（新興工業経済群）では韓国ならびに台湾が1.1，シンガポール1.2，香港1.0であり，置き換え水準をすでに大きく下まわっている．所得水準が日本やNIESよりも相当に低い中国でも1.8，タイで1.9であり，値はNIESより高いとはいえ「置き換え」水準の2.1にはいたっていない．

　アジア各国の合計特殊出生率は，今後ともなお減少傾向をつづけるものと予想される．国連の人口統計，ならびに2050年にいたる人口推計にもとづき，日本，韓国，中国，タイ，インドの5カ国について，1950年から2008年までの現実値，2009年から2050年までの推計値を図示したものが図3-1，図3-2である．なお国連推計では，各国の合計特殊出生率は1.85で安定すると考えられており，これを標準推計としている．これ以外にも高位推計，低位推計があるが，ここでは標準推計に依拠した．

　日本と韓国は，1980年代の後半に2.0を下まわって，以降きわめて安定的な低水準を維持している．この傾向は，2050年まで持続するとみられる．中国，タイの合計特殊出生率の低下も著しく，1990年代の中頃に下限にいたり，

図 3-1 日本と韓国の合計特殊出生率の推移（1950–2050 年）

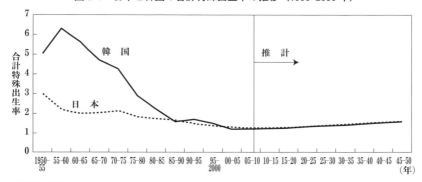

（資料） UN, Department of Economic and Social Affairs, *Demographic Yearbook*, New York, UN Publication, various years; UN, Population Division, *World Population Prospects: The 2008 Revision Population*, Database（http://esa.un.org/unpp/）および各国統計.

図 3-2 中国，タイ，インドの合計特殊出生率の推移（1950–2050 年）

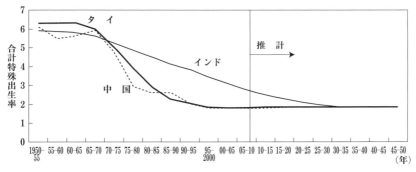

（資料） 図 3-1 に同じ.

下限に近い値を 2050 年まではつづけよう．インドの値の低下はやや緩やかである．しかし，推計によれば，今後 20 年くらいの後に下限に達するであろう．

　もっとも，合計特殊出生率が人口の置き換え水準である 2.1 を下まわれば，一国の人口総数がただちに減少を開始するわけではない．2.1 にいたる以前は，相当長期にわたって 2.1 より高い出生率を維持してきたからである．過去の高い出生率のゆえに，人口の総数は合計特殊出生率が 2.1 を下まわった後もしばらくは増加する．

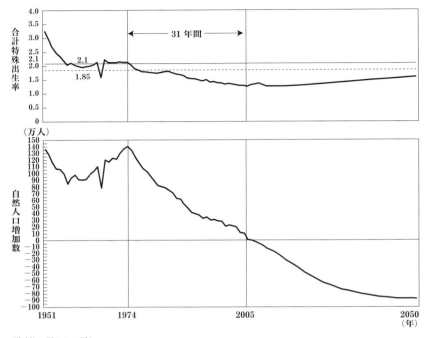

図 3-3　日本の合計特殊出生率と自然人口増加数

（資料）　図 3-1 に同じ．

　日本の事例でいえば，合計特殊出生率が 2.1 を下まわったのは 1974 年であった．以来，ほぼコンスタントな低下をつづけ，2.1 を超えたことは一度もなかった．それゆえ，人口増加数は 1974 年に 134 万 5000 人から 2004 年の 9 万 4000 人まで減少はしつつも，人口増加率はプラスであった．
　しかし，ついに 2005 年には日本の人口増加数はマイナス 2 万 2000 人となった．今後，一時的に増加数がプラスに転じることもないとはいえないが，人口の絶対的減少傾向は恒常化するにちがいない．人口増加数がほぼピークに近かった 1974 年から，これがマイナスに転じるのに要した時間はほぼ 31 年，つまり一世代であった．図 3-3 のような次第である．では同じ計測を韓国とタイについて試みてみよう．韓国（図 3-4），タイ（図 3-5）がそれである．韓国とタイの場合，合計特殊出生率がマイナスとなってから人口の絶対的減少が始まる

44　Ⅰ　開発経済学入門［第 3 版］

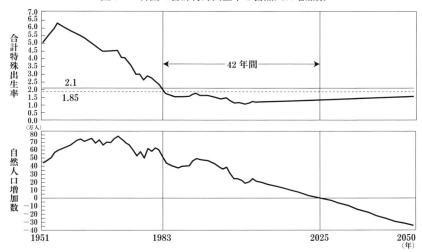

図 3-4　韓国の合計特殊出生率と自然人口増加数

（資料）　図 3-1 に同じ．

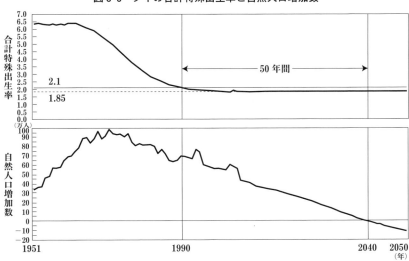

図 3-5　タイの合計特殊出生率と自然人口増加数

（資料）　図 3-1 に同じ．

までの期間は，両国の過去の高い出生率を反映して，日本よりやや長期となる．

合計特殊出生率が今後も低下しつづけ，それゆえ人口増加数も絶対的減少をいつまでも持続するとは考えにくい．国連が各国の合計特殊出生率1.85を標準推計（中位推計）としたのは，これより高い国は低下し，これより低い国は増加して，最終的に1.85に収斂(しゅうれん)するという前提にたっているからである．しかし，この前提が本当に正しいのか否かを断定することはなお難しい．

合計特殊出生率はなぜこのように急速に減少するのであろうか．前章のライベンシュタイン・モデルの示唆するように，一国の所得水準の上昇とともに，「追加的」に生む子供の両親（家族）にもたらす不効用が効用を上まわるようになるからである．もう一度いえば，所得水準の上昇とともに，不効用，つまり追加的に生まれる子供の費用は上昇する．

不効用は，子供の就学率が小中学校はもとより，高等学校，専門学校，大学，大学院へと次々と上昇し，両親の負担する教育費用が高まることから生じる．都市住民はもとより農村においても，高等教育就学熱はアジアにおいてはますます高い．子供の教育費用が増加すれば子供の数を制限せざるをえない．また，アジアにおける女性の教育水準の上昇，社会的地位の向上，女性の就業機会の広がりは，多産つまり子供の数をふやすことの機会費用を高めて，少子化を促す．アジアの各国で未婚率が上昇し，また結婚はしても初産年齢が急速に上がりつつあり，これが女性の一生涯における受胎(じゅたい)期間の短縮をもたらし，少子化の原因となる．

効用の方はどうかといえば，高所得化とともに両親が子供の所得に依存する度合いは小さくなる．高所得化に加えて，年金制度が，いまだ不十分ではあれ，アジアでも次第に充実してきたために，自分たちの老後を子供に依存しようという意識は希薄化しつつある．アジアにおいては，都市はもとより農村においても核家族化が急速に進んでいるのはそのためである．効用の面からみても少子化の傾向には歯止めがかかっていない．

2. 高齢化社会の到来

人口の少子化とならんで高齢化が著しい速度で進んでいることも，アジアの

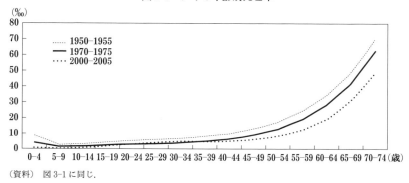

図 3-6　タイの年齢別死亡率

（資料）図 3-1 に同じ．

大きな特徴である．すでに第 2 章でも述べたが，経済発展にともなう国民の所得水準の向上，食糧供給の豊富化，食餌内容の高度化，整備された医療・医学システムの導入，診療所・病院の普及などを考慮すれば，これは当然のことであろう．とくに外的環境に対して脆弱な存在である乳幼児の死亡率の激減が，住民の平均寿命（出生時の平均余命）の長期化に貢献したことは容易に想像されよう．

タイ，インドネシア，中国の 1950～55 年の平均寿命を 2000～05 年のそれと比較すると，タイでは 51 歳から 69 歳へ，インドネシアは 38 歳から 69 歳へ，中国では 41 歳から 72 歳へという驚くべき上昇である．このわずか半世紀におけるアジア各国の平均寿命の延びはタイ 18 歳，インドネシア 31 歳，中国 31 歳に及んでいる．

所得水準の上昇にともなう生存環境の改善により，まずは乳幼児の死亡率が急速に低下することには疑いの余地はない．このことは前章の図 2-3 の模式図で示した．しかし，所得水準の一層上昇した社会においては，乳幼児死亡率の減少はもとよりであるが，これに次いで高齢者自体の死亡率もまた次第にはっきりと減少してくる．

図 3-6 は，タイを事例にして作図されたものである．ある特定時点のある特定年齢層（例えば 55～59 歳）の人口と彼らの 5 年後の人口とを比較して，年齢別死亡率を計測することが可能である．こうした手続きにしたがい，タイを事例にして 1950～55 年，1970～75 年，2000～05 年の 3 時点について作図して

第 3 章　少子高齢化　47

図 3-7 中・高所得国における死亡率減少の態様

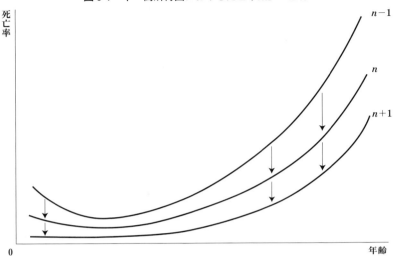

みたのが同図である．3時点間において高年齢層の死亡率が低下していることが明らかである．乳幼児死亡率が減少し，この社会がなお一段の所得水準の上昇に成功するならば，一国人口における高齢人口の死亡率の減少が起こって，その社会の死亡率減少を加速させることになる．タイは一例ではあるが，日本はもとより，NIES などの高所得国，あるいはタイ以外の高所得の東南アジアでも共通して起こっている現象である．これを模式化してみると図 3-7 のようになろう．

したがって，低所得水準にあっていまだ平均寿命の低い国が高所得国へと移行する過程で，その平均寿命が一段とはやい速度で延び，人口構成が高齢化することが予想される．国連による既述した人口統計の標準統計を用いてなされた次のようなきわめて興味深い推計が存在する．一国の総人口に占める高齢者（65歳以上）人口の比率が 7% を超える社会を**高齢化社会**（aging society）と呼び，さらにこの比率が 14% を超えた社会を**高齢社会**（aged society）と称することにしよう．

アジアのなかで高齢化社会を経て高齢社会にまでいたっているのは日本のみである．他の国々の高齢化社会，高齢社会の到達時点は，その多くが推計値で

表 3-1 アジアの高齢化の倍加速度

	高齢化率 7%	高齢化率 14%	倍加年数（年）
日本	1970 年	1994 年	24
韓国	1999	2017	18
香港	1983	2014	31
シンガポール	2000	2016	16
中国	2001	2026	25
タイ	2001	2023	22
マレーシア	2019	2043	24
インドネシア	2017	2037	20
フィリピン	2028	2050	22
ベトナム	2020	2038	18
インド	2022	2049	27

（資料）図 3-1 に同じ．

ある．これを表示したものが表 3-1 である．

　日本は 1970 年に高齢化社会に入り，1994 年に高齢社会にいたった．この間に要した時間は 24 年である．韓国は 1999 年に高齢化社会に入った．推計によれば韓国が高齢社会になるのは 2017 年であり，この間 18 年である．韓国の高齢社会化は日本のそれを「圧縮」したスピードで進む．人口規模において圧倒的な存在が中国である．この中国でもすでに 2001 年に高齢化社会に入っており，高齢社会に入るのは 2026 年である．その期間は 25 年で，日本のそれと変わらない．

　そのほか，いずれのアジアの国々の人口高齢化も，1970 年に始まり 1990 年代の中頃までつづいた日本のそれとさして変わらぬ速度をもって進み，日本より速い国もいくつかみられることに注目されたい．高齢人口比率が 7% から 14% へと 2 倍になる「倍加期間」は，フランス，スウェーデン，ドイツ，イギリスでそれぞれ 115 年，85 年，40 年，47 年であった．現在の，日本を含むアジアの人口高齢化は，先進国の高齢化速度をきわめて著しく「圧縮」して実現されているのである．

3. 人口ボーナス

　アジアは，このようにして人口構成の少子高齢化の真只中にある．少子高齢

化は，一国の経済発展にどのような影響を与えるのであろうか．このことを整合的に考える枠組みとして，近年，開発経済学において注目されているのが「人口ボーナス論」である．いまだ理論としての成熟度は高くはなく，実証研究もそれほど多くはないが，今後，その重要性をましていくものと思われる．ここで一緒に考えてみよう．

　少子高齢化社会といえば，生まれる子供の数が少なく，高齢者の多い現在の日本のような状態を想定するであろう．ここでは少子化と高齢化が同時に存在している．しかしこのような状態になるまでには，いくつかの段階がある．すでに第2章で論じた人口転換模式のことを，ここでもう1度振り返ってみよう．一国の人口は高出生・高死亡率で人口増加率が低い時期に始まり，高出生・低死亡率となって人口増加率が急速に高まる時期を経て，最終的に低出生・低死亡率の低い人口増加率の時期にいたる．この3つの時期を経ながら少子化と高齢化が進展していくのである．

　つまり少子化と高齢化は同時に進むのではなく，その間に時間差（タイムラグ）が存在していると考えなければならない．ここで人口を3つの年齢階層にわけてみよう．1つが，生まれた直後の乳児から15歳未満の人口であり，これが「年少従属人口」と呼ばれることはすでに述べた．この年齢階層の人口は生産や貯蓄には貢献せず，両親や家族の稼いだ所得を消費するというのが通例である．2つが，15歳以上，65歳未満の人口である．この人々が労働力人口であり，労働を通じて所得を手にし，自分や家族のために消費し，さらに貯蓄にも励む人々である．生産年齢人口といわれ，「独立人口」とも称される．3つが，65歳を超えた人口であり，労働から解放され，所得もきわめて少なくなる人々である．みずからが生産年齢にあった時代に蓄積した貯蓄や生産年齢の家族の貯蓄を使って消費をする．これが「高齢従属人口」である．

　人間のライフサイクルを考えれば，これは当然の行動様式である．図3-8は，一人の人間のライフサイクルとともに所得（可処分所得）と消費，したがって貯蓄がどう変化するかを模式として描いたものである．年少従属人口は生産に携わることはなく，稼得する所得もない．同図において所得と消費の差が貯蓄であるが，これは年少従属人口にあってはマイナスである．このマイナスは両親や家族の貯蓄によって満たされる．生産人口にいたって人々は就業に専念し，

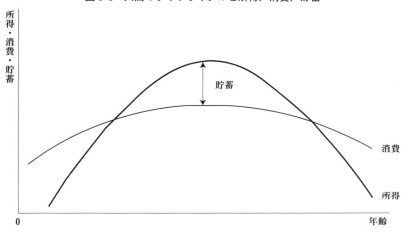

図3-8　人間のライフサイクルと所得，消費，貯蓄

所得を得て，自分や家族の養育のためにこれをあて，さらにはみずからの老後の貯えとする．

　所得と消費の差である貯蓄が最も大きいのは，この生産年齢人口である．高齢層ともなれば，再び所得は少なくなり，消費を下まわる．高齢者の消費は，みずからが生産年齢にあった時に貯めた貯蓄や，現在生産年齢期にある家族の貯蓄に依存する．

　もっとも，年少従属人口を15歳未満，生産年齢人口を15～65歳，高齢従属人口を65歳以上とするのは，あくまで便宜に過ぎない．15歳を過ぎても生産に携わらず，65歳を過ぎても大いに所得を得ている人も少なくないからである．一般的な傾向を示したものであり，各人が属する文化の違いや，その国の発展段階によってこの年齢区分にちがいがでてくるのは当然である．その意味で，ヴァリエーションがあろうが，人間のライフサイクルにともなう所得，消費，貯蓄の変化の原型がこのようなものであることは，常識として理解しておこう．

　さて，いま説明したことは一個人のライフサイクルであるが，一国の全人口の所得，消費，貯蓄を集計したマクロ数値でみてもその基本は変わらない．ミクロでみても，マクロでみても，所得＝消費＋貯蓄だからである．ただマクロ

で語った場合，この貯蓄（家計貯蓄）は，いずれ第10章で述べるように，銀行などの「金融仲介」メカニズムを通じて収益性の高い企業などに融資され，企業はこの融資を受けて投資を行い，より高い経済成長率，したがってより豊かな所得をもたらす原資となる．このことは第10章で再び述べる．

　本題の人口ボーナスに話をもどす．高出生・高死亡率の一国において出生率が低下し，少子化がまず先行的に始まる．すなわち出発点は，図3-9における年少人口比率（0～15歳未満の人口数／全人口）の減少である．この時点では，高齢人口比率（65歳以上人口／全人口）はいまだ低水準にある．年少人口比率の減少は，生産年齢人口比率（15～65歳人口／全人口）を上昇させる．この社会にもし就業機会が十分にあれば，生産年齢人口比率の増加は，この国の労働投入量の規模を大きくし，高い経済成長の実現に寄与する．

　また，少子化にともなう生産年齢人口の比率の増加は，さきに示した個人のライフサイクルと貯蓄との関係からも想像されるように，一国の貯蓄の増加に帰結する．増加した貯蓄は，金融仲介メカニズムを通じて企業の投資（工場の増設，機械や設備の拡充など）に向けられ，さらには国債の購入などに当てられこれを原資として政府がインフラ（発電所，高速道路，鉄道，空港など）に投資（公共投資）したりする．こういう一国の資本（ストック）を増加させる行為は，経済学では**資本蓄積**（capital accumulation）と呼ばれる．この資本蓄積を通じて一国の経済は発展していく．

　さらに，少子化による生産年齢人口比率の増大は，より増加した貯蓄をもってより少なくなった子供に一層高度の教育を施すための資金的な余裕を生みだす．アジアは初等・中等の「教育爆発」の地域として知られる．今日では，高等専門学校や大学など高等教育機関の数が顕著な増加をみせており，学習能力や技能において秀でた若者を輩出している．この事実は，資本蓄積のみならず，高い能力をもつ**人的資本**（human capital）の蓄積が可能となったことを意味する．少子化の貢献はここでも大きい．

　このように少子化は，生産年齢人口比率を増加させ，この増加がさまざまなルートを通じて経済の成長を促すのであるが，これがいわゆる「人口ボーナス」である．しかし，このボーナスの支給はいつまでもつづかない．少子化にも当然ながら下限がある．1人の女性が生涯を通じて生む子供の数が合計特殊

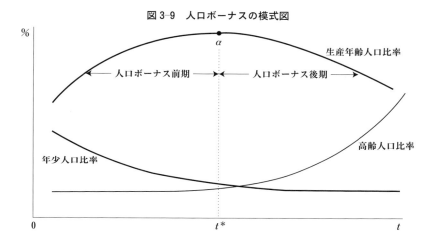

図3-9 人口ボーナスの模式図

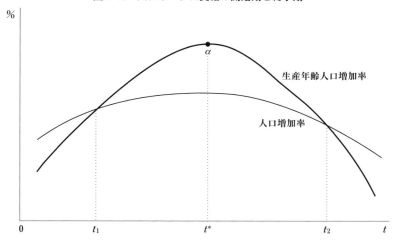

図3-10 人口ボーナス支給の開始期と終了期

出生率である．国連の標準推計ではこの値は1.85であった．これを下まわっているアジアの国々も少なくないが，かといって中長期的にみて1.85を下まわるような値を持続することは，一国レベルでみると考えにくい．いずれにせよ少子化には下限がある．

少子化が下限にいたる過程で，今度は高齢人口の増加が開始される．「年少

従属人口」が減少しても次の段階で「高齢従属人口」が増加し始め,「従属人口」は再び増加に転じるのである.年少従属人口と高齢従属人口とをプラスした従属人口の全人口に占める比率,つまり従属人口比率が最小になった点が,生産年齢人口比率が最大となった時点である.ここで人口ボーナスは最大となる.図3-9におけるα点がそのピークであり,α点に対応する時期がt^*だとすれば,t^*時点までが人口ボーナス前期,t^*時点以降が人口ボーナス後期となる.

　人口ボーナスの後期ともなると,ベクトルは前期とは逆の方向に動きだす.すなわち高齢人口比率の増加により生産年齢人口比率が下降を始め,それにともなって一社会の貯蓄は減少する.貯蓄の減少は,貯蓄の増加期に可能であった労働投入,資本蓄積,人的資本の蓄積などの増加率を次第に減少させ,一国の経済活力を削ぎ,経済成長率の低下を招く.より少なくなった生産年齢人口でより多くなった高齢人口を養わねばならなくなるのである.この社会の貯蓄は減少し,場合によってはマイナスとなってしまうこともある.ここにいたれば,この社会の成長力は減じられてしまうのである.

　ところで,アジアの各国が人口ボーナスを手にすることのできた時期は,具体的にいつであったか.今後,ボーナスを手にすることができるとして,その時期はいつか.このことを計測するにはそのための基準が必要であるが,いまだ定まったものはない.しかし,生産年齢人口比率が上昇に転じた時点で人口ボーナス期が始まり,生産年齢人口比率が下降する過程で人口ボーナス期が終了すると考えることは合理的であろう.生産年齢人口比率の上昇は,この比率が人口全体の増加率を上まわった時点であり,生産年齢人口比率の低下は,この比率が人口全体の増加率を下まわった時点と符合する.それゆえ,人口ボーナスの開始と終了は,図3-10のように描くことができる.生産年齢人口増加率のピークαは,図3-9のαと同じである.$t_1 t^*$期が人口ボーナス前期,$t^* t_2$期が人口ボーナス後期である.

　大泉啓一郎氏はこの計測の方法にしたがって,表3-2のようにアジア各国の人口ボーナス期を特定化した.これによると,人口ボーナスの全期間を終了したのは日本のみである.日本の人口ボーナス期は1930-35年に始まり,1990-95年に終了し,その持続期間は60年に及んだ.1955-70年が人口ボーナス期

表 3-2 アジアの人口ボーナスの期間

	人口ボーナスの期間（年）		1人当たりGDP
	始点	終点	2008年（ドル）
日本	1930–35	1990–95	38,559
NIES			
韓国	1965–70	2010–15	19,505
台湾	1960–65	2010–15	17,040
香港	1965–70	2010–15	30,755
シンガポール	1965–70	2010–15	38,972
中国	1965–70	2010–15	3,315
ASEAN			
タイ	1965–70	2010–15	4,115
マレーシア	1965–70	2035–40	8,141
インドネシア	1970–75	2025–30	2,246
フィリピン	1965–70	2040–45	1,866
ベトナム	1970–75	2020–25	1,040
インド	1970–75	2035–40	1,016

（資料）大泉啓一郎『老いてゆくアジア』中公新書，2007年に加筆．

の前期に相当し，この間，年少人口比率は34%から24%に減少する一方，高齢人口比率の伸びは緩やかであり，生産年齢人口比率は60%から69%にまで上昇した．この期間の年平均経済成長率は実に9.3%であった．しかし，1970年を過ぎる頃から高齢人口の増加が始まり，生産年齢人口比率は急速に減少した．1970–95年の経済成長率は3.2%となってしまった．日本の高成長時代はこのあたりで終焉したのである．

台湾の人口ボーナス期は1960–65年，韓国，香港，シンガポールなどの他のNIES（新興工業経済群），さらにタイ，中国の人口ボーナス期は1965–70年に始まり，国連人口推計の標準推計を用いれば2010–15年に終了することが推定されている．台湾についていえば，人口ボーナス前期は1960–65年に始まり，1985年までであった．この間，年少人口比率は45%から30%に低下，生産年齢人口比率が53%から65%に上昇し，経済成長率は8.7%であった．しかし，1985年以降，高齢人口比率の増加により生産年齢人口比率が下がり，経済成長率も3%台へと低下してしまった．国内貯蓄率についていえば，日本のピークは1991年の34%，台湾のそれは1987年の39%であり，以降，これが

増加傾向に転じることはなかった.

この表でもう1つ注目してほしいのは,次の点である. 2008年における1人当たりGDP (国内総生産額) は日本に比べてNIESが低く, 東南アジアの国々, 中国, インドなどはそれより一段と低い. それにもかかわらず, これらの低所得国が人口ボーナスを手にできる期間は, それほど豊富に残されてはいないのである.

ところで, 人口ボーナスの存在を確認するというのは, 単なる知的遊戯ではない. 少子高齢化の過程で手にすることのできるこのボーナスを最大限有効に用いるためにはなにをなすべきかが, この議論のポイントである. 大泉氏の指摘によれば, 「人口ボーナスの期間は, 開発途上国にとって先進国に追いつくためのよいチャンスであり, 将来やってくる高齢社会に対する準備期間といえる. つまり開発途上国は, その効果を十二分に吸収し, 豊かな高齢社会を実現するための経済社会的基盤を構築しておく必要がある」(表3-2の資料文献) ということになる.

人口ボーナスとは, いずれの国にとっても必ずやってくるものだというよりも, やってくるはずのポテンシャル(潜在力)である. そのポテンシャルを顕在化して確かなボーナスとして受け取るためには, それに相応しい政策努力が必要なのである.

少子化によって生産年齢人口が相対的に増加しても, これを実際に雇用する場がなければ失業者をふやすだけに終わる. より生産性の高い就業の場につかせるための産業構造高度化や労働市場の流動化, それを可能にする生産年齢にある人々の技能や学習能力を向上させるための政策努力が必要とされよう.

また, 生産年齢人口の増加によって貯蓄が増加しても, この増加した貯蓄を生産性の高い企業部門に仲介していくための金融機関が整備されていなければ, 高貯蓄が高生産性として結実することは難しい. 金融システムの整備が必要である.

なによりも, すぐにやってくる高齢化社会のための効率的な年金システムのための制度設計がなされねばならない. 人口ボーナスとは, より豊かな高齢化社会を迎えるための資金源だという捉え方が重要である.

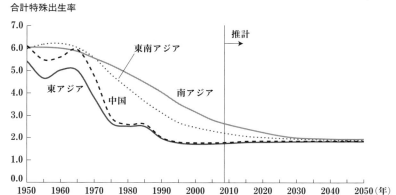

図 3-11 アジアの合計特殊出生率推計（実績と予測，1950-2050 年）

（資料）UN, Population Division, *World Population Prospects: The 2008 Revision Population*, Database (http://esa.un.org/unpp/).

4. アジア人口の将来

それでは，アジアの人口の将来はどうなるのだろうか．国連による 2050 年までの標準推計にもとづいて作成されたものが図 3-11，図 3-12，図 3-13 である．もちろん，2008 年までの数値は実績値である．同図でいう東アジアとは日本，韓国，台湾，香港の 4 カ国であり，東南アジアとはミャンマー，タイ，マレーシア，シンガポール，インドネシア，フィリピンの 6 カ国である．南アジアはネパール，インド，パキスタン，バングラデシュ，スリランカの 5 カ国から構成される．

合計特殊出生率は，すでに指摘したように 1 人の女性が生涯を通じて生む子供の数をあらわす人口学の言葉である．東アジアと中国の合計特殊出生率は 1990 年頃から 2.0 を下まわった．東南アジアと南アジアの同比率は東アジアに比べればなお高い．しかし，東南アジアと南アジアの合計特殊出生率も 1 世代の後に 2.0 水準に収束しそうである．したがってその人口増加率も東アジアを後追いしながら減速をつづけるであろうことが，図 3-12 から示唆される．

高水準に保たれてきたアジアの人口増加率は合計特殊出生率の低下を通じて

第 3 章　少子高齢化　57

図 3-12　アジアの人口増加率（実績と予測，1950-2050 年）

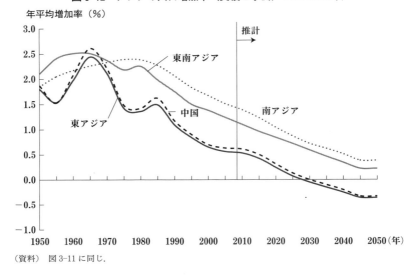

（資料）　図 3-11 に同じ．

図 3-13　アジアの独立人口比率（実績と予測，1950-2050 年）

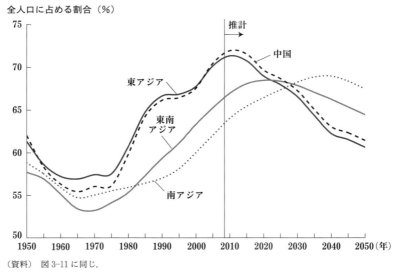

（資料）　図 3-11 に同じ．

次第に減少していく．そうであれば，14歳から64歳までの人口（独立人口）の総人口に占める比率（独立人口比率）は当然上昇するであろう．しかし，合計特殊出生率が現在2.0を下まわるところで安定している東アジアと中国の独立人口比率はまもなくピークを迎え，以降，急速な減少を余儀なくされよう．東南アジア，南アジアは，東アジアの現在の水準にいたるまでこの比率をしばらく増大させていくであろうが，これもやがて減少に向かうであろう．

第 4 章　「緑の革命」
——農業の技術進歩はいかにしておこるか

本章の課題

1. アジアの人口増加率は低下傾向にあるが，過去の高い増加率の結果，人口の絶対数は依然として増加しており，他方，土地は希少であることを理解する．
2. 土地が希少になれば，一定面積の土地から得られる農産物をふやさなければならない．そのために必要なものが高収量品種の開発，ならびにその導入と普及である．高収量品種の開発・導入・普及によりアジア各国の単収は大いに上昇した．アジアにおける「緑の革命」の事実を検討する．
3. 「緑の革命」とは，増加する人口と希少化する土地が「誘発」した技術進歩である．「緑の革命」の成果を手にするには，化学肥料の投入と灌漑（かんがい）面積の拡大が必要である．アジアがこの両面でみせた実績を観察する．
4. 意欲ある諸君は，「緑の革命」が経済学的にどのように説明されるかについて，章末の補論で学んでほしい．

---

1. 増加する人口　消滅する耕地

　アジアの国々の人口増加率は，前章で述べたように確かに低下傾向にある．しかし，近年にいたるまで長らくつづいた高い人口増加率のために，人口はなお過剰状態にあることは忘れられてはならない．
　人口過剰とは，なによりも耕作可能な土地（可耕地）に対してである．アジ

アが人口過剰な地域であるのは，大きな河川が海に注ぎ込むあたりに形成された沖積土デルタを中心に，肥沃な水稲耕作地を豊富に擁してきたことの結果である．逆に肥沃度の劣る砂漠では，人口は増加しようがない．

米は，多様な栄養素をバランスよく含んだ文字通りの「主食」である．それゆえ米の「人口扶養力」は，他の食糧作物に比べて格段に高い．アジアが稠密な人口を抱えるようになったのは，水稲耕作が可能にした「豊かさ」のゆえなのである．渡部忠世教授によれば，1平方キロメートル当たりの土地で扶養可能な人間の数は，焼畑 17〜25 人，陸稲 25〜30 人であるが，水稲は実に 600〜700 人に達するという（矢野暢編著『東南アジア学への招待』日本放送出版協会，1977 年）．

アジアの**農業**（agriculture）は，かつて焼畑農法によるタロイモ，ヤムイモ，マメなどの生産が中心であった．これがオカボと呼ばれる陸稲生産の段階を経て，沖積土デルタでの水稲生産の段階にいたった．水稲がアジアに広まったのは，過去 200 年ほどのことである．とくに 20 世紀に入る頃から，タイのメナムチャオプラヤ・デルタ，ミャンマーのイラワジ・デルタ，バングラデシュのガンジス・デルタなどの開発が本格化して米の生産力が急上昇した．

水稲の導入により，アジアの人口は爆発的に増加した．この激しい人口増加により，可耕地のフロンティアが次第に消滅していったのである．実際のところ，アジアの可耕地はこの二十数年間まったく増加していない．人口増加が都市への人口流出を招き，これにより耕地の潰廃が進み，可耕地が減少した国もある．「砂漠化」による耕地減少も珍しくない．

広大な土地を擁しているかにみえる中国が，実はその典型である．中国は「地大物博」，つまり土地が広大で産物の豊かな国だというイメージで語られることが多い．しかし，現実はこの言葉のイメージとは逆に，中国の耕地不足はかねてより大変に厳しいものであった．

中国政府の国土調査の結果によると，国土面積に占める可耕地面積の比率はわずか 11.3% である．しかも可耕地の 74% が単収の低い乾燥農業地帯であり，収量の高い水稲耕作地帯は 26% に過ぎない．中国の可耕地面積比率は世界的にはもちろんのこと，人口過剰のアジアのなかでも最も低い国の 1 つである．国土の大半はゴビ砂漠，タクラマカン砂漠，チベット高原，その他の耕作不適

表 4-1　アジアの 1 人当たり可耕地面積（1961-2007 年）

（単位：ha）

国　名	1961 年	1970 年	1980 年	1990 年	2000 年	2007 年
ベトナム	0.157	0.132	0.120	0.100	0.096	0.075
インド	0.351	0.300	0.240	0.200	0.160	0.141
バングラデシュ	0.155	0.140	0.100	0.090	0.066	0.050
パキスタン	0.354	0.290	0.240	0.180	0.163	0.133
スリランカ	0.058	0.160	0.130	0.110	0.103	0.949
中国	0.157	0.122	0.100	0.080	0.107	0.107
ミャンマー	0.460	0.380	0.300	0.250	0.209	0.216
インドネシア	0.188	0.150	0.170	0.170	0.163	0.157
フィリピン	0.176	0.190	0.120	0.160	0.128	0.098
タイ	0.365	0.380	0.390	0.370	0.288	0.238
マレーシア	0.099	0.360	0.350	0.390	0.324	0.267
韓国	0.079	0.070	0.060	0.050	0.041	0.033
台湾	0.073	0.060	0.050	0.040	0.038	0.036

（資料）Asian Development Bank, *Key Indicators*, Manila, various years; IRRI のホームページ（http://beta.irri.org/solutions/index.phpoption=com_content&task=view&id=250）.

地によって占められる．元来が耕地不足の中国において，可耕地面積はなお相当の速度で減少しているのである．

　アジアの可耕地は厳しく制約されている．その一方，アジアの農業人口は増勢をつづけた．表 4-1 はアジアの 1 人当たり可耕地面積を 6 時点についてみたものである．ごく一部の国を除いて，アジアの 1 人当たり可耕地面積が急速に減少していることがわかる．人口過剰アジアの農業は零細性をもって特徴としてきたが，人口増加にともないその零細性はいよいよきわだったものになった．

　1 人当たりの可耕地面積が減少したのである．単位面積当たりの収量（単収）の改善を図らなければ，人口 1 人当たりの食糧つまりは所得水準の低下は避けられない．アジアは強まる**人口圧力**（population pressure）と単収との厳しい「競合」のもとにおかれているといっていい．いかにしてこの競争に勝つか．このことを模式的にみてみよう．

　第 1 章で示した収穫逓減曲線（図 1-2）をもう一度参照してほしい．同図は一定面積の土地に増加した農民（L）を追加的に投入していくと，生産量は増加するものの，その増加率が次第に減少するという経験則であった．改めてこ

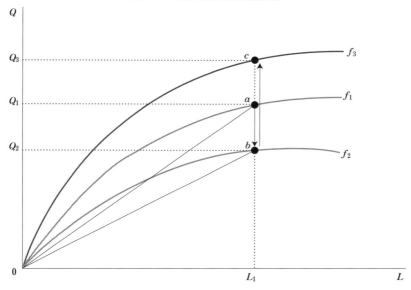

図4-1 収穫逓減曲線と技術進歩

れを記したものが図4-1である.

アジアの可耕地面積は，一定ではなく減少の傾向にある．可耕地面積が減少したのであれば，この減少した面積の土地に農民を投入していくと，その収穫逓減曲線はf_1ではなくf_2へと下がってしまう．f_1の場合，一定の農民（労働力）L_1を投入して得られる収穫量はL_1aであったが，f_2の場合にはL_1bへと減少する．

すなわち，農民1人当たりの収穫量は，$L_1a/0L_1$から$L_1b/0L_1$へと下がってしまうのである．可耕地面積の減少によって生じた収穫量の減少分abを打ち消し，さらに収穫量を上げるためには，単収をbからa，さらにaからcへと引き上げねばならない．そのための努力が農業の**技術進歩**（technological innovation）である．

人口増加によって生じた1人当たり可耕地面積の狭隘化は，農民1人当たりの収穫量を減少させる．この減少を取り戻し，さらに収穫量を増加させることが可能か否か．アジアの農業は，人口増加と収穫量増加との「競合」によって

第4章 「緑の革命」 63

表 4-2 アジアの米の単収 (1960-2008 年)

(単位:kg/ha)

国　名	1960 年	1970 年	1980 年	1990 年	2000 年	2008 年
ベトナム	1,992	2,141	2,166	2,991	4,140	4,883
インド	1,524	1,687	2,006	2,611	2,874	3,372
バングラデシュ	1,640	1,688	2,022	2,566	3,457	4,009
パキスタン	1,310	2,198	2,426	2,317	3,032	3,259
スリランカ	1,590	2,249	3,134	3,484	3,705	4,292
中国	1,896	3,399	4,130	5,726	6,272	6,610
ミャンマー	1,689	1,701	2,225	2,855	3,095	2,612
インドネシア	2,053	2,375	3,493	4,345	4,440	4,880
フィリピン	1,159	1,638	2,233	2,879	3,105	3,821
タイ	1,685	1,980	1,888	1,955	2,613	2,752
マレーシア	2,182	2,407	2,958	3,050	3,262	3,567
韓国	3,703	4,548	4,853	6,215	6,714	6,993
台湾	3,384	4,304	4,675	5,033	5,606	5,782

(資料) IRRI のホームページ (http://beta.irri.org/solutions/images/stories/wrs/wrs_jun09_2009_table03_usda_yield.xls).

特徴づけられる．そしてアジア農業はこの競合に打ち勝つ能力を，ようやくにして身につけたのである．

2. 緑の革命

　米の**土地生産性** (land productivity) すなわち単位面積当たり収量の変化を，IRRI (国際稲作研究所) の資料により，最近年の 2008 年にいたる 6 時点でみたものが，表 4-2 である．土地生産性のレベルは，国によって相当に異なる．しかし，いずれの国でも，この半世紀に近い期間における増加は明瞭である．

　アジアの米の土地生産性をこのように顕著な速度で上昇させたものはなにか．1970 年代に入って以降，稲作農業を中心に試みられた**高収量品種** (high yielding varieties) の開発，ならびにその導入・普及である．アジアにおける高収量品種の開発・導入・普及の姿は**緑の革命** (green revolution) と呼ばれる．

　アジアにおける在来の米品種は**インディカ種** (Indica rice) である．インディカ種の稲は草丈が高く，そのために収穫前に倒伏しやすい．それゆえ，藁に比べて籾の収量 (籾／藁比率) が低いという宿命をもってきた．

図4-2 米の在来種と高収量品種

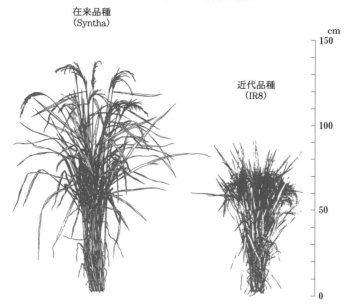

（注） 左がインドネシア原産の Syntha と呼ばれる在来種．右が高収量品種の IR8．
（資料） D.Dalrymple, *Development and Spread of High-Yielding Rice Varieties in Developing Countries*, Washington, D. C., U. S. Agency for International Development, 1986［速水佑次郎『開発経済学——諸国民の貧困と富（新版）』創文社，2000年より転載］．

　アジアの稲作農業は長い間，氾濫水や天水田に頼り，灌漑栽培は少なかった．**灌漑**（irrigation）とは，河川や湖から水を秩序正しくひいて田畑を潤すことをいう．灌漑施設の貧弱な地域で，乾期の水不足を回避しながら稲作をつづけるためには，深水の圃場での栽培が不可欠であった．そのうえ，雑草との競争に打ち勝つためには草丈の高い水稲種がどうしても必要であった．インディカ種はアジアの伝統的な稲作状況に適合する合理性をもっていたのである．
　しかし，在来種インディカの土地生産性つまり単収は低い．1960年代の前半期には，アジアの米の単収は日本の3分の1程度であった．単収を上げようと在来種に肥料を施すならば，葉が茂り過ぎて倒伏してしまう（過繁茂）．在

図4-3　アジアの米の高収量品種導入面積

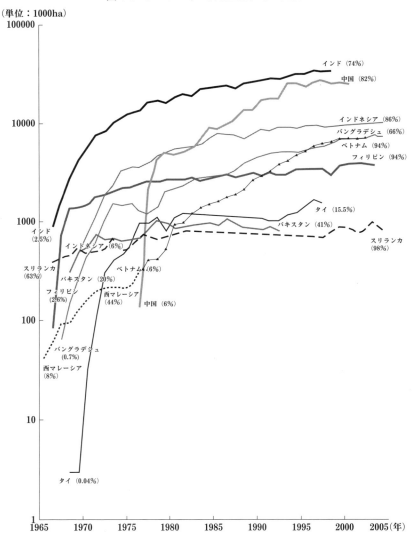

(注)　縦軸は対数表示．図中のカッコ内の％は，総米作面積に占める高収量品種導入面積の比率．
(資料)　International Rice Research Institute, *World Rice Statistics 1993-95*, Manila, 1995.
　　　IRRI のホームページ（http://www.irri.org/science/ricestat/pdfs/Table%2034.pdf および http://beta.irri.org/solutions/images/stories/wrs/wrs_jul30_2009_table34_mvarea.xlls）．

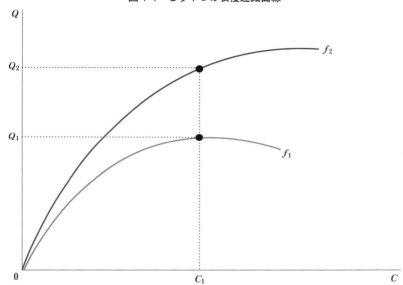

図4-4 もう1つの収穫逓減曲線

来種に対する肥料の増投は米の増収にはつながらなかった.

この状況に鑑みて，ロックフェラー，フォードの二つの財団は，1962年にマニラ郊外のロスバニョスにあるフィリピン大学農学部の構内に**国際稲研究所**(International Rice Research Institute, IRRI) を設立して，高収量品種の開発研究を開始した．そして，1960年代の後半には，草丈が短くて太い（短稈，強稈）ために容易に倒伏せず，さらに葉が直立して効率的な光合成を可能とする品種の開発に成功した．在来種に比べて単収の格段に高い品種の登場であった．この高収量品種の圃場への導入が開始されたのである．図4-2から在来種と新品種の形状のちがいが識別されよう．近代品種の籾／藁比率が在来種のそれに比べてはるかに高いことが，一見して明らかである．図4-3は，高収量品種導入面積がアジアの国々において劇的な増加をみせたことを伝えている．

3. 化学肥料投入

「緑の革命」を生みだした高収量品種とは，正確にいえば「多肥多収性改良

第4章 「緑の革命」 67

品種」のことである．在来種に対して**肥料（fertilizer）**の増投をつづけても，投入された肥料に「感応」して生産が直線的に伸びていくことはない．単位面積当たりの肥料投入量（C）をふやすとともに，図4-4にみられるように生産（Q）自体は増加するが，その増加率は次第に逓減し，やがてピークを迎える．もう1つの「収穫逓減法則」ともいうべき農業の経験則である．

図4-4におけるf_1が，父祖伝来の旧い生産方法を用いた場合の収穫逓減曲線である．ここではC_1以上の肥料投入（単位面積当たり）は単収の増加には貢献しない．そのために，C_1の肥料投入によりよく感応して一層多くの収量（$0Q_1 \to 0Q_2$）をもたらす，f_2のような軌跡を描く新品種を創出する努力が誘発される．日本の農業発展の歴史のなかにこのことは最もよくあらわれている．日本の経験は，アジアにおける「緑の革命」の意味を考えるうえでも重要である．

日本の耕地は少ない．それゆえ日本の農業における最も重要なテーマは，肥料感応度の高い新品種をいかにしてつくりだすかにあった．明治維新による封建的拘束の廃止は，全国的規模での農民組織による種子交換会を一般化させた．各地の種子の交配を繰り返して「神力」「愛国」「亀の尾」などを開発し，これを全国くまなく普及させた．これらは経験に富む篤農家の手によって結実した技術という意味で「老農技術」と呼ばれた．この技術は日本の在来農法を変化させ，稲作生産力を高揚させた．

しかし大正期に入って，肥料はそれまでの満州産大豆粕などの自然肥料から硫安（硫化アンモニア）などの化学肥料にかわった．低価格による化学肥料の入手が可能になるとともに，それまでの老農技術よりもさらに肥料感応度の高い改良品種が，公共農事試験場の努力を通じて生まれた．「旭」「陸羽132号」「農林1号」「農林8号」などが開発され導入・普及し，第2次世界大戦後にいたった．こうした努力を通じて日本の米の単収は劇的な増加をみせた．

アジアにおける「緑の革命」とは，日本のこの経験と同じように，**肥料感応度（fertilizer response）**の高い改良品種を開発し，これを実際の圃場に導入し，普及させる試みである．

導入・普及のためには，1つには，肥料の集約的利用が不可欠であった．アジアの単位面積当たり化学肥料投入量は，表4-3にみられるように，顕著な拡

表 4-3　アジアの化学肥料投入量（1961-2005 年）

（単位：kg/ha）

国　名	1961 年	1970 年	1980 年	1990 年	2000 年	2005 年
ベトナム	19	67	58	89	303	271
インド	10	60	138	282	377	474
バングラデシュ	3	14	40	89	121	158
パキスタン	35	188	559	895	1,247	1,553
スリランカ	147	146	235	244	321	352
中国	28	136	453	825	1,142	1,694
ミャンマー	1	5	21	26	34	30
インドネシア	20	30	125	243	215	292
フィリピン	22	63	97	171	182	195
タイ	3	12	30	119	158	169
マレーシア	161	277	651	1,374	1,787	2,300
韓国	280	468	651	770	731	737
台湾	849	874	2,135	2,993	3,699	4,243

（注）　耕作地における化学肥料の総消費量で計測した．
（資料）　IRRI のホームページ（http://beta.irri.org/solutions/images/stories/wrs/wrs_jun09_2009_table02_usda_area.xls および http://beta.irri.org/solutions/images/stories/wrs/wrs_jul30_2009_table40_totalnpk.xls）．

大をみせた．無肥料に近い状態から出発した南アジアはもちろんのこと，東南アジアの投入増加も加速的であった．2つには，投入された肥料を稲によりよく感応させるよう，氾濫水を用いた在来農法にかえて，圃場の水をコントロールする灌漑農法への転換が必要である．アジアが緑の革命の成果を掌中に収めたのは，この2つの条件を整備したことの結果である．

　灌漑面積については比較可能な信頼できる統計がないが，図 4-3 にみられる，各国の米の高収量品種導入面積の拡大は，すなわち灌漑面積の拡大とほとんど同義であると考えていいであろう．

　ところで，緑の革命は「一回限り」の革命ではない．肥料感応度の高い高収量品種（近代品種Ⅰ）をつくりだして，これを圃場で普及・拡大させても，しばらくすると病虫害によって収量が激減してしまうこともある．そうすると病虫害抵抗性の高い品種をつくりだす新たな研究努力がなされ，次の高収量品種（近代品種Ⅱ）が開発され，その普及・拡大がなされる．

　しかし，土壌の条件や日照時間などは各国によってさまざまであり，既存の高収量品種をベースに各地の条件によりよく適合する品種（近代品種Ⅲ）を開

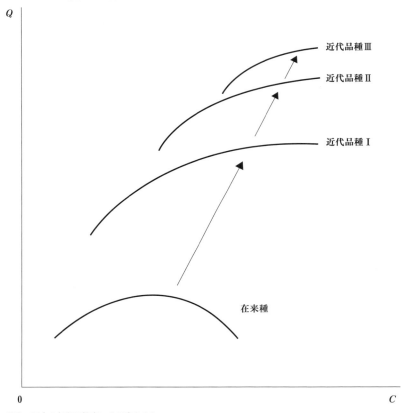

図 4-5　高収量品種の持続的な開発・普及・拡大の模式図

(注)　図中の矢印は筆者による書き入れ．
(資料)　大塚啓二郎「東アジアの食糧・農業問題」(http://www.esri.go.jp/jp/tie/ea/ea2.pdf#search).

発し，これを普及・拡大する努力がつづけられた．「革命」というよりは「持続的」努力の繰り返しによって，アジアの米の単収はコンスタントな増加をみせてきたのである．大塚啓二郎氏は，「緑の革命は瞬時に発生した革命的な変化ではなく，長期にわたって改良を続けるという展開構造を有している」と述べ，上述した「繰り返し」の努力の結実を図 4-5 のような形になることを示している．横軸 C は単位面積当たりの肥料投入量，縦軸 Q は米の単収である．

すなわち，この図における在来種が図 4-4 における f_1 であり，近代品種 I

が図4-4のf_2に相当するものと考えてよいが,事実はここでとどまってしまうのではない.病虫害に抵抗力をもつ近代品種IIが創出され,さらに各生産地の条件に適合する近代品種IIIが開発され,普及・拡大するという「展開構造」(大塚啓二郎)が観察されるのである.

補論:「緑の革命」の経済学

アジアを「救済」したものが「緑の革命」である.この革命は,経済学の理論的枠組みを使ってどのように説明できるであろうか.結論として導かれる模式図が図4-9である.やや難解と思われるので,この部分に入るか否かは読者の自由にまかせる.この部分をスキップしても,次の理解には支障はない.

「緑の革命」とはいかなる農業の技術進歩なのであろうか.1人当たりの可耕地面積の減少に抗し,土地生産性の増加をめざしてなされる技術進歩のことである.可耕地に対する人口圧力が誘発した技術進歩だといってもいい.図4-1のf曲線をf_2からf_1,f_1からf_3へとシフトさせる技術進歩であり,このシフトが可耕地に対する人口圧力によって誘発されるのである.

この技術進歩は,後の図4-9における最適生産点のbからcへのシフトとしてあらわれるが,このことを理解するためには若干の経済学的な予備知識が必要である.

農民が一定の可耕地(R)にみずからの労働(L)を投入して,父祖の時代から引き継いできた伝統的な方法により米(Q)を生産するという状況を想定してみよう.この関係は,

$$Q=f(R, L)$$

とあらわされる.これが**生産関数**(production function)である.可耕地と労働は**生産要素**(factor of production)と呼ばれる.RとLを結びつけ,$f(\ )$で表現される方法(技術)によりQを生産するのである.

図4-6において,横軸は労働量,縦軸は可耕地である.可耕地に労働力を投入して生産される同一量の米生産の軌跡(きせき)がq線で示される.q線は**等生産量曲線**(isoquant)と呼ばれる.等生産量曲線とは同一量の米を生産するのに必要な労働量と可耕地との結びつきの軌跡である.

同一量の米の生産は,1単位の労働力と6単位の可耕地とを結びつけることによっても,3単位の労働力と2単位の可耕地を結びつけることによっても,さら

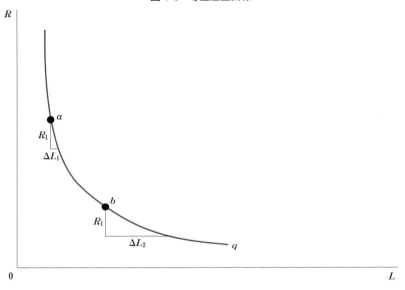

図4-6 等生産量曲線

には6単位の労働力と1単位の可耕地を結びつけることによっても可能である．

等生産量曲線は原点に対して凸の形状をなしている．可耕地が労働力に比べて豊富に存在する a 点のような場合には，可耕地1単位（R_1）の減少によって埋め合わせねばならない労働量（ΔL_1）は小さい．しかし，可耕地が労働力に比べて希少となる b 点の状態ともなれば，可耕地1単位の減少によって埋め合わせねばならない労働量（ΔL_2）は大きくなるのである．

なぜそうなるのか．収穫逓減法則を思いおこしてほしい．収穫逓減法則によれば，一定の可耕地に対する労働の投入量が少ないときには，追加的1単位の労働が生みだす生産量（**限界生産性 marginal productivity**）が高い一方，一定の可耕地に対して労働の投入量が多くなると，追加的1単位の労働が生みだす生産量は低くなる．

それゆえ，同一量の生産量を得るために可耕地1単位の減少によって埋め合わせねばならない労働量は，可耕地が豊富にある場合には，労働の限界生産性が高いためにわずかですむ．しかし，可耕地が希少になれば，労働の限界生産性が低くなるためにより多くの労働量を必要とする．等生産量曲線が原点に対して凸になるのはそのためである．等生産量曲線がこのように与えられたとして，それで

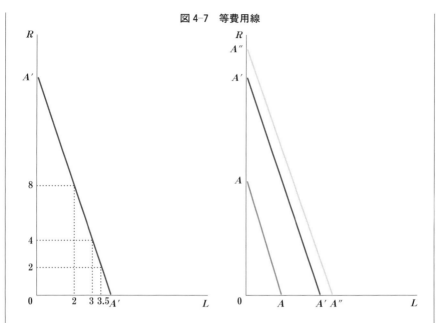

図 4-7 等費用線

は現実の生産点はどこで決まるのであろうか.

米の生産には当然費用がかかる. 農民には賃金, 土地には地代を支払う. この費用が最小の点で**最適生産点**（optimal output point）が決まる. 米生産の費用はどのように図示されるであろうか. 労働の価格つまり賃金が4万円, 土地の価格つまり地代が1万円であるとしよう. そうすると図 4-7 の傾きがマイナス4の直線上に存在するすべての点が同一の費用を示す. これが**等費用線**（equal cost curve）である. 例えば $A'A'$ 線を想定して, その総費用を 16 万円としよう.

労働を2単位雇用（2×4=8万円）し, 土地を8単位購入（8×1=8万円）した場合の総費用は 16 万円（=8 万円＋8 万円）である. しかし, 労働を3単位雇用（3×4=12万円）し, 土地を4単位購入（4×1=4万円）した場合（=12万円＋4万円）でも, 労働を 3.5 単位雇用（3.5×4=14 万円）し, 土地を2単位購入（2×1=2万円）した場合（14万円＋2万円）でも, 総費用はいずれも 16 万円である.

図 4-7 の右図には, これ以外の等費用線も描かれている. 多様な等費用線と1つの等生産量曲線を同一図上で示したものが図 4-8 である. 選択される最適生産点は a である. なぜならば, 等生産量曲線上の a 以外のいずれの点が選ばれて

図 4-8 最適生産点

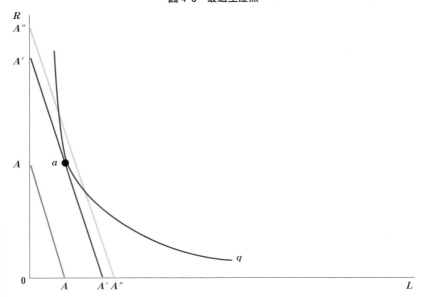

も，これは最適点ではない．$A''A''$ であれば $A'A'$ より高い総費用を要する（より高い等費用線となる）し，AA であれば所定の米生産は不可能である（総費用が足りない）．

ところで，ここまでは米の生産方法が 1 つだという前提で話を進めてきた．しかし，現実には米の生産方法は 1 つではない．わずかな労働量を豊富な土地と結びつけてなされる「土地集約的」な生産方法もあれば，逆に多くの労働量を希少な土地につぎ込んでなされる「労働集約的」な生産方法もある．図 4-9 において前者の等生産量曲線が q_1 であり，後者が q_2 である．

q_1，q_2 は，それぞれ異なった生産方法による個別の等生産量曲線である．これらの等生産量曲線はいずれも同一の生産量をもつ．したがって q_1，q_2 はいずれもより大きな等生産量曲線 β のうえに乗っている，と考えてほしい．

これだけの知識を前提にして考えてみよう．当初の米の等生産量曲線を q_1 とし，等費用線を AA とすれば，その接点 a で最適生産点が決まる．しかし，時の経過とともに，人口したがって労働力が増加する．他方，可耕地は増加しない．とすれば，地代は賃金に比べてますます高いものとなる．したがって，農民は可耕地を「節約的」にして使い，労働を「集約的」に使うよう促される．その結果，

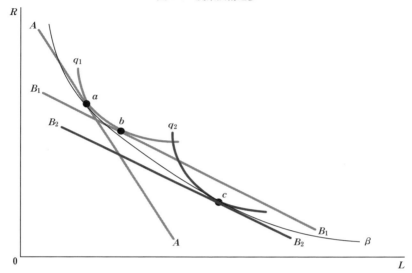

等費用線は AA から B_1B_1 へと変化し、最適生産点は a から b へと変わる．

ところが，現実の生産点はここでとどまることはない．地代が賃金に比べて高まれば，新たに与えられたこの価格条件に適応する技術進歩が誘発される．この技術進歩の結果，等生産量曲線は q_1 から q_2 へとシフトする．q_2 曲線へのシフトにより，農民は q_1 曲線に比べてより多い労働量とより少ない可耕地で同一の生産量を手にすることができる．なによりも，この等生産量曲線に接する等費用線 B_2B_2 は B_1B_1 よりも内側に位置している．ということは，農民は q_1 曲線であらわされる旧技術の場合に比べて，より低い費用で以前と同一量の米を収穫できることを意味する．

このような考え方は，速水佑次郎教授によって提示された（『開発経済学——諸国民の貧困と富（新版）』創文社，2000年）．この図示の仕方は速水教授のそれと同一ではないが，そのエッセンスは伝えている．

q_1 から q_2 への等生産量曲線のシフトは，可耕地に対する人口圧力の増加という条件変化に「誘発」されて生じた技術変化の結果である．速水教授のいう**誘発的技術進歩**（induced technological progress）である．しかし，これを単に「誘発」されたというだけでは言葉が足りない．地代や賃金の変化に対応して必死になされた技術開発努力の結果だからである．アジアにおける「緑の革命」の

第4章 「緑の革命」　75

起点となった，国際稲研究所における高収量品種の開発努力がそれである．

第5章　工業発展 I
―― 工業化はいかにして開始されるか

本章の課題

1. 経済発展とともに，一国の総生産額ならびに総就業者に占める第1次産業の比率は低下し，第2次産業の比率は上昇する．次いで第3次産業の比率が上昇するという傾向が広くみられる．これが「ペティ＝クラーク法則」である．この法則の意味を理解する．
2. アジアは，第2次産業の中核に位置する製造業の拡大において著しかった．先進国の経験に比べても一段とはやい速度で上昇してきたアジアの工業化の実績を観察する．
3. 工業部門の拡大が一国の経済発展を導くさまを理論的に整理したものが，「農工2部門モデル」である．このモデルについての理解を深める．
4. 工業部門の拡大は労働力の不足によって制約を受ける．これを克服するためには，技術進歩と産業構造高度化が必要であることを学ぶ．

---

1. ペティ＝クラーク法則

　アジアは農業発展においてみるべき成果を手にした．しかし，より大きな成果が**工業発展**（industrial developmet）において実現された．一国の経済発展とともに総生産額に占める農業生産額の比率が減少し，対照的に**製造業**（manufacturing industry）生産額の比率（工業化率）が上昇するという傾向がある．

この傾向は，先進国における過去の経験と同様に，アジアにおいても確かに観察される．

アジアの半世紀にわたる工業化率の変化を追ったものが，図5-1である．日本，NIES，東南アジア，南アジア，中国のそれぞれが達成した工業化率のレベルにはちがいがあるが，いずれも右上がりの上昇過程をたどってきたことは疑いない．

アジアのなかでは，日本が最もはやい時期に工業化率を上昇させた．1970年代に入ると40％台でピークとなり，1980年代の終わりから下降局面に入った．工業化率の下降は「サービス経済化」の反映である．日本に次いで工業化率を上昇させたのが，台湾，韓国などのNIESである．NIESの工業化率も「サービス経済化」を反映して，近年ではピークをこえた．NIESに若干の時間的な後れをとって，東南アジアの工業化率が上昇している．南アジアの工業化率の上昇はこれに比べると緩慢である．

注目されるのは中国である．計画経済から市場経済への体制転換により，中国は大変に急速な工業化率の拡大傾向をつづけている．体制転換の意味については，後の第8章で述べる．

一国の産業は表5-1に示されるように，**第1次産業**（primary industry），**第2次産業**（secondary industry），**第3次産業**（tertiary industry）の3つから構成される．同表には第2次産業の中心である製造業の内訳も記してある．経済発展とともに一国の総生産額に占める第1次産業生産額の比率が減少し，第2次産業生産額の比率が上昇し，つづいて第3次産業生産額の比率が上昇する．一国の総就業者に占める3つの産業それぞれの就業者の比率も，同様に変化する．**産業構造**（industrial structure）変化の一般的傾向である．この傾向は，これを初めて見出した2人の経済学者の名前をとって**ペティ＝クラーク法則**（Petty-Clark's law）と呼ばれる．

経済発展とともに第1次，第2次，第3次産業に従事する労働人口の比率がどう変化するかという観点からペティ＝クラーク法則を図示すると，概略図5-2のような形でこれを示すことができる．すなわち一国の1人当たり所得水準の上昇とともに，まずは農業を中心とした第1次産業の就業者比率が下降し，次いで製造業を中心とした第2次産業の比率が上昇し，これを追いかけるよう

図 5-1 アジアの工業（製造業）化率（1950-2008年）

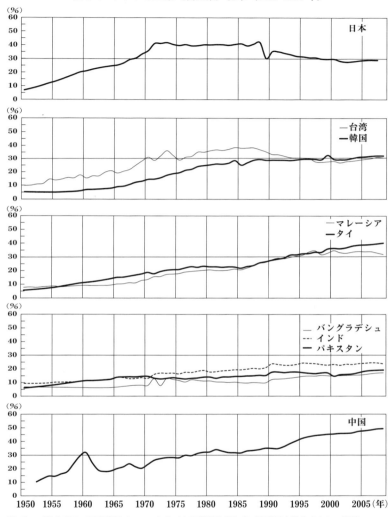

(注1) 工業化率は，要素費用ベースにもとづき実質製造業生産／実質国内総生産として算出．
(注2) 中国はデータの制約により対象期間を1952年からとし，工業化率算出においては実質国内総生産と実質工業生産のデータを用いて算出した．
(注3) 日本の対象期間は2007年まで．
(資料) World Bank, *World Development Indicators*, Washington, D. C., World Bank, various years. 台湾については，Council for Economic Planning and Development, Republic of China, *Taiwan Statistical Data Book*, various years. 中国は，国家統計局『新中国五十五年統計資料匯編』中国統計出版社，北京，2005年，および国家統計局『中国統計年鑑』中国統計出版社，北京，各年版．

第5章 工業発展 I　79

表 5-1 産業分類

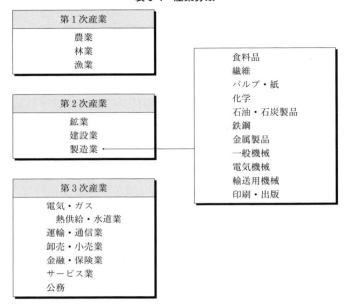

図 5-2 産業部門別就業者比率変化の模式図

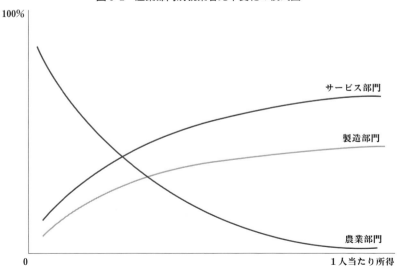

な形でサービス産業すなわち第3次産業の比率が，より速いスピードをもって上昇するという形になってあらわれる．

経済発展は，どうしてこのような産業構造の変化をもたらすのか．1人当たり所得水準の上昇とともに，人々の需要する財やサービスの内容が変化するからである．人間の生存にとって最も重要な財は，まずは食糧である．低所得水準の社会にあっては，人々は胃の腑を満たすために，所得のほとんどを食糧購入のために支出せざるをえない．しかし，所得水準が高まり胃の腑が満たされるとともに，人々は余裕の生まれた所得を製造業製品の購入にあてるようになる．さらに所得水準が上昇すると，娯楽や教育，医療などのサービスに需要がシフトする．

所得水準の低い人々の家計所得に占める食糧費支出の比率は高いが，所得水準の高い人々の同比率は低い．**エンゲル法則**（Engel's law）として名高い経験則がこれである．エンゲル法則は個人レベルはもとより，一国レベルにもあてはまる．低所得国であれば総所得に占める食糧費支出の比率は高いが，高所得国になれば同比率は低下する．いいかえれば，低所得国は国民が最も多く需要する食糧の生産に自国の労働力の多くを割かねばならない．しかし，一国の所得水準が上昇していくとともに，労働力をあてるべき産業は製造業，さらにサービス産業へとシフトし，その結果，図5-2のような形になるのである．一国が高所得水準になれば，住民の需要は「モノ」から離れ，サービスをより強く志向するようになる．娯楽や教育や医療はもとよりであるが，金融やITソフトウェアなどがこれに含まれる．ただし，低所得の開発途上国のサービス産業となると，意味合いが少々異なる．この点については後に述べることにしよう．

ここでは日本，韓国，台湾，中国でペティ＝クラーク法則がどこまで適用されるかどうかを検討してみよう．そのために作図されたものが，図5-3から図5-7までの5つの図である．

図5-3は，2008年におけるアジア各国の1人当たり所得水準と各産業部門の就業者比率の結合値をプロットし，これを1枚の図で示したものである．この方法を**横断面分析**（cross section analysis）という．

2008年のこの横断面分析により各国の産業構造を眺めてみれば，低所得国ほど第1次産業の就業者比率が高く，第2次産業の就業者比率が低い．高所得

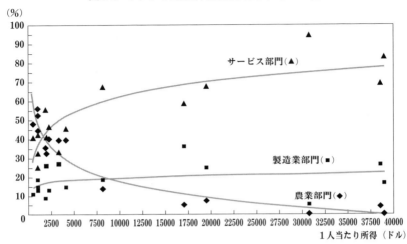

図5-3 アジアの産業部門別就業者比率（2008年）

(注) 回帰式は以下の通りである．サービス部門：$y=12.8\text{Ln}(x)-52.71(R^2=0.8085)$，製造業部門：$y=0.4135\text{Ln}(x)+13.337(R^2=0.0089)$，農業部門：$y=-9.984\text{Ln}(x)+117.07(R^2=0.4952)$．
(資料) Asian Development Bank, *Key Indicators*, Manila, 2009.

国になれば前者の比率が低く，後者の比率が高い．さらに高所得国になると第3次産業の比率が高まる．

図5-4，図5-5，図5-6は，日本，韓国，台湾の**時系列分析（time series analysis）**である．時系列分析でみても，横断面分析で得られた図5-3とほぼ同様の傾向をうかがうことができる．ここで大変に興味深いのは，韓国や台湾の両国は日本より1人当たり所得水準が半分ほどでありながら，日本とほぼ同様の産業構造変化を示していることである．産業構造変化の「圧縮」である．

図5-7は中国の構造変化である．横軸のスケールが，日本，韓国，台湾と大きく異なっていることに注意してほしい．中国の1人当たり所得水準は，日本，韓国，台湾などに比べればまだまだ低い．それにもかかわらず，農業部門の就業者比率が下がり，製造業部門のそれが上昇していることは確かである．しかし，サービス部門の就業者比率は，日本，韓国，台湾の3図に比べてきわだって低いことがその特徴としてみられる．

ところで，産業構造の変化を促すのは，人々の需要する財やサービスの内容が変化するからであるが，そればかりではない．実は，それぞれの産業に従事

図 5-4 日本の産業別就業者比率の推移（1950-2008 年）

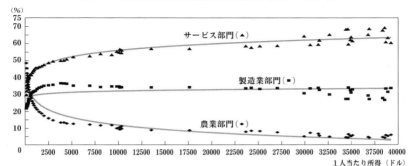

(注) 日本の回帰式については，サービス部門：$y=5.4111\text{Ln}(x)+6.2065(R^2=0.9532)$，製造業部門：$y=1.1045\text{Ln}(x)+21.875(R^2=0.2599)$，農業部門：$y=-6.525\text{Ln}(x)+71.984(R^2=0.9384)$．

(資料) 総務省統計局統計調査部国勢統計課労働力人口統計室「労働力調査年報（基本集計）」．内閣府『国民経済計算年報』各年版．総務省統計局『人口推計年報』．同『国勢調査報告』．厚生労働省『人口動態統計』．日本銀行『金融経済統計月報』．

図 5-5 韓国の産業別就業者比率の推移（1963-2008 年）

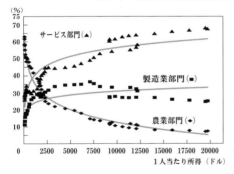

(注) 韓国の回帰式については，サービス部門：$y=7.5331\text{Ln}(x)-12.893(R^2=0.8633)$，製造業部門：$y=3.1788\text{Ln}(x)+1.6704(R^2=0.6177)$，農業部門：$y=-10.712\text{Ln}(x)+111.22(R^2=0.9824)$．

(資料) Economic Planning Board, *Korea Statistical Yearbook*, Seoul, various years.

する労働者の 1 人当たり所得には格差（産業間所得格差）があって，この格差に応じて労働者がより所得の高い産業に向けてシフトしていくことが考慮されねばならない．また学校を卒業して新たに労働市場に参入する人々も，低い所得の産業ではなくより高い所得の産業を選択するにちがいない．

製造業に代表される第 2 次産業の労働者の所得水準は，農業を中心とする第 1 次産業の労働者の所得水準よりは高い，というのが一般則である．各産業の 1 人当たり所得額（＝1 人当たり生産額）を全産業のそれで除した値が，相対

図 5-6　台湾の産業別就業者比率の推移（1952-2008 年）

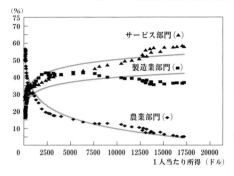

(注) 台湾の回帰式については，サービス部門：$y=5.9463\text{Ln}(x)-0.2581$，製造業部門：$y=4.1878\text{Ln}(x)+1.2903(R^2=0.725)$，農業部門：$y=-9.684\text{Ln}(x)+1.2903(R^2=0.9699)$.

(資料) Council for Economic Planning and Development, Republic of China, *Taiwan Statistical Data Book*, Taipei, various years.

図 5-7　中国の産業別就業者比率の推移（1952-2008 年）

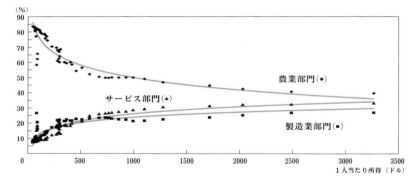

(注) 中国の回帰式については，サービス部門：$y=6.7415\text{Ln}(x)-20.41(R^2=0.853)$，製造業部門：$y=4.9199\text{Ln}(x)-10.113(R^2=0.7228)$，農業部門：$y=-11.66\text{Ln}(x)+130.52(R^2=0.8565)$.

(資料) 国家統計局『新中国五十五年統計資料匯編』中国統計出版社，北京，2005 年；国家統計局『中国統計年鑑』中国統計出版社，北京，各年版.

所得（＝相対労働生産性）である．

　経済発展，つまり 1 人当たり所得水準の変化にともなって，第 1 次，第 2 次，第 3 次産業の相対労働生産性がどう変化するかの基本形を模式図として示したものが，図 5-8 である．なぜこのような変化を示すのであろうか．

　農業は，その供給に限界がある可耕地に依存する産業である．品種の改良，肥料の増投，機械の導入などによって土地生産性や労働生産性を上昇させることは可能である．しかし生産性の上昇は緩慢である．いかに技術進歩を図っても，農業が第 1 章で指摘した「収穫逓減法則」から自由になることは難しい．

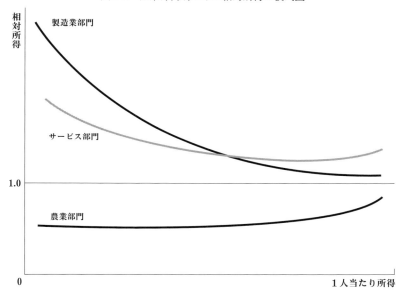

図5-8 産業部内別にみた相対所得の模式図

　そのうえ，アジアでは高い人口増加率がつづいた結果，過剰な労働力が農村になお多く滞留している．それゆえ農業においては労働生産性，つまり1人当たりの所得額は他産業に比べて低い．

　これと対照的に，製造業は機械・設備を用いた，複雑で多様な工程をもってその特徴としている．製造企業は豊かな利潤を求めて技術革新を追求し，技術革新はより高い性能をもった機械・設備のなかに「体化」される．こうして製造業の1人当たりの生産額，したがって労働者1人当たりの所得水準は高い．

　1人当たり所得水準の上昇とともにサービスに対する需要が増大し，この需要に応えるためにサービス産業で仕事をする人々の数はきわだった速度で増加する．しかしサービス産業は，金融部門にしても医療部門にしても，あるいは娯楽，教育などの部門をみても，いずれも大変に人手を食う産業（労働集約的な産業）である．また所得水準の低い国では，農業と同じように過剰労働力を抱え込む産業でもある．第3次産業の相対労働生産性は第2次産業のそれより当初は低い．

第5章　工業発展Ⅰ

図 5-9 アジアの相対労働生産性（2008 年）

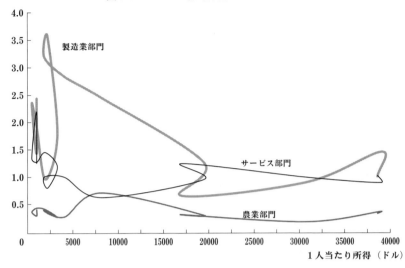

（資料） Asian Development Bank, *Key Indicators*, Manila, 2009.

　だが，経済発展にともなって，ITの積極的な活用などを通じて労働生産性が上昇し，所得水準も第2次産業を上まわるような国々もふえてくる．図5-8の模式において第3次産業の相対労働生産性が，1人当たり所得水準がある点を超えると第2次産業のそれを上まわるよう描かれているのはそのためである．同様のことが第1次産業でも発生し，労働力の不足とともに農業の機械化が進んでその相対労働生産性は上昇する．要するに，経済発展とともに各産業の労働生産性には収斂傾向がみられる．

　図5-9は，アジア各国の第1次，第2次，第3次産業の相対労働生産性と1人当たり所得水準と結合値をプロットしたものであるが，製造業部門の相対労働生産性は不規則な動きをみせているものの，いずれの国でも農業部門のそれを超えていることには例外はない．

　経済発展にともなって変化するその動向についての解釈が幾分厄介なサービス部門をさしあたり別にすれば，第1次産業と第2次産業との相対労働生産性の格差には，やはり歴然たるものがあるといっていい．

　ところで，サービス部門の動向はその解釈が厄介だと上に述べたのは，開発

途上国のサービス部門には次のような事情があるという理由からである．

　開発途上国のサービス部門は同質のものではなく，**インフォーマル・サービス部門**（informal service sector）と**フォーマル・サービス部門**（formal service sector）という性格を異にする2つから構成されている．前者は，過剰労働力を「プール」するという機能において強く，「生業的」サービス分野がその中心を占める．露天商，行商人，商店の手伝い，修理業などがこれにあたる．所得水準の上昇とともに，この部門の比率は減少していく．

　他方，フォーマル・サービス部門は第2次産業の活動を支援するという機能において強く，したがって工業化の進展にともなってそれへの需要が活発化する部門である．経済発展とともにその比率が上昇していくのは，このフォーマル・サービス部門にほかならない．運輸，通信，金融などのサービス部門がこれに相当しよう．

　アジアの都市を訪れてみれば，生業的なサービス分野が広範にみられる．この部門を特徴づけているのは，なによりも「参入の容易さ」である．創業資本はわずかであり，低い技能によっても就業が可能である．そのために，農村を離れて都市に流入する人々はこのインフォーマル・サービス部門に集中する．そしてこの集中により，インフォーマル・サービス部門の，もともと低い生産性，低い賃金，不完全な就業状態がますます厳しいものとなる．

　アジアの「サービス経済化」という場合，これがインフォーマル・サービス部門とフォーマル・サービス部門という異質の2つが混在していることに注意を向けねばならない．所得水準の上昇とともに，一方は減少し，他方は増加していくという対照的な動向を示すがゆえに，開発途上国のサービス部門の取り扱いには注意が必要なのである．したがって，次節ではサービス部門は別に考えよう．

　相対労働生産性において，第1次産業と第2次産業における格差は明瞭である．その結果，労働者はより高い所得を求めて農業を離れ，製造業の方へ移動する．労働市場への新規参入者も農業での就業を避け，製造業を選好する．このような農業と製造業という2つの部門の交錯のありようを描写することにより，われわれは経済発展論の原型を手にすることができる．

図 5-10 農工 2 部門モデルの論理構造

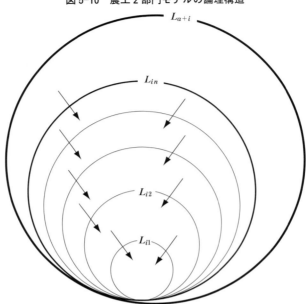

2. 農工 2 部門モデル

(1) 考え方の基本

　ここでは一国の経済が農業と工業という 2 つの部門から構成されているものと想定しよう．先に述べたペティ＝クラーク法則が示しているように，経済発展の最初の段階においては工業部門はまったく存在しない．存在するのは農業部門，とくに食糧農業のみであり，労働人口のすべてが農業部門に投入されている．図 5-10 の円の大きさが労働人口の全体 (L_{a+i}) である．

　この農民によって満たされている「貯水池」の中に，小さく工業部門が創出されたとしよう．例えば農民が着用する衣服を生産する工業部門が農村内に生まれると考えればよい．この工業部門に雇用される労働人口の規模が円 L_{i1} である．L_{i1} はもちろん農業部門から供給され，その分，農業人口の規模は小さくなる（$L_{a+i} - L_{i1}$）．工業部門がさらに発展してこの部門に雇用される労働人

88　I　開発経済学入門［第 3 版］

口の規模が円 L_{i2} となり，その労働人口も農業部門から供給されて農業人口の規模はさらに小さくなる（$L_{a+i}-L_{i2}$）．図中の矢印は農業部門から工業部門に供給される労働人口の移動を示す．

　工業部門は，農業部門から労働力の供給を受けながら，みずからを拡大していくのである．農業部門には過剰な人口が存在しており，彼らは第1章で述べたような「生存維持的」な所得水準で生活している．それゆえ，工業部門が生存維持的な所得水準をほんの少し上まわる賃金を提示すれば，労働力は十分に供給される．

　しかし，工業部門が拡大しつづけ，その結果として低賃金農業人口の「貯水池」の水が次第に枯渇してくると，工業部門は生存維持的な賃金では労働力を雇用することができなくなる．低賃金労働力をふんだんに雇用しながら，工業生産を拡大し利潤を手にできるという「黄金時代」はここで終わる．より高い賃金を支払っても自部門の拡大が可能なように，生産構造を高度化したり，技術の革新を図らねばならなくなろう．

　実はこの低賃金農業労働力の枯渇の時期は，農業部門自体の近代化の時期とも一致する．農業で労働力が不足し，農業機械などを導入してその生産性の上昇を図らざるをえなくなるのである．この時期を工業部門人口の L_{in} としよう．L_{in} は，農業と工業の両部門の近代化をもたらす**転換点**（turning point）である．開発途上国がいかにしてこの転換点を迎えるかが，開発論上の一大テーマである．

　一国の経済発展過程における転換点は，開発経済学においてどのように考えられるか．この問題を考える理論的枠組みが**二重経済発展モデル**（dualistic development model）である．多少難しいかもしれないが，うえに述べた論理がわかれば，十分に理解可能である．多少の努力をつづけてみよう．

(2) 工業部門の雇用はどこで決まるか

　一社会の経済発展を引っ張る中心的な力は工業部門の拡大（工業化）から生まれる．工業化なくして豊かな社会を実現することはできない．それでは工業化はいかにして開始され，一国経済の地図をどのように塗り変えていくのであろうか．その簡略で原型的なモデルをここで描写してみよう．

工業化とは，単純化していえば労働者が機械を用いて製品を生産する過程の総体である．一定単位の機械（K）に労働力（L）を投入してある製品を生産すると考えれば，この製品の生産量は，

$$Q = g(K, L)$$

という生産関数であらわされる．横軸に労働力（L）をとり，縦軸に生産量（Q）をとるならば，一定の機械に労働者を次々に投入して生みだされるこの製品の生産量の軌跡は，図5-11aのfのように示される．

　一定の機械と結びつく労働者の数（あるいは労働の時間）を追加的にふやしていくとともに，生産量自体は増加する．しかし，追加的な（限界的な）労働者がもたらす生産の増分は次第に減少する．追加的な労働者がもたらす追加的な生産増分が減少することは，生産量曲線への接線の傾き［$(\partial Q/\partial L) = \tan\theta$］がだんだんと緩やかになることにあらわされる．この接線の傾きは，経済学で**限界労働生産性**（marginal productivity of labor）といわれる．次第に逓減する限界労働生産性の軌跡を示したものが，図5-11bである．これが限界労働生産性曲線である．同一の線が図5-11cではM_2D曲線として示される．

　さて，限界労働生産性が図5-11bのような形で逓減する場合，工業部門（工業企業）はどの程度の労働量を雇用するであろうか．資本主義社会における企業の行動原理は**利潤極大化**（profit maximization）である．企業はみずからの利潤が極大化するところで雇用労働者数を決定する．企業が労働者に支払う**賃金**（wage）の軌跡を示した賃金線が図5-11cのW_2S曲線である．ここで実際の賃金が$0W_2$（原点0からW_2の長さで示される賃金）の水準であるとすれば，雇用数は$0L_2$（原点0からL_2までの長さであらわされる雇用数）で決定される．雇用数を$0L_2$で決定することにより，企業は最大利潤を手にすることができるからである．その経緯をみてみよう．

　$0L_2$の労働者を雇用して得られる生産量は，図5-11aのL_2q_2（L_2からq_2までの長さで示される生産量）である．このL_2q_2の生産量は，図5-11cでは$0L_2w_2M_2$の面積（0，L_2，w_2，M_2の4点を結ぶ線で囲まれた面積）で示される．なぜならば，労働者を1単位，2単位，3単位，…と追加的にふやしていった場合に得られる生産量の合計がこの面積となるからである．他方，賃金水準は

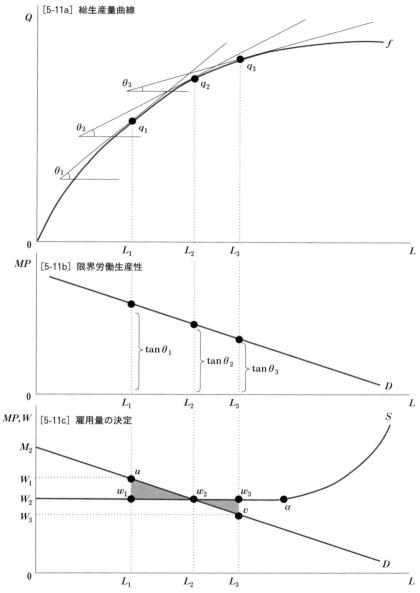

図 5-11 雇用量の決定メカニズム

$0W_2$ であり，労働者に支払われる賃金の総額は，賃金に雇用労働者数を乗じた分となる．すなわち支払い賃金総額は図 5-11c の $0L_2w_2W_2$ の面積であらわされる．生産量 $0L_2w_2M_2$ から賃金総額 $0L_2w_2W_2$ を差し引いた分が，企業が手にする利潤である．この利潤は図 5-11c の $W_2w_2M_2$ の三角形の面積で示される．

　もう一度いえば，企業の行動原理は利潤の極大化である．したがって，企業は利潤を極大化する点で雇用労働者数を決定する．これが $0L_2$ である．限界労働生産性と賃金が等しくなる点が w_2 であり，これに対応する雇用労働者数 $0L_2$ で企業の利潤が極大化する．

　どうして $0L_2$ が利潤極大化点なのであろうか．消去法でこのことを考えてみよう．仮に企業が労働者を $0L_3$ 雇用するとしよう．この場合には，生産量は図 5-11a では L_3q_3，図 5-11c では面積 $0L_3vM_2$ である．生産量から賃金総額を差し引いた利潤額は，さきほどの極大利潤に比べて w_2vw_3 の面積だけ少なくなってしまう．$0L_3$ は企業に極大利潤をもたらさず，雇用労働者数を $0L_2$ にまで縮小するであろう．

　逆に，雇用量が $0L_1$ であれば，その生産量は図 5-11a の面積 L_1q_1，図 5-11c の面積 $0L_1uM_2$ である．企業が労働者に支払う賃金の総額が面積 $0L_1w_1W_2$ であるから，利潤額は面積 $W_2w_1uM_2$ である．これは極大利潤に比べて w_1w_2u だけ面積が小さい．極大利潤を求めて企業は雇用量を拡大するであろう．こうして，限界労働生産性と賃金が交差する w_2 に対応する $0L_2$ の雇用量が決定されるのである．

(3) 労働需給

　図 5-11b ならびに図 5-11c に描かれた限界労働生産性曲線 M_2D は，実は企業の**労働需要**（labor demand）曲線でもある．なぜそうかといえば，限界労働生産性曲線は一定の賃金のもとで労働者をどこまで雇用するかを示す線だからである．もし賃金水準が $0W_1$ であれば，この賃金が限界労働生産性曲線と交わる点は u であり，この u に対応する $0L_1$ の労働が需要される．賃金水準が $0W_3$ であれば $0L_3$ の労働が需要される．したがって，図 5-11c の限界労働生産性曲線は労働需要曲線となるのである．

　農業に代表される第 1 次産業は，さきに記したように製造業に代表される第

2次産業に比べ，生産性と所得水準において低く，労働者は次第に農業を離れ製造業の方にシフトしていく．事実，経済発展とともに第1次産業の就業者シェアが下がり，第2次産業の就業者シェアが上昇するという傾向はアジアにおいても観察された．

　農村に過剰な労働者が大量に存在するという，経済発展の初期的状態を想定してみよう．農村に住まう人々の1人当たり所得水準は低く，その所得水準は第1章で指摘した「生存維持的水準」にある．工業が発展して企業が支払う賃金が農村の低い所得水準を上まわるようになると，農民はより高い所得を求めて，その多くが都市に立地する工業企業に向けて農村からでていくことを決意するであろう．

　図5-11cで示された賃金曲線 W_2S は，同時に**労働供給**（labor supply）曲線でもある．すなわち W_2S は，さまざまな賃金水準で供給される労働者の数を示している．低所得の農民が豊富に存在し，彼らが都市で働きたいと考える以上，工業企業は低い賃金で多くの労働者を雇用することができる．工業企業に対する労働供給はまことに豊富なのである．そうであれば，工業企業は賃金を上昇させることなく労働者を雇用することができる．それゆえ，図5-11cにおいて，雇用量が $0L_1$, $0L_2$, $0L_3$ と拡大しても，賃金は低水準の $0W_2$ で一定として描かれる．

　しかし，農村に滞留する**過剰労働力**（surplus labor）は豊富であるとはいえ，無限ではない．工業化が進み工業部門の労働需要が拡大していけば，いずれ余剰労働力は枯渇してしまう．図5-11cの W_2S 曲線上の α がその点である．この α は一国経済が**労働過剰**（labor surplus）状態から**労働不足**（labor shortage）状態に変わる**転換点**（turning point）である．図5-10で示された円 L_{in} がこれに相当する．この転換点をこえれば，工業企業はより高い賃金を支払わねば労働者を雇用することは難しくなる．α 点をこえると賃金が急速に上昇するように描かれているのはそのためである．

　改めて，図5-11cに示される右下がりの労働需要曲線を M_2D，労働供給曲線を W_2S としよう．W_2S は α 点まで横軸に平行であり，α 点をこえて右上がりとなる．

(4) 利潤極大化

　企業の行動原理は利潤極大化である．企業は短期的に利潤の極大化を追求するだけではなく，長期的な利潤極大化を追い求める存在である．企業はみずからの利潤をより大規模な生産過程に再投下して，将来のより大きな利潤の確保をめざす．10単位の繊維機械で工場を経営していた企業が，手にした利潤を再投下することによって20単位の繊維機械を購入するというわけである．そうすると，図5-12aであらわされる生産関数は当初のf_2からf_3へとシフトする．

　図5-12aのf_2は図5-11aのfと同一である．この生産関数f_3へのシフトによって，図5-12bに示されるように限界労働生産性曲線つまり労働需要曲線はM_2D_2からM_3D_3へとシフトする．したがって，そこで得られる利潤は，以前の$W_2w_2M_2$から$W_2w_3M_3$という一段と大きい面積となる．この利潤はさらに生産過程に投下されて生産関数をf_3からf_4へシフトさせ，それにともなって労働需要線もM_3D_3からM_4D_4へと移動する．こうして利潤は$W_2α_1M_4$の面積へと拡大する．

　いま一国経済が，第1次産業と第2次産業の2つだけから構成されているとしよう．図5-12bの閉じた横軸で示される長さL_iL_a（L_iからL_aまでの長さで示される労働者数）が一国の総就業者数である．L_iから右に向けて第2次産業就業者数，L_aから左に向けて第1次産業就業者数をとる．工業企業の発展にともなって第2次産業就業者数は$L_iL_2 \rightarrow L_iL_3 \rightarrow L_iL_4$と拡大する一方，第1次産業就業者数は$L_aL_2 \rightarrow L_aL_3 \rightarrow L_aL_4$と減少していく．「ペティ＝クラーク法則」が示唆するように，工業発展にともなって第2次産業の就業者比率が上昇し，第1次産業のそれが減少していくのである．

3. 圧縮型工業発展と後発性利益

　労働過剰から労働不足への転換点が$α$点である．労働需要が$α$点をこえて拡大すれば，企業が労働者に支払う賃金は$α_1 \rightarrow α_2 \rightarrow α_3 \rightarrow α_4 \cdots$と上昇していく．賃金が上昇すれば，利潤の比率は低下する．企業はより少ない労働者でより多くの生産ができるような技術の開発を求めるようになろう．10単位の機械と

図 5-12　近代部門拡大再生産のメカニズム

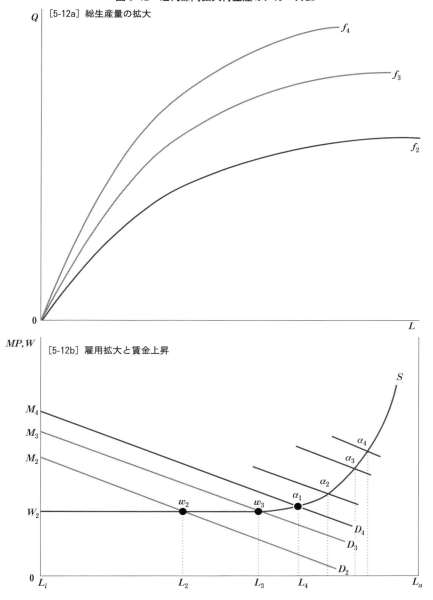

50人の労働者を結びつけて100単位の繊維製品を生産していた工場は，10単位の機械と25人の労働者を結びつけて100単位という以前と同一の繊維生産量を手にすることのできるような技術の開発を求める．これを「労働節約的」な技術革新という．

実際のところ，労働者の「人手」を多く要する産業（**労働集約的産業 labor intensive industry**）の典型だとみなされていたものが繊維産業であった．しかし，今日では繊維工場のほとんどは自動化されている．繊維工場を訪れてみても，機械の管理を担当するごく少数の人々が働いているだけで，労働者はわずかしかいない．

賃金の上昇は，各工業企業に労働節約的な技術革新を誘い，より効率的な生産を可能にするばかりではない．繊維，食品加工，雑貨などは軽工業に属する産業であり，一般に労働集約的な産業が多い．

これと対照的に，機械，金属，化学などの重化学産業は**労働節約的産業**（**labor saving industry**）である．高度の技術を用い大規模な機械・設備（**資本財 capital goods**）を利用する産業（重化学産業）である．その意味で，重化学産業は労働節約的であると同時に**資本集約的産業**（capital intensive industry）でもある．

繊維製品のコストに占める賃金の比率に比べれば，鉄鋼製品のコストに占める賃金の比率ははるかに低い．一国の賃金上昇は，繊維産業のような軽工業を衰退化させ，鉄鋼産業のような重化学工業の発展を促す．賃金の上昇は，同一産業において労働節約的な技術革新を促すと同時に，一国経済に占める**軽工業**（light industry）の生産比率を減少させ，対照的に**重化学工業**（heavy and chemical industry）の生産比率を上昇させる．

経済発展とともに一国の総生産額に占める軽工業の生産比率が下がり，重化学工業の生産比率が上昇するという傾向は，先進国の工業化の過程において共通にみられた．重化学工業生産額に対する軽工業生産額の比率は**ホフマン比率**（Hoffmann's ratio）と呼ばれる．

ホフマンは，一国のこの比率が5.0〜3.5を工業化の第1段階，3.5〜1.5を第2段階，1.5〜0.5を第3段階とした．先進国は今日すべて第3段階に位置している．先進国は工業化の第1段階から第2段階へ移行するのに，20年から30

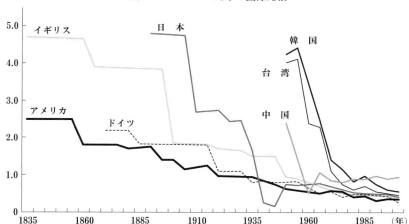

図 5-13 ホフマン比率の国際比較

（資料） W.G. Hoffmann, *The Growth of Industrial Economies*, New York, Oceana Publications, 1958; United Nation, *The Growth of World Industry*, New York; UNIDO, *The International Yearbook of Industrial Statistics*, Massachusetts, Edward Elgar Publishing Ltd., various years; Economic Planning Board, *Korea Statistical Yearbook*, Seoul, various years; Council for Economic Planning and Development, Republic of China, *Taiwan Statistical Data Book*, Taipei, various years; 国家統計局『新中国五十五年統計資料匯編』中国統計出版社，北京，2005 年；国家統計局『中国統計年鑑』中国統計出版社，北京，各年版．

年を要したという事実をホフマンは析出した．

　図 5-13 が示すように，韓国と台湾のこの比率が 4.0 から 2.0 に下がったのは，1960 年代の数年間においてであった．韓国，台湾は 1970 年頃から比率 1.5〜0.5 の工業化の第 3 段階に入った．韓国，台湾は，第 2 段階から第 3 段階への移行をやはり数年を要しただけで実現した．先進国の経験に比較して 3 倍から 4 倍の速度であった．中国の動向も注目される．**「圧縮型」産業発展**（"compressed"industrial development）というべきであろう．

　韓国，台湾，中国のような後発国は，先発国が長い技術開発の歴史のなかでつくり上げてきた工業技術を，発展の始発時点で「既存のもの」として利用できるという有利性をもつ．また長期にわたる国内資本蓄積期間を，外国からの資本導入を通じて短縮することができるという利益にも恵まれる．さらに第 2 次世界大戦後の後発国にとっては技術や資本の導入にとどまらず，技術や資本を有効に組織化する企業経営の主体や能力それ自体をも導入しうるという有利

性も大きい．先発国企業による直接投資がそれである．
　こういう現象は**後発性利益**（advantages of backwardness）といわれ，この現象を論理化した著名な経済史研究者**アレクサンダー・ガーシェンクロン**（Alexander Gerschenkron）の名前にちなんで「ガーシェンクロン命題」と呼ばれる．

第6章　工業発展 II
——初期条件と工業化政策

本章の課題

1. 一国の工業化は，初期条件ならびに工業化政策によって影響を受けることを理解する．
2. アジア諸国にとっては，モノカルチュア経済からいかに脱却して工業化を図るかが当初の最大課題であった．この課題にアジアはいかに応えたのかを検討する．
3. 工業化のための基礎的諸条件を欠いていたアジアの国々が採用したのは，国内企業への手厚い保護による工業化であった．輸入代替工業化と呼ばれるこの方式について考える．
4. アジアの工業化は輸入代替工業化により進展したが，問題点も少なくなかった．それらを考察する．

---

1. 初期条件

　アジアの**工業化**（industrialization）は相当の速度で進んできた．前章の図5-1で示された工業化率の変化を模式的に示すならば，改めて図6-1のようになろう．韓国や台湾などの NIES は急速な工業化を通じて日本を追跡し，今日では NIES の同比率のほうがむしろ高い．そしてタイやマレーシアなどの東南アジア諸国は10年ほどの時間差をもって NIES を追跡し，前者の工業化率も

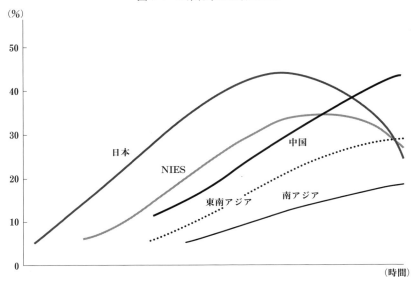

図6-1 工業化率の重層的追跡

現在すでに後者を追い抜きさえしている．インドやパキスタンなどの南アジアの工業化の速度は少々緩慢であるが，それでも東南アジアとの時間差は十数年である．この間，中国が急速にそのプレゼンスを大きくしてきたことは，驚きである．

第2次世界大戦前，アジアは長らく列強の植民地支配を受け，その工業生産力はまことに乏しいものであった．アジアが植民地からの政治的独立を達成して以来の半世紀の間に，これだけの成果を達成したことは改めて注目される．

アジアはいかにして工業化を達成したのか．工業化のメカニズム一般については前章で述べた．しかし現実の工業化は，工業化を開始する時点で与えられている諸条件（**初期条件 initial conditions**）によって影響を受ける．さらに，現実の工業化はさまざまな政策（**工業化政策 industrial policy**）によって推進され，したがって政策のあり方が強い影響を与える．本章では，アジアの工業化がその初期条件や政策の影響を受けてどのように展開してきたのかを浮かび上がらせてみよう．

アジアの工業化について議論する場合，1つの重要な前提がある．アジアが

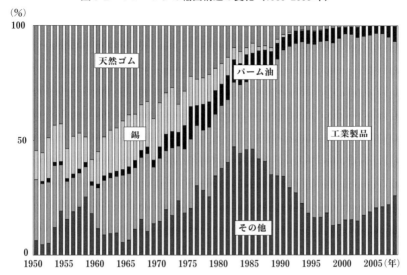

図6-2 マレーシアの輸出構造の変化（1950-2008年）
（資料）UN, *Yearbook of International Trade Statistics*, New York, various years.

かつては列強の**植民地（colony）**としての地位におかれ，これを初期条件として工業化を開始したという事実である．植民地とはなんであろうか．植民地宗主国（本国）が需要する特定の食糧や工業原材料を供給するために，宗主国の資本と技術をもって開発された地域のことである．

アジアの植民地経済を特徴づけたのは**モノカルチュア（単一栽培）経済 (mono-cultural economy)**である．例えばイギリスの代表的な植民地マレーシア（英領マラヤ）の大きな特徴は，これが長期にわたる植民地支配のもとで，錫や天然ゴムなどの少数の輸出向け**1次産品（primary commodities）**に特化したモノカルチュア経済として形成されたことである．

イギリスのマレーシア支配が最終的に終わったのは1957年のことであった．この時点において，マレーシアには錫採掘とゴム栽培以外にはみるべき産業はなにもなかった．図6-2は，マレーシアの輸出構成を示したものである．1970年頃まで，輸出総額に占めるゴムと錫の輸出額の比率が圧倒的に高かったことがわかる．この20年ほどの工業製品の輸出拡大は著しいが，この点について

は後で指摘する．

　マレーシアを典型例として，アジアの国々は輸出向け１次産品生産への依存度の著しく高い構造をもってきた．工業化はほとんど進んでおらず，工業製品の国内需要は宗主国からの輸入によって満たされた．アジアの大半は，宗主国による１次産品需要と工業製品供給がなければなりたたない「非自立的」な経済であった．

　そうした初期条件をもつアジアは，いかなる戦略により工業化を開始したのであろうか．２つの政策が想定された．

　第１は，いま指摘した植民地的な初期条件を活用して工業化を図るという政策である．１次産品を輸出し，輸出によって入手した外貨をもって先進国から機械，設備，部品などの投入財，ならびに生産技術など工業化のための基礎的諸条件を導入し，これをもって工業化を進めていくという方式である．「１次産品輸出を通じての工業化」である．

　アメリカ，カナダ，オーストラリア，ニュージーランドなどはかつてイギリスの植民地としての開発途上国であった．これら諸国もまた以前は，綿花，羊毛，木材，魚類などの生産と輸出に特化したモノカルチュア経済であった．往時の開発途上国における工業化の方式が「１次産品輸出を通じての工業化」であった．しかし，アジアがこのタイプの工業化政策を採用することはできなかった．第２次世界大戦後において，アジアの１次産品の輸出環境が恵まれたものではなかったからである．

　第２次世界大戦を前後して先進国で急速な技術進歩がおこり，合成品や代替品が豊富に供給されるようになった．天然ゴムに代えて合成ゴムが，天然繊維に代わって合成繊維が，錫製品や木製品に代替してプラスチック製品などが一般化したために，アジアから輸入する１次産品への依存度が低下してしまったのである．

　さらに第２次世界大戦後，先進国はいずれも国内農業への手厚い保護政策を採用し，食糧などの自給率を引き上げた．そのためにアジアの１次産品の輸出数量は伸びず，価格も低迷した．アジアは「１次産品輸出を通じての工業化」の方式を断念せざるをえなかった．アジアはもう１つの工業化政策の採用を迫られた．

図6-3 輸入代替工業化の模式

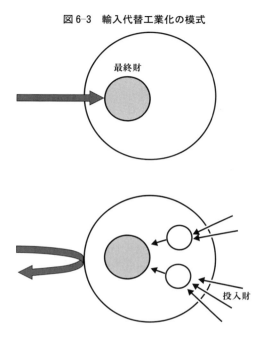

2. 輸入代替工業化政策

　この第2の工業化政策が，保護主義的な工業化であった．アジアを含む大半の開発途上国が採用した戦略がこれであった．外国からの輸入を制限して国内企業を保護し，保護された国内市場のなかで国内企業による「内向き」の工業化を意図したのである．

　この保護主義的な工業化は**輸入代替工業化**（import substituting industrialization）と呼ばれる．輸入代替工業化とは，さまざまな政策を用いて輸入を制限することにより，かつて輸入製品によって満たされてきた国内市場を自国企業のものとして確保する．次いでこの国内市場に向けて自国企業による生産を促し，そうして輸入を国内生産によって「代替」しながら工業化を進めていくという政策である．

　図6-3の上図において，大きな円をある開発途上国，大きな円のなかの小さ

図 6-4　規模の経済についての模式図（Ⅰ）

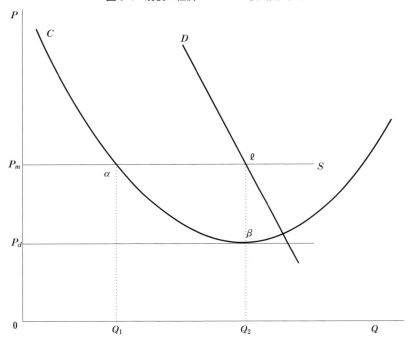

な円を工業製品市場，例えば自動車の国内市場だとしよう．輸入をまったく制限しない場合，この自動車の国内市場は先進国からの輸入によって満たされてしまい，国産化（工業化）は不可能である．

それゆえ図 6-3 の下図で示されるように輸入制限の厚い壁をつくって外国の自動車を締めだし，この市場を自国企業のための市場として確保する．そうして確保されたこの国内市場に向けて，国内に設立された自動車メーカーが生産を開始し，輸入を国内生産によって代替していくのである．

このような輸入代替工業化を正当化する論拠となったのが**規模の経済**（economy of scale）という考え方である．生産規模が拡大するとともに，その生産物の平均生産費が低下していく現象のことを規模の経済という．経済つまりエコノミーという用語は，もともとは労力や時間を「節約する」という意味である．生産規模が大きくなると生産物の生産費用が節約されるということである．

例えば，ある開発途上国が自動車を生産する場合を考えてみよう．この国には自動車に対してある一定の国内需要が存在する．しかし，先進国から自由に自動車を輸入すれば，生産費したがって価格も輸入車の方が安いので，この国では自動車の生産はなりたたない．そこで自動車の輸入を制限すれば，ここに国内自動車メーカーのための市場が生まれ，この市場に向けて国内メーカーが生産すれば規模の経済が発生するというわけである．

図6-4において，横軸に自動車の生産規模（Q）をとり，縦軸に自動車1台当たりの生産費，つまり平均費用（P）をとる．そうすると，自動車の生産規模が拡大するとともにその平均費用（C）は減少し，やがてボトムを打ってその後は上昇するという軌跡を描く．自動車工場ではロボット組立機械やプレス工作機械とか塗装機械とか，その他の固定費用がきわめて大きい．それゆえ生産規模が小さいと1台当たりの自動車の生産費はどうしても高くなる．生産規模が拡大すれば，1台当たりの固定費用比率は低下する．また，生産規模の拡大は労働者の**分業**（division of labor）を可能とする．労働者は個別の工程に特化し，その熟練度を高めて生産性を向上させ，そうして生産費を低下させることが可能となる．

しかし，この生産費の低下はいつまでもつづくわけではない．生産規模が拡大し，工場規模があまりに大きなものになると，分業を相互に調整したり，相互間のコミュニケーションが難しくなったりして，平均費用が上昇することが頻繁に起こる．そのために平均費用曲線は図6-4のようなU字型となるのである．

さて，この図において，この開発途上国の自動車輸入価格が，すぐ後で述べる多様な輸入制限によってP_mという高い水準に決められたとしよう．そうすると，生産規模をQ_1以上にすれば，輸入価格より安く自動車を生産でき，需要者も輸入車より低い価格で自動車を購入できる．生産規模がQ_2にいたれば最小費用での生産が可能となる．すなわち，輸入代替がここで完成するのである．

もう少し説明してみよう．輸入はP_mという一定価格で供給される．それゆえ，横軸の生産量が，同時に市場の大きさ（需給量）を示すものと考えれば，P_mから横軸に平行に描かれる価格線は輸入供給線である．もし輸入車に対す

る需要線がDであるならば，輸入均衡点はℓである．このℓに対応する国内生産量はQ_2である．Q_2の生産が可能なほどの市場が存在するのであれば，「規模の経済」効果により輸入価格P_mよりずっと低い，β点に対応する生産費P_dでの輸入代替生産が可能となる．すなわち，輸入代替は完全に「引き合う」ものとなるのである．

　さて，企業に輸入代替を行わせるためには，さまざまな**輸入制限**（import restriction）政策が採用される．代表的なものが，**高関税**（high tariff）であるが，ほかにも**輸入数量制限**（import quota system），**為替制限**（foreign exchange restriction）などがある．関税率を高めれば輸入製品の国内販売価格は上昇するから，輸入量は減少する．輸入数量制限とは，毎年の輸入数量を乗用車何台といったように決め，決められた以上の輸入を禁止する政策である．輸入量が減少すれば，国内価格は当然上昇する．外国からモノを輸入するためには，輸入者は自国通貨を外貨（外国為替）に換え，これを輸出者に送金しなければならない．したがって，自国通貨と外貨との交換を制限すれば輸入は不可能となる（為替制限）．

　このようなさまざまな輸入制限によって，それまで輸入していた外国製品を国内生産によって代替することがめざされた．輸入代替企業に対しては，低利融資などの恩典も提供された．

　アジア諸国の輸入代替は，繊維製品や家電製品などの**消費財**（consumption goods）あるいは**最終財**（final goods）から開始された．それまで先進国から輸入していた製品のほとんどが，国内需要の大きな消費財だったからである．輸入に代替して国内生産を開始しうるのは消費財産業以外にはなかった．

　他方，最終財を製造するための機械，設備，部品などの**投入財**（input goods）を国産化することは，工業基盤の薄いアジアにおいては容易ではなかった．それゆえ図6-3の下図のように，投入財は自由に輸入できるようにした．繊維製品の輸入代替であれば繊維機械や繊維糸を，家電製品の輸入代替であれば部品や組立機械を，自動車であればエンジンや部品を自由に輸入し，それらを用いてシャツやテレビや自動車を生産したのである．

　アジアの輸入代替においては，投入財を外国から制限なく輸入し，これを組立・加工した最終財を国内市場に販売する，という手順がとられた．この経緯

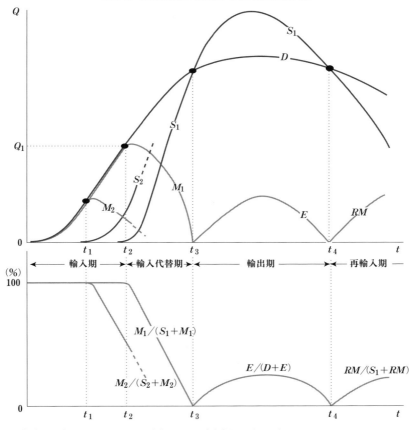

図 6-5 産業発展の模式図（輸入代替工業化）

を図式的に説明してみよう．図 6-5 の上図がそれである．

ある最終財に対して国内需要 D が発生するが，これを国内生産 S_1 によって満たすことができない t_2 までの初期段階においては，輸入 M_1 が発生する．そして，国内生産を可能とするような規模（国内有効最小生産規模）Q_1 に達した時点 t_2 で国内生産が始められ，輸入は M_1 のように減少する．つまり国内生産が伸びていくとともに，輸入を国内生産に切り替える輸入代替過程が進展するのである．

そして，国内生産 S_1 が国内需要 D を上まわる時点 t_3 以降，輸出 E が開始さ

第 6 章　工業発展 II　　107

れる．すなわち，t_2 までが輸入期，$t_2 t_3$ が輸入代替期，t_3 以降が輸出期である．同じことを**輸入依存度**（degree of dependence on imports）$[M_1/(S_1+M_1)]$，**輸出依存度**（degree of dependence on exports）$[E/(D+E)]$ によってあらわすならば，図 6-5 の下図のようになる．

　輸入依存度とは，総供給量（国内供給量プラス輸入量）に占める輸入量の比率である．輸出依存度とは，総需要量（国内需要量プラス輸出量）に占める輸出量の比率のことである．当初，100% 輸入に依存していた製品の輸入依存度が下がり，輸入依存度がゼロとなって以降，輸出への依存度が上昇するのである．

　輸入代替工業化政策とは，図 6-5 の上図のような形であらわされる輸入代替の過程を，政策を用いて促進しようというものである．輸入制限政策により輸入量を M_1 から M_2 に引き下げ，そうして生まれた国内需要不足を充足するために国内生産は S_1 ではなく S_2 のような軌跡をもって拡大する．輸入制限政策として用いられるものは，さきにも記した高関税，輸入数量制限，為替制限などである．その結果，本来であれば t_2 で開始されるはずの国内工業化を，いちはやく t_1 で始めることができるのである．

　もう 1 点つけ加えておこう．国内生産 S_1 はいつまでも増加をつづけるというわけにはいかない．いずれはより強い競争力をもつ後発の国があらわれ，この後発国との競争に敗れて輸出が減少し，次第に輸入がふえていく．国内需要はそれほど変化しない一方，輸出が減り輸入がふえて国内生産が減少する．そうして国内生産は再び国内需要を下まわって，一国は再輸入（RM）期に入る．すなわち t_4 以降は再輸入期となるのである．

3. 輸入代替工業化の問題はなにか

(1) 市場制約

　輸入代替工業化の方式がもし採用されなかったならば，アジアの工業化は前章でみたような高率にはいたらなかったであろう．その意味で，輸入代替工業化には高い評価が与えられよう．しかし，この戦略は同時に多様な問題を含んでもいた．

第1の問題は，国内市場の規模である．アジアの人口は，中国，インド，パキスタン，インドネシアといった大国を除けばそれほど大きくはない．人口が少なく，1人当たりの所得水準が低ければ，国内市場の規模は小さい．加えて，アジアの国々の所得分配は，先進国に比べれば不平等度が高い．富めるものと貧しきものとの**所得格差（income gap）**が大きければ，購買力をもつ中所得階層のウエイトは小さく，市場の懐(ふところ)は深いものとはならない．

　輸入代替工業化とは，輸入制限政策によりかつて輸入によって満たされていた国内市場を，国内企業のための市場として確保するという試みである．とはいえ，そうして確保される国内市場は，アジアの場合さして大きなものではない．保護によってつくりだされる国内市場を満たすまでの輸入代替は，これが市場の制約を受けることがないために，かなりの速度をもって進展しうる．しかし，それ以上の拡大は難しい．そうすると先に説明した「規模の経済」を十分に享受することはできない．

　このことを先の図6-4を多少複雑化させた図6-6で示してみよう．アジア各国の国内市場規模が小さいために，需要線は D_1 ではなく D_2 にとどまってしまう．自動車の国内生産規模は輸入価格 P_m と国内需要線 D_1 との交点 ℓ_1 に対応する Q_3 ではなく，Q_2 となってしまう．平均生産費も P_2 となって，最適生産点に対応する P_0 をかなり上まわる非効率的な生産に終わらざるをえないのである．需要がきわめて小さく，需要線が D_3 であるような場合には，生産費は輸入価格よりも高い P_n となって輸入代替がまるで「引き合わな」くなってしまうこともありうる．開発途上国の輸入代替生産ではそういうことが，しばしばおこったのである．

(2) 貿易収支制約

　第2の問題は，輸入代替の進展とともに深刻化した貿易収支の赤字である．アジアの輸入代替は，繊維製品や家電製品などの最終消費財から始められた．他方，これら最終財をつくるためには機械，設備，部品などの投入財は，輸入に頼らざるをえない．このことについてはさきに述べた．

　したがって，最終財の輸入代替を進めるためには，その輸入を制限する一方，投入財については逆にこれを自由に輸入する条件をつくりだす必要があった．

図6-6　規模の経済についての模式図（II）

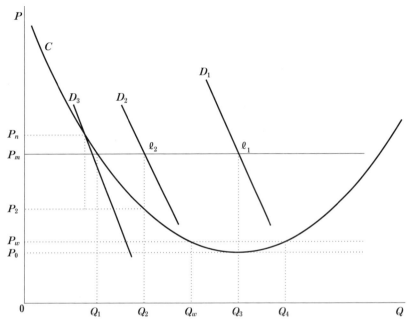

　この点を考慮するならば，高関税，輸入数量制限，為替制限の3つの輸入制限政策については，さらに次の事情を付加して説明する必要がある．

　すなわち，関税はすべての輸入商品において高いのではなく，輸入代替をめざす最終財においてきわだって高い一方，輸入を促進しなければならない投入財においては低いという「傾斜関税」構造をもった．輸入数量制限も同様に，最終財の輸入において最も厳しく，機械，設備，部品や原料，素材の輸入において緩やかになるという統制の「格差構造」下にあった．

　輸入代替企業は，関税の「傾斜構造」ならびに輸入数量統制の「格差構造」により，投入財を自由に輸入できたばかりではない．これをより安価に輸入できるような為替レート上の恩典も与えられた．

　為替レート（foreign exchange rate）とは，外貨1単位（1ドル）を入手するのに必要なそれぞれの国の通貨（例えばバーツ）の量である．図6-7の S_f が外貨供給線であり，D_f が需要線である．政策的な介入が一切ないとすれば，

図6-7 為替レートの決定

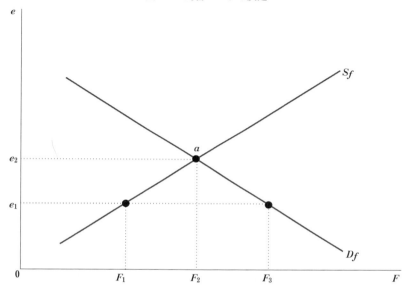

為替レートは需給均衡点 a に対応する e_2 で決まる．これが**市場均衡レート**（market equilibrium rate）である．

政策的介入によって，為替レートが e_1 に定められたとしよう．市場均衡レート e_2 に比べて自国通貨が「割高」に設定されたことになる．この e_1 は輸入企業に有利，輸出企業に不利なレートである．例えば e_2 を1ドル＝25バーツ，e_1 を1ドル＝20バーツだとしよう．輸入企業が1ドルの輸入代金を得るために必要な自国通貨は e_2 であれば25バーツ，e_1 であれば20バーツでよい．後者が有利である．したがって輸入は増加し，外貨需要が増加して需要量は OF_3（原点0から F_3 までの長さで示される外貨，ドル）となる．

逆にこのレートでは輸出は不利となる．輸出企業は輸出によって手にした外貨をバーツに交換する．e_2 では1ドルで25バーツを入手できるが，e_1 では20バーツしか手にできない．輸出は減少し，外貨供給量は OF_1 にとどまる．

すなわち為替レートが e_1 であれば，均衡レート e_2 に比較して外貨は F_2F_3 の超過需要，F_1F_2 の過小供給が発生する．別のいい方をすれば，輸入企業（輸

入代替企業）は均衡レートに比べて1ドル当たり e_1e_2 のバーツの「補助」を与えられ，輸出企業は同額を「課税」されたことになる．

為替レートにおいて自国通貨が割高に設定され，輸入代替生産は投入財を安価に輸入することができた．もちろん，為替レートが e_1 であれば，輸入代替すべき最終財も安価にこれを輸入することができる．最終財が安価に輸入されれば輸入代替は進まない．しかし，さきにも述べたように，輸入最終財に課せられる関税率は高く，またその輸入数量は法的な制限を受け，実際には最終財の輸入は禁止的な状態におかれた．

こうして，輸入代替政策は投入財輸入を促進する傾向を強くもったのであるが，他方，輸出の伸びは緩慢であった．なぜなら1つには，割高な為替レートが輸出に不利に作用したからである．

また2つには，保護された狭い国内市場のなかでは規模の経済効果が発揮できず，そのために輸出競争力が強化されなかったからである．この点について，もう一度，図6-6を用いて説明してみよう．同図において，世界で一般的な自動車価格が P_w であるとしよう．そうすると，この国が自動車の生産規模を Q_w 以上に拡大し，Q_3 を経て Q_4 までの生産拡大ができれば，Q_wQ_4 の生産は自動車の世界平均価格を下まわることになる．したがって，この開発途上国は，輸入代替を経て輸出拡大が可能となるのである．しかし残念ながら，多くの開発途上国は市場規模の制約のために，このことが不可能であった．

輸入代替を進めた多くのアジアの国々で，輸入は増加する一方，輸出は伸びず，貿易収支が赤字化したのは，市場の制約により「規模の経済効果」が発揮できないからであった．輸入代替はアジアの工業化を促進する力をもったものの，しかし市場制約や貿易収支制約を受けて次第に低迷の彩りを濃くしていったのである．

(3) 労働節約的生産

輸入代替工業化の問題は，以上にとどまらない．アジアが人口過剰であり，労働力過剰の国であることは第2章で述べた．そのために，過剰な労働力をできるだけ多く吸収するような工業化のあり方が求められる．しかし，輸入代替工業化の雇用吸収力はそれほど強いものではなかった．ここに問われるべきも

う1つの課題がある．

　先進国では労働力が不足しており，労働者の賃金はアジアに比べれば高い．それゆえ，先進国では，労働力をできるだけ「節約的」に使うような技術（労働節約的技術）が用いられる．先進国の機械，設備などは労働力を節約するようにつくられているのである．

　したがって，アジアの輸入代替工業化が，機械，設備などを先進国から積極的に輸入して進められたということは，その工業化が労働力を節約的に用いる方式でなされたということになる．低賃金の労働者を豊富に擁しながら，労働力を集約的に利用できなかったのはそのためである．

　さらに，労働節約的な生産を促したのが，輸入代替企業に提供された低利の銀行融資であった．銀行は輸入代替企業に市場均衡金利よりも低い金利で融資した．低金利政策のもとでは銀行融資に対して超過需要が発生する．他方，貸出金利が低ければこれに見合って預金金利も低くならざるをえない．それゆえ，銀行に集まる預金量は低水準にとどまる．すなわち，**低金利政策**（low interest rate policy）は，融資に対する超過需要と預金の過少供給を発生させる．

　図6-7において，横軸を銀行融資需給額，縦軸を金利と読みかえればよい．銀行資金の供給（預金）S_fは金利上昇にともなって増加し，銀行資金に対する需要（融資）D_fは金利上昇にともなって減少する．金利がe_1であれば銀行融資に対する超過需要が発生するであろう．超過需要のなかにあって，政府は低利融資を輸入代替企業に優先的に配分する．輸入代替企業は低利融資を受けて有利に事業を展開することができたのである．

　輸入代替生産の労働節約的な性格を模式的にみてみよう．工業化とは，一定単位の機械（K）に対して労働力（L）を追加的に投入し，そうして工業製品を生産する過程である．工業部門の生産関数は，

$$Q=g(K,\ L)$$

であらわされる．

　農業の生産関数について説明した第4章の補論の初めのところを，もう一度参照してほしい．そこでは同一量の米が，労働力と土地という2つの生産要素の多様な結びつきによって生産される，という事情について説明された．工業

図6-8 保護政策の生産要素バイアス

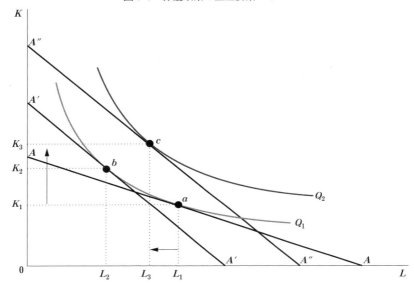

部門の生産要素は労働力と機械である．一定量の工業製品もまたこの2つの生産要素の多様な結びつきによって得られる．

機械に労働力を結びつけて生産される同一量の工業製品の軌跡が，等生産量曲線である．図6-8の Q 曲線がそれである．労働価格（賃金）と機械価格とを反映した等費用線が AA である．

初期の最適生産点が，等生産量曲線 Q_1 と等費用線 AA の接点 a で決定されるとしよう．そうすると，生産に必要な労働量と機械量はそれぞれ $0L_1$，$0K_1$ である．ここで，自国通貨に割高な為替レートならびに低利融資の便宜が与えられれば，機械の輸入費用は低下し，融資を利用しての購入がより容易になる．この価格変化は，等費用線を AA から $A'A'$ へと変化させ，この等費用線との接点で新たな生産点 b が決定される．ここでの労働量と機械量は $0L_2$，$0K_2$ である．

この等費用線のままで生産が拡大して，次の生産点が c になったとしよう．c 点での労働量と機械量は $0L_3$，$0K_3$ となる．すなわち生産点 c において，機械量は当初の生産点 a に比べて増加した（$0K_3 > 0K_1$）ものの，労働量は逆に

減少した（$0L_3<0L_1$）ことになる．輸入代替生産の労働節約的な性格が，こうして模式的に示される．

　この傾向は，実はアジアの輸入代替工業化の主力部門となったのが，アジアに進出した先進国の民間企業であったという事情によっても促された．

　輸入を国内生産によって代替していくといっても，これをアジアの国内企業の努力のみによって実現することは難しい．長い植民地支配のもとにあったアジアには，工業化の主体である企業家が十分には育成されていなかったからである．そのために輸入代替工業化は，外国民間企業ならびに外国企業と現地企業との合弁企業に担わせることになった．

　先進国企業にもアジアに進出すべき要因があった．アジアは，輸入代替工業化を求めて輸入制限政策を採用した．その結果，先進国企業の対アジア輸出は強い制約を受けた．逆に，輸入代替生産を国内企業のみによっては行うことのできないアジアは，先進国企業の導入に積極的であった．先進国企業はひとたびアジアの各国内に進出を許されれば，多様な輸入制限政策によってその生産は手厚く保護された．そこで先進国企業はアジアに進出して，現地の企業と合弁し，合弁企業で生産された製品を国内市場に販売するという方法を選択したのである．

　保護の対象となったのが，先進国の民間企業であったのは皮肉である．しかし，与えられた初期条件のもとで急速な工業化を望む以上，アジアにはこれにかわる方式はなかった．外国民間企業が用いるのは，本国親企業の技術であり，これは多分に労働節約的なものである．アジアが採用した一連の保護政策が，外国民間企業のそうした技術選択を促した．アジアの場合には，工業化の主体が一貫して外資系企業にあり，この地域の労働過剰状態に適合した労働集約的な生産方法が用いられることは少なかった．

　輸入代替をつづけるアジアにおいて，工業化は市場の制約を受けて低迷し，貿易収支のアンバランスも著しいものとなった．労働者の吸収速度は鈍く，失業者が減少することもなかった．ここにいたってアジア諸国は，輸入代替工業化から輸出志向工業化への転換を余儀なくされた．この転換後，アジアは高度の成長地域へと変貌していったのであるが，このことについては次章で論じよう．

第7章　貿易と海外直接投資
―――アジアを興隆させたもの

本章の課題

1. NIES（新興工業経済群）は工業発展に成功した代表的な開発途上国群である．NIES に工業発展をもたらしたものが輸出志向工業化である．NIES はいかにしてこのパターンを実現したのかを理解する．
2. 輸出志向工業化の姿を産業競争力指数を用いて描きだす．後発国の産業が先発国の産業を追跡するさまを観察する．
3. 東南アジア諸国や中国も NIES と同様の輸出志向工業化を採用した．東南アジアや中国の工業化を担ったのは，日本を初めとする先進国の進出企業であり，次いで NIES の進出企業であった．
4. 外国企業による投資が海外直接投資である．外国企業はいかなるメカニズムでアジアに進出しているのかについて考える．

---

1. 輸出の拡大と高度化

　輸入代替工業化と対照されるのが，**輸出志向工業化**（export oriented industrialization）である．工業製品の輸出を通じて工業化を促進するというパターンである．

　輸出志向工業化により高度経済成長を実現し，先進国に劣らない高所得国へと変貌した開発途上国グループが，韓国，台湾，香港，シンガポールなどの

NIES（新興工業経済群）である．これにつづいたのがタイ，マレーシアなどの東南アジア諸国であり，近年の中国であった．NIES は，はやくも 1960 年代の初期から，東南アジア諸国は NIES の実績から学んで 1960 年代の後半期から，そして中国は 2001 年 WTO（世界貿易機関）に加盟した前後から輸出志向工業化を開始した．

　第 5 章の図 5-1 で NIES や中国，東南アジア諸国の工業化率（国内総生産額に占める製造業生産額の比率）の顕著な上昇速度に注目した．NIES や東南アジア諸国のこの急速な工業化を牽引したのが，工業製品の輸出であった．

　1960 年代の初めから，第 1 次石油危機がおこった 1970 年代中頃までの時期は，「世界経済の同時的拡大期」と呼ばれた．この時期，日本もアメリカもヨーロッパ諸国も，すべての先進国が第 2 次世界大戦後最高の高揚期を迎え，経済成長率と需要増加率が格段に高まった．アジアの工業製品輸出にとって，まことに恵まれた国際市場環境が生まれたのである．

　なぜならば，先進国の高成長が激しい産業構造の変動をともなったからである．成長産業が次々と生まれる一方，衰退していく産業も少なくなかった．**衰退産業**（declining industry）は，賃金の上昇によって優位性を失った労働集約的産業であった．労働集約的産業とは，製品のコストに占める賃金費用が相対的に高い産業のことである．衣料製品，家具，雑貨などがその典型である．

　当時の NIES や東南アジア諸国はこれら労働集約的な製品に優位性をもち，その強い輸出競争力によって先進国の市場に深く入り込んでいった．NIES や東南アジア諸国の輸出の中心は，当初はこうした**労働集約的な製品**（labor intensive goods）であった．しかしその後，電気・電子機械，輸送機械などの機械製品，さらには石油化学製品，鉄鋼製品などの重化学工業分野でも NIES は大きな世界市場シェアをもつようになった．

　中国の経済成長は，1978 年に「改革・開放」と呼ばれる画期的な体制転換によって開始された．この点については，次章で詳しく検討する．この体制転換のもとで中国は次第に工業力を蓄え，1990 年代に入ってまもなくの頃から工業製品の顕著な拡大期に入った．現在では，輸出のほとんどを工業製品が担うようになっている．

　図 7-1 は，各国の輸出工業化率，すなわち総輸出額に占める工業製品輸出額

の比率を示したものである．NIES では 1970 年代に輸出額の 7〜8 割が工業製品となった．東南アジアもこれに追随して，1980 年代の中頃から工業製品の輸出比率を格段に上昇させた．中国も同様である．

　輸出される工業製品の内容もこの間，大きく変化した．図 7-2 は，各国の輸出工業製品の構成変化をたどったものである．工業製品をここでは化学製品，原料別製品，機械製品，雑製品の 4 つに分類してある．原料別製品とは，鉄鉱石や原綿などの原料を加工してつくられた鉄鋼や繊維製品などのことである．

　日本ではこの原料別製品と雑製品のシェアが下がり，対照的に機械製品の輸出が増加した．現在の日本の輸出の中心は機械製品である．NIES, つづいて中国が日本と同様の変化を，若干の時間的なずれをともないながらたどっている．

　注目されるのは，長らくモノカルチュア経済を営んできたタイやマレーシアなど東南アジア諸国の輸出構成変化である．過去十数年の間に，マレーシアはむしろ NIES よりはやい速度で輸出構成を変化させてきた．変化が著しいのは機械製品である．

　機械製品は多くの部品から構成され，労働者に要求される技能水準も他の産業のそれより高い．NIES とならんで中国と東南アジア諸国が機械製品において強い輸出競争力をもつようになった．NIES はもとより中国と東南アジア諸国の輸出志向工業化も本格的な段階に入ったのである．機械は，一般機械，電気・電子機械，輸送機械，精密機械の 4 つにわけられる．アジアの輸出において最大の比率をもつのは電気・電子機械であった．

2. 重層的追跡

　輸出志向工業化のプロセスを概念的にみてみよう．一国の産業発展を，輸入期から輸入代替期を経て輸出期へと向かう過程として図示したものが，前章の図 6-5 であった．その図の意味を，輸出額と輸入額という 2 つの数値のみを使って書き改めると，以下のような式になる．C_i は一国の i 産業の競争力をあらわす指標であり，**産業競争力指標**（industrial competitiveness index）と呼ぶことにしよう．

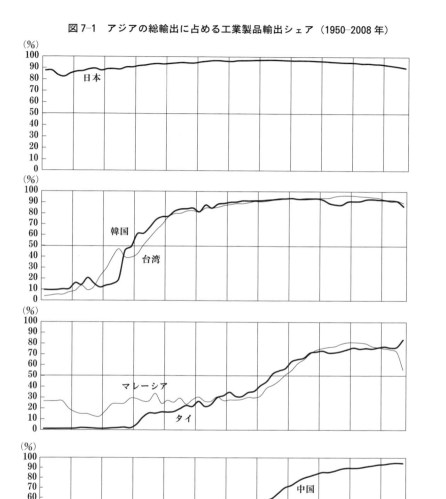

図 7-1 アジアの総輸出に占める工業製品輸出シェア（1950-2008 年）

(注 1) 工業製品は SITC 分類の第 5, 6, 7, 8 類の合計.
(注 2) 工業製品輸出シェア＝工業製品輸出額／総輸出額
(資料) UN, *Yearbook of International Trade Statistics*, New York, UN Publication, various years. 台湾については，Ministry of Finance, Republic of China, *Statistics of Exports and Imports*, Taipei, Ministry of Finance, various years.

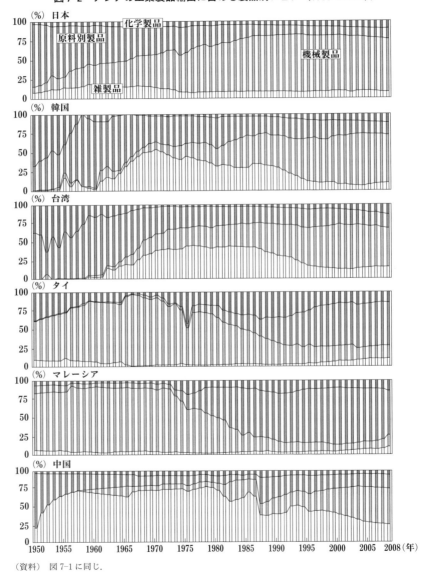

図 7-2　アジアの工業製品輸出に占める製品別シェア（1950-2008 年）

（資料）図 7-1 に同じ．

図7-3 貿易からみた生産の諸段階の模式図

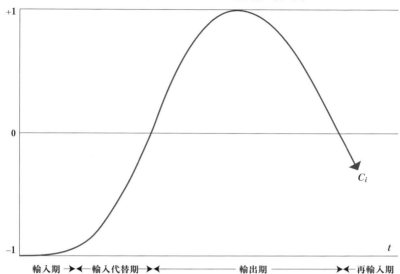

$$C_i = (E_i - M_i)/(E_i + M_i)$$

E_iは一国のi製品の輸出額であり，M_iは輸入額である．そうすると，C_iは図7-3のような軌跡を描くと考えられる．

工業発展の初期段階においては，一国の需要はすべて輸入によってまかなわれ，輸出はゼロである．したがってC_iはマイナス1である．この製品の国内生産が開始されるとともに，輸入は国内生産によって代替され（輸入代替），次いで輸出が始まる．輸入が減少し輸出が増加していけば，C_iは上昇する．輸出と輸入が同額となればC_iはゼロである．さらに輸出が増加し輸入が減少して輸入額がゼロとなれば，C_iはプラス1となる．

一国のある製品，例えば繊維製品などの輸出競争力がいつまでも高水準に保たれることはない．1人当たり所得水準（したがって1人当たり賃金水準）のより低い後発の国が，繊維生産能力を高めて国際市場に参入してくると，先発国の輸出は減少し輸入が増加する．図7-3において，C_iがプラス1から次第に低下するように描かれているのはそのためである．

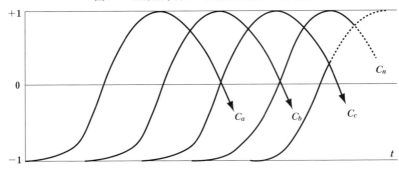

図7-4 産業競争力の「重層的追跡」の模式図

　輸出競争力を低下させた先発国の企業は，競争力の回復を求めて賃金のより低い国での生産を求めて工場を移転させるという行動をとる（海外企業進出）．企業を受け入れた国の競争力が強まり，先発国の競争力は一段と弱体化していく．こうした企業の海外進出については，もう少し後で述べることにしよう．
　しかし，一国の国際競争力は，図7-3のような形で簡単に示されるわけではない．ある特定の製品で競争力を失えば，より付加価値が高く，技術水準の高い次の製品の生産に乗りだすであろう．そしてこの製品も輸入期，輸入代替期，輸出期を経て，最終的には再輸入期に入らざるをえなくなる．そうすると，さらに付加価値が高く，技術水準も高い次の製品の生産に活路を見出していくはずである．このようなダイナミックな転換の過程が図7-4に示される．
　先発国のaという製品の競争力C_aが上昇しピークに達し下降に転じるや，この製品の競争力強化を求めて先発国は後発国に向けて企業進出を開始する．後発国はこの企業進出を受けてますます競争力を強めて投資国を追跡し，先発国の競争力はいっそう低下のスピードを速める．その過程で，先発国は技術水準と付加価値においてより高いb商品の生産を開始するのであるが，これも同じような経緯で後発国から追い上げられ，いずれ競争力を低下させる．そして一段と技術力と付加価値の高いcという商品の生産を開始するという形をとる．この形は「重層的追跡」と名づけるにふさわしいダイナミックな過程である．前章の終わりのところで述べた「後発性利益」のために，またすぐ後で述べる海外直接投資のライフサイクルからしてもそうなるのである．

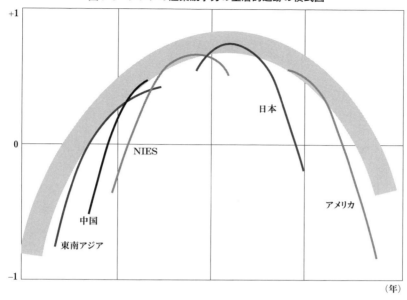

図7-5 アジアの産業競争力の重層的追跡の模式図

　この広いアジア太平洋においては，日本がアメリカを追跡し，この日本をNIESが，さらにNIESを中国と東南アジアが追うという形が想定される．このことを図7-6，図7-7にもとづいて，一つの模式図で示すと図7-5のようになる．産業競争力の追跡が幾層にもわたってつづいているという意味で，これは**重層的追跡**（multiple catching-up）の構図をあらわすということができる．

　図7-6をみてみよう．同図は1965年から2008年までの各国の繊維製品の産業競争力指数 C_i を，7つの国について計測して，その位置関係をみたものである．図の全体が大きく山型を描いていることがわかる．アメリカの C_i は，変動をともないつつ1960年代には輸入産業へと変じている．日本の C_i も一方的な下降をみせ，間もなく輸入産業になろうとしている．アメリカや日本で競争力を失い衰退化しつつある繊維産業の市場にNIESや中国が大量に食い込んでいったのである．

　もっとも，NIESの C_i は1970年代には急上昇したが，1980年あたりでピークを迎え，その後は低迷している．韓国はすでにして下降傾向にある．中国は

第7章　貿易と海外直接投資　　123

図7-6 アジアの繊維製品競争力の重層的追跡 (1965-2008年)

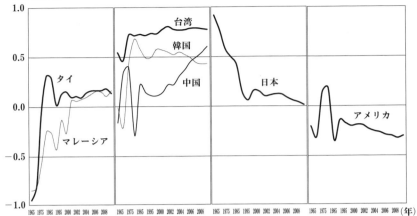

(出所) UN, *Yearbook of International Trade Statistics*, New York, UN Publication, various years. 台湾については, Minstry of Finance, Republic of China, *Statistics of Exports and Imports*, Taipei, Ministry of Finance, various years.

これとは対照的に C_i を急伸させた．タイ，マレーシアなどの東南アジアも同様である．輸出競争力において優位性をもつ国が NIES から中国や東南アジアに移転したのである．NIES の輸出が低迷し，NIES 自身が中国や東南アジアから輸入を開始したという事実が，この図の背後には存在している．

一国の一産業が輸出期から再輸入期へと入っていく過程は，自国より後発の国が輸出期に入っていくという過程とほぼ符合している．この事実は，一国の産業の盛衰は国際的な文脈のなかでこれを捉えなければならない，ということを教えている．

繊維製品など多くの人手（労働者）を必要とする産業においては，労働者の賃金が上昇すれば輸出競争力は低下せざるをえない．競争力の低下した産業は，労働節約的な技術革新に努めるとともに，生産拠点を海外に移転させるという行動をとる．そして一国は，より高い賃金を支払ってもなお競争力を保持できるような産業を振興する．実際，日本はもとより NIES などの後発国のこの面での努力には大いなるものがあった．

新たな輸出産業として後発国が設定したのが，**機械産業**（machinery indus-

図7-7 アジアの機械および輸送機器の国際競争力の重層的追跡構造（1965-2008年）

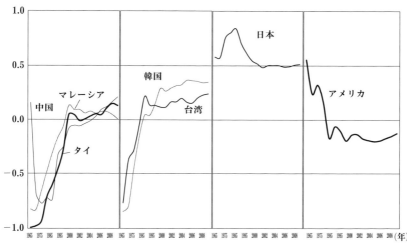

（資料） 図7-6に同じ．

try）である．図7-7は機械産業（機械，輸送機械）のC_iの変化を示している．韓国と台湾は1980年代初期までに機械産業の輸入代替を終了し，以降，輸出期に入った．中国と東南アジアがこれを追跡している．アメリカの機械産業のC_iはマイナスとなり，日本の同産業のC_iもピークをこえて下降期に入っている．

3. 輸出志向工業化政策

　輸出志向工業化のことに話をもどそう．輸出志向工業化とは，工業製品の輸出が工業化を促進するというパターンである．この工業化を成功させるには，そのための政策つまり輸出志向工業化政策が必要であった．

　低利融資を提供したり事業所得税を軽減したりして，輸出産業の投資拡大を奨励するという政策がその1つである．また補助金給付，輸出関税率の引き下げなどにより輸出の拡大を促すという政策もある．

　輸出製品を生産するためには機械，設備，部品などの輸入が必要になる．そ

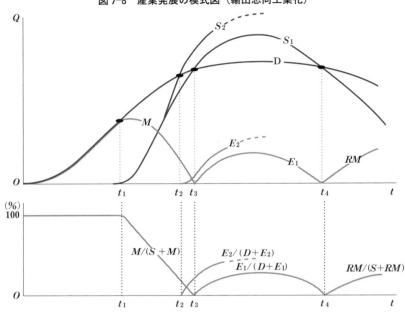

図 7-8 産業発展の模式図（輸出志向工業化）

れらの輸入に対しては，輸入関税率を引き下げたり，ゼロにする．さらに，国内企業による輸出が困難であれば，輸出競争力をもつ外国企業を積極的に導入し，外国企業に輸出の中心的な役割を演じさせるというのも重要な政策である．

輸出志向工業化政策についてこれを模式的に眺めてみよう．図 7-8 の上図がそれである．うえで述べた輸出促進政策を受けて，通常であれば t_3 から開始されるはずの輸出 E_1 が，t_2 から始まって E_2 となる．E_2 の増加により国内生産は S_1 から S_2 へと増加する．図 7-8 の下図で示される輸出依存度も，t_3 から始まる $E_1/(D+E_1)$ ではなく，t_2 から始まる $E_2/(D+E_2)$ に沿って増加する．

後発国が輸出志向工業化へと転換するには，まずは輸入代替を支えてきた，国内企業に対する一連の保護政策を排除する必要があった．前章でみたように，輸入代替産業は高い輸入関税や輸入数量制限，為替制限などにより手厚く保護された．輸入代替工業化とは，輸入製品との競合から「隔離」された保護のもとでの工業化であった．保護された狭い国内市場向けの生産では「規模の経

済」が容易に働かず，非効率性を累積せざるをえなかった．

広い国際市場に向けての生産を企業に促すためには，そうした保護政策を排除しなければならない．NIES や東南アジアは1980年代に入り保護政策を大胆に廃止した．そのうえで，一連の輸出促進政策，すなわち輸出企業に対する低利融資の提供や事業所得税の軽減，輸出に対する補助金給付，輸出関税の引き下げなどを試み，そうして輸出志向工業化過程に入っていったのである．中国は輸出志向型の外国企業を大規模に導入して，彼らに輸出の主役を担わせた．

4. 海外直接投資

アジアの輸出志向工業化の中心的な担い手が，外国企業である．NIES や中国や東南アジアが電気・電子機械を中心に有力な輸出国へと変貌したのは，外国企業がここに大量に進出して輸出を積極的に行ったからである．

先進国の企業はもとより，今日ではNIES や東南アジアの大企業は，自国内ばかりではなく，海外諸国へも積極的に投資をしており，それゆえこれら企業の事業展開の場は世界各地へ広がっている．そうした企業のことを**多国籍企業**（multi-national enterprises）という．外国への投資の中心的な担い手が多国籍企業である．中国企業の多国籍化も始まりつつある．

アジアの国々が先進国から受け入れて，その生産や輸出に大きく貢献したものが**海外直接投資**（foreign direct investment, FDI）である．外国企業が相手国において工場建設をしたり，そのために株式を取得したりして「直接」的に事業経営を行うという行為が海外直接投資である．

ちなみに，間接投資というのも存在する．これは相手国での事業展開を目的としない証券の取得，公社債の購入，貸付けなどのことであり，これはしばしばポートフォリオ投資と呼ばれる．ポートフォリオとは諸君の使っているファイルのようなものをいい，つまりこれに収める証券や公社債などの書類が意味をもつ（証券価格の上昇や公社債利回りの上昇を通じて）投資のことである．後の第10章で述べるが，近年ではこの間接投資が，国際金融上の重要な問題となっている．

多国籍企業は相手国に進出し，そこで用地を取得，工場を建設し，機械や設

備を据えつける．原材料や部品（中間財）を相手国で調達し，なによりも相手国の労働者を雇用する．これが直接投資である．相手国に多大な資金が流れるとともに，相手国の労働者に給与を支払う．給与を支払うだけでなく，その労働者を訓練し，先発国の技術を身に付けさせるという重要な役割を担う．これを**技術移転**（technology transfer）という．技術移転のチャンネルは数えれば切りのないほどに多いが，最も重要なものは労働者の**熟練形成**（skill formation）に対する海外直接投資の貢献である．

　第5章の終わりのところで，現代の後発国が発展するに際し「後発性利益」がまことに大きな役割を演じていると述べた．この利益を代表するものが，先発国による後発国への海外直接投資である．海外直接投資の発展誘発効果が大きいのは，それが単なる資本や技術の個別の移転ではなく，企業経営に必要なほとんどすべての条件（**経営資源** management resources）の「パッケージ移転」だからである．

　この点で，小宮隆太郎教授の次のような海外直接投資の定義が，本質をついていると考えられる．「直接投資は経営活動を行う企業そのものの国際間の移動であり，直接投資の現象を理解するにあたっては，企業とは，投資資金あるいはヴェンチャー・キャピタルの集積というよりは，むしろ"経営資源のかたまり（集合体）"であると考えるのが適当であろう．"経営資源"とは企業経営上のさまざまな能力を発揮する主体であり，外面的には経営者を中核とし，より実質的には経営管理上の知識と経験，パテントやノウハウをはじめマーケティングの方法などを含めて広く技術的・専門的知識，販売・原料購入・資金調達などの市場における地位，トレード・マークあるいは信用，情報収集・研究開発のための組織を指す．企業活動とはこれらの稀少な経営資源を，それぞれの限界生産性の最も高い用途に使用して，何らかの製品あるいはサービスを生産して販売し，経営資源のもっている能力を企業利潤に転化することにほかならない」（小宮隆太郎「直接投資と産業政策」新飯田宏・小野旭編『日本の産業組織』岩波書店，1969年）．

　図7-9は，東南アジア諸国を事例として，この地域諸国に対する海外直接投資の累計額を示したものである．この図をみれば，東南アジアに対する企業進出，とくに日本ならびにNIESの企業の進出が1980年代の後半以降，格段に

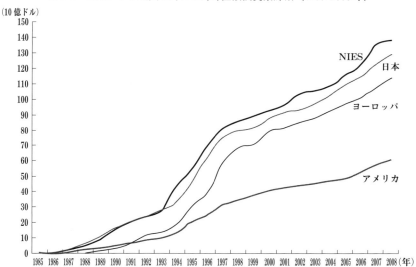

図7-9 東南アジア諸国に対する海外直接投資累計額（1985-2008年）

(注) ここでいう東南アジアとは，タイ，マレーシア，インドネシア，フィリピンの4カ国．
(資料) 日本貿易振興会『ジェトロ貿易投資白書』各年版．

増加したことがわかる．

　東南アジアは輸出志向政策を整備する過程で，日本企業とNIES企業が集中的に進出するという好条件に恵まれた．日本は1986年以降，急激な円高に見舞われた．円高によって輸出競争力を失った日本企業が，活路を求めてNIES，次いで東南アジアに大量に進出し，NIESと東南アジアからの輸出をねらったのである．

　NIESは1980年代の後半にいたるまでは，日本などの先進国からの直接投資の受け入れ国であったが，1990年代に入ってからはみずからも有力な投資国へ転じた．東南アジア諸国に対するNIESの直接投資額は日本をも上まわるにいたったのである．

　一国の為替レートの上昇は，その国の企業の海外進出を促す．例えば日本の為替レートが，1ドル＝200円から1ドル＝100円に上昇したとしよう．日本の企業が外国に進出し，外貨（ドル）で事業を運営するならば，この企業は同一の円の額で以前に比べて2倍の土地や原材料を購入でき，2倍の労働者を雇

用することが可能となる．海外生産が国内生産に比べて一段と有利になるのである．

　日本が急激な円高を受けた後，NIES の通貨もこれに引きずられるように上昇した．これが NIES 企業の海外生産の有利性を高めた．また NIES の賃金が急上昇して輸出競争力が低下し，NIES 企業は低賃金の東南アジアや中国への進出動機を強めた．マレーシアのあるエコノミストは，1980 年代後半の円高（プラザ合意と呼ばれる先進国間相互の金融協力による円高誘導政策の結果）を契機に東南アジアに集中する日本の投資を「歴史的日本機会」と表現したが，実は東南アジアは同時に「歴史的 NIES 機会」にも恵まれた．

　東南アジア諸国の政府はこの好条件に反応して，外国企業の導入を加速させる措置を講じた．外国企業に要求する投資最低規模を引き下げたり，外国企業の法人税免除期間を延長したり，輸出部門を外資に開放するといった措置である．こうして東南アジアへの外国企業の進出がつづき，外国企業の手によって工業製品輸出が大いに伸長した．

　それでは，多国籍外国企業はいかなる要因でアジアを生産の拠点として設定したのであろうか．現代は**ボーダレス・エコノミー**（borderless economy）の時代である．ヒト，モノ，カネ，テクノロジー，インフォメーションが，まるで国境がないかのように自由に世界を動いている．

　多国籍企業が生産拠点を国内におくか海外に設定するかは，その生産をどこで行えば最も効率的であるかの判断にかかっている．工場を東京に建設するのか北海道にするのか，いや上海やバンコクの方がいいのか，これを判断する最重要の基準は効率性である．どこで生産すればその製品のコスト（生産費）が一番安いのか，という判断基準である．

　繊維などの労働集約的な産業であれば，判断基準は比較的簡単である．労働集約的な産業は，高賃金のゆえに先進国はもとより NIES でも競争力をもちえない．この産業は先進国や NIES では衰退産業なのである．したがって労働集約的産業が，生産と輸出の拠点を東南アジアや中国に求めるのは自然である．

　日本の繊維企業の進出対象国は，当初は NIES であった．しかし，NIES の賃金と為替レートの上昇は，日本企業の投資対象地域を NIES から中国や東南アジアへ移転させるよう促した．このことが中国や東南アジアの繊維の生産と

輸出の急増をもたらす要因となった.

アジアに対する投資国は，現在では先進国に限られない．NIES が労働集約的な産業の競争力を喪失し，自身がより高度の産業へと生産と輸出の重点を移行させている．NIES もまた労働集約的産業の生産拠点を中国や東南アジアに移転しているのである．

NIES はもちろんのこと東南アジアや中国でも，現在の輸出主力製品は繊維などの労働集約的製品ではない．機械を中心としたより高度の技術製品へと移行しつつある．機械のなかでも電気・電子機械が中心である．高度技術製品を生産する外国企業は，繊維などの労働集約的産業とは少し異なった要因によって海外に進出している．進出の要因は何であろうか．現在の最も典型的な貿易商品である電子産業の例でみてみよう．

電子技術の進歩は「日進月歩」である．新技術を使った製品が「生成」し「成長」し「成熟」し，さらに「衰退」に向かうという一連の「ライフサイクル」はきわだって短い．

高度技術製品は，強い技術開発力をもつ最先進国で生成する．図 7-10 は，最先進国（アメリカ）で生まれた高度技術製品（X 財）の生産費 P，生産量 Q，純輸出 NE（純輸出とは輸出額から輸入額を差し引いた分）が，時間の経過とともにどのように変化するかを模式的に示している．

X 財は，当初は最先進国の少数の企業によって開発され，したがってこの企業によって独占的に生産・販売される．その生産費は高く，図 7-10a の XP_1 の水準にある．そのために生産量は図 7-10b の XQ_1 にとどまる．しかもこれは国内市場向けであり，輸出はまだ発生しない．これが新技術の生成期である．

この生成期を過ぎて t_1 以後の時期になると，最先進国の後継の国内企業，つづいて比較的高い技術力をもつ後続先進国（日本やヨーロッパ）の企業が X 財の生産に携わる．そしてこの商品の大量生産・大量販売の時期を迎え，生産量は XQ_1 から XQ_2 へと増加する．大量生産による「規模の経済」効果を通じて，生産費は XP_1 から XP_2 へと低下する．同時に純輸出も図 7-10c のように NE_1 から NE_2 へと増加する．

新製品が生成し成長するこの段階では，生産の有利性は先進国にとどまる．

図7-10 プロダクトサイクルの概念図

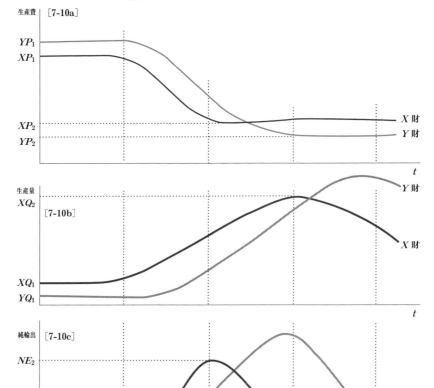

(注) PⅠ：生産のすべてがアメリカで行われ，輸出もすべてアメリカに発する．
PⅡ：日本で生産が開始され，アメリカの輸出はもっぱらアジアに向けられる．
PⅢ：アメリカのアジア向け輸出が，日本にとってかわられる．
PⅣ：日本がアメリカに輸出を開始する．
PⅤ：アジアがアメリカに輸出を開始する．

しかし，t_2 を過ぎる頃から後続先進国の生産が開始される．その結果，最先進国の後続先進国に対する輸出は頭打ちとなり，やがて減少に転じる．最先進国の生産量自体は増加をつづけるが，純輸出はピークに達する．加えて後続先進国が強い競争力をもって最先進国の市場を奪い始め，後者の純輸出は減少していく．大量生産の過程で技術は「標準化」され，X 財は世界市場でごく一般的なものとなる．

t_3 以降の「成熟期」に達すると，後続先進国による最先進国への輸出が始まる．最先進国では生産量自体が減少して，純輸出もマイナスとなる．この段階にいたれば，後続先進国のみならず，開発途上国（アジア）もまた容易に X 財の生産を試みるようになる．

さらに技術が標準化していくと，むしろ開発途上国の労働者の低賃金が生産の優位性を決定する最も重要な要因となる．最先進国は後続先進国からではなく，こんどは開発途上国からも輸入するようになり，国内生産の減少は加速する．

このような変化は，実は技術の成熟とともに，先発国が海外直接投資を通じて生産拠点をより後発の国に移転させるという行動をとることによって生じる．この行動自体が新商品のライフサイクルの変化を促す．

つまり生産拠点を後発の国に移転させ，技術開発国自体はより高度の別の技術製品（Y 財）を開発し生産し，これを輸出するという道を探る．図7-10には，技術的に一段と高度な Y 財の生産費，生産量，純輸出の軌跡が，X 財のそれに代わって変化するさまが記されている．以上の模式はプロダクトサイクル論と呼ばれる．

プロダクトサイクル（product-cycle）論は，技術のライフサイクルを生産費，生産量，輸出，外国投資に関連づけて解明した国際経営学の成果である．プロダクトサイクルを通じて，後発国は先発国の企業を次々と受け入れ，そうして新しい技術知識を導入していくという「後発性の利益」を享受できるのである．

第8章　社会主義経済から市場経済へ
——中国の体制転換

本章の課題

1. 旧ソ連邦，東欧，中欧などの国々で，社会主義経済から市場経済への転換が開始されている．アジアにおいても膨大な人口と広大な国土を擁する中国が体制転換を試みており，この歴史的実験の意味を検討する．
2. 体制転換を図るために，中国は人民公社と呼ばれる集団農業制度を解体し，家族農業を復活させた．これにより農業生産力が格段に強化された．なぜそうなったのかを考える．
3. 社会主義経済の中核は国有企業である．現在の中国で展開されている国有企業改革はどのようなものか．国有企業改革最後の切り札が株式制の導入ならびに国有企業の「戦略的再編」である．成功の可能性はどうかを考察する．
4. 中国の経済成長の速度は著しくはやいが，所得分配の不平等化など解決を要する問題も多い．これについて学ぶ．

---

1. 体制転換とはどういうことか

　アジアの各国を想定して開発経済学の初歩的な分析枠組みを提示するというのが本書の目的である．しかし中国経済についてだけは，新たに章を設けてこれを解説しておく必要がある．
　1つの理由は，中国が**計画経済**（planned economy）から**市場経済**（market

economy）への，あるいは社会主義経済から資本主義経済への「体制転換」という世紀の実験を試みており，これが開発経済学における新しい関心となっているからである．中国の経済体制の転換は時の最高権力者鄧小平によって1979年に開始され，以来，中国は**社会主義**（socialism）を標榜する一方で，市場経済化への道をひた走り，その過程で高い経済成長率を実現してきた．1979年における中国の体制転換を象徴する用語が「改革・開放」である．

旧ソ連邦，東欧，中欧の諸国においては社会主義は崩壊したものの，市場経済への移行は難渋をきわめた．他方，中国のみは社会主義経済から市場経済への体制転換を比較的順調に進めてきた．中国が体制転換をいかに運営してきたのかは，開発経済学が関心を寄せるべき重要な現代的テーマである．

もう1つの理由は，中国の規模と影響力にかかわる．中国は13億をこえる巨大な人口規模と広大な国土面積を擁した文字通りの「大国」である．この中国が現在の世界で最も高い成長率を持続しているのである．世界経済に占める中国のプレゼンス（存在）は将来一段と大きなものとなっていくであろう．それとともに中国は，アジアはもとより世界全体に対する影響力を強めていくにちがいない．われわれが中国に関心をもたざるをえないのは，その巨大な規模と影響力のゆえでもある．

体制転換以前の中国は，社会主義経済のもとにあった．社会主義経済とはどのようなものであろうか．現実の社会主義経済のあり方は，これを採用した国によって一様ではない．しかし，基本的なことのみをいえば次のようになろう．社会主義経済においては，土地，建物，機械設備などの重要な生産手段は私有ではなく，公有である．公有の最終的な形が国有である．

労働者に対する搾取をなくすために，搾取の主体である資本家から生産手段を奪い取ってこれを公有のものにしなければならない，というのが社会主義の考え方である．生産手段を公有とし，この生産手段を用いていかなる財・サービスをどれくらい生産するかは，すべて公有部門（国家や公的機関）が計画によって決める．

生産手段が公有であるから，生産される財・サービスは公有部門に帰属する．したがって，財・サービスを販売して得られる収益も公有部門のものとなる．この収益の配分も公有部門によって計画的になされる．つまり社会主義経済は，

公有制（public ownership）を主体とし，生産，販売，分配のすべてにわたる計画経済だということができる．

　資本主義（capitalism）経済（市場経済）とは，生産手段の**私有制**（private ownership）を原則とし，それゆえ生産から分配にいたる全過程が民間の企業や個人の自由な決定にゆだねられている．社会主義経済と資本主義経済はまことに対照的な体制である．

　中華人民共和国が成立したのは1949年10月であった．以来，中国は社会主義の実現をめざし，公有制を主体とした統制的な計画経済の道を歩んできた．すべての農民は土地の私有を禁じられ，**人民公社**（People's Communes）という**集団農業**（group agriculture）制度に組み込まれた．工業化は国有企業によって独占的に担われた．

　しかし，この統制的計画経済のもとで，農業部門と工業部門はいずれも著しい低迷を余儀なくされた．農民や都市労働者の生活水準は遅々として向上しなかった．また，中国は長らく国際的にも厳しい孤立状態におかれ，先進諸国から進んだ産業技術や経営ノウハウを導入することもできず，企業は「旧態依然」の状態をつづけた．

　実際，毛沢東時代の統制的計画下の中国経済は，まことに停滞的であった．毛沢東の死去の後，新たに権力を握って登場したのが鄧小平であった．鄧小平は，以前の中国を知るものにとっては信じられないほど大胆かつ柔軟に社会主義経済体制を改革するという挙にでた．1979年に開始された「改革・開放」政策がそれである．

　改革・開放政策の実施により，農村においては人民公社は完全に姿を消した．人民公社にかわって**家族農業制度**（family farm system）が全土によみがえり，農村を舞台にした**郷鎮企業**（township enterprises）と呼ばれる工業部門が活況を呈した．都市においては外資系企業が大きな力を発揮し，また個人企業や私営企業が群生した．なによりも統制的計画経済の「本丸」である国有企業の改革が開始された．

　鄧小平の時代にいたって，中国は統制的な計画経済システムから自由な市場経済システムへと転換した．この転換により中国は史上最高の高揚期に入った．現在の中国は社会主義の「しばり」を緩め，市場経済，端的にいって資本主義

経済のメカニズムを急速に導入しつつある．中国は社会主義経済から市場経済への体制転換を，どのようにして実現したのであろうか．

2. 集団農業と家族農業

建国時点の中国は，総人口5億7500万人のうち農村人口が5億人をこえる圧倒的な農業国であった．生産手段として最も重要なものはもちろん土地である．それゆえ中国において公有制の最初の対象となったのは土地であった．

国民党と共産党との内戦（国共内戦）に勝利して権力を掌握した共産党政権は，地主から土地を没収し，これを農民に分配した．しかし，ほどなくして土地は中国流の集団農業組織である人民公社に集約されていった．農地は人民公社が所有し，農産物の生産ならびに農民への所得分配もまた人民公社によってなされた．農民は，人民公社の農地で，人民公社によって指令された農産物を，人民公社から指令された量だけ生産した．農作業は個人によってではなく集団でなされた（集団農業）．そして，みずからの作業量に応じて穀物などの分配を受けた．人民公社はまた，灌漑設備を整備し，肥料工場を建設し，トラックなどの大型農業機械を所有した．

農民に対する穀物や現金の分配方式は，人民公社制度のもとでは「均分主義的配分」であった．のんびり働いても一生懸命働いても，さして変わらない現物給与を与えるという方式である．社会主義とは平等主義であるという考え方のゆえである．しかし，この平等主義の結果，農民の間にはみずから積極的に働こうというのではなく，ただ定められた作業時間を過ごせばいいという消極的な風潮が蔓延した．

人民公社制度の「均分主義的配分」は，農民の積極性を引きだすことに失敗し，粗い栽培管理に帰結し，単収の増加を実現することができなかった．耕地が希少な中国においては，農民が希少な耕地を慈しみ，細心の栽培管理（「精耕細作」）をしなければ単収は上昇しない．人民公社はこの中国農業の本来的な特徴を無視し，そうして低い単収を恒常化させてしまったのである．

このような事態を反省し，より多く働いた農民には働いた分だけの報酬を保障するシステムを新たに創出しようという気運が高まった．毛沢東の時代が終

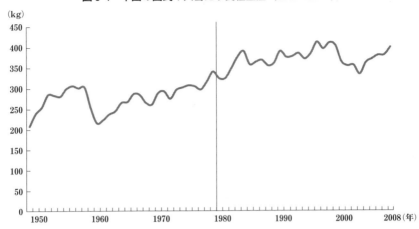

図 8-1 中国の国民1人当たり食糧生産 (1949-2008 年)

（資料） 国家統計局編『新中国五十五年統計資料匯編』中国統計出版社，北京，2005年；国家統計局編『中国統計年鑑』中国統計出版社，北京，各年版.

わり鄧小平の時代が始まった1979年のことである．人民公社制度は廃止され，家族農業への転換がなされた．画期的な転換であった．

　1980年代の中頃には，家族農業が全土でよみがえった．この家族農業制度のもとで農民は上部組織の指令から解放され，みずからの努力によりみずから好むだけ生産することができるようになった．こうして，中国の農業経営のシステムは人民公社から家族農業へと変わり，農民の士気は大いに高まった．図8-1に示されるように，1979年の体制転換以降，少なくとも1990年代の中頃まで農民1人当たりの食糧生産量は大きな伸びを記録した．

　このような農業発展をもたらしたのは，集団農業方式から家族農業方式へのシステム転換であるが，家族農業の展開を促すために，次の2つの政策が採用されたことが決定的な重要性をもった．

　1つは，政府による農産物の買上げ価格の引き上げであり，2つは，農民が利用する農業投入財，すなわち化学肥料，農業機械，農薬などの価格が大幅に引き下げられた．農家が販売する農産物の総合物価指数を，農家が購入する農業投入財等の総合物価指数で除した値は「農家交易条件」と称される．特定年次における双方の指数を100とすると，農家交易条件が1.0を上まわれば農家

が有利となり，1.0を下まわれば農家が不利な立場におかれる．要するに，政府は1979年以降，農家交易条件を有利化する価格政策に打ってでたのである．

逆にいうと，1978年以前の中国においては，巨大な人口を少ない耕地で養うために，食糧増産が最大のテーマ（食糧生産第一主義）とならざるをえなかった．肥料などを農民に配布して単収を上げようとする一方，農産物は非常な低価格に据えおかれ，農家交易条件は農民を不利化していた．

農業経営システムの変革によって農業の生産性が上昇し，農民はかつてに比べて豊かになり，以前には不可能であった貯蓄が可能となった．また労働生産性，つまり農民1人当たりの生産量が増加したために，余剰な労働力が大量に生まれた．この貯蓄と余剰労働力がその吐け口を求めた先が「郷鎮企業」であった．

郷鎮企業とは，郷（村）政府や鎮（農村に囲まれた町）政府，あるいは農民が協同して，あるいは農民個人がつくった中小規模の，主として工業企業である．さらには，外資系企業との合弁事業もある．郷鎮企業は，軽工業品の恒常的な不足と高価格に悩まされてきた農村に，自由にモノを生産し販売する主体として形成された新しい企業群である．郷鎮企業の生産性と収益は農業のそれよりは格段に高い．それゆえ，農民は郷鎮企業に向けて貯蓄と労働力を投下しつづけた．したがって，郷鎮企業が中国の国内総生産額（GDP），工業総生産額，農村就業者に占める比率は相当に高いと思われるが，残念ながら郷鎮企業についての統計概念がしばしば変わり，正確にその変化を追うことは難しい．

3. 国有企業改革

もう1つの社会主義公有制の主体である**国有企業**（state enterprises）の改革は，どのように進んだのであろうか．

かつての統制的な計画経済の時代にあっては，国有企業の経営は政府（国務院）の直接的な指揮下におかれていた．国有企業は自立的な経営単位ではなく，政府の「付属物」のような存在であった．鉄鋼工場，電子工場，機械工場，紡績工場などの経営は，政府のそれぞれ冶金工業部，電子工業部，機械工業部，紡績工業部などの監督の下におかれ，その意のままであった．

国有企業が達成すべき生産品目と生産数量は，政府から一方的に指令された．指令された生産計画に要する原材料やエネルギー，機械設備，労働者とその賃金にいたるまで，すべてが政府から無償で国有企業に配分された．国有企業はこの配分を受けて，政府により指令された品目を指令された量だけ生産するという受動的な存在であった．国有企業がつくった生産物は，政府がこれを全量引き取って販売するという手順がとられた．

　労働者も国有企業が雇用するのではなく，政府から割り当てられた．国有企業には人事管理権はなかった．企業内に利潤を留保することも許されなかった．利潤を生んでも，そのすべては国庫に吸い上げられ，逆に赤字をだしても国庫が補塡してくれた．

　このようなシステムも，臨戦体制下のような非常時においては有効性をもちえたであろう．しかし，平時において，こういうやり方を恒常的な生産体制とするならば欠陥は明らかである．このシステムのもとでは，利潤の最大化を追い求めて効率的生産を追求するという「企業家的行動」を期待することはできない．

　中国の国有企業は，高い収益を求めて効率性を追求する生産組織であるよりも前に「生活共同体」であった．住宅はもちろん，託児所，幼稚園，学校，病院，食堂といった，従業員がその内部で生活するためのほとんどすべての機能を擁した巨大な生活共同体，これがかつての中国の国有企業であった．

　国有企業の分配制度は人民公社とさして変わらず，一生懸命働いてものんびり働いても，受け取る賃金はほとんど同額であった．また企業幹部の身分も固定的であった．それゆえ労働者や職員がみずから積極的に働こうというインセンティブ（労働誘因）は少なかった．中国の国有企業は，貧しいとはいえこれを壊すにはあまりに住みごこちのよい「安住のコミュニティ」であった．

　国有企業に労働者，職員を配分したのは政府であった．しかも，人口過剰の中国においては，できるだけ多くの労働者に就業の場を与えることが求められた．就業それ自体が優先され，適正規模をはるかにこえる数の労働者が国有企業に押し込まれた．その結果，国有企業では「3人の仕事を5人でやる」という状態が一般化していた．

　改革・開放とともに国有企業改革が開始された．中国の国有企業改革は「漸

進主義的」な方法で進められてきた．計画経済から市場経済への移行は，歴史的先例のない試みであった．「ア・プリオリ」（事前に設定された）なシナリオは存在しなかった．それゆえ中国の改革・開放は手探りの実験の積み上げであった．

鄧小平は，中国の改革・開放を決定づけた1978年の重要会議において「思想を解放し，実事求是の態度をとり，一致団結して前向きの姿勢をとろう」という報告を行い，その中で次のように述べた．「実事求是」とは，事実にもとづいて真理を求める，という意味である．

「全国の統一的な案が出されるまでは，まず局所で手をつけ，個々の業種でやってみてから一歩一歩押し広めていけばよい．中央の各部門は，このようにして試験的にやってみることを許可し，奨励すべきである．試行の段階では，さまざまな矛盾がでてくるから，それをいちはやく発見し，克服しなければならない．このようにしてこそ，かなり速い進歩を遂げることができるのである」（『鄧小平文選——1975〜82年』東方書店，1983年）．

中国がいくたびかの経済的変動や政治的激変に見舞われながらも，今日の「経済大国」化を実現しえたのは，漸進主義的改革のゆえであったといっていい．毛沢東の急進主義時代の混沌，ペレストロイカ（経済社会の「建て直し」）を標榜して「急進的改革」を進めた旧ソ連邦の経済的失墜と国家分裂，旧ソ連共産党の解体などを，中国の漸進主義的な改革方式と対照させた場合，後者の成果は実に大きなものであったといわねばならない．

中国の国有企業改革は，さまざまな試行を経て，1987年に「経営請負制度」を導入することから本格化した．経営請負制度とは，国有企業が国務院主管部門から自主経営を委任され，上納利潤額・納税額などの達成指標について主管部門と契約するという方式であった．目標を達成すれば，留保利潤は国有企業の裁量によって従業員給与や設備投資にあてることが許されるようになった．これをもって「政企分離」（政府主管部門と国有企業管理の分離），さらに「両権分離」（所有と経営の分離）がめざされた．

さらに1992年の「国有企業の経営メカニズム転換条例」により，経営請負制を深化させた．しかし，経営請負制度もこの「転換条例」も，国有企業のインセンティブ（生産性向上や利潤上昇を引きだす誘因）の改善に多少の寄与は

したが，その成果は満足できるものではなかった．理由は，国有企業の所有者が国家（政府）であるという原則にまったく手をつけず，他方，国有企業に経営の自由裁量権だけを大きくしたために，国有企業に対する政府の監督が困難となってしまったからであった．その結果，経営者や従業員などのインサイダーコントロール（不正・腐敗をともなった企業内取引）が頻繁におこり，国有資産の非合法的な流出というモラルハザード（企業倫理の弛緩，不正・腐敗）をも誘発してしまった．

こうした経験を経て，1993年には，国有企業改革の目標が改めて「現代的企業制度の確立」として提起された．ここで，国有企業への株式制の導入という画期的な政策が決定された．「両権分離」からさらに進んで，国家と企業との責任の明確化，株主総会，取締役会，監査制度により国有企業経営の監督権を強化することによって国有企業の「現代化」（近代化）を図ろうとしたのである．

それにもかかわらず，政府による国有企業への介入はつづき，コーポレートガバナンス（企業統治：事業を効率的に展開するための企業経営の在り方）は容易に確立されず，インサイダーコントロールもやむことはなかった．株式制は導入されたものの，国家部門（政府や国有企業，国有商業銀行など）が最大の株主であり，しかも国家所有株の市場流通は許されなかった．

国家が株式のマジョリティ，つまり50％以上の株式を保有することが義務づけられる一方，個人や機関投資家などの非国家株主は50％未満の保有しか許されなかった．国家株主は近年でもなお70％ほどを掌握している．そのために，国有企業はみずからの企業利潤の極大化よりも政府の政策目標に見合う生産を優先してしまう．人事や経営への政府介入も頻繁であり，「政企分離」は実現しなかった．

ここにおいて政府は巨大な数の国有企業群を再編しなければ，企業改革は進捗しないことに改めて思いをいたした．1996年3月，中国の国会である全人代（全国人民代表大会）では「抓大放小」（大を抓んで小を放つ）のスローガンのもと，1000社の大型国有企業の管理を徹底する（「大を抓む」）一方，小型国有企業はこれを思い切って民営化する（「小を放つ」）という挙にでた．次いで1997年9月の第15回党大会では，国有企業の「戦略的再編」を決定，

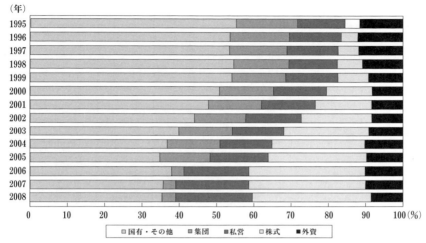

図 8-2 中国の投資主体別の固定資産投資額構成比（1995-2007 年）

（資料）国家統計局編『中国統計年鑑』中国統計出版社，北京，各年版．

国有企業がその中核を担わねばならない重要な分野（国家安全にかかわる分野，自然独占および寡占産業，公共サービス提供分野，基幹産業とハイテク産業）を除いては，大小を問わずに国有企業からの退出を迫った．

この「抓大放小」と「戦略的再編」にともない，鉱工業生産額に占める国有企業のシェアは減少した．信頼できる数値が取れる固定資産投資総額，すなわち，企業の設備投資や公的投資を含めた投資総額を投資主体別にみたものが，図 8-2 である．「抓大放小」ならびに「戦略的再編」が展開されることになった 1998 年をピークに，国有企業が担う投資額比率は大きく減少した．これと対照的に，株式制企業に転換された企業の投資比率が顕著に増加したことがわかる．1998 年に 54% を超えていた国有企業のシェアは 2008 年には 35% ほどに激減した．図 8-3 は雇用数を投資主体別にみたものであるが，これをみても傾向は同様である．

他方，正確な統計数値は得られないが，呉軍華氏の推計によると，国有企業の利潤（税引き後）は 1995 年の 665 億 5000 万元から 2006 年の 8485 億 5000 万元へと，10 倍をはるかに超えて増加し，鉱工業総利潤に占める国有企業の比率も，1995 年の 40.7% から 2006 年の 43.5% となったという（呉軍華『中国

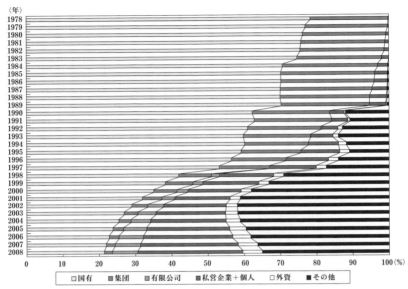

図8-3 中国の企業形態別就業者人口比率（1978-2008年）

（資料）国家統計局編『中国統計年鑑』中国統計出版社，北京，各年版．

静かなる革命』日本経済新聞社，2008年）．国有企業は投資額や就業者数という目にみえる指標では急減しながら，利益総額のみは増加しているのである．要するに，政府が重要と考える国有企業の「抓大放小」であり「戦略的再編」であった．一言でいえば特定国有企業の独占・寡占企業としての温存である．

　政府が重点的に育成する国有企業は，潤沢な財政・金融的支援を受け，税制面や価格面での優遇措置をも与えられて独占化・寡占化を進めていった．再編された個々の国有企業の規模は巨大であり，「中国石油天燃気（ペトロチャイナ）」「中国移動（チャイナモバイル）」，「中国工商銀行」などは2008年の株式時価総額でみた世界トップテンの企業に名を連ねるほどである．これらはいずれも株式会社ではあれ，国家が株式のマジョリティをもって管理・監督に当たっている独占・寡占企業体である．

　「抓大放小」と「戦略的再編」によって国有企業から放たれた企業の多くは，株式制企業とされた．国有企業を株式会社に転換するには，その株式を上場させ，国家所有比率の持ち分を減少させ，非国家株式の比率を上昇させていくと

144　I　開発経済学入門［第3版］

いう方式が一般的である．しかし，現在の中国では証券市場が十分には発達しておらず，資産市場も欠如しているために，上場株式の価格設定は恣意的操作の余地が大きい．**マネージメント・バイアウト**（management buy-out, MBO）と呼ばれる，所有権獲得を目的とした経営者による自社株購入が広範にみられ，これにより国有資産の大量流出が発生している．

　国有企業のもう1つの勢力が4大商業銀行（中国建設銀行，中国工商銀行，中国農業銀行，中国銀行）である．中国の金融資産（預金を中心とする）の70％以上を4大商業銀行が握っている．商業銀行もまた，漸進主義的改革によってコーポレートガバナンスの改善はあまり進んでいない．国有商業銀行の株式制への移行は道半ばをこえたものの，国有企業と同じくその株式のマジョリティを国家が所有するという原則が貫かれているからである．また外資系銀行の出資比率も25％未満とされている．

　それゆえ4大商業銀行は，国有企業と同じく政府による行政介入を排除できない．このことは全土に分在する4大商業銀行の地方分行においてはなはだしい．株式マジョリティ原則が適用されているために，4大商業銀行の自由裁量権の幅は小さい．監督者も経営者も，依然として政府・党官僚，もしくはその強い影響下にある人々から構成されており，コーポレートガバナンスの確立にはいまだほど遠い．外資系企業による4大商業銀行の株式取得も開始されているが，その比率は現時点ではまだ微々たるものである．

　4大商業銀行が政府・党から自立した存在となり，貸出先企業の収益性に関する正しい評価にもとづく融資行動を取るという，第10章で述べるような真の意味での「金融仲介」機能を発揮する段階にまではいたっていない．

4．経済発展の課題

(1) 外資依存型発展

　このような問題を抱えながらも，中国は現在の世界の中で最高の経済成長率を誇っている．なにゆえであろうか．端的にいって欧米日はもとより香港，韓国，台湾などのNIESを含む国々の多国籍企業，とくに輸出志向型の企業が大挙して中国に進出しているからである．

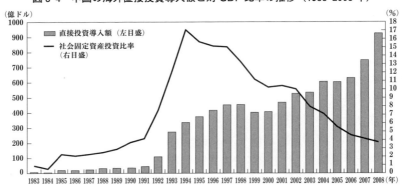

図 8-4 中国の海外直接投資導入額と対 GDP 比率の推移（1983-2008 年）

（注）海外直接投資額は実行ベース．
（資料）中国国家統計局編『中国統計年鑑』中国統計出版社，北京，各年版．

　中国が 1985 年以来，受け入れてきた海外直接投資額が図 8-4 に示されている．めざましい増加である．固定資本投資額に占める海外直接投資導入額の比率は，1992 年以来の数年間は，実に 10% をこえ，17% に迫った年さえあった．海外直接投資が受け入れ国の経済発展にいかに有利なものでありうるかについては，すでに第 7 章で論じた．もう一度読み返してほしい．

　中国に海外直接投資が本格的な規模で流入するようになったのは，1992 年に最高権力者鄧小平によって「南巡講話」が発表されて以降のことであった．1986 年 6 月に起こった北京天安門事件により，中国は欧米日から厳しい経済制裁を受けた．中国もまた欧米日の対中対応を苦々しく思い，門戸をあえて開こうとはしなかった．しかし，一転して中国が改革と開放に打ってでたのが，「再度の改革開放宣言」ともいうべき「南巡講話」によってであった．

　高い賃金に悩まされていた多国籍企業は，豊富で優秀な労働力を擁する中国に改めて着目し，労働集約的な工程を中国の沿海部に移管（いかん）するという挙にでたのである．同図にみられる，1993 年以降の巨大規模の対中直接投資がそれである．中国が「世界の工場」だと称されるようになったのは，この頃からであった．対中直接投資は 1990 年代後半のアジア経済危機後に減少はあったが，巨大規模の海外直接投資が中国に流入し，これが重要な発展牽引の要因となったことはうたがいない．2008 年には 924 億ドルが流入し，中国は世界で最大

図 8-5 中国の企業形態別の輸出額の推移 (2002-08 年)

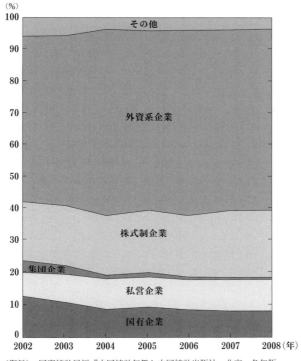

(資料) 国家統計局編『中国統計年鑑』中国統計出版社, 北京, 各年版.

の直接投資導入国となった.

　この大量の多国籍企業進出は，中国の安価な労働力と土地を求めて集中した「加工貿易型」の進出であった．加工貿易とは，輸入した部品や素材などの中間財を組立・加工して生産された最終製品の「再輸出」である．中国の工業製品の圧倒的部分を担っているのが多国籍企業であり，そのほとんどが加工貿易を担っている．

　実際のところ，中国の輸出はきわめて急速な増加をみせ，現在，その規模は日本を抜いてドイツに次ぐ世界第2位の規模を誇る．しかし，その輸出のうちの圧倒的な部分，ほとんど70%を担っているのが外資系企業なのである．2000年代に入ってからの各輸出主体別の輸出シェアを示した図8-5から，こ

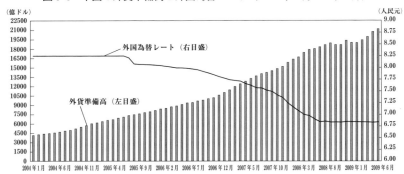

図8-6 中国の外貨準備高と外国為替レート（2004年1月-09年6月）

（注）外国為替レートは対ドル，期中平均レート．
（資料）中国人民銀行ホームページ（http://www.pbc.gov.cn/）．

のことは歴然としている．

これを反映して，近年の中国の輸出構造は次第に高度化しつつあるとはいえ，なおアパレル（衣類），繊維，製靴などの労働集約的製品を主力とした加工貿易が中心である．中国の輸出総額に占める加工貿易の比率は現在でも50～60％である．

それゆえ，中国における個々の企業の付加価値は少ない．しかし，経済の規模が大きく，かつ政府がそれを重視してきたために，外貨準備は巨大化した．多国籍企業の対中投資，人民元高期待をもって中国に大量に流入したドルも加わって，中国はすでに世界最大の外貨準備を擁する国となった．図8-6をみられたい．中国の外貨準備額の高まりには顕著なものがある．

対中貿易においてとりわけ大きな赤字を計上している国がアメリカである．両国間の貿易摩擦は厳しい．ついに中国は人民元の切り上げに2005年7月21日に踏み切った．以来，毎日の銀行間取引の最終レートを，翌日のレート変動の中間値とし，この中間値の上下0.3％のバンド内での変動が許容されるようになった．切り上げ開始時点の1ドル＝8.28元は，2008年末には1ドル＝6.94元となり，この間の切り上げ幅は大きい．これについても同図を参照されたい．

しかしアメリカに発する世界的金融危機のもとで中国の輸出にも陰りがでている．第5章の第2節「農工2部門モデル」のところで述べた「無制限的労働

供給」の時代も終わりに近づいており，賃金は沿海部都市を中心に上昇を始めた．加えて，世界的な石油・資源・エネルギー価格の高騰に直撃され，さらにいま図8-6でみたように人民元は切り上げられつつある．中国は石油・資源・エネルギーの不足国である．その不足のゆえにコストの上昇が避けられず，輸出主導型の高成長には暗雲が漂っている．

　多国籍企業による輸出の大きな伸びが，中国の高成長を支えた1つの重要なポイントである．もう1つ，高成長を支えてきたのが総資本形成（企業の設備投資や公的部門のインフラ投資によって実現された年間の実質資本蓄積額．資本減耗分を除く）の持続的増加である．高成長をめざす中央政府はもとより，地方政府（省政府）もまた財政資金を投入し，金融を緩和して国有企業の投資を促進した．のみならず，高速鉄道，高速道路，発電所，港湾，空港などのインフラストラクチャー（社会経済基盤）の建設に大いに力を入れ，そうして総資本形成率が高い増加率を示してきたのである．

　図8-7は，中国，日本，アメリカの3国の固定資本形成，家計消費，輸出の対国内総生産額（GDP）比率を，この30年余にわたって示したものである．近年の中国の固定資本形成率が恒常的に40％を超えていることがわかろう．中国が家計消費を抑制する一方で，輸出と投資をきわめて活発に展開しながら高成長過程を歩んできたことが，この図からよく理解できる．

　40％を超えるような高い固定資本形成率が恒常的につづけば，経済が「過熱」（インフレ：物価上昇）することは避けられない．過熱の危機が叫ばれたのは2003年であった．同年の固定資本形成率は40％を超えた．鉄鋼，アルミ，セメント，不動産などでは実に100％超であった．インフラ部門への投資増加率にもきわめて高いものがあった．

　高率の固定資本形成率はインフレをもたらし，輸出競争力をも低下させる．それゆえ，経済があまりに過熱すれば政府はこれを「冷却」させねばならない．そのための政策が公定歩合や銀行準備率を引き上げという「引き締め」政策である．2004年以来，政府は引き締めをつづけたが，これも功を奏すことはなかった．銀行融資枠設定，建設プロジェクト再検討，土地管理強化，関係者処罰などの直接介入に打ってでたものの，2004年の固定資本形成率は43.2％，2005年42.7％，2006年42.6％，2007年42.2％，2008年43.5％となお高い増

図 8-7 中国,日本,アメリカの固定資本形成の対 GDP 比率（1955-2008 年）

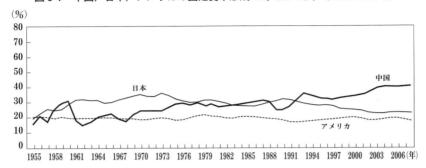

中国,日本,アメリカの家計消費の対 GDP 比率（1955-2008 年）

中国,日本,アメリカの輸出の対 GDP 比率（1955-2008 年）

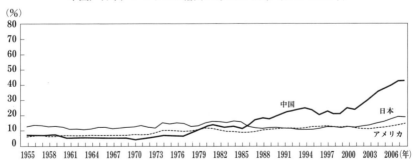

（注）　なお 2008 年の数値は速報値.
（資料）　UN, *National Accounts Main Aggregates*, Database および各国統計.

表 8-1 中国の資本係数：高度成長期の日本，韓国，台湾との比較

		投資比率 (対 GDP 比，%) a	成長率（%） b	資本係数 a/b
中国	1991-1995	39.0	12.3	3.2
	1996-2000	36.6	8.6	4.3
	2001-2007	40.9	10.2	4.0
	(1991-2007)	39.1	10.3	3.8
日本 (1961-1970)		32.6	10.2	3.2
韓国 (1981-1990)		29.6	9.2	3.2
台湾 (1981-1990)		21.9	8.0	2.7

（資料）関志雄，朱建栄，日本経済研究センター，清華大学国情研究センター編『中国は先進国か』勁草書房，2008 年．

加率をつづけた．コントロールがきかないのである．

　なぜ中央政府のコントロールが機能しないのかといえば，地方政府（省政府）自体が1つの強固な「官僚資本」と化しており，中央の司令に聞く耳をもたないからである．地方政府は，不動産投資や外資系企業の誘致，さらに地方政府傘下の国有企業に地方銀行の融資を強要して「野放図」な投資拡大に走っている．投資総額のうち中央政府のコントロールが可能な部分は1割に満たず，9割強が地方政府傘下の建設プロジェクトなのである．1割を制御できても9割が野放図であれば投資の抑制はかなわない．

　このように高い投資増加率が今後も接続可能とは思われない．投資比率を実質経済成長率で除した値が資本係数である．成長率1%の上昇に何%の投資比率が必要であるかを示す指標である．この比率が高ければ高いほど非効率的な経済運営がなされていることになる．関志雄氏の計測によってこの資本係数をみたものが，表8-1である．日本（1961～1970年），韓国ならびに台湾（1981～1990年）の3国の高成長期の資本係数は，それぞれ3.2，3.2，2.7であったが，中国（2001～2007年）のそれは4.0である（関志雄，朱建栄，日本経済研究センター，清華大学国情研究センター編『中国は先進国か』勁草書房，2008年）．投資過熱の帰結である．累積した投資はやがて生産力化して，最終財の大量供給につながる．この時点での内需不足は明らかであり，デフレの到来は不可避で

第8章　社会主義経済から市場経済へ

ある．輸出ドライブがその分だけ強力になる．しかし，「リーマン・ショック」（後の第10章で述べる）以降，低迷の度を増している世界経済にはこれを吸収する力はない．

(2) 消費内需の拡大は可能か

　どこの国でも多かれ少なかれそうであるが，とくに中国のような大国が長期的に安定的成長を持続するには，家計消費中心の内需主導型の発展方式を採用する必要がある．これははたして可能であろうか．一言でいえば，容易ではない．国内総生産に占める家計消費の比率は，さきの図8-7でいえば，2007年で日本は57%，アメリカは70%を超えている一方，中国は36%に過ぎない．どうしてこんなに家計消費需要が低いのか．中国の地域間所得格差が圧倒的だからである．21世紀中国総研が作成した図8-8が，中国の地域間格差をよく示している．10の東部（沿海部）諸省の1人当たり所得水準がきわだって高い一方，中部，西部諸省のそれは低い．1人当たり所得水準をそれぞれの省の人口規模で加重した総額でみても，中国における所得と富は東部に圧倒的に偏在している．

　都市農村間，都市内部，農村内部の所得格差もまた大変に大きく，消費財の購買力を支える中所得階層が薄い．ここでは，家計貯蓄に注目して簡略な記述にとどめよう．2007年の中国の家計標本調査によれば，農家においては最下位20%所得階層の家計貯蓄はマイナスであり，最下位40%所得階層でようやくわずかなプラスとなる．おそらく最下位30%ほどの所得階層の農家家計貯蓄はマイナスであろう．都市家計においても最下位20%所得階層の家計貯蓄はマイナスである．家計貯蓄がマイナスであるということは，どこかから借金をしているということである．すなわち，マイナスの家計貯蓄は，みずからの経済的地位を向上させる手段をもたないことと同義である．その意味で，中国においては「貧困者の貧困化」が「構造化」されているといっていい．

　高成長の過程で，高級公務員，民営企業経営者，「戦略的再編」後の国有企業従業員，外資系企業従業員，知識人階層等々の中間層が拡大していることは確かである．しかし，それよりもはるかに速い速度で極度の低所得者層（「弱勢群体」）が増加している．低所得者層のなかでもとりわけ注目されるのが，

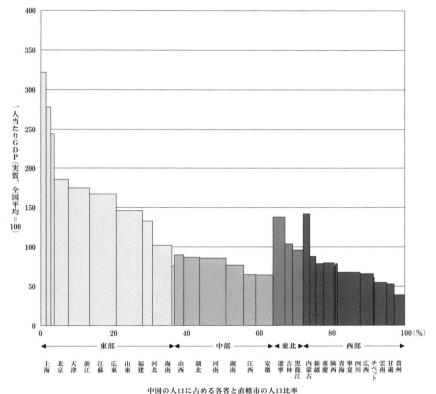

図 8-8 中国の省別 1 人当たり GDP と人口 (2008 年)

(注) 棒グラフの面積が各省および直轄市の GDP 総額となる.
(資料) 21 世紀中国総研編『中国情報ハンドブック (2009 年版)』蒼蒼社, 2009 年.

貧困農村から押し出された「民工」である.

　民工については数量の把握はこれまで不可能であったが, 2005 年 4 月に国務院研究室課題組が『中国民工調査報告書』を刊行して, その実体が克明に知られるようになった. 同報告書は, 2004 年の全国の民工総数が 1 億 1800 万人, 都市就業者の 46% に相当すること, 建設業, 加工製造業, サービス業の就業者のそれぞれ 80%, 68%, 50% を民工が占めることを明らかにした. さらに民工の 47% に雇用契約がなく, 48% が賃金の遅配・欠配を経験しているとい

う.

　遅配は，雇用者が意図的に支払いを遅らせて，民工をより長期にわたり劣悪な労働条件の仕事に従事させることを理由にしているともされる．家族を帯同した民工は都市での公的な教育機関への子弟の入学を許されず，疾病時にはわずかな貯蓄を取り崩さなければならない．都市労働市場のなかに「断層」が形成されている．民工総数が1億1800万人だというのは過小評価であり，2億人を超える数を推定する研究者もいる．

　大量の民工の存在は，農村貧困の都市部におけるあらわれである．中国の核家族化は農村においても顕著であり，宗族と呼ばれる父系性血族集団を中心に相互扶助を行ってきた伝統的な村落共同体が危機に瀕している．失業保険，医療保険，年金などの社会的セイフティーネットは都市住民を対象とし，農民はその埒外にある．「乱収費」と称される恣意的な徴税が，中央政府の禁止令にもかかわらずなお広範にみられる．「開発区」といわれる工場団地造成のため，わずかな補償費で土地を手放さざるをえない「失地農民」が増加している．

　上述した都市中間層は，官僚資本主義による発展，ならびに外資依存型経済の発展の受益者である．農村や都市の最下層を広範に形成する「弱勢群体」とは対立的な存在である．台湾や韓国においては，拡大した中産層が旧政治体制（アンシャンレジーム）と折り合いをつけながら政治的民主化を実現したのであるが，そうしたシナリオは中国にはあてはまりそうにない．

　中国の成長率が仮に7％を下まわり，これが複数年つづくといった事態が発生すれば，7730万人と公称される共産党員と，共産党主導による市場経済化の受益者たる都市中産層との間に強い「同盟」関係が形成される可能性がある．彼らと，都市ならびに農村の貧困層や，チベット自治区や新疆ウイグル自治区など少数民族住民との「階級対立」が先鋭化する危険性がある．

(3) 少子高齢化

　中国経済を衰退させる一大要因が，すでにこれも第3章でみたように少子高齢化である．「1人っ子」政策のゆえに，中国ではきわだった速度で少子化が進んだことは広く知られている．少子化は生産年齢（15〜65歳）人口比率の減少をもたらし，高齢化は年金負担や医療費の増大によって財政・家計の逼迫

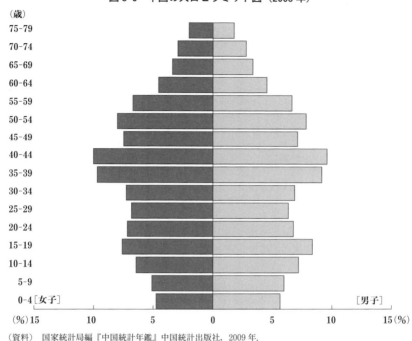

図 8-9 中国の人口ピラミッド図 (2008 年)

（資料）国家統計局編『中国統計年鑑』中国統計出版社，2009 年．

を招く．少子高齢化は一国の成長潜在力を削ぐ要因なのである．

中国の人口ピラミッド図を 2006 年の人口標本調査を用いて描いてみると，図 8-9 のようになる．典型的な少子高齢化型のピラミッドである．高齢化にともなう社会的負担は今後の中国に重くのしかかり，中国の潜在成長力を弱めるにちがいない．中国は，人口総数に占める 65 歳以上人口の比率が 7% をこえる高齢化社会に突入している．第 3 章でも言及したように，同比率が 14% をこえる高齢社会を中国が迎えるのは 2026 年だと推定される．

緊急性が高いのが，この高齢化への対処である．中国が高齢社会を迎える 2020 年代の中頃には，高齢者の総数は 2 億 3000 万人に達する．加えて，この時点では 75 歳以上の「後期高齢者」の数も 9000 万人となるであろう（拓殖大学・中国社会科学院との共同研究による試算）．

大量のこの「社会的弱者」をいかにして救済するのか．年金保険への加入者

は，都市住民46.3％，「民工」15.1％，農村11.0％にすぎない．医療保険，失業保険についても傾向は変わらない．さきに述べたように，中国の農村家計の最下位30％所得階層，都市家計の最下位20％所得階層の家計貯蓄はマイナスであった．彼らが年金制度に加入することは，事実上不可能である．

社会保障関連の財政支出の増加率は，すでに財政支出総額の増加率を大きく凌いでいる．現行の年金制度の破綻は目にみえている．給付水準の引き上げによって未加入者が増加していく危険性も少なくない．中国経済の潜在力に対する高い評価が一般的であるが，加速する少子高齢化の社会的負担一つを取り上げてみても，そういった評価には容易に与することはできない．

補論：体制転換にともなう農業の変化

集団農業から家族農業への転換にともなって生まれた中国農業の画期的な変化は，模式図8-10でこれを示すことができる．やや難しいのでスキップして前に進んでもかまわないが，農業体制転換がいかに絶大な効果を発揮したかを理論的に学びたい諸君は，以下に挑戦してほしい．

農業投入財には化学肥料，農業機械，農薬などさまざまなものがある．ここでは化学肥料を中心に考えてみよう．そうすると，農業生産（Q）は肥料投入（C）の増加にともなって図8-10上図のような形，つまり収穫逓減曲線を描く．このことは第4章の図4-4と同じである．同じ章で示されたように収穫逓減とは，肥料の増投とともに生産量は増加するものの，その追加的な（限界的な）生産量（限界生産性，この場合は限界肥料生産性）は低下していくことを示す．限界肥料生産性の低下は，図8-10の下図のような形で示される．

肥料価格を図8-10の下図のP_1とすると，最適生産点は限界肥料生産性が肥料価格P_1と等しくなったところ，すなわちa_1で決定される．なぜならば，この時に農民の純収入（総収入から肥料支払い額をマイナスした分）が最大となるからである．図8-10の下図では，肥料投入量がC_1，肥料価格がP_1の場合，農民の総収入は面積$0C_1a_1P_0$，肥料支払い額が面積$0C_1a_1P_1$で示され，前者から後者をマイナスした面積$P_1a_1P_0$がここで最大となる．この類推は第5章の図5-11から得てほしい．

肥料価格を据え置いたままで（すなわちa_1とa_2の傾きが同一のままで）肥料をC_1からC_2に増投すると，農民総収入は面積$0C_2a_2P_0$と増加するが，肥料購入への支払い額は面積$0C_2b_2P_1$となって，前者の面積から後者の面積をマイナスし

図 8-10 中国農業における体制転換の効果についての模式図

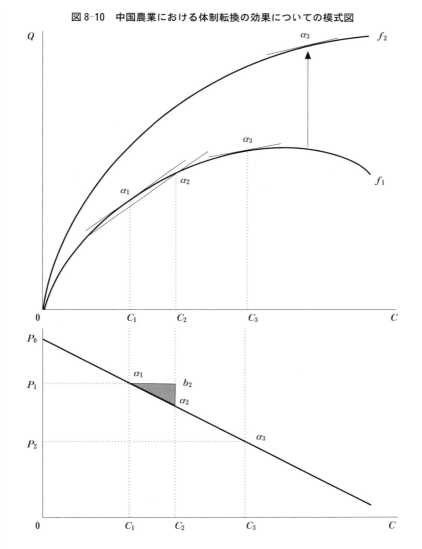

た農民の純収入は，肥料増投前の純収入面積 $P_1\alpha_1P_0$ に比べて面積 $\alpha_1\alpha_2b_2$ 分だけ少なくなってしまう．農業の体制転換以前，「食糧生産第一主義」のために食糧生産は増大したけれども，農民の純収入が減少してしまう「増産不増収」という

悲惨な状態におかれていた．模式図がこのことを示す．
　しかし，体制転換後，食糧買上げ価格の引き上げと同時に肥料価格の大幅な引き下げがなされたことはさきに述べた．肥料価格が低下したばかりではなく，農民が人民公社から放たれて経済合理的な生産を試みるようになった．肥料価格の低下（$P_1 \to P_2$）は図 8-10 の上図において肥料の増投を招いてその投入量は C_3 となる．図 8-10 の下図でみれば，この場合，農民の総収入は面積 $0C_3 a_3 P_0$ であり，肥料支払い額は $0C_3 a_3 P_2$ である．したがって，農民の純収入は面積 $P_2 a_3 P_0$ となって当初の純収入の面積 $P_1 a_1 P_0$ を大きくこえることになる．
　ストーリーはまだここで終わらない．肥料価格の低下が純収入の増加につながったことに促されて，増産意欲の高い農民はさらに肥料投入をふやし，そして肥料感応度の高い改良品種（第 4 章）を導入して，旧来の収量曲線（f_1）よりも一段と収量の高い収量曲線（f_2）を採用する．これによって農民の純収入を一段と大きなものとする上昇期に入っていくのである．

第9章　日本の政府開発援助
――自助努力支援の旗を高く掲げよ

本章の課題

1. 現在の世界では，先進国の政府が開発途上国の開発のために巨額の資金を供与している．これがODA（政府開発援助）である．ODAとはいかなる資金か．
2. 日本は1990年代において世界最大のODA供与国であった．日本のODAは他の先進国のそれに比較してどのような特徴をもっているか．
3. 日本のODAは自助努力支援をその理念として，大きな成果をあげてきた．そもそも自助努力とはどのように理解されるか．
4. 日本のODAの内容は今後変わっていかなければならない．連携型のODAが新しいフロンティアとなろう．

---

1. ODA はなぜ必要か

　所得水準の低い開発途上国の資金には限りがある．一方，開発を進めるには膨大な資金が必要である．開発資金をいかに調達するか．

　開発資金の中心は政府の**財政支出**（fiscal expenditures）である．財政支出は，**財政収入**（fiscal revenues）によって制約される．財政収入は国民が納める**税金**（taxes）が中心である．所得水準の低い国では，国民は所得の多くを食糧

などの生活必需品の購入にあてざるをえず，税金を支払う余裕は薄い．それゆえ，財政収入は少なく，開発のために向けられる財政支出は厳しく制約される．

開発を進めていくためには，道路，鉄道，港湾，橋梁，発電所，送配電設備，灌漑設備など，**インフラストラクチュア**（infrastructures）の建設が必要である．建設には巨額の資金を要する．そればかりではない．基礎教育，医療・保健，環境保全などのための制度や組織をつくり，人材を養成しなければならない．そのためにも資金が必要である．

開発途上国が自国の財政資金のみでこれをまかなうことは難しい．海外からの資金導入が必要である．現在では開発途上国に向けて多くのさまざまな民間投資がなされている．アジアに対する海外直接投資がその開発に多大の貢献をなしてきたことは第7章で述べた．

しかし，民間企業による投資は収益を求めての行動である．鉄道や発電所などのインフラは，その建設が完成するまでに長い期間を要する．収益を上げることができるにせよ，それには長期にわたる「懐妊期間」が必要である．また基礎教育や医療・保健，環境保全などは容易に収益を期待できるような分野ではない．海外直接投資はこうした分野には向かわない．インフラの建設や基礎教育，医療・保健部門などの分野へ向けてなされる重要な資金供給の源が，**政府開発援助**（official development assistance, ODA）にほかならない．

地球の南側に集中する貧困国の開発に，北側に集中する富裕国が助力の手を差し伸べることをある種の義務とする考え方が生まれたのは，1960年代に入ったころのことであった．**南北問題**（North-South problems）の登場である．

1964年にジュネーブで開かれた国連貿易開発会議（UNCTAD）において，先進国はGNPの1%をODAのために支出すべきだという道義的基準が明示された．この基準を満たすことは容易ではない．しかし，このころから開発途上国に向けられるODAは次第に増加していった．

世界の秩序形成に対する日本の軍事的貢献は，憲法上の制約により困難である．対照的に，ODAは日本が世界に貢献する重要なカードである．日本のODAの基本政策を定めたものが，平成15年8月の閣議で決定された「政府開発援助大綱」である．大綱にうたわれるODAの「目的」が表9–1に示される．

表 9-1　政府開発援助大綱（平成 15 年 8 月 30 日閣議決定）に示される ODA の目的

> 　我が国 ODA の目的は，国際社会の平和と発展に貢献し，これを通じて我が国の安全と繁栄の確保に資することである．
> 　これまで我が国は，アジアにおいて最初の先進国となった経験をいかし，ODA により経済社会基盤整備や人材育成，制度構築への支援を積極的に行ってきた．その結果，東アジア諸国をはじめとする開発途上国の経済社会の発展に大きく貢献してきた．
> 　一方，冷戦後，グローバル化の進展する中で，現在の国際社会は，貧富の格差，民族的・宗教的対立，紛争，テロ，自由・人権及び民主主義の抑圧，環境問題，感染症，男女の格差など，数多くの問題が絡み合い，新たな様相を呈している．
> 　特に，極度の貧困，飢餓，難民，災害などの人道的問題，環境や水などの地球的規模の問題は，国際社会全体の持続可能な開発を実現する上で重要な課題である．これらの問題は，国境を越えて個々の人間にとっても大きな脅威となっている．
> 　また，最近，多発する紛争やテロは深刻の度を高めており，これらを予防し，平和を構築するとともに，民主化や人権の保障を促進し，個々の人間の尊厳を守ることは，国際社会の安定と発展にとっても益々重要な課題となっている．
> 　我が国は，世界の主要国の一つとして，ODA を積極的に活用し，これらの問題に率先して取り組む決意である．こうした取組は，ひいては各国との友好関係や人の交流の増進，国際場裡における我が国の立場の強化など，我が国自身にも様々な形で利益をもたらすものである．
> 　さらに，相互依存関係が深まる中で，国際貿易の恩恵を享受し，資源・エネルギー，食料などを海外に大きく依存する我が国としては，ODA を通じて開発途上国の安定と発展に積極的に貢献する．このことは，我が国の安全と繁栄を確保し，国民の利益を増進することに深く結びついている．特に我が国と密接な関係を有するアジア諸国との経済的な連携，様々な交流の活発化を図ることは不可欠である．
> 　平和を希求する我が国にとって，ODA を通じてこれらの取組を積極的に展開し，我が国の姿勢を内外に示していくことは，国際社会の共感を得られる最もふさわしい政策であり，ODA は今後とも大きな役割を担っていくべきである．

　日本の ODA の目的は最初のセンテンス，「我が国 ODA の目的は，国際社会の平和と発展に貢献し，これを通じて我が国の安全と繁栄の確保に資することである」に集約されている．ODA は受け入れ国を資するばかりではなく，このことが日本に対する受け入れ国からの信頼の確保につながり，そうして日本の安全や繁栄が増進されるという，「一方的」ではなく「双方的」な利益がここでは想定されている．

　ODA とはどのような資金のことを指すのであろうか．国際的な定義によれば，ODA とは次の 3 つの要件を満たす，先進国から開発途上国へ向けての資金の流れである．

(1)　政府ないし政府機関によって供与される資金であること．

(2) 開発途上国の経済開発や福祉向上への寄与を目的として供与される資金であること．
(3) 資金の返済が開発途上国にとって重い負担にならないよう，グラント・エレメントが25%以上の資金であること．

グラント・エレメント（grant element, GE）（贈与相当分）とは，ODAの供与条件の緩やかさを示す指標である．ODAといってもその内容は多岐にわたる．**元本・利子**（principal and interest）の返済を要しない**贈与**（grant）が一方にある．他方には，金利が10%にもなる**借款**（loan）がある．金利のみならず，返済期間，返済据置期間（資金の供与を受けてから返済を始めるまでの猶予期間）などがある．これらの諸条件が開発途上国に有利であればグラント・エレメントは100%に近く，不利であれば0%に近くなる，と考えてほしい．

先進国から開発途上国へと向けられる資金を，2007年の日本を例にとってみたものが表9-2である．同表からわかるように，開発途上国に向けられる資金にはさまざまなものがある．日本が強い結びつきをもつアジアの国々を例にとると，かつてはこれらの国々はあまり発展しておらず，民間企業にとってはさして魅力的な地域ではなく，民間資金はそれほどアジアには向けられていなかった．ところが近年では主流は民間資金であり，とくに第7章でも述べた海外直接投資が大きな規模になっている．表9-2でみても，2007年の日本のODAは77億4700万ドルである一方，海外直接投資は299億7800万ドルに及んでいる．しかし，あとで述べるが，日本企業の海外直接投資はODAと結びついて大きな役割を演じているのである．

ODAは，2国間ODAならびに国際機関に対する出資・拠出の2つからなる．2国間ODAは，日本がみずからの裁量をもって自主的に特定の開発途上国に資金や物資や技術を供与するものである．対照的に，国際機関に対する出資・拠出は，国連などの多国間機関に日本や他の先進国が資金を出資・拠出し，国連などがその資金をもとに開発途上国の抱える諸問題を解決するために事業を展開することをいう．

2国間ODAは，贈与と政府貸付の2つに分類される．贈与は無償資金協力

表 9-2　日本から開発途上国への資金の流れ（2007 年）

(支出純額ベース，単位：100 万ドル，%)

項目			2007 年	対前年比伸び率
	贈与		6,046	−21.7
		無償資金協力	3,416	−32.4
		技術協力	2,630	−1.6
	政府貸付等		−206	—
	2 国間計		5,840	−21.4
	国際機関に対する出資・拠出等		1,907	−50.8
政府開発援助計 [対 GNI 比（%）]			7,747 (0.17)	−31.5 —
	輸出信用（1 年超）		−911	—
	直接投資金融等		1,183	−74.7
	国際機関への融資等		441	—
その他政府資金（OOF）計			713	−77.2
	輸出信用（1 年超）		7,035	−4.6
	海外直接投資		29,978	45.3
	その他 2 国間証券投資等		2,466	—
	国際機関に対する融資等		−1,896	—
民間資金計			37,583	49.8
民間非営利団体による贈与			446	41.5
資金の流れ総計 [対 GNI 比（%）]			46,489 (1.03)	16.7 —
国民総所得（GNI）（億ドル）			45,241	0.8

(注 1) 換算率：2007 年＝117.80 円／ドル（DAC 指定レート）
　　　 各項目の数値については，四捨五入の関係上，合計が一致しないことがある．
(注 2) 東欧および卒業国向け援助を含む．
(資料) 外務省編『ODA 政府開発援助白書〔2008 年版〕』時事画報社，2009 年．

と技術協力からなる．無償資金協力とは，元本・利子の返済を要しない資金であり，主たる供与対象地域は所得水準の低い開発途上国である．供与対象分野は，収益性の低い医療・保健，衛生，水供給，初等・中等教育，農村・農業開発などである．これらは，元本・利子の返済を要する借款では対応しにくい分野である．

技術協力（technical cooperation）とは，「人づくり」のための ODA である．技術協力のための資金はすべて無償である．開発途上国で指導的な立場にある人々に，医療・保健，飲料水確保などの基礎的生活分野に始まり，コンピュータ技術，さらには法律や制度の整備などにいたる多様な技術を伝え，これを開発途上国内に普及，拡大させようという目的をもってなされる ODA が技術協力である．技術協力は，開発途上国からの研修員の受け入れ，日本からの専門家派遣という形をとることが多い．日本の技術協力は**日本国際協力機構**（Japan International Cooperation Agency, JICA）がこれを担当している．

　政府貸付は，無償ではなく有償の資金協力であり，元本・利子の返済を要する借款である．借款ではあるが，その条件は長期・低利の緩やかなものである．借款の供与条件は個別の開発途上国の実情を考慮して一様ではない．日本の借款は日本の通貨である円で貸し付けられるために，**円借款**（yen loan）といわれる．円借款の主要な供与対象分野は経済インフラであり，日本はこの面で大きな貢献をなしてきた．円借款はしばらく前までは**国際協力銀行**（Japan Bank for International Cooperation, JBIC）から供与されてきたが，2008 年の 10 月に JICA が JBIC の一部門を統合したために，現在ではそこから供与されている．

　国際機関を通じての協力とは，国連などの国際機関が展開している国際協力活動を支援するために，各国が資金を出資したり拠出したりすることである．環境，麻薬，難民，感染症など地球的規模で解決を図らねばならない問題が，緊急性をもってわれわれの前にたちあらわれている．これらの問題への対処は 2 国間 ODA だけでは不十分であり，国際機関の役割が大きい．

2. 日本型 ODA

　日本の ODA の供与額は，図 9-1 に示されているように，1980 年代の急拡大を経て 1990 年代を通じて世界第 1 位の規模を誇ってきた．しかし，残念ながら日本の経済・財政状況の悪化を反映してこのところ規模が縮小しつつある．多方，アメリカはもとより，ドイツ，イギリス，フランスなど EU（欧州連合）諸国の ODA が急進し，日本は供与額において世界第 5 位にまで後退してしまった．

図9-1 先進国の政府開発援助実績の推移(1981-2008年,支出純額ベース)

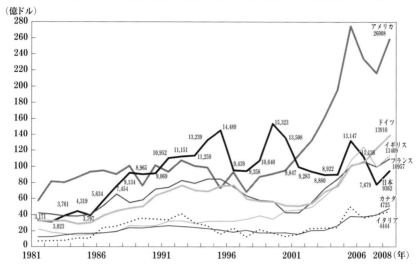

(注) ①東欧および卒業国向け援助を除く.②1990年,1991年,1992年のアメリカの実績値は軍事債務救済を除く.③2008年については日本以外は暫定値.
(資料) 外務省編『ODA政府開発援助白書〔2008年版〕』時事画報社,2009年.
DAC,ODA in 2008-preliminary Data, updated March 2009 (http://www.oecd.org/document/11/0,3343,en_2649_34447_1894347_1_1_1_1,00.html).

同図に「支出純額ベース」とあるが,これは新規のODA供与額から元本・利子の返済額を差し引いたものである.日本のODAにおいては借款がこれまで多かったために,元本・利子の返済がこのところ大きくなっており,そのために支出純額ベースでみたODAは容易に伸びにくい,という事情がある.

さきの表9-2において,日本の2国間ODAのうち政府貸付(借款)等がマイナス2億600万ドルとなっているが,これは新規借款供与額より元本・利子の返済額が大きくなったからである.このことは,日本のODAの供与国が大いに発展して,元本・利子を滞らせることなく返済する余裕が生まれてきたことを示すものでもある.実際,中国を初め,日本の借款の対象国からすでに「卒業」したアジアの国もいくつかあり,このことは日本のODAの成功を示すものだといってもいい.

したがって,元本・利子の返済額をも含んだ日本のODAの支出総額をみた

図 9-2　先進国の政府開発援助実績の推移（1987-2008 年，支出総額ベース）

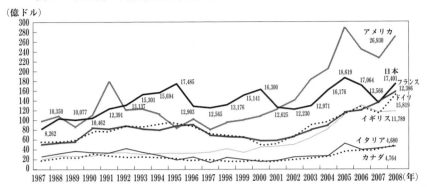

（注）　図 9-1 に同じ．
（資料）　図 9-1 に同じ．

図 9-3　日本の 2 国間政府開発援助の形態別実績（2007 年，支出総額ベース）

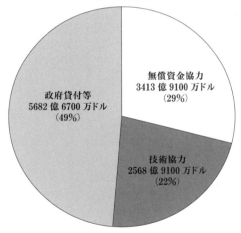

（注）　①四捨五入の関係上，合計が一致しない．②東欧および卒業国向け援助を除く．
（資料）　図 9-1 に同じ．

　図 9-2 では，日本の地位はそれほど下がってはおらず，アメリカに次ぐ「ODA 大国」である．このように，規模が巨大であることが日本の ODA の特徴である．同時に ODA の内容もまた，他の先進国とは異なる次の 3 つの特徴をもっている．

図9-4 日本の2国間政府開発援助の地域別配分の推移（1970-2007年，支出純額ベース）

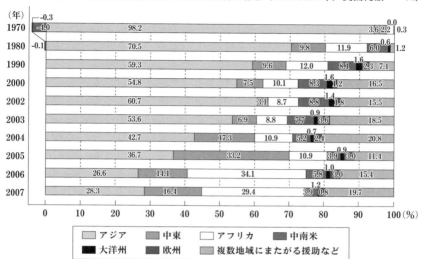

(注) ①1990年から2006年までは欧州地域に対する実績には東欧向け援助を含む．②供与額を返済額が上まわると，マイナスとなる場合がある．③複数地域にまたがる援助等には，各地域にまたがる調査団の派遣や行政経費，開発啓発費等を含む．
(資料) 図9-1に同じ．

日本のODAの特徴の第1は，元本・利子の返済を要する借款の比率が高いこと，第2に，この借款が道路，鉄道，橋梁，港湾，発電所，送配電設備，灌漑などの経済インフラの建設に向けられてきたこと，第3に，主要な供与対象地域がNIES，東南アジア諸国，中国などの東アジア諸国であったこと，この3つである．日本型ODAの全体像を知るために，これらについてデータを示しながら説明を加えておこう．

日本の2国間ODAの3つの主要形態，すなわち無償資金協力，技術協力，政府貸付（借款）について，2007年の支出総額の比率を図9-3でみると，政府貸付が約半分である．日本を除く他の先進国においては借款をODAとみなす考え方は薄く，彼らのODAに占める借款の比率は低い．借款の比率がきわめて高いことが日本のODAの第1の特徴である．

借款は元本・利子の返済を要するODA資金である．それゆえ，長期的にではあれ収益の期待される経済インフラ部門に向けられるのが通例である．日本

第9章 日本の政府開発援助 167

のODAは，本章の冒頭で示したように，一国の経済発展をその基盤において支えるような道路，鉄道，港湾，橋梁，発電所，送配電設備，灌漑設備などの経済インフラ部門への集中度において高い．

　日本のODAはどの地域に向けられているか．当然，伝統的に強い関係にあるアジアが多い．図9-4は，支出純額でみたものである．日本のODAを長きにわたって受け入れ，したがって元本・利子の返済額が近年とみにふえているアジアの比重が直近では減少している．対照的にアフリカの比重が急速に高まっていることがうかがわれる．しかし，支出総額でみればアジアが依然として突出して最大の日本のODA対象国である．

　日本のODAの特徴は，アジアの国々を中心に，その経済発展を支える基盤（経済インフラ）を形成するために，多額の借款を供与してきた，と要約することができる．

3. ODAの理念

(1) 自助努力支援

　日本のODAを支えてきた理念はどのようなものか．「政府開発援助大綱」では，表9-1で示された目的を達成するために日本のODAは5つの基本方針のもとで実施されねばならない，とされている．第1が「開発途上国の自助努力支援」，第2が「『人間の安全保障』の視点」，第3が「公平性の確保」，第4が「我が国の経験と知見の活用」，第5が「国際社会における協調と連携」である．最も重要なものが第1の自助努力支援である．大綱では次のようにうたわれている．

　　　良い統治（グッド・ガバナンス）に基づく開発途上国の自助努力を支援するため，これらの国の発展の基礎となる人づくり，法・制度構築や経済社会基盤の整備に協力することは，我が国ODAの最も重要な考え方である．このため，開発途上国の自主性（オーナーシップ）を尊重し，その開発戦略を重視する．その際，平和，民主化，人権保障のための努力や経済社会の構造改革に向けた取組を積極的に行っている開発途上国に対しては，

これを重点的に支援する．

　実際,「自助努力支援」は，これまでの日本のODAにおいて実効性のある理念であった．日本のODAは，開発途上国の自助努力を，政治的な条件（コンディショナリティ）をつけることなしに開発途上国の要請にもとづいて支援することを基本としてきた．ここには書かれていないが，開発途上国の自助努力を引きだすには，元本・利子の返済を要する借款が望ましい，という考え方が付加されよう．

　借款であるがゆえに，元本・利子の返済が必要である．受け入れ国はインフラ建設のもたらす経済的なベネフィットが元本・利子返済というコストを上まわると判断した場合に，日本政府に借款供与を要請する．日本政府は，元本・利子返済の確実性を見通したうえで借款供与に踏み切る．受け入れ国の自助努力がなければ借款は供与されないのである．その意味で日本のODAは，自助努力をそのコンディショナリティとしているとさえいうことができよう．

　日本の借款は経済インフラの建設に向けられてきた．経済インフラとは，一国の経済活動をその基盤において支える巨大な構造物である．1つには，経済インフラは，その建設過程に多様な民間企業を招き入れることによって直接的に，2つには，完成後は民間企業活動の効率的展開を支援することによって間接的に，大きな経済的効果を発生させる．

　とくに，この2つのうち後者は開発途上国の発展に大きな意味をもってきたということができよう．市場経済における主役は民間企業である．アジア諸国の高い経済成長率を可能にしたものも，もちろん民間企業の活力である．日欧米企業はもとより，韓国，台湾，香港，シンガポールなどのNIES（新興工業経済群），タイ，マレーシア，インドネシアなどの巨大企業（多国籍企業）も，現在ではアジアに多大の海外直接投資を展開している．

　アジアはアジア地域内外の多国籍企業を大量に導入して高い経済成長を享受できたのである．民間企業がアジアに集中して進出したのは，民間企業の効率的な事業展開に必要な，電力や輸送機関やエネルギー供給等を可能にするインフラが，他の地域に比較して豊富に整備されていたからである．そして，実はこのアジアのインフラ建設に，決定的に大きな役割を演じたのが日本のODA

であった.

最近，ODAについての議論のなかで，しばしば**官民連携**（public and private partnership, PPP）の重要性が強調されるようになっているが，これはまさに日本のアジアに対するODAの成功から導かれた概念である.

自助努力（self-help effort）とはなんだろうか. 難しい問いである. しかし，外国資本への高い依存度をもって開発をスタートさせた一国が，その開発過程で外国資本を国内貯蓄によって代替しながら，なお高成長を持続したとするならば，この事実は優れた「自助努力」により外国資本を有効に用いてなされたサクセスストーリーだと評価することが可能であろう. NIES, 東南アジア諸国, 中国からなる東アジアは，そうしたサクセスストーリーを歩んだ国々である.

例えば，かつて日本のODAの大きな受け取り国であった韓国についてみてみよう. 1970年代前半期において韓国の国内投資に占める外国資本の比率は30％を超える圧倒的な高さにあった. 外国資本へのこのように高い依存度は，先進国の歴史に例をみない. 注目されるのは，韓国の外国資本への依存度が，時の経過とともに着実に減少傾向をたどったという事実である.

このことは，韓国が外国資本を積極的に導入して開発を進め，その過程で開発資金が国内に豊富に蓄積されるようになったという事実を反映している. 投資資金の自立化傾向は，外国資本への依存度が下がったという事実のなかに観察されるばかりではない. 流入する外国資本もまた，政府借款から商業借款へ，さらに商業借款から海外直接投資へと移っていった. 外国資本の構成が，韓国経済の自立化過程を反映する形で変化してきたのである. 韓国は，現在ではOECD（経済協力開発機構）の加盟国として，ODAを供与する国へと変貌している.

自助努力に関する指標をもう1つあげるとすれば，**対外債務返済比率**（debt service ratio）の変化であろう. これは一国の総輸出額に対する元本・利子返済額の比率である. 元本・利子の返済は外貨でなされねばならない. 返済のための外貨は輸出を通じて稼得される. したがって対外債務返済比率は，一国の対外債務の返済負担の重さを示す指標である.

後の章で述べる1990年代後半期に突如として起こったアジア経済危機によ

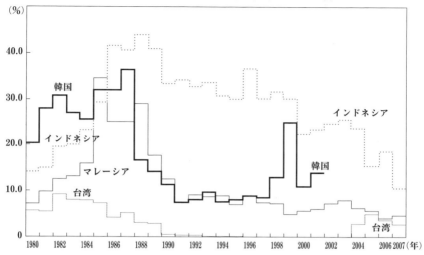

図9-5 アジアの対外債務返済比率 (1980-2007年)

(資料) Asian Development Bank, *Key Indicators*, Manila, various years; World Bank, *World Development Indicators*, Washington, D. C., various years.

ってやや変則的な動きがみられるが，アジア各国の対外債務返済比率は，図9-5からわかるように，ピークを1980年代に迎え，その後は比較的順調な低下傾向にある．今日では先に述べたように，日本が供与する新規のODAよりも元本・利子の返済額の方が上まわり，ODAの「支払い純額」がマイナスとなっている国も少なくないほどである．アジアは借款依存のコストを支払い終え，次第にそのベネフィットを享受する局面に入ったのである．ここにもアジアの高い自助努力のありようが示されている．

もっとも，自助努力支援のみによって日本のODA理念のすべてが語りつくされるわけではない．日本のODAの対象地域は成長率の高いアジアをこえて，アフリカなどの貧困地域に贈与性の高いODAを振り向けることが必要となっており，現に日本のODAの供与対象地域が多様化しつつあることは，さきの図9-4からもうかがわれる．

またODAの供与対象分野も経済インフラのみならず，より多様な分野へと広げていくことが必要である．政府開発援助大綱でも，日本のODAの重点課題を4つにまとめている．第1が「貧困削減」，第2が「持続的成長」，第3が

第9章 日本の政府開発援助　171

「地球的規模の問題への取組」，第4が「平和の構築」である．第3の「地球的規模の問題」とは，環境問題，感染症，人口，食糧，エネルギー，災害，テロ，麻薬，国際的組織犯罪などである．第4の「平和の構築」とは，紛争地域の和平プロセス促進のための支援，難民支援，人道・復旧支援，元兵士の武装解除・動員解除・社会復帰，地雷除去，武器の回収と廃棄，政府の行政能力向上のための支援などを含む．要するに，借款，経済インフラ，東アジアの3つのキーワードで語られてきた日本のODAは，今後，その構成を多様化していく必要がある．

それにもかかわらず，自助努力支援は日本のODA理念の中核に位置していなければならない．自助努力支援の理念が確たるものであればこそ，高い目的意識をもってODAの構成を多様化していくことができるからである．

人道主義的ODAでありながら一時的救済に終わらず，少しでもこれが受け入れ国の自助努力の発揚につながるような供与のあり方はないものかとつねに思いをめぐらす，そうした姿勢が日本のODAの理念でありつづけたい．

(2) もう1つの日本型ODA

ODAの最終的な目的は，ODAを受け入れなくとも経済成長が可能となるような基盤を開発途上国につくりだすことにある．さらに，この開発途上国が新たなODA供与国として参入してくるようになればなお望ましい．既存のODA供与国のみを想定していたのでは，ODA資源はいずれつきてしまうであろう．事実，現在，日本を含めて多くの先進国で**援助疲れ**（aid fatigue）の現象がみられる．

この限界を突き破るには，ODAの受け入れ国が新たに供与国へと転換することが必要である．アジアにおいて韓国と台湾が新しいODA供与国として登場したことは画期的である．韓国は，2国間資金協力機関として1987年7月に対外経済協力基金（EDCF）を発足させた．台湾もまた1988年11月に国際経済協力発展基金（IECDF）を設立した．アジアに生まれたこの新しいODA供与者と日本がどう「協働」すべきか，日韓協力を事例に1つの提言をここで試みたい．

韓国がODA供与者としてたちあらわれたことは，後発の開発途上国にとっ

て大変に大きな意味のあることである．なぜならば，韓国はこの50年近くの開発努力を通じて，低位の発展段階から中位の発展段階を経て高位の発展段階の国となったのであり，後発国の発展段階移行に有用な技術，組織，制度を豊富に擁しているからである．日韓が連携して後発国の開発にあたるという日韓**連携型援助**（linkage assistance）の方式が編みだされるべき理由がここにある．

　これまでの日本のODAの中心分野は，さきにも指摘したように，道路，鉄道，橋梁，ダム，発電所，送配電設備，灌漑設備などのインフラ部門であった．しかしこうした分野においては，韓国はすでに強い力量を備えている．実際，建設部門などの国際入札では日本企業が韓国企業に敗れるといった事例が少なくない．インフラの建設技術は，日本よりも韓国の方がより労働集約的であり，コストも安く，そのために強い競争力を有している．後発国にとっては韓国の建設技術が日本のそれよりも「適正」である場合が多いのである．

　そうであれば，インフラの建設を韓国が担当し，日本が資金面での支援をするといったことが考えられる．さらには韓国による建設プロジェクトの稼動にともなって生まれるローカルコスト（現地必要経費分）の融資については，これを日本が行うことも一案であろう．また，インフラ・プロジェクトの建設過程そのものにおいても，韓国が建設技術を担当し，日本がコンサルティング・サービスやアドバイザリー・サービスを受けもつといった分業も可能であろう．

　連携型ODAを効率的に展開するためには，さかのぼって援助プロジェクトの発掘調査やフィージビリティ・スタディ（実行可能性調査）の段階での協働作業も大切である．将来に展開される連携型ODAのための人材を日韓両国で緊密に交流し，連携型ODAの案件発掘のための共同研究・調査体制を整備する．その研究・調査にもとづいて連携型ODAのパイロット・プロジェクトを運営するといった試みがなされるべきであろう．

　要するに，ODAにおいても日韓がそれぞれの「比較優位」を発揮し，比較優位にもとづいて両者の間に「協働的補完」の関係を築くことが必要だというのが，ここでの考え方である．

第10章　グローバリゼーションのなかのアジア
——2つの経済危機

本章の課題

1. 国際収支とはなにか．国際収支を構成する経常収支，資本収支について理解する．海外から流入する外国資本には長期資本と短期資本とがある．長期資本のなかで最も重要なものが外国企業の投資（海外直接投資）である．これらについての理解を深める．
2. 為替レートとはなにか．ドルペッグ制，変動レート制とはどういう制度かを考える．
3. アジア経済危機は，為替レートの急落によって始まり，これが金融機関を窮地に追い込み，そうして経済全体を失速させた．通貨危機，金融危機，経済危機のメカニズムを理解する．しかしアジアは危機から脱して新しい成長軌道に復した．危機からの修復のメカニズムについても検討する．
4. 1997年のアジア危機を克服したものの，2008年には「リーマン・ショック」がアジアを襲った．経済のグローバリゼーションのリスクについても学ぶ．

---

1. 経常収支と資本収支

(1) 多様化する外国資金

　一国の工業化には，企業が土地を購入して工場をつくり，機械や設備を据えつけ，原料や素材や部品を購入し，労働者を雇用したりするための大量の資金

が必要となる．

　工業化のためには，企業ばかりではなく道路や鉄道などの輸送施設，発電所などのエネルギー供給設備等々の巨大なインフラストラクチュアを整備しなければならず，これに要する資金も膨大である．インフラ整備のための資金などは，通常は国民の税金からなる財政資金があてられ，また第9章で述べたようなODA（政府開発援助）も利用可能である．

　しかし，民間企業の資金需要はみずからの努力によってこれを調達しなければならない．通常はこの資金需要は銀行からの融資によって満たされる．銀行は家計の余剰資金を集めた貯蓄を原資として，より収益性の高い企業に貸出金利をつけて資金を融資し，企業の収益によって家計に対して預金金利を支払う．家計の貯蓄を集めて企業に融資するこの銀行のはたらきは，「金融仲介機能」と呼ばれる．銀行という仲介部門を通じて企業が必要資金を間接的に手にするために，銀行融資は通常**間接金融**（indirect finance）と呼ばれる．

　企業が資金を調達する他の方法は，株式の発行である．証券市場を通じて株券を売却し，それを購入した個人や法人（つまり株主）が配当を受け取ったり，また株主は株価が上昇すればその売却益を手にすることができる．企業が証券市場を通じて個人や法人から直接的に資金を得るこの方法は，**直接金融**（direct finance）といわれる．

　企業が金融市場を通じて直接獲得する資金は株式の発行ばかりではなく，利子が確定された社債を発行してこれを個人や法人に購入してもらうという方法もある．ちなみにこの債券には，国や地方公共団体などが債券を発行して借入する公債もある．合わせて公社債という．

　これら銀行融資，株式や債券の発行などはもとよりであるが，近年ではこれらの伝統的な金融商品をベースとしてそこから「派生した」デリバティブ（金融派生商品）といわれる，きわめて複雑で多様な金融手段がある．ヘッジファンドと呼ばれるデリバティブをさまざまに組み合わせた金融商品さえ存在する．

　しかも，ここで重要なことは，銀行資金，公社債，デリバティブなどの多様な金融商品が一国内で取引されるだけではなく，現在では国際的に自由に取引されるようになっていることである．一国の銀行が他国の企業に融資したり，一国の個人や法人が他国の公社債を購入したりすることはごく一般的である．

株式の国際間での売買，他国の金利や為替レートの変動を見据えて収益を狙い短期的に各国間で流出入を繰り返すデリバティブなどをも含めて，まことに多彩な資金が世界をかけめぐっている．

先進国はもとより開発途上国でも，こうした国際的資金を取り入れるために規制緩和や自由化を試みている．これら国際的資金の自由な導入が自国の経済発展に資すると考えられているからである．すでに第7章，第9章で述べたように，ODAや海外直接投資などは現に開発途上国に高成長をもたらすのに大変に効果的なものであった．これらは長期的な資本である．しかし，短期的な資本の場合には，これが大量に流入すると同時に，あるきっかけから大量に流出して開発途上国の経済に甚大な負の影響を与える場合がある．1997年におこってアジアの全域を巻き込んだアジア経済危機，2008年の秋にアメリカでおこり世界に波及したリーマン・ショックなどがその例である．本章ではこうした問題について考えてみよう．

高成長過程を歩んできたアジアの経済が，1997年の夏，突如として乱調に陥った．**バーツ**（baht，タイ），**リンギット**（ringgit，マレーシア），**ルピア**（rupiah，インドネシア），**ウォン**（won，韓国）の対ドル為替レートが暴落し（通貨危機），通貨暴落を起因として各国の金融メカニズムの機能が麻痺し（金融危機），その結果，製造業を含む経済の全体が極度の低迷状態に陥った（経済危機）．

実際，この4国の1998年の**経済成長率**は，表10-1からわかるようにそれまでの高成長から一転して厳しいマイナス成長となった．いったいどうしてこのような危機が発生したのであろうか．

(2) 経常収支と資本収支

国際収支（international balance of payments）についてまず理解しておく必要がある．一国の他国とのさまざまな経済取引を1枚の表に書き留めたものが，国際収支表である．国際収支表は，表10-2に記されるように経常収支と資本収支の2つから構成される．

貿易収支（balance on goods）とは，モノ（財）の輸出・輸入のバランス（収支）である．輸出が輸入を上まわれば貿易収支は黒字であり，逆であれば

表 10-1　アジア各国の経済成長率（1990-2008 年）

(単位：%)

	1985 年	1990 年	1995 年	1996 年	1997 年	1998 年	1999 年	2000 年
韓国	6.5	9.5	9.2	7.0	4.7	−6.9	9.5	8.5
台湾	5.0	5.4	6.5	6.3	6.6	4.5	5.7	5.8
香港	5.9	3.4	2.3	4.2	5.1	−6.0	2.6	8.0
シンガポール	−1.6	8.3	8.2	7.8	8.3	−1.4	7.2	10.1
NIES 平均	3.9	6.7	6.5	6.3	6.2	−2.4	6.2	8.1
タイ	4.6	11.2	9.2	5.9	−1.4	−10.5	4.4	4.8
マレーシア	−1.1	9.7	9.8	10.0	7.3	−7.4	6.1	8.9
インドネシア	2.5	9.0	8.2	7.8	4.7	−13.1	0.8	4.9
フィリピン	−7.3	3.0	4.7	5.9	5.2	−0.6	3.4	4.4
ASEAN 平均	−0.3	8.2	8.0	7.4	4.0	−7.9	3.7	5.7
中国	13.5	3.8	10.9	10.0	9.3	7.8	7.6	8.4

	2001 年	2002 年	2003 年	2004 年	2005 年	2006 年	2007 年	2008 年
韓国	4.0	7.2	2.8	4.6	4.0	5.2	5.1	2.2
台湾	−2.2	4.6	3.5	6.2	4.2	4.8	5.7	0.1
香港	0.5	1.8	3.0	8.5	7.1	7.0	6.4	2.4
シンガポール	−2.3	4.0	3.5	9.3	7.3	8.4	7.8	1.1
NIES 平均	0.0	4.4	3.2	7.1	5.6	6.3	6.2	1.5
タイ	2.2	5.3	7.1	6.3	4.6	5.2	4.9	2.6
マレーシア	0.5	5.4	5.8	6.8	5.3	5.8	6.2	4.6
インドネシア	3.8	4.3	4.8	5.0	5.7	5.5	6.3	6.1
フィリピン	1.8	4.4	4.9	6.4	5.0	5.3	7.1	3.8
ASEAN 平均	2.1	4.9	5.7	6.1	5.1	5.5	6.1	4.3
中国	8.3	9.1	10.0	10.1	10.4	11.6	13.0	9.0

（資料）　Asian Development Bank, *Key Indicators*, Manilla, various years；国家統計局編『中国統計年鑑』中国統計出版社，北京，各年版．

赤字である．しかし貿易はモノだけでなされているのではない．サービスの貿易がある．日本人が海外旅行でホテル代を支払ったり，みやげものを買ったりすれば，これは日本人が他国から旅行の楽しさというサービスを輸入したことになる．逆に外国人が日本で支払いをすれば，これはわが国のサービスを外国へ輸出したことになろう．そのほか保険料，運賃，通信代金等もあり，これを含めて**サービス収支**（balance on services）がある．

　日本人が外国で働いて得た所得と外国人が日本で働いて得た所得とのバラン

表 10-2　国際収支表の構成

```
経常収支
    貿易収支
    サービス収支
    所得収支
    経常移転収支
    その他
資本収支
    長期資本収支
    短期資本収支
    その他
国際収支
外貨準備増減
```

（注）　1996年より国際収支項目の分類が変更され，資本収支は投資収支，その他資本収支の2つとなった．しかし議論の性格上，ここでは上記の旧分類を表示した．

ス，ならびに日本人が外国に投資して得た収益と外国人が日本に投資して得た収益とのバランス，この2つのバランスを合計したものが**所得収支**（balance on income）である．**経常移転収支**（balance on current transfer）とは，ODA（政府開発援助）のうちの無償資金協力，個人や慈善団体による贈与などの，対価を求めない資金の収支のことである．

　これら貿易収支，サービス収支，所得収支，経常移転収支の4つの収支の合計が**経常収支**（current account）である．家計における収入と支出のバランスのようなものである．経常収支が赤字だというのは，自国の収入より支出の方が大きいということである．

　家計において収入より支出の方が大きければ，家計をなりたたせるためには，どこからか借金をせざるをえない．一国も同様である．経常収支が赤字であれば，外資の導入を図って資本収支を黒字にしなければならない．すなわち，国際収支においては，経常収支の裏側には資本収支が存在する．

　資本収支には，**長期資本収支**（long-term capital balance）と**短期資本収支**（short-term capital balance）とがある．家計が借金をする場合でも，親兄弟などから「出世払い」と呼ばれる長期返済の借金もある一方，「サラ金」のような返済期限のきわめて短い借金もある．一国の資本収支もこれと同様である．

　国際収支でいう長期資本収支とは，海外直接投資，さらには政府借款などの

返済期限がきわめて長期にわたるODA，国際機関への出資・拠出，輸出時に供与される長期延べ払い信用，証券投資などが含まれる．返済期限が1年以上の長期資本の流出入のバランスが，長期資本収支である．短期資本収支とは，返済期限が1年未満の資金の流出入のバランスであり，短期債券や多様な金融派生商品の収支がこれに含まれる．

　開発途上国の貿易収支は，通常は赤字である．開発途上国は工業化を通じて高い経済成長率を実現しようと努力している国々のことである．工業化を推進するためには機械，設備，部品などの投入財や生産技術が必要である．ところが，開発途上国であるがゆえに，これを国内でまかなうことは難しい．これらは輸入に依存せざるをえない．

　開発途上国は，輸入したこれら投入財や技術を用いて工業化を展開する．しかし，この工業化が輸出生産力を生みだすまでには時間差（タイムラグ）がある．このタイムラグの間の貿易収支は赤字たらざるをえない．高い工業化率をめざす開発途上国ほど貿易収支の赤字幅は大きい．貿易収支の赤字を主因として，開発途上国の経常収支は赤字が通例である．経常収支の赤字は，さきに述べたように資本収支の黒字，つまりは海外からの資本導入によってこれを補填しなければならない．

　高成長アジアへの期待は大きく，海外諸国も多彩な投資をアジアで展開してきた．アジアへの投資形態は，今日では以前に比べて格段に多様化している．以前であれば，海外直接投資（企業進出）とODA（政府開発援助）などの長期資本が中心であった．しかし，今日では証券投資，銀行融資，多様な金融派生商品などがこれに加わる．

　アジアの国々は，1997年の経済危機がおこる以前においては，長い間，ドルペッグ制という，外国投資者にとってリスクの小さい通貨システムを維持してきた．**ドルペッグ制**（dollar-peg system）とは，自国通貨の価値をドルの価値と連動（ペッグ）させる制度のことである．例えば，ある投資国（アメリカ）が別のある国（タイ）に投資するとしよう．この場合，投資資金のドルはタイの通貨バーツに変換され，これがタイ国内で流通する．ドルとバーツの価値関係が，いつ変わるかも知れない不安定な状態にあれば，投資者のリスクは大きく，したがって外国投資はなされにくい．そのために投資国とアジアの通

第10章　グローバリゼーションのなかのアジア　　179

貨との価値関係を固定するドルペッグ制は，外国の投資者に安心感を与え，アジアへの外国投資に多大の力をもった．ペッグ（peg）とは「釘付けする」という意味である．

ドルがタイに流入すれば，このドルはバーツに変換されて，大量のバーツがタイの国内市場を流通するようになる．すなわち，ドル流入はバーツ流通量を増加させ，インフレ圧力をつくりだす．**インフレーション**（inflation）は国民の生活を圧迫し，輸出競争力を失わせるなどの問題を発生させるために，政府はこれを極力抑え込もうとする．インフレ抑制のために採用されるのは，どこの国でもまずは公定歩合の引き上げである．**公定歩合**（official discount rate）とは，中央銀行が市中銀行に貸し出すお金の金利のことである．公定歩合の引き上げは，当然，市中銀行の貸出金利をも引き上げる．

ところで，この金利引き上げは，もともとが資金不足のゆえに金利の高いアジアの金利水準をさらに高める．そうして，投資国であるアメリカや日本とアジア各国との**金利差**（interest rate gap）が拡大する．内外金利差の拡大は，この金利差を利用して有利な資金運用を図ろうとする短期性の外国資金を呼び込む．

外国資金は，アジアの対外資本取引の自由化，ドルペッグ制，内外金利差といった要因に力を得て，大量にアジアの各国に流入したのである．アジアの経常収支の赤字は，短期性の外資のとうとうたる流入によってまかなわれた．アジア経済危機とは，こうして流入した外国資本が，あるきっかけから大量に反転逃避し，そのために外国資本に依存して開発を進めてきたアジアの経済の「屋台骨」が崩れた，そういう現象なのである．

2. アジア経済危機と修復

(1) 経済危機のメカニズム

いま，あるきっかけから外国資本が反転逃避してアジア危機が発生したと述べた．この「あるきっかけ」とはなにか．バブルの崩壊である．1990年代初期に日本でおこったのと同様の現象である．

短資は短資であるがゆえに，短期的収益の極大化をねらう．短期的収益は不

動産や建物や株式などの売買，つまり**資産市場**（asset market）において最も容易である．それゆえ，短資はここに集中流入する．バブル時代の日本がそうであり，アジアでもそうであった．短資の流入が国内に「金余り」（過剰流動性）をつくりだし，これが資産市場へと向かったのである．

　アジアの首都圏，バンコク，ジャカルタ，クアラルンプール，ソウルなどでみられた華やかなオフィスビル，きらびやかに林立するマンション，贅をつくしたゴルフ場の群生，いかにも異常な株式ブーム，車や住宅の購入ローンの盛行などがその象徴であった．

　短資が資産市場に流入したのは，投資資金の短期回収が資産市場において手っとり早いからである．高い期待収益に応じて活発に流入した短資が現実に高収益をもたらし，いっそうの資金流入が生じる．そうして資産価格の高騰と高収益とのスパイラル，つまりは資産ブームが現出する．「**バブル**」経済（"bubble" economy）の発生である．バブルとは「泡」のことである．バブルの渦中で投資家の気分は高揚し，高収益が永続するかのような幻想が風靡する．

　表面張力の限界にまで膨らみきったバブルは，なにかのきっかけで容易にはじける．異常な資産ブームの将来を懸念する政府が，資産市場への資金流入規制措置をとってバブルがはじける，というのが典型例である．こうしてブームを支えていたメカニズムが反転する．

　資産価格の暴落により，不動産や建物や株式に融資をつづけてきた銀行やノンバンク（預金を受けずに無担保で高い金利の資金を貸し出す金融機関）などの金融機関に不良債権が累積し，金融機関の経営がたちゆかなくなる．金融システムの機能不全である．不動産株と金融株を中心に株式市場も低迷を余儀なくされる．日本のバブル崩壊のメカニズムと同様である．ちがいはアジアのバブルを引きおこした資金の中心が外資であり，日本のそれが国内通貨であったことだけである．

　バブルの崩壊により収益低下に直面し，収益期待の将来を危惧して外資が海外に逃避する（**資本逃避** capital flight）．アジアに集中流入していた外資が，反転逃避を開始するのである．有力な外国投資家が逃避すれば，群小の投資家はこれにならって逃避する．「群集心理」である．資本逃避は瞬時にして巨額となる．

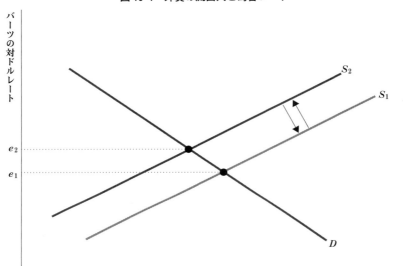

図10-1 外資の流出入と為替レート

外国資本の逃避は為替レートの強い低下圧力となる．バーツの流通する世界に集中的に流入してきたドルが反転して大量に逃避するならば，ドルが希少化し，バーツの対ドルレートに下落圧力がかかる．

バーツの対ドルレートは，ドルに対する需給関係によって決定される（図10-1）．ドルが逃避すればドルの供給線は S_1 から S_2 へとシフトし，これにともなってバーツの対ドルレートは e_1 から e_2 へとシフトし，$e_1 e_2$ 分だけ1ドル当たりのバーツが増えるために，バーツの価値が下がる．ドルペッグ制下の対ドルレートが e_1 であるとすれば，タイがこのレートを守るためには，海外逃避した分だけのドルをみずから供給して，S_2 を S_1 にまでもどさねばならない．

タイの中央銀行が外貨準備を取り崩してドルを市中（外国為替市場）に放出すれば，それが可能となる．中央銀行による外国為替市場介入である．しかし開発途上国の外貨準備はそれほど潤沢ではない．タイも例外ではない．ドル放出をしばらくつづけるものの，外貨準備が払底してしまう．

さらに困ったことがおこる．外貨準備の減少は外国投資者の不安を増長し，この不安が資本逃避を加速させる．外貨準備が底を打って，ついにアジアはド

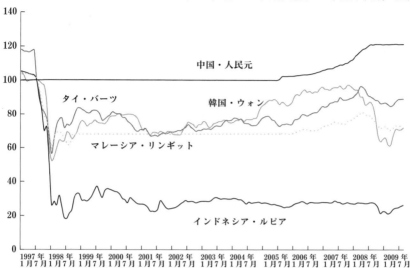

図 10-2　アジアの為替レート指数の推移
(1997年1月-2009年8月, 月次ベース, 1997年7月=100)

（資料）　IMF, *International Finance Statistics*, Washington, D.C., various years.

ルペッグ制の放棄を余儀なくされ，そうして為替レートを市場の決定にまかせる**変動為替レート制**（floating exchange rate system）へと移行せざるをえない．変動為替レート制への移行と同時に，これまでドルペッグ制に守られてきた為替レートは，図10-2のごとく1997年の夏に暴落したのである．中国は長期資本以外の資本流入を規制していたためにこのようなことは起こらなかった．

　第7章でみたように外貨（ドル）を導入する金融機関や企業は，ドルを現地通貨（バーツ）に変換して国内事業を運営する．したがって，バーツの対ドルレートの低下は，その低下分だけ現地通貨で換算された返済額を膨張させ，ここに差損（**為替差損** foreign exchange loss）が発生する．

　1ドル=25バーツのレートで10万ドルを導入した金融機関や企業の場合，現地通貨で換算された返済額は250万バーツである．しかし，これが1ドル=50バーツになれば，返済額は一挙に500万バーツとなり，250万バーツ（=500万バーツ−250万バーツ）の差損が生じる．バブルの崩壊によって返済不

能資金（不良債権）が累積し，この為替差損がさらに加わって，多くの金融機関の経営がたちゆかなくなる．

　苦境に陥った金融機関はみずからの再生のために，すでに融資していた資金の回収に走る一方，新規融資の栓(せん)をしめて**貸し渋り**（credit crunch）を一般化させる．世の中の「金回り」が悪くなり，工業部門やサービス部門でも資金繰りに窮して操業や営業ができない企業が続出する．失業者が生まれ，賃金・給与水準が下降して消費を低迷させる．通貨危機によって生じた金融危機は，さらに経済全体の低迷（経済危機）へと広がっていくのである．

　資産ブームのなかで上昇に向かっていたあらゆる経済指標のベクトルが，ブームの崩落によっていっせいに下方へと反転してしまう．人間の欲望が解き放たれた市場経済においては，どこにでもみられる現象である．アジア危機とはいうが，アジアの特殊性など実はどこにもない．

　危機を引きおこしたものは，経常収支の赤字であり，この赤字を補填した大量の外資であり，つまりはアジアの**対外債務負担**（external debt burden）の増大であった．過大な債務負担に対する投資国側の不安が資本逃避を誘い，この逃避がアジアの屋台骨を揺るがせた，というのが危機のストーリーである．それでは，アジアの債務負担は許容量をこえるものであったのだろうか．実はそうではない．

　対外債務の返済，つまり元本・利子返済は，輸出によって稼得された外貨によってなされる．それゆえ，対外債務返済負担の重さは，前章でも指摘したように，元本・利子返済額を輸出額で除した比率（対外債務返済比率）でみるのが適切である．この比率でみた危険水域は30％だというのが，国際的な経験則である．しかし，危機直前の1996年の同比率はインドネシアの37％が例外であるが，他はフィリピン14％，タイ12％，マレーシア8％，韓国5％であった．

　対外債務負担はアジア経済の重圧ではなかった．債務の増大は当然ながら債務返済額を大きくし，返済負担は増加する．流入外資の増加率の方が債務返済額の増加率より高ければ，返済負担は重圧とはならない．実際，アジアがそうであった．少なくとも1996年までは，外国投資者はアジアを成長期待の高い**エマージング・マーケット**（emerging market）とみなし，この地域への投資

表 10-3 アジアへの民間資本の流れ (1990-2007 年)

(単位:10億ドル)

	1990年	1995年	1996年	1997年	1998年	1999年	2000年
直接投資	7.2	13.8	17.5	17.8	16.9	18.7	14.1
証券投資	0.2	25.0	35.1	15.6	−0.8	9.4	8.3
その他	17.5	49.0	43.5	−22.1	−40.8	−15.1	−14.3
総民間資本流入	24.9	87.9	96.1	11.3	−24.7	13.0	8.2

	2001年	2002年	2003年	2004年	2005年	2006年	2007年
直接投資	6.4	10.6	11.1	22.3	28.5	26.5	29.4
証券投資	10.9	6.4	28.3	33.2	26.9	31.6	55.8
その他	−24.2	−1.3	−11.0	0.7	5.4	48.5	68.5
総民間資本流入	−6.9	15.7	28.5	56.2	60.9	106.6	153.8

(注) 経済危機に陥ったアジアの5カ国,すなわちタイ,マレーシア,インドネシア,フィリピン,韓国の合計.

(資料) IMF, *Balance of Payment Statistics*, Washington, D.C., various years.

の拡大に懸念をもってはいなかったのである.

　それでは,なぜ一転してことが危機にまで進展してしまったのか.アジアが抱えている対外債務の内容はかつてとは異なり,民間債務の比率が一段と高まっていたことが問題であった.アジアへの資金流入構造が劇的に変化していたのである.現在の国際金融界を彩る投資資金のめざましい多様化の反映である.

　かつてのアジアであれば,海外から導入する資金はODAや投資受け入れ国に長く定着して事業経営を行う海外直接投資が中心であった.ところが,1990年頃からはODAや海外直接投資にかわって,証券投資が中心となった.表10-3をみてみよう.危機以前の1996年におけるアジア5カ国（タイ,マレーシア,インドネシア,フィリピン,韓国）への海外直接投資は,外資の流入総額961億ドルのうち175億ドルだけであった.

　証券投資 (portfolio investment) とは,債券や株式などの証券の取得や貸付のことである.資本収支について説明した際,証券投資は長期資本に分類した.証券投資の多くは返済期限がない（もしくは返済期限が明記されてない）からである.しかし,証券投資は,海外企業への経営参加を目的とするものではなく,市況の動向に機敏に反応して移動する不安定な資金である.1996年におけるこの証券投資の流入額が海外直接投資をはるかに凌ぐ351億ドルであった

ことが表 10-3 からわかる．

　最大の規模で流入したのは「その他投資」であった．1996 年には実に 435 億ドルの流入額であった．「その他投資」のかなりの部分が返済期限 1 年未満の短資であった．さきに述べたヘッジファンドなどがその典型である．短期資金は，長期資金に比べて流出入の激しい不安定な資金であった．

　1996 年に 961 億ドルであったアジアへの外資流入額は，1997 年には一挙に 113 億ドルとなり，1998 年にはマイナス 247 億ドルとなってしまった．マイナスとは流入額より流出額の方が大きかったことを意味する．一旦緩急（かんきゅう）あればその流出が加速せざるをえない，という不安定な外資構造をアジアは抱えていた．タイにおけるバブル経済の崩壊は，タイに集中していた短期資本の巨額の流出をもたらし，同様の経済体質をもっていたマレーシア，インドネシアなどでも同じことがおこった．いずれの国もドルペッグ制を廃止して変動レート制に移行せざるをえず，これとともに各国の為替レートが一挙に下落してしまったのである．

(2) 修復のメカニズム

　しかし，アジアはこの危機から着実に回復した．アジアは開発途上国であり，それゆえ経常収支は赤字であった．長らく赤字をつづけてきた経常収支は，表 10-4 にみられるように 1998 年以降すべての国で黒字化した．為替レートのあれほどの低下があったのであれば，輸出が増加し輸入が激減して，貿易収支，次いで経常収支が改善するのは当然である．

　経常収支が黒字となれば，外国為替市場介入のために放出されて底をついていた中央銀行の外貨準備は次第に豊富化する．外貨準備が潤沢になれば，各国通貨の対ドルレートが下落を停止し，その後，少しずつ旧に復していく．図 10-2 にこのことが示されている．

　為替レートが安定化すれば，為替レートの下落を食いとめるために各国で採用されてきた**緊縮財政**（retrenchment finance），**金融引き締め**（monetary tightening）政策の緩和が可能になる．財政支出の増加，金利引き下げにより，各国で「金回り」がよくなる．

　金利低下は金利負担を減少させ，新規投資意欲を引きだす．そうして，アジ

表 10-4 アジアの経常収支 (1990-2008 年)

(単位：100 万ドル)

	1990 年	1996 年	1997 年	1998 年	1999 年	2000 年	2001 年
韓国	−2,014	−23,210	−8,384	40,371	24,522	12,251	8,033
台湾	10,925	10,923	7,050	3,436	7,993	8,899	18,936
シンガポール	3,122	13,855	14,918	18,284	14,361	10,719	10,715
タイ	−7,281	−14,692	−3,021	14,243	12,428	9,313	5,101
マレーシア	−870	−4,462	−5,935	9,529	12,604	8,488	7,287
インドネシア	−2,988	−7,663	−4,889	4,097	5,783	7,992	6,901
フィリピン	−2,695	−3,953	−4,351	1,546	−2,874	−2,225	−1,744
中国	11,997	7,243	36,963	31,472	21,115	20,518	17,401

	2002 年	2003 年	2004 年	2005 年	2006 年	2007 年	2008 年
韓国	5,394	11,950	28,174	14,981	5,385	5,954	−6,406
台湾	26,357	30,504	19,728	17,578	26,300	32,975	24,894
シンガポール	11,170	21,593	18,256	22,223	29,800	39,106	26,983
タイ	4,654	4,772	2,759	−7,647	2,175	15,755	−178
マレーシア	7,190	13,381	15,079	19,980	25,488	28,931	38,760
インドネシア	7,824	8,107	1,563	278	10,859	10,347	521
フィリピン	−279	288	1,633	1,984	5,347	6,301	4,227
中国	35,422	45,875	68,659	160,818	253,268	371,833	440,011

(資料) Asian Development Bank, *Key Indicators*, Manila, various years; IMF, *International Financial Statistics Yearbook*, Washington, D.C., various years.

アは現実にⅤ字型の投資増加率を実現したのである．投資増加に支えられて工業生産が復調し，危機時に低下した賃金・給与水準が上昇に向かい，失業率も低下傾向を示した．このことが消費の拡大に結びつき，消費支出も同じくⅤ字型の増加をみせた．

表 10-1 をみれば，アジア各国の経済成長率が 1998 年にボトム（底）を打って回復したことが読み取れよう．危機は厳しいものであったが，危機のメカニズムも修復のメカニズムも，経済学的に十分理解できる類の現象であったことを再確認したい．

(3) 貯蓄と投資

アジアは，豊富な経済的潜在力を擁する国々からなっている．一国の潜在力を示す最も重要な指標は国内貯蓄率である．

われわれは社会から所得を得て，これをもって消費し，その残りを貯蓄としている．すなわち所得（Y）は消費（C）と貯蓄（S）の合計であり，$Y=C+S$である．両辺をYで割れば，$1=C/Y+S/Y$となる．$S/Y(=s)$が貯蓄率である．

　一国も同様である．**国内貯蓄**（domestic saving）とは総所得（GNP）のうち消費されなかった部分である．国内貯蓄は，金融機関の仲介機能（**金融仲介機能** financial intermediation function）を通じて，最も効率的な，したがって最も収益性の高い企業に融資される．企業はこの融資を受けて投資を行う．すなわち，国内貯蓄は投資の原資である．一国は投資を通じて拡大再生産過程を歩み，そうして将来の所得と消費を最大化させる．国内貯蓄とは，「現在消費」を最小化し，「将来所得」と「将来消費」を最大化する，そうしたダイナミックな人間行動にほかならない．

　現在の享楽のために消費を最大化するのではなく，自分や家族，コミュニティや国家の将来のために「現在消費」を犠牲にする人々の紡ぐ社会の国内貯蓄率は高い．勤労意欲と将来志向の強い人々を擁する社会の国内貯蓄率は高いのである．

　危機に陥ったアジア各国の国内貯蓄率は高い．アジアは世界でも有数の高貯蓄国群である．アジアは，外資に依存することなくみずからの豊富な国内貯蓄に依存するだけで，世界最高の投資率，したがって世界最高の成長率を実現できる力をもっているのである．

　投資率（I）を経済成長率（G）で除した値（I/G）が**限界資本・産出高比率**（incremental capital-output ratio, ICOR）であり，この比率は1単位の成長に何単位の投資が必要かを示す．したがって，ICORの逆数（$1/ICOR$）は1単位の投資によってどの位の成長が可能かをあらわす．それゆえ，この逆数に国内貯蓄率（s）を乗じた値 $[(1/ICOR)\cdot s]$ は，国内貯蓄のみを原資として実現可能な成長率（その意味での潜在成長率）である．関志雄氏によれば1990年代前半期のこの値は，タイ6.7％，マレーシア7.5％，インドネシア7.2％，韓国7.1％である（表10-5）．

　もう一度いえば，アジアはみずからの国内貯蓄に依存するだけで，世界最高の投資率，したがって世界最高の経済成長率を実現する潜在力をもっているの

表 10-5 アジアの国内貯蓄のみで可能な成長率 (1991-96 年)

	貯蓄率 S (GDP 比, %)	流入資本 F (GDP 比, %)	投資率 $I=S+F$ (GDP 比, %)	経済成長率 G (%)	限界資本係数 ICOR$=I/G$	国内貯蓄のみの成長率 $G=S$/ICOR (%)
タ イ	34.9	7.7	42.6	8.2	5.2	6.7
マレーシア	35.0	6.5	41.5	9.0	4.6	7.5
インドネシア	32.1	2.6	34.7	7.8	4.4	7.2
フィリピン	19.0	3.2	22.2	2.8	8.1	2.4
韓 国	35.4	1.5	36.9	7.4	5.0	7.1
中 国	40.1	−1.0	39.2	11.5	3.4	11.7

(資料) 高橋琢磨・関志雄・佐野鉄司『アジア金融危機』東洋経済新報社, 1998 年.

である．問題は，アジアの国々が世界的にみてこの顕著に高い国内貯蓄率をさらに上まわる投資率を持続してきたこと，すなわち国内貯蓄率と投資率との差 (**貯蓄・投資ギャップ** saving-investment balance) を外国の貯蓄，つまり外資の導入によってまかない，そうして超高成長過程を歩んできたことである．

図 10-3 をみられたい．この図は，アジア危機直前の 1995 年の数値である．横軸に国内貯蓄率，縦軸に投資率をとり，この 2 つの比率の各国の結合値をプロットしたものである．45 度線は，国内貯蓄率と投資率とが等しいラインである．危機に陥ったアジアの国々は国内貯蓄率において世界最高であり，横軸でみて世界の国々のなかで最も右側に位置している．しかし，投資率は貯蓄率をさらに凌いでおり，各国の 2 つの比率の結合値は 45 度線の上方に位置している．45 度線と結合値との差が貯蓄・投資ギャップである．

アジアはこのギャップを外資，とくに短期性の国際資金（短資）によってまかなってきた．この短資があるきっかけから大量に流出して危機が発生したのである．

国内貯蓄率のみによって実現されるはずの成長率ではなお不満であり，外資の導入により一段と高い成長率を求めたその余りに野心的な成長戦略のきわどさを露呈したものが，アジア経済危機なのである．アジアが心すべきは，超高成長戦略の夢からさめ，「身の丈」に応じた成長戦略へと移行していくことである．

図 10-3　世界各国の貯蓄率と投資率の結合値（1995年）

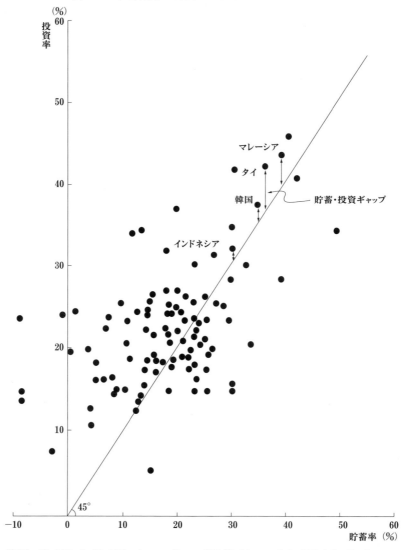

（資料）　World Bank, *World Development Report 1997*, Washington, D.C., 1997; Asian Development Bank, *Key Indicators of Developing Asian and Pacific Countries 1997*, Manila, 1997.

3. リーマン・ショックと世界同時不況

　経済危機を修復させて順調な高成長過程を歩んできたアジアを，再び大きな危機が襲った．今回の危機の発信地はアメリカである．長い歴史をもつアメリカの大手投資銀行リーマン・ブラザーズの破綻という誰もが予想しえなかったような事態を引きおこしたことから，この危機はリーマン・ショックと呼ばれる．アメリカ国内はもとより，ヨーロッパやアジアを巻き込んだ世界の同時的な金融危機であった．一体，この世界金融危機はどのようにして発生し，アジアを揺るがせたのかを，できるだけ要点に絞ってみておきたい．今日のアジアはグローバリゼーションの真只中におかれており，世界経済から「正」の影響を受けると同時に，その「負」の影響からもまぬかれることが難しいという事実を正しく認識してほしい．

　前の節でも述べたように，現在の世界においては金融はきわめて多様な形態をとっており，のみならずこれらがグローバルな規模で自由に取引されている．しかも，世界の金融市場で取引される資金の規模はかつてに比べて格段に大きい．社会保障制度が拡充してきた先進諸国では，年金や保険などの巨額の資金が民間や政府系の金融機関に蓄積されており，これらが有利な運用先を世界のどこかに探りあてようとしている．また輸出を大きく伸ばしながら成長をつづけてきた中国や台湾，日本などのアジアでは外貨準備高が巨大にふくらんでおり，この巨大資金も有利な運用先を求めている．

　年金や保険の資金は公的あるいはこれに準じる資金であり，外貨準備は国家の保有する外貨である．したがってこれは，長期かつ安定的に運用されなければならない．この条件をみごとに満たしたものが，移民を中心に1990年代に入って年間300万人を上まわる規模で人口が増加しているアメリカの住宅需要の顕著な増大であり，これに応えるべく組成された住宅ローンであった．

　2000年代に入ってIT（**情報技術 information technology**）バブルの崩壊（IT革命の到来のかけ声に応じてIT関連株の価格が異常に上昇し，その後，価格が反転したという事実）や2001年9月11日に起こった米同時多発テロなどにより低迷を余儀なくされていたアメリカは，これ以降，経済回復を求めて著し

第10章　グローバリゼーションのなかのアジア　　191

図10-4 アメリカの持ち家比率の推移 (1965-2007年)

(注) 3期移動平均.
(資料) 経済産業省編『通商白書2009』2009年.

い金利引き下げを数回にわたって試みた（後の図10-6を参照）．この低金利政策が経済回復をもたらす一方，低金利のために有利な運用先が容易にみつからないという事態をもたらしてしまった．

　ここにおいて，住宅ローンが一段と有利な金融商品として世界の投資家から選好されるようになった．アメリカの住宅ローンは「サブプライム・ローン」として世に知られる．「低所得者向け住宅ローン」としばしばいわれるが，要するに低い担保価値しかもたない低所得者でも容易に借り入れることのできるローンのことである．サブプライム・ローンとは，ローンを借りた最初の1～2年間の金利は低く，その後にだんだんと金利が高くなっていくように組成されたローンである．住宅需要がコンスタントに上昇していくのであるから，住宅価格も同様に上昇する．住宅価格が上昇すれば，このことは住宅の担保価値が上がったことを意味するから，住宅購入者は平均すれば金利の高いサブプライム・ローンを金利の低いプライム・ローンに借り換えることが可能となる．

　サブプライム・ローンによって，その規模がもともと巨大なアメリカの住宅

需要は一段と大規模化することになった．図10-4はアメリカ人の持ち家比率が1990年代の後半以降，めざましく増加したことを示す．有利な運用先を求める世界の余剰資金がアメリカの住宅ローン市場にその吐け口を求めるかのように大量に流入してきた．外国資金の流入はアメリカのサブプライム・ローン市場を一段と拡大し，そのことが住宅需要と住宅価格をさらに増加させるという相乗効果をもった．

　住宅購入者はサブプライム・ローンをプライム・ローンに借り換えると同時に，価格の上がった住宅を担保として銀行からの融資を受けて自動車などの耐久消費財の購入にも走り，アメリカの消費需要は著しく高揚した．この活況するアメリカの消費需要に応えて，アジアの国々を中心に大量の対米輸出がなされた．これがアジアの国々の成長率を高めた．かくして2000年代に入って以降，世界の成長牽引車はアメリカとなったのである．

　世界の国々がアメリカの住宅ローン市場に流入したといったが，このことはアメリカのローン会社が国内外の投資家に住宅ローン債権を販売したことと同義である．住宅ローンを借りた人は住宅ローン債務者であり，住宅ローンを貸した人は住宅ローン債権者である．住宅ローン債権とは，債権者が債務者から資金の返済を求める権利のことをいう．住宅ローン債権は，これをさらに購入者が買いやすいような形の小口に組成し直された．これが住宅ローン担保「証券」である．住宅ローン債権を小口にわけて証券としてこれを売りだしたのである．債権の証券化である．しかも，これが自動車ローンなど他のいくつかのローンをもまぜて組成された．この証券化された債権をアメリカの金融機関が国の内外に大量に販売した．国内はもとより，外国の投資家も競って住宅ローン担保証券を購入した．

　ヨーロッパ諸国の年金資金や保険資金，中国や日本などアジアの国々で堆積した外貨準備がアメリカの国債購入に向けられると同時に，この住宅ローン担保証券の購入に向けられた．図10-5にみられるように，アメリカの債券発行残高に占める外国保有分の比率は1990年代の後半以降，顕著な勢いで上昇した．

　空前のスケールで盛り上がったアメリカの住宅ローン市場に向けて大量に流入する内外資金は，アメリカ経済を過熱させ，インフレをつくりだした．これ

図 10-5 アメリカの債券発行残高に占める外国保有分の割合（1980–2007 年）

（資料） 経済産業省編『通商白書 2009』2009 年.

によりいずれバブルの崩壊にいたるのでないかとアメリカ金融当局は恐れ，金融の引き締め政策，すなわち金利の上昇を図るようになった．図 10-6 には，2001 年以降きわだった速度で引き下げられ，2003 年，2004 年に 1.0% 前後にまで下がっていた連邦準備銀行金利が，金利引き上げ政策の採用により 2004 年中頃から反転して急上昇を開始したことが示されている．

　これにより住宅ローン金利も引き上げられて，住宅需要も減退すると考えてそのような措置がとられたのである．しかし，住宅ローン市場に流入する内外資は依然として堅調に流入をつづけた．そのために同図にみられるように住宅ローン金利はほぼ横ばいであった．金利を引き上げてもなおアメリカの住宅ローン市場での資金運用は，外国人にとって魅力的なものであり，この外資流入

図10-6 アメリカ連邦準備銀行の金利，住宅ローン金利および海外流入資金の動向（2000-2007年）

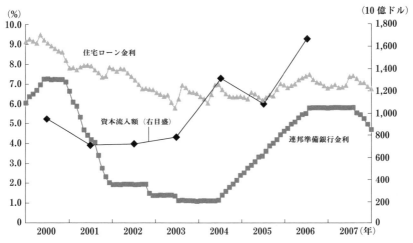

（注）住宅ローン金利は，30年固定金利．
（資料）図10-5に同じ．

に助けられて住宅ローン金利は安定的に推移したのである．

そうはいっても，図10-6のように住宅ローン金利，公定金利（連邦準備銀行金利）の差が大きく縮小してきたことは明らかであった．サブプライム・ローンで住宅ローンを借り，住宅価格の上昇によって上がった担保価値をもとにプライム・ローンに借り換えることがだんだんと難しくなっていった．このあたりから住宅ローンが決定的に有利な「ローリスク・ハイリターン」の投資先だという神話は崩れ始め，ふくれにふくらんでバブル化していた住宅ローン市場は，一挙に崩れていった．住宅価格の低下は劇的であった．ローンの返済延滞，住宅の売却がアメリカ全土で発生したのである．

アメリカの国内はもとより，外国の住宅ローン担保証券の価格もまた急激な下落をみせた．ここまでくれば，もうそれほど複雑な説明は不要であろう．住宅ローン担保証券を大量に購入していたアメリカやヨーロッパの金融機関が，次々と破綻に追い込まれた．本来，金融機関は預金者からあずかった資金を元手に，これを最も効率的な個人や法人に貸し出すというのが伝統的なビジネス

の方法であった．さきにも記したようにこれが標準的な金融仲介機能であった．しかし，サブプライム・ローンの出現と同時に，金融機関は貸付業務から証券化ビジネスへと走り，そうしてリスクの大きな資金にも手をだすようになってしまったのである．

「金融工学」などの高度に複雑な数学的手法を使って組成された住宅ローン担保証券などは，その本来の「価値」は誰にも理解できなくなってしまった．ただ投資をすればもうかるという神話だけが残り，金融機関の信用度をユーザーに伝える「格付会社」の情報も次第に信用できないものとなった．リーマン・ブラザーズという超優良企業の破綻は金融資本のリスキーなありようを端的に示すものとなった．

いくら複雑に組成されたローン担保証券といえども，そのもとのもとはアメリカの住宅価格にある．これが崩れれば，世界の金融市場の大混乱が発生するのは当然のなりゆきであった．

アメリカやヨーロッパの金融機関はあるものは破綻し，破綻をまぬかれた金融機関もまた貸出しリスクの大きい融資先への資金を貸し渋る（クレジットクランチ）ようになり，「貸し剝がし」さえ頻繁に行われた．そうして，金融危機は製造業などの実物経済にも多大の負の影響を与えるようになった．アジア諸国は，アメリカやヨーロッパと比べれば住宅ローン担保証券の購入にはそれほど熱心ではなかった．それゆえ，被害は欧米に比べて小さかったとはいえ，負の影響を受けたことはまぎれもない．

加えて，アジアは欧米諸国への工業製品の大量輸出によって高成長をつづけてきた．日本，中国，韓国がそうであり，台湾，タイ，シンガポールも輸出志向型の経済発展過程を歩んできた．主要な輸出地域である欧米諸国が金融危機によってその経済成長率がマイナスとなってしまったのであるから，対欧米輸出が顕著に減少したのは当然であった．これが住宅ローン担保証券価格の低下による負の資産効果と合わさって，欧米諸国ほどではないまでも，状況は危機的な様相となった．

図10-7は，アジア6カ国のリーマン・ショック以降の株価の下落を示したものである．そのショックがどんなに大きいものであったかが理解されよう．1年間で株価指数は半減，もしくはそれ以下となった国もあった．これにとも

図 10-7　アジアの株価指数の推移

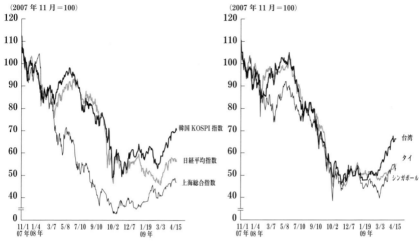

（資料）　図 10-5 に同じ．

図 10-8　世界の実質 GDP 成長率（前期比年率）

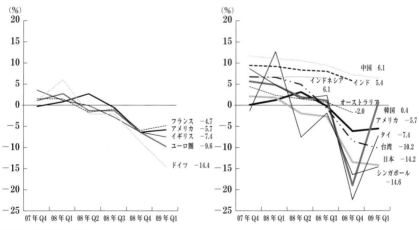

（資料）　図 10-5 に同じ．

第 10 章　グローバリゼーションのなかのアジア　　197

ない，図10-8のように経済成長率も軒並みマイナスとなった．欧米諸国は2008年第1四半期（Q_1）を過ぎた頃から，アジア諸国はこれに若干遅れてアメリカより低い成長率を余儀なくされた．

　しかし，アジアの国々は，この危機を再び乗りこえつつある．経済の再活性化のために大量の財政資金が投入された．中国にいたっては，2008年の終わりまでに4兆元（60兆円近く）の史上に例をみない景気刺激のための資金投入計画を発表し，現在はその実施段階にある．外貨準備や財政資金に余裕のある国が，危機に陥った国々に積極的に融資し合うというアジア地域の相互融資システム（チェンマイ・イニシアティブと呼ばれる）がさらに強固なものとして形成されることが望まれている．

第 11 章　アジア経済の新動態
——「アジア化するアジア」

本章の課題

1. 東アジアは，世界で最も強い活力をもった地域である．世界におけるそのプレゼンス（存在）はいよいよ大きい．貿易フロー・マトリクスを検討することによりこの事実を確認する．
2. 東アジアにとって最大の輸出相手地域は東アジアであり，最大の輸入相手地域も東アジアである．東アジアには東アジアの財が域内を循環するメカニズムが生まれていることを学ぶ．東南アジアと中国に対する最大の投資国も現在では東アジアの NIES である．東アジアの域内経済統合度が急速に高まっている．
3. 近年ではこの域内統合度をさらに強化するために，FTA／EPA が積極的に展開されている．この実態を学ぶ．
4. 東アジア共同体が提起されている．しかし，東アジア各国は共同体形成のための条件はいまだ未成熟であり，EU と東アジアを同列に語ることはできない．このことを深く考える．

---

1. 東アジアの全域を眺める

　韓国，台湾，香港，シンガポールの 4 カ国は **NIES（新興工業経済群）** と呼ばれる．NIES とは，**Newly Industrializing Economies** の頭文字に最後の複数

形のSをつけたものである．この4カ国は工業化を通じて先進国を追い上げる急進的な開発途上国である．

しかし，韓国はすでに開発途上国ではない．1996年10月にパリで開催された**経済協力開発機構**（Organization for Economic Co-operation and Development, OECD）の閣僚理事会において，韓国の同機構への加盟が満場一致で承認された．私どもは先進国，開発途上国という表現をよく用いるが，先進国とはOECD加盟国のことである．韓国はOECD加盟により名実ともに先進国となった．それとともに韓国は開発途上国としてこれまで享受してきた国際的な恩典を手放し，逆に開発途上国に対するODAの供与などさまざまな恩典を与える国へと転じた．世界で29番目，アジアでは日本に次ぐ2番目のOECD加盟国である．「南北問題」の構図を突き崩す画期であった．

NIESの2007年における1人当たり所得水準は，韓国が1万9690ドル，台湾が1万7230ドル，香港が3万1610ドル，シンガポールが3万2470ドルである．

タイ，マレーシア，インドネシア，フィリピン，シンガポール，ブルネイなどの東南アジアの国々はASEAN諸国といわれる．ASEAN諸国とは，**Association of South-East Asian Nations** つまり**東南アジア諸国連合**という地域協力機構に加盟している国々のことである．ASEAN諸国は今日ASEAN10と呼ばれ，さきの6カ国に加えてベトナム，ミャンマー，ラオス，カンボジアの4カ国，計10カ国がこれに加盟している．シンガポールはASEANの一国であるが，ここではNIESに含めて論じる．

ASEAN諸国はしばらく前までは農業国であり，農産物の輸出国であった．しかし，近年では工業化を顕著な速度で進め，現在では電気・電子機器などの世界有数の輸出地域となっている．1人当たり所得水準はNIESに比べて低いものの，インド，パキスタン，バングラデシュなどの南アジアに比較すれば相当に高い．

中国は，1979年に改革・開放政策を採用して以来，20年以上にわたり10%を前後する大変に高い成長率をつづけてきた．中国は圧倒的な規模の人口を擁しているために，1人当たり所得はまだまだ低いが，それでも2360ドルにまで上昇している．沿海諸都市の所得水準はASEAN諸国に近い．

表 11-1 各地域の輸入額に占める東アジアのシェア (1980-2008 年)

(単位：％)

	日本	NAFTA	EU	世界
1980 年	19.8	—	2.8	7.4
1985 年	24.3	12.7	3.0	9.9
1990 年	25.8	15.3	4.2	12.3
1995 年	33.7	18.4	6.3	17.2
2000 年	38.1	16.6	7.6	18.4
2005 年	43.4	19.6	8.2	20.7
2008 年	40.3	21.1	8.8	21.9

(資料) IMF, *Direction of Trade Statistics Yearbook*, Washington, D.C., various years.

NIES，ASEAN 諸国，中国を含むこの地域は**東アジア**（East Asia）と呼ばれる．東アジアは世界で最高の成長率を持続し，世界に占めるプレゼンス（存在）はいよいよ大きい．東アジアは現在では世界経済の成長を引っ張る強い力をもった地域へと変貌している．本章では東アジアの経済発展の姿を，地域全体を観察の対象にしながら眺めてみよう．

東アジアの発展過程で生じた次の 2 つのダイナミックな動向に注目することから始めよう．1 つは，世界における東アジアのプレゼンスが大きなものとなり，世界経済を牽引する強い力をもつにいたったことである．もう 1 つは，この東アジアにおいて地域内の相互依存関係が強化され，域外国の動向に左右されにくい自立的な発展メカニズムが生成したこと，この 2 つの事実である．

第 1 のテーマから入っていこう．表 11-1 は，世界各地域の輸入額において東アジアからの輸入額がどの程度の比率（輸入依存度）を占めているかを示している．日本の東アジアからの輸入依存度は 1980 年には 19.8％ であったが，2005 年にはこれが 43.4％ に上昇し，2008 年現在 40.3％ である．

NAFTA とはアメリカ，カナダ，メキシコからなる**北米自由貿易協定**（North American Free Trade Agreement）のことである．この協定に参加している 3 国の東アジアからの輸入依存度は 1985 年の 12.7％ から 2008 年には 21.1％ へと上昇した．EU 諸国は**欧州同盟**（European Union）に属する 27 カ国である．EU 諸国の東アジアからの輸入依存度は 1980 年の 2.8％ から 2008 年の 8.8％ へと上昇した．これを反映して，世界全体の輸入に占める東アジアか

表 11-2 各地域の輸出額に占める東アジアのシェア (1980-2008 年)

(単位：%)

	日本	NAFTA	EU	世界
1980 年	25.7	—	2.3	7.6
1985 年	24.1	8.6	3.1	9.9
1990 年	29.6	11.3	3.5	12.4
1995 年	42.1	14.0	5.7	17.9
2000 年	39.8	11.2	4.6	17.0
2005 年	46.4	11.6	4.6	17.8
2008 年	44.9	12.0	4.8	19.4

(資料) 表 11-1 に同じ．

らの輸入依存度は，1980 年には 7.4% であったが，2008 年には 21.9% へと上昇をみせた．

しばらく前まで貧困で停滞的だとみなされてきた東アジア諸国が，たかだか 30 年足らずの間に，世界の先進地域においてその市場シェアを 3 倍に拡大してきたのである．

各先進地域の東アジアへの輸出も急増している．これを示したものが表 11-2 である．日本の総輸出に占める東アジアへの輸出比率（輸出依存度）は，1980 年の 25.7% から 2005 年には 46.4% に達し，2008 年現在 44.9% である．NAFTA と EU の同比率も上昇している．世界の総輸出に占める東アジアへの輸出シェアは 1980 年の 7.6% から 2008 年には 19.4% となった．

東アジアは世界の輸入・輸出の両面でその存在を急速に大きくしてきた．このことを東アジアと世界の他の 3 極，つまり日本，NAFTA，EU との貿易の流れでみてみよう．2008 年における世界 4 極間の貿易の流れ（輸出＋輸入）は図 11-1 のように描かれる．

日本にとっての最大の貿易相手地域は明らかに東アジアである．NAFTA にとっての最大の相手地域も東アジアである．しかも NAFTA の貿易相手地域としての東アジアのポジションは，日本のそれよりも大きい．EU にとっての最大の貿易相手地域も NAFTA ではなく今日では東アジアである．EU と東アジアとの貿易額は，EU と日本との貿易額の 4.8 倍である．

図 11-2 は，1985 年の同様の 4 極相互の貿易の流れである．この時点においては，日本にとっての最大の貿易相手地域は NAFTA（この時点では

図 11-1 世界4極相互間の貿易の流れ（2008年）

(単位：億ドル)

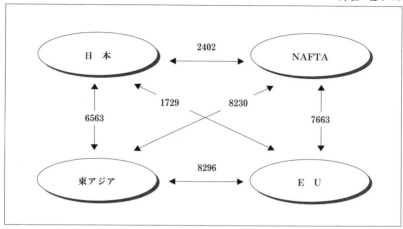

(資料) 表 11-1 に同じ．

図 11-2 世界4極相互間の貿易の流れ（1985年）

(単位：億ドル)

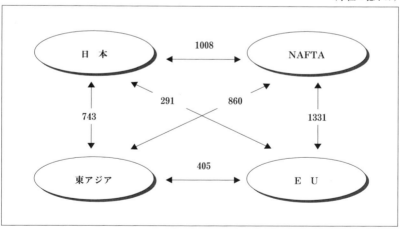

(資料) 表 11-1 に同じ．

NAFTAは存在せず，アメリカ，カナダ，メキシコの3国の合計という意味である）であった．NAFTAにとっての最大の貿易相手は歴然とEUであった．EUにとっての最大の相手地域もNAFTAであった．すなわち，十数年前，東アジアの世界におけるプレゼンスは小さなものでしかなかったのである．東アジアの貿易規模拡大のスピードがいかに速いものであったかがわかろう．

　東アジアの成長は，豊かな購買力となって世界の他地域からの輸入を増加させた．高い生産性をともなって実現された東アジアの成長は，競争力を強化して他地域への輸出を急上昇させた．そうして東アジアは世界経済に占めるプレゼンスを大きくし，世界の成長を牽引する地域となったのである．

　東アジアのほとんどの国々は，第2次世界大戦終了時までは列強の植民地支配のもとに組み込まれていた．植民地宗主国の需要する食糧や工業原材料など特定少数の1次産品の生産と輸出に特化したモノカルチュア（単一栽培）経済であった．宗主国のそれら特定の1次産品に対する需要動向によって左右される脆弱で従属的な体質であった．東アジア経済は宗主国の需要によって大きく左右される一方，みずからの立ち居振る舞いが他に及ぼす影響力は小さいものでしかなかった．影響力の一方向的な関係であった．

　第2次世界大戦の終了を契機にして，東アジアは植民地からの政治的独立を達成し，開発の苦闘史が開始されたものの，この影響力の一方向的な関係は容易に変化しなかった．しかし，現在，東アジアはついに世界の先進地域に大きな経済的影響力を行使し，世界経済の成長を牽引する存在となったのである．東アジアの歴史を顧みてこの事実は画期的だといわざるをえない．

2．域内相互依存関係の強化

　こうして，東アジアは世界経済の成長を牽引する大きな存在となった．同時にこの過程で，東アジア域内諸国の相互依存関係が強化されたことが注目される．

　表11-3は，貿易相手地域別にみた東アジアの輸出依存度，ならびに表11-4は輸入依存度の7時点の変化を示している．東アジアの輸出相手地域としてきわだって大きな伸びをみせたのは，ほかならぬ東アジアである．域内輸出依存

表 11-3 東アジアの相手地域別輸出依存度 (1980-2008 年)

(単位：%)

	東アジア （うち中国）	日本	NAFTA	EU	その他	世界
1980 年	23.0　(1.4)	19.8	—	15.1	—	100.0
1985 年	26.3　(4.7)	16.9	30.9	10.8	15.1	100.0
1990 年	32.9　(6.1)	14.6	25.1	15.7	11.7	100.0
1995 年	39.2　(10.3)	13.0	21.8	13.7	12.3	100.0
2000 年	37.9　(10.7)	12.3	24.0	14.7	11.2	100.0
2005 年	41.4　(14.4)	9.4	19.2	15.3	14.7	100.0
2008 年	40.5　(14.0)	7.9	16.0	15.1	20.5	100.0

(資料)　表 11-1 に同じ.

表 11-4 東アジアの相手地域別輸入依存度 (1980-2008 年)

(単位：%)

	東アジア （うち中国）	日本	NAFTA	EU	その他	世界
1980 年	22.2　(3.8)	22.8	—	10.9	—	100.0
1985 年	26.3　(5.3)	22.8	15.1	10.9	24.9	100.0
1990 年	32.6　(7.6)	20.4	14.8	12.6	19.6	100.0
1995 年	37.6　(6.0)	20.5	13.1	12.7	16.0	100.0
2000 年	41.2　(7.5)	17.6	12.5	9.8	18.9	100.0
2005 年	48.1　(12.3)	14.9	9.1	9.9	17.9	100.0
2008 年	45.7　(13.9)	11.6	7.7	8.9	26.1	100.0

(資料)　表 11-1 に同じ.

度が顕著に増加したのである．1980 年の域内輸出依存度は 23.0% であったが，これが 2005 年には 41.4% となり，2008 年現在 40.5% である．東アジアの輸出相手としての日本のポジションは，同じ期間に 19.8% から 7.9% へと低下した．

輸入相手地域でみても，東アジアにとって最大の依存度をもつのは東アジアである．1980 年に 22.2% であったその比率は，2008 年には 45.7% となった．東アジアはみずからの輸入額の約半分を自地域から輸入しているのである．日本からの輸入は同期間に 22.8% から 11.6% へと減少した．

東アジアの域内輸出，域内輸入において，中国のポジションが時を追うごとに大きくなっていることに注目しておきたい．1980 年における東アジア域内輸出 23.0% のうち中国の占める比率は 1.4% でしかなかった．しかし，2008 年の同比率は 40.5% のうち 14.0% を占めるまでになった．東アジア域内輸入

における中国の比率の上昇も，表11-4のようにめざましい．

話をもとにもどそう．要するに，顕著な伸びをみせたのは，東アジアの東アジアへの輸出依存度，ならびに東アジアの東アジアからの輸入依存度なのである．東アジアの域内貿易依存度は今後とも上昇していくにちがいない．

東アジアのことを語る常套句(じょうとうく)は，植民地時代はもちろんのこと，第2次世界大戦後もなお**対外的従属性**（external dependency）であり，**対外的脆弱性**（external vulnerability）であった．東アジアは，アメリカの巨大市場への輸出と日本からの資本財輸入に依存しなければ成長できず，その意味で東アジアは域外大国に「従属」した「脆弱」な存在だと考えられてきた．

しかし，東アジアにとっての最大の市場は，表11-3，表11-4で確認したように現在，輸出・輸入とも東アジア自身であり，域外諸国のプレゼンスは低下している．東アジアの地域内を東アジアの製品が循環する，つまり東アジアにおけるモノの**域内循環メカニズム**（intra-regional circulation mechanism）が形成されつつある．

東アジアの域内循環メカニズムは，投資資金の面でもあらわれた．ASEAN諸国に対する最大の投資者は，現在では域内国なのである．1985年から2002年までのASEAN諸国に対する海外直接投資額の累計額を示した第7章の図7-9を再び参照されたい．

香港，台湾，シンガポールなどは，在外華人の住まうNIESである．NIESの華人は，ASEAN諸国の在外華人と結んで同一の出身地の人々の互助共同の人間関係ネットワークである「幇(パン)」——福建幇，潮州幇，広東幇，海南幇，客家(ハッカ)幇——を擁している．投資資金はそれら幇の「チューブ」のなかを融通無礙(ゆうずうむげ)に動いており，これを統計的に捕捉することは難しい．それゆえ，図7-9に記されたNIESの対ASEAN諸国投資額はなお過小評価なのであろう．

中国が巨額の海外直接投資を導入し始めたのは，1992年のことである．図11-3は，1992年から2008年までの17年間に中国が受け入れ実際に利用した海外直接投資額を，投資国別に分類したものである．香港，台湾，シンガポールなどの華人NIESが占める比率は51.7%に及んでいる．対照的に日米の占める比率は，両者を合計しても14.4%に過ぎない．対中投資における最大の投資国は，域外の日本やアメリカではなく域内国なのである．貿易財だけでは

図 11-3 対中海外直接投資に占める投資国別比率（1992-2008 年，実行額ベース）

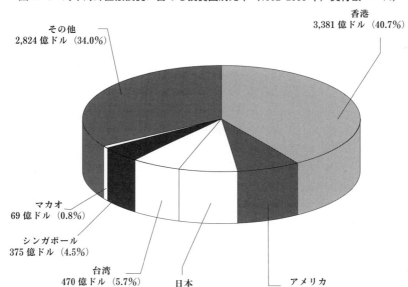

（資料） 国家統計局編『中国統計年鑑』中国統計出版社，北京，各年版．

なく，投資資金もまた域内を自己循環している．

　東アジアにとって最大の貿易相手地域は東アジアであり，東アジアへの最大の投資資金提供者も東アジアである．アメリカと日本という域外大国の東アジアに対する影響力は次第に薄いものとなっている．東アジアという地域を舞台に，従属的ではなく自立的な，脆弱ではなく強靭なメカニズムが生成している．「アジアはアジア化しつつある」．

　ここで，東アジアにおける域内循環構造のなかに中国が組み込まれるようになったことが，重要な事実として指摘されねばならない．中国は巨大国家である．この中国が現在の世界で最高の成長率を顕示している．中国の高成長が豊かなビジネスチャンスをつくりだし，そうして中国はアメリカとならぶ世界最大の海外直接投資の受け入れ国となった．

　この中国に対する最大の投資国が，香港，台湾などの**華人 NIES** である．中国の成長に果たした在外華人資本の役割はきわめて大きい．そしてこの事実は，

東アジアの域内循環メカニズムのなかに中国が組み込まれたことを意味している．中国の「アジア化」である．

　在外華人について，ここで少しだけ述べておこう．中華人民共和国の成立にいたるまで中国の資本主義的発展を担ってきたのは，浙江財閥に淵源をもつ上海企業であった．これら企業は共産党支配の上海を逃れて香港に移り，そこで企業家としての能力を開花させた．

　これにさきだつ清国の末期に，広東省や福建省などの華南の人々が，帝国主義列強の植民地支配下にあった東南アジアに労働者として流出していった．彼らは異郷の逆境のなかで商業的才覚を錬磨し，その能力を蓄積した．さらに，それよりも前の明国期の終わりから清国期の初めにかけて，大量の華南住民が台湾に移り住み，彼らもまたこの地で商業的な才能を蓄えた．

　そのような歴史的経緯のもとで大陸から周辺の東アジアに流出し，そこで定住することになった中国人が在外華人である．在外華人は高い企業家としての能力をもって，東アジアに経済発展をもたらす重要な主体となった．この在外華人は，今日では中国の発展にとっても欠かすことのできない存在となったのである．

3. FTA と EPA

　東アジアは域内の相互依存関係を強め，そうして東アジアは**経済統合**（economic integration）の時代に入った．東アジアほど域内貿易比率を短期間に上昇させた地域は他にない．達成された域内貿易依存度を NAFTA（北米自由貿易地域）や EU（欧州連合）のそれと比較してみよう．

　NAFTA の域内貿易比率を計測すると，2007 年の域内輸出比率は 51.3%，域内輸入比率は 38.2% である．EU の同比率はそれぞれ 66.8%，65.7% である．さきにもみたように 2007 年の東アジアの域内貿易比率は，域内輸出比率が 40.9%，域内輸入依存度が 49.6% であった．東アジアに日本を加えた地域を「拡大東アジア」とすると，その比率は，それぞれ 48.3%，62.9% となる．東アジアは，NAFTA ならびに EU とならぶ，現在の世界において最も高い域内貿易比率の地域となったのである．

NAFTAは，貿易自由化はもとより，サービス貿易，知的財産権，紛争処理，政府調達などを含む包括的な自由貿易協定である．EUは，石炭鉄鋼共同体を起点とし，域内関税の撤廃を経て域外共通関税をもつ関税同盟となり，生産要素の域内移動の自由を保障する共同市場として形成された．さらには欧州中央銀行をも設立して，欧州通貨の統一（ユーロ）を実現した．安全保障や防衛政策を共有し，欧州議会をも擁した文字通りの欧州連合である．要するに，NAFTAやEUは，包括的で強固な制度的枠組みにもとづいて，着々と結合を深化させてきた国家連合にほかならない．

　対照的に，東アジアにはASEAN以外にはフォーマルな地域協力組織は存在しない．ASEANは，東アジアにおいて長い歴史をもつ地域協力体である．しかし，参加国の「合意」と「内政不干渉」を原則とする緩やかな地域協力組織である．ASEANは，この「流儀」のゆえに長期にわたって存続が可能であったということもできよう．東アジアには統合のための制度的枠組みはなきに等しい．

　それにもかかわらず，東アジアの域内貿易比率が世界で最高水準にいたったことにわれわれは注目しなければならない．域内貿易比率だけではない．投資（海外直接投資）の域内比率もきわだって高いのが東アジアの特徴である．東アジアにおいて海外直接投資がにわかに活発化したのは，1985年のプラザ合意以降のことである．同年から2007年までの累計額において，ASEAN諸国と中国に対する最大の投資国群が域内国であったことは，すでに確認した．

　東アジアの高い地域統合は制度的枠組みに支えられて達成されたものではない．自由なマーケットメカニズムを通じて自生的に実現されたものであり，その意味で東アジアは「デ・ファクト（事実上）」の統合体なのである．

　高成長国群からなる東アジアにおいて，上述したような財と投資資金の「域内循環メカニズム」が形成されたのは，考えてもみれば当然であろう．日本やNIESの企業を中心に展開された東アジア域内投資が，経営資源の域内配分を効率化し，各国の比較優位を強化した．そうして実現された高成長が，域内各国の需要を高めて域内貿易比率を上昇させるという好循環が作動したのである．

　ASEANプラス3（日中韓）の内部で自生的に形成された域内統合の一層の上昇を求めて，関税や非関税障壁を自由化・撤廃し，サービス貿易を活性化さ

せ，労働や資本の移動制限をできるだけ排除しようと，**FTA（自由貿易協定）**や **EPA（経済連携協定）**の締結が東アジアで相次いでいる．

　グローバリゼーションを支える制度的枠組みが，かつては **GATT（関税および貿易に関する一般協定）**であり，現在では **WTO（世界貿易機関）**である．WTO加盟国の数は百数十に及んでおり，錯綜する各国の利害を多角的な交渉により調整しながら，貿易と投資の自由化を促進することは困難となった．GATTのウルグアイラウンド，WTOのシアトル会議やカンクン会議，ドーハラウンドなどの難渋が，多角的交渉が容易ではないことを証している．

　FTAやEPAがこの数年のうちに一挙に増加したのは，GATT・WTO体制の行き詰まりが歴然としてきたからである．統合利益を比較的容易に手にできる，近接する国々との連携に活路を求めようという現在の新たな潮流がFTAやEPAの群生である．

　GATT・WTO体制での多角的交渉を通じてグローバルな自由化を追求し，それゆえFTAやEPAへの対応に腰の重かったのが日本である．この日本さえ，シンガポールとの間に，次いでメキシコとの間に，さらにマレーシア，チリ，タイ，フィリピン，ブルネイ，インドネシア，マレーシア，タイとの間に，加えてASEAN全体との間にFTA／EPA協定を成立させた．今後とも，日本のFTA／EPA協定の数はふえていくであろう．

　ASEAN自体がAFTA（ASEAN自由貿易地域）を発足させ，域内関税率を先発6カ国は2010年までに，後発4カ国は2015年までに撤廃することを決定している．

　ASEAN諸国はもとより，NIES，中国を含めて，域内の2国間，多数国間のFTA／EPA交渉はいよいよ活発化の段階に入っている．さらに，東アジアとのFTA／EPA交渉開始を求める域外国の数も増加しつつある．高成長国群東アジアは域内，域外とのFTA／EPAの，多様にして重層的なネットワークの中心的存在となっていくにちがいない．

4. 東アジア共同体

　GATT・WTO体制下の自由化機能が停滞するなかにあって，東アジアが貿易・投資の自由化を実現し，域内統合度を上昇させる方途としてFTAやEPAを多様な形で深化・拡大していくことは大いに支持されねばならない．東アジアは，日本，NIES，ASEAN，中国と発展段階の位相を異にし，各国の潜在的補完関係は強い．そのために垂直的，次いで水平的な域内分業の懐（ふところ）がFTA・EPAネットワークを通じて一層深まっていくと予想されるからである．

　しかし，展開さるべきはFTAやEPAなどの「機能的」な制度的枠組みである．東アジア「共同体」ともなれば，われわれはこれに慎重に対処せざるをえない．共同体とはFTAやEPAといった機能的制度をこえる存在だからである．

　ベラ・バラッサ（Bela Balassa）の地域統合の発展段階説は，次のようなものである．自由貿易協定とは，参加国相互間の域内関税を撤廃した統合体であり，これに域外共通関税の設定を付加した統合体が関税同盟である．加えて，労働力や資本など生産要素の域内自由移動を保障した統合体が共同市場である．これに通貨統一などが図られてより強固な統合体へと深化していく．

　共同体とは，少なくとも共同市場の形成を前提にした議論だといわれる．関税同盟は域内関税の撤廃に加えて，域外共通関税を設定するという意味で一段と強固な統合体である．しかし，東アジアにおいて関税同盟を形成することは，予見しうる将来においては不可能であろう．グローバリゼーションのこの時代において，東アジアが域外諸国に対して「閉じた地域」であることを選択するとは考えられない．関税同盟の実現が不可能であるにもかかわらず，これを飛びこえて共同市場を推奨するというわけにはいかない．

　共同市場とは，域内の生産要素の自由移動を保障し，さらにマクロ経済政策を調整し，最終的には通貨統一をも視野に入れた構想である．共同市場は，国家主権の重要な一部である関税自主権，マクロ経済政策，通貨自主権の，少なくともその一部を超国家的機関に委譲（いじょう）することによって初めて成立する，そういう制度である．共同市場がそのようなものであるならば，これを裏付ける概

念がすなわち「共同体」だと考えねばならない．

　共同体とは，共同社会（ゲマインシャフト）であり，利益社会（ゲゼルシャフト）と対照される．帰属すべき特有の価値理念が想定され，成員にはこの価値理念の共有が求められる．同一の共同体のなかに住まうという「共生感」をもちえないままに，共同市場が仮に成立したとすれば，共同市場内部では「万人による万人の闘争」が避けられない．強大国が弱小国を支配する非対称的な国際関係に帰着する危険性が高い．

　グローバリゼーションが進めば進むほど，国民国家は強固でなければならないというのが真実である．東アジアはまだ国民経済の形成過程にある．みずからの発展に必要なものを秩序正しく導入し，不必要なものは極力排除するための国家権力が不可欠である．選択さるべきは生産要素ばかりではない．価値理念や政治体制，安全保障の枠組みなどのすべてにおいて，国民国家の選択が認められねばならない．

　事実，東アジアは国民国家による多様な選択をつづけてきたのであり，それがゆえに東アジアは「多様性」をもってその特徴とする．特記すべきは，この多様性のもとで，地域統合の制度的な枠をもつことなくしてさきに記したようなデ・ファクトの域内統合を実現したことである．東アジア共同体という叶わぬ夢を追い求め，この地域に時に収拾不能となりかねない混沌をあえてもちこむのは愚かな選択である．

　東アジア共同体は成立するか．次のいくつかの理由によって，実現は不可能であり，かつ実現すべきものとは考えられない．

　第1は，東アジアにおける経済発展段階の相違に由来する．少なくとも共同体であるからには，域内は多分に同質の市場でなければならない．賃金水準において圧倒的な格差をもつ東アジアにおいて，労働移動の自由が保障された場合に起こる激しい政治的軋轢は，想像に余りある．発展段階において多分に同質な国家の集合体であるEUと，東アジアの決定的な違いがここにある．

　第2に，政治体制の相違が共同体形成の阻害要因となろう．一方には，政治的意思決定を大衆の広範な政治参加によって実現する民主主義国家があり，他方には，党指導部の意思決定が議会や政府のそれに優先する一党独裁国家が存在する．日中間にたびたびおこる摩擦は，要するに異なる政治体制間の軋轢を

その根因とする．加えて，東アジアには，ソフトな，またはハードな権威主義国家がある．民主主義国家の集合体であるEUと東アジアはこの点で大きく異なる．

第3に，安全保障の枠組みにおいても東アジアはさまざまである．日米，米韓，米台，米比のようなアメリカを中心とする「ハブ・スポーク」の安全保障体系のなかに組み込まれている国がある一方，中朝，朝露のような同盟や善隣友好関係も厳然として存在する．グローバリゼーションの現在においても，国家間の紛争処理の最後の手段が戦争であることはなお否定できない．東アジアにおいて国境紛争問題を抱えていない国がいくつあるだろうか．ひとたび紛争が現実化した場合，この分断的な安全保障の枠組みが悲劇的な結末を東アジアにもたらさない保障はない．「悪の帝国」旧ソ連にNATO（北大西洋条約機構）をもって対峙したという「共生感」がEU統合を強固たらしめた背後要因であろうが，東アジアにはそうした共生感はない．

第4は，ASEANプラス3において最大の経済規模をもつのは日中韓3国であるが，日中関係，日韓関係が緊張を孕んでおり，これが容易に解消できないと予想されることである．

前米国務副長官リチャード・アーミテージ（Richard Armitage）は次のようにいう．アーミテージといえば，第1次ブッシュ政権下にあって，大西洋の安全保障が米英同盟によって守られているのと同様，太平洋の安全保障は日米同盟によって守られねばならず，それゆえ日米同盟の再構築が必要であることを強調したいわゆる「アーミテージ報告」をまとめたキーパーソンである．

「今めざましい経済成長を遂げ，通商・投資分野での存在感を高めた中国は，多国間の枠組みでも積極的な役割を果たそうと考えるようになった．だが，中国がいかなる役割を果たそうとしているのか，それは明確ではない．6カ国協議のように，複数の国の利害を調整し，組織立てるといった前向きの役割を中国は果たせる．半面，中国が日米同盟を弱体化させ，時に日米の間に楔を打ち込むというようなマイナス方向の動きに出る可能性がある．中国は，協力的な態度で地域に貢献しようとするのか，あるいは反抗的な姿勢で地域の分断を試みるのか．そこは不透明である．だからこそ，日米が同盟関係を弱体化させる事態は避けねばならない」（*Wedge*, Vol. 17, No. 5）．

事態を怜悧に見据えた論理の表明である.

　本節の主張を簡単に要約しておこう.東アジアはその統合度を一段と高めるために,2国間,多国間でFTAやEPAを積極的に展開し,この地域を舞台に自由化のための機能的制度のネットワークを重層的に張りめぐらせるべきであろう.しかし,東アジアの統合体はFTA／EPAという機能的制度構築を最終的目標とすべきであって,それをこえてはならない.共同体という「共通の家」のなかに住まう政治的条件をこの地域は欠いており,また共同体形成の背後に中国の大国化への強い志向性が存在する以上,東アジア共同体は日本にとってはもとより,東アジア全体にとっても選択さるべき道ではない.

終　章　本書のまとめ

　ここまで読み進んでくれた諸君に深く感謝する．経済学の知識がなくとも読み進むことができるよう努めたつもりだが，多少難解なところがあったかもしれない．経済学入門，ミクロ経済学入門，マクロ経済学入門，さらには国際経済学入門といった講義をマスターした後でもう一度本書にもどれば，ほぼ完全な理解を得ることができよう．少なくとも4年間は本書を書棚に入れておき，時に取り出して読み，開発途上国経済，アジア経済についての理解を深める縁（よすが）としてくれるならば，筆者の私としてはまことにうれしい．

　いよいよ本書も終わりである．これまでの議論の大枠を，ここでもう一度簡単に振り返っておこう．

　序章「開発経済学を学ぼう」では，本書で学習する貧困と開発とはどういう意味をもつ現象であるかを，多少エッセイ風に述べた．

　人間が1個の自然生命体としてこの世に生を受けた以上，その生存をまっとうすることが第一義的な重要性をもつ．貧困は，この与えられた生のまっとうを不可能にしてしまいかねない．貧困国においては人間が出生しても，この子供が5歳を迎えることなく死んでいく確率が高いのである．

　人間がこの世に存在することの意味は，個々の人間の中に秘められている潜在的能力を顕在化させることにある．能力が顕在化されねば，一国はその資源を大きく浪費したことになる．人間はその潜在的能力を顕現（けんげん）して，そうして経済的，社会的，政治的な自由を獲得することができる．この自由こそが人間が

人間として生きて在る証(あかし)なのである．

　潜在的能力を顕在化するためには，教育が必要である．しかし，貧困国の，とくに弱い立場にある女性の識字率はいまなお低い．また一国の発展のためには，中等教育の広範な広がりが必要である．残念ながら貧困国では中等教育はいまだ不十分な状況におかれている．

　アマルティア・セン教授は，「極端な貧困という経済的不自由は，他の種類の自由を侵害し，人を無力な犠牲者にしてしまう」といい，それゆえ，「開発とは相互に関連する自由が一体となって拡大していくことだ」と述べた．

　開発とは所得水準の上昇を通じて，人間が本来もっている潜在的能力を顕在化し，そうして経済的，社会的，政治的自由を手にしていくプロセスだということができる．

　第1章「「マルサスの罠」――貧困のメカニズムを探る」は，序章を受けて，それでは貧困とは経済学的にみてどのようなメカニズムをもつものなのかを理解することにあてられた．このメカニズムの探求は，経済学の始祖たち，リカードウやマルサスなどの古典派の学者が追究したテーマであった．

　人間が生存していくための絶対的な必要条件は，最低限の食糧の確保である．食糧生産のためには土地と労働力を要するが，土地の供給には限りがある一方，労働力（人口）は急激に増殖する．人口増加は食糧需要の増加をもたらす．そうなれば，未開の土地を開墾するなどして耕地を拡大していくものの，やがて「耕境」の限界にいたる．

　農業技術の進歩がないという条件のもとで，さらに人口が増加すれば，1人当たり食糧供給量は減少してしまう．一定の耕地に労働力を投入していけば，食糧供給量は増加するものの，その増加分は次第に減少していく．これが「収穫逓減法則」である．1人当たり食糧供給量の減少は，やがて人間がどうにか生存を許される「生存維持的水準」にまで落ちこんでしまう．1人当たり食糧の一層の減少は，人間の生存を許さず，人口の淘汰(とうた)が始まる．

　土地が制約的で人間が増殖していく社会の帰結は，1人当たり食糧がふえも減りもせず，それゆえ人口もふえも減りもしない「定常均衡点」である．これが「マルサスの罠」である．いかにすればこの「罠」から人間社会を脱却させ

ることができるか．これが開発経済学の，まずはなによりも重要なテーマである．

　第2章「**人口転換——人間はどうして「増殖」するのか**」は，人間社会を低水準の「罠」におとしめるほどに，そもそもなぜ人口が増殖するのか，このことを考える枠組みの提供を目的とした章であった．

　貧困な社会における出生率は高い．なぜならば，この社会においては死亡率が高く，それゆえ高死亡率を上まわる高出生率を維持できなければ社会が消滅してしまうからである．ミクロ的な観点からいえば，親が希望する子供の数を得るには，子供の死亡率の高い社会においては，より多くの子供を生まねばならないのである．これが高出生・高死亡率の社会である．

　所得水準の高まりとともに死亡率は急激する．しかし，高生出率の方はそれを支えてきた価値観がそう簡単には変わらないために，変化は緩慢である．ここに人口の「爆発的」増加が始まる．高出生・低死亡率の社会である．しばらく前まで，アジアはこの人口爆発に悩まされてきた．とはいえさしもの高い出生率も次第に減少し，死亡率も下限に近づいて，低出生・低死亡率の低い人口増加率の社会となる．今日のアジアは，こういう社会へと変化しつつある．この高出生・高死亡率から高出生・低死亡率を経て低出生・低死亡率に向かい，したがって人口増加率が低位段階から中位段階を経過して再び低位水準にいる過程を説明した模式が，「人口転換」命題であった．

　経済発展とともになぜ出生率が下がるのかを説明する論理が，「出生の経済学」である．追加的に生んだ子供が両親にもたらす効用と不効用とを比較し，前者が後者を上まわれば子供を生み，逆であれば子供を生まない，という論理であった．現在のアジアは出生の経済学が示唆する通りに人口増加率の減速局面に入っており，「マルサスの罠」から抜けでたとみていい．

　第3章「**少子高齢化——アジアの人口はまもなく減少する**」では，アジアが「人口爆発期」を終え，逆に「少子高齢化」社会に急速に踏み込みつつあることを論じた．合計特殊出生率とは，1人の女性が生涯を通じて生む子供の数のことである．この値の2.1が一国の人口を長期的に静止・安定させる人口「置

き換え水準」である．アジアの国々の合計特殊出生率は軒なみこの水準を下まわりつつある．日本はすでに人口の絶対的減少期に入っている．しかし，日本はもとより，韓国，台湾，中国，さらにはタイなどの東南アジア諸国もそう遠くない将来にこの局面に入っていくであろう．

　少子化と同時に，高齢化も急速に始まっている．総人口に占める65歳以上人口の比率が7%をこえ，14%へと「倍加」する速度は，今日のアジア諸国は日本と同じ速度か，もしくはそれ以上の速度をもって進んでいる．所得水準が先進国に及ばないなかにあって，少子高齢化の社会的負担にアジア諸国がいかに耐えていけるかが問題なのである．

　このことを考える理論的枠組みが「人口ボーナス論」であった．少子化が進む一方，老齢人口がまだ少ない社会において開始される少子化は，次の段階で生産年齢人口の比率が高まる発展にとって最も有利な時期である．生産年齢人口は所得をつくりだし，貯蓄に励む年齢層である．少子化は生産年齢人口の増加という「ボーナス」を一国に与えるのである．このボーナスを次にやってくる高齢化社会のためにいかに有効に用いることができるか否かに，その社会の命運がかかっていることを人口ボーナス論は教えている．

　第4章は「「緑の革命」——農業の技術進歩はいかにしておこるか」であった．アジアの人口増加率は減少期に入った．しかし，過去の高い人口増加率のゆえに，人口規模は現在なお増加中である．それゆえ，第1章で論じた「罠」の命題はまだ生きている．だが多くのアジア諸国は，この「罠」からの脱却を，「緑の革命」と呼ばれる，米を中心とした高収量品種の開発・普及・拡大によって成功させたことは画期的であった．

　農業の技術進歩とは，投入された肥料によりよく「感応」して単収を高める「多肥多収性」改良品種の創出である．アジアの伝統的な米の品種であるインディカ種と日本のジャポニカ種の「交配」を無限に繰り返すことによって，アジア各国の土壌や気象条件に適合的な改良品種を開発し，これを圃場に普及・拡大させることによって「革命」と名づけてもいい成果をアジアは手にした．

　この農業技術進歩は，速水佑次郎教授によって「誘発的技術進歩」と名づけられた．人口増加によって1人当たり耕地規模が減少すれば，単収の増加が図

られない以上，米の収量は当然のことながら減少する．その意味で，アジアの農業は高い人口圧力と単収増との「競合」のもとにおかれていたのである．この競合に破れれば「罠」にとらえられてしまい，「生存維持的水準」での生計を余儀なくされる．だが，同一の事実は，改良品種を創出しようという人間努力を誘いだす．そうした人間的努力がつくりだした技術進歩という意味で，速水教授はこの技術進歩に「誘発的」という形容をつけたのである．アジアの農民の合理的な行動様式を示す1つの証でもある．

　第5章は「**工業発展Ⅰ——工業化はいかにして開始されるか**」である．人間社会の進歩の起点が「マルサスの罠」であった．アジアはここからの脱出には成功した．しかし，一国経済は農業部門のみでなりたっているわけではない．むしろ，農業社会を脱して工業社会をいかにして実現しうるかが大きなテーマとなる．一国の経済発展の一段と強力な牽引車が，工業部門の拡大と深化（工業化）にほかならない．

　実際，アジア諸国の工業化は，各国の産業構造の地図をすっかり塗り変えてしまうほどに力強いものであったといっていい．発展とともに，農業を中心とする第1次産業の比率が下がり，次いで製造業を中心とする第2次産業の比率が上昇し，最後にサービス産業を中心とする第3次産業の比率が上昇するという，いずれの先進諸国でも観察された「ペティ＝クラーク法則」に沿う動きが，アジアでも明瞭にみられた．

　第2次産業の比率が上昇するのは，1つには，発展とともに人口が需要する財の中心が食糧から工業製品へと変わるからである．2つには，第1次，第2次，第3次産業就業者の所得を全産業就業者の所得で割った相対所得（＝相対労働生産性）において，第2次産業が他の部門のそれより高いからである．

　経済発展とは，農業部門（伝統部門）の労働力を吸引しながら工業部門（近代部門）が拡大していくプロセスとして描かれる．このプロセスを理論化したものが「二重経済発展モデル」であった．低所得の労働力が農業部門に大量に滞留している限り，工業部門は低賃金労働力を用いて利潤を大きくしながら，自部門を拡大していくことが可能である．しかし，農村に余剰労働力が存在しなくなった時点以降，工業部門は技術革新により労働力を節約的に利用しなが

らより高度の産業に移行することになる．この同じ事実，すなわち農業における余剰労働力の消滅は，農業部門自体が近代化しなければならないことを意味している．これが経済発展の「転換点」である．開発経済学の主要テーマは，この転換点を開発途上国がいかにしてはやく迎えるかにある．

　第6章「**工業発展II——初期条件と工業化政策**」では，第5章の工業化の一般的命題をこえて，現実のアジア諸国においてどのような工業化が展開されてきたのかを観察した．実際の工業化は，それぞれの国が発展を開始する初期的時点においてどのような条件にあったか（初期条件），ならびに工業化政策のありようによって異なる．

　初期条件において重要なことは，アジアの国々がかつて欧米列強の植民地支配下におかれ，少数の1次産品の生産・輸出に特化した「モノカルチュア経済」としての出発を余儀なくされたという事実であった．第2次世界大戦後の開発途上国の1次産品の輸出はふるわなかった．それゆえ，伝統的な1次産品を輸出し，その輸出外貨により必要な資本財，中間財，技術を導入し，これをもって工業化を図ろうという「1次産品輸出を通じての工業化」は断念せざるをえなかった．

　そのために，アジアの工業化は，それまで輸入に依存していた消費財の輸入を制限し，輸入制限によって生まれた，保護された国内市場に向けて生産・販売する国内企業の育成を図るという「輸入代替工業化」へと転じていった．輸入を国内生産によって「代替」しながら進めるという工業化の方式である．この工業化によって形成された基盤なくして，今日のアジアの工業化の成功はなかったであろう．

　しかし，この工業化の中心を担ったのは誘致された外国企業であり，民族企業は容易に育成されなかった．また，輸入制限によって生まれた国内市場が狭隘であり「規模の経済」効果が発揮されなかった．外国企業が労働節約的技術を採用したために雇用吸収力が弱く，余剰労働力の解消に対する貢献が少なかった，という問題点を残してしまった．

　第7章は「**貿易と海外直接投資——アジアを興隆させたもの**」であった．輸

入代替工業化がいきづまるなかにあって,韓国や台湾などNIES（新興工業経済群）と称される一群の国々が,積極的に輸出市場に活路を求めて輸出を通じ工業化を図るという挙にでた.その実績にはまことにみるべきものがあり,これが「輸出志向工業化」のNIESモデルとして開発経済学の焦点となった.

広い国際市場に向けての輸出を拡大するために,輸入代替工業化を振興すべく用いられてきた輸入制限政策を初めとする保護政策を廃止し,逆に輸出を奨励するさまざまな政策が採用された.NIESが輸出志向工業化を開始した時点は,先進国の産業構造の変動が激しく,多国籍企業が低付加価値産業については自国にではなく,アジアに生産拠点を移管しようとしていた時期と重なった.そのために,NIESは先進国の優れた多国籍企業を豊富に導入しながら,輸出志向工業化の道を歩むことができたのである.

とくに1985年のニューヨークのプラザホテルで開かれた主要先進国会議で合意された,多国間為替レート調整,円高＝ドル安が日本企業のNIESへの大量進出を誘い,NIESも外国企業を積極的に導入するための外資導入政策を採用した.こうしてNIESは開発途上国のなかで抜群の,外資と輸出に牽引された高度経済成長実績を手にすることができた.

NIESの実績をみてNIESモデルを採用したのが,東南アジアと中国であった.東南アジアと中国は,先進国はもとよりNIESからの企業をも導入して,今日ではNIESをも凌ぐような高成長国も出現している.その典型国が中国である.外国企業を大規模に誘致し,彼らに輸出を担わせて高成長を実現し,経済大国の地位を掌中にした国が中国である.

第8章は「**社会主義経済から市場経済へ——中国の体制転換**」である.この章は,上記までの論理から離れて,いずれ日本を凌いでアジアの超大国となることが予想される中国について,その高成長の原因と内包する矛盾について記しておかなければならないと考えて執筆された章である.

1949年10月に成立した中華人民共和国は,社会主義を実現しようとして成立した計画経済の国であった.公有制を主体とし,生産,販売,分配のすべてが国家計画機関の指令によって動かされる経済であった.生産手段の私有制を原則とし,生産,販売,分配の全過程が私的企業や個人に委ねられる資本主義

体制の国とはまことに対照的であった．

　農民は「人民公社」と呼ばれる集団農業制度に組み込まれ，上級機関から指令された生産物を，指令された量だけ生産する受動的存在であった．均分主義的配分により，一生懸命働いてものんびり働いても，同一の現物賃金を受け取るだけであり，農民の増産インセンティブ（誘因）はまことに小さかった．

　この制度が，1979年の鄧小平の出現により一挙に変革された．集団農業が家族農業となり，自由な農民が自由化された農産物市場にみずからの裁量によって生産された農産物を自由販売することができるようになり，農業生産は画期的な増産を記録した．

　国有企業改革においても，少なくとも制度的には大きな変革がなされた．株式制を導入して中小国有企業を私的企業へと変換させるとともに，数少ない戦略的国有企業を手厚く保護して，これを中国経済のリーディング産業としていこうという方向が展開された．国有商業銀行も株式化された．しかし，国有企業の所有者は国家でなければならないという原則には手がつけられておらず，それゆえ株式制は採用されたものの，国家株のマジョリティ原則が堅持されている．またそのために，市場経済におけるようなコーポレートガバナンス（企業統治）が実現されていない．

　第9章は「**日本の政府開発援助——自助努力支援の旗を高く掲げよ**」である．日本のODA（政府開発援助）は，日本の経済・財政の苦境を反映して，近年，次第に他の先進ODA供与国の後塵を拝するようになっている．しかし，少なくとも1990年代を通じて日本は世界第1のODA大国であった．

　日本のODAはアジアを中心に，主として借款を通じて展開されてきた．このアジアが借款の元本・利子を着実に返済してきたために，新規ODAからこの元本・利子を差し引いたODA支出純額がこのところ伸びていない．しかし新規ODAは依然として決して少なくはない．

　日本のODAは，アジアを中心に主として円借款を供与することによって，受け入れ国のインフラ（産業・生活基盤）の強化を目的に供与されてきた．贈与ではなく借款が中心であったのは，その方が受け取り国に「金融的訓練」に課して，受け取り国の「自助努力」を引き出すはずだという発想に由来する．

インフラは，鉄道，高速道路，発電所，港湾，橋梁等の巨大構造物である．その建設に多くの現地企業，労働者を引き入れて，技術の移転と所得の増大に貢献した．

なによりも日本の ODA によって整備された産業基盤が，内外の民間企業にとって大きな魅力となり，ここに多くの企業が集中して，アジアにはいくつもの産業集積が生まれ，ここがアジアの経済成長の牽引地域となっている．

他方，アジアにはすでに日本の ODA がなくとも発展できる条件をもった国がいくつも生まれており，むしろ日本が彼らと「協働」して，アフリカなどの最貧国の ODA に向かうという「連携型 ODA」が新しいフロンティアとして浮上している．

第 10 章が「**グローバリゼーションのなかのアジア——2 つの経済危機**」である．アジアはグローバリゼーションのなかにまきこまれ，そこから大きな経済的メリットを享受している一方，グローバリゼーションのリスクにもさらされている．1997 年の夏には，タイを震源地とするアジア経済危機が全域を襲った．高成長アジアが簡単に手に入れられる短期資本を大量に導入し，先進国も高成長アジアに短資を流し込んでその運用益を得ようとしたのである．

短資は短資であるがゆえに，短期的利益のあげられやすい株式や不動産，オフィスビルなどに向けられた．そうして「資産バブル」が発生した．バブルはバブルであるがゆえに，あるきっかけから一気に流出しはじめ，それにともなって短資は海外に流出した．短資のうえに組み立てられてきたアジア各国の屋台骨が折れて，経済成長率が反転下落したのである．しかし，繰りだされた政策が功を奏して，まもなくアジアは V 字型の回復を示した．アジア経済の潜在力がここに示されたのである．

もう一つの危機がアジアを襲った．2008 年のリーマン・ショックのアジアへの波及である．2008 年の危機の震源地は，アジアではなくアメリカであった．高成長国アメリカで住宅ブームがつづき，低所得者でも容易に住宅が購入できるようなサブプライム・ローンが組成され，これが「証券化」されて内外に売り出された．この証券を購入した個人や機関投資家は一時は大いに潤ったが，バブル化していたアメリカの住宅価格の暴落によって，金融機関の破綻が

欧米であい次ぎ，経済が手ひどい低迷を余儀なくされた．証券化されたサブプライム・ローンを購入したアジア諸国は少なく，これに由来する損失は欧米に比べれば少なかった．しかし，アジアの圧倒的に大きな輸出市場である欧米の市場停滞が，アジアの成長率を下落させてしまったのである．グローバリゼーションの光と陰を見据える必要性が示唆された．

　第11章は「**アジア経済の新動態――「アジア化するアジア」**」である．このようなグローバリゼーションのリスクからアジアが逃れていくためには，アジアの貿易や投資資金の「アジア化」を図り，欧米の経済的変動から身を守ることが必要である．

　幸いなことに，東アジアは各国が高い成長率をつづけてきたために，域内の相互需要が高く，域内輸出比率は世界のなかでも最もはやい速度で上昇してきた．また，その成長が高い生産性をともなったものであったがゆえにアジアは域内のアジアからの輸入が大きくなり，つまり域内輸入比率の上昇も顕著なものとなった．

　加えて，高成長の結果，海外投資資金が企業に蓄積され，東アジアは東アジアの企業に積極的に投資をするようになった．最も注目すべき投資国は韓国，台湾，香港，シンガポールなどのNIESである．NIESは東南アジア諸国はもとより，対中投資においても傑出したポジションを誇っている．域内貿易比率とともに，域内投資比率も急上昇したのである．

　現在の東アジアはEU，NAFTAと並ぶ世界で3つの主要な経済統合体として立ちあらわれている．FTA（自由貿易協定）やEPA（経済連携協定）を通じて，この統合がさらに進んでいくことが望まれる．

　しかし，目下，主唱されている東アジア共同体については，これを実現するための条件が，とくにこの共同体の3大国である日中韓の間に醸成されていない．条件を整えずその実現に動き出した場合の政治的コストには，計り知れないものがある．慎重な対応が望まれることが主張された．

参考文献

　本書を補強するものとして，さまざまな参考文献がある．書店や図書館の書架から簡単に手に入るものをいくつか記してみよう．

　私どもの関心は，理論そのものではなく，開発途上国やアジアの「現実」である．理論は現実を理解するための「模式」であって，あくまで知らねばならないのは現実であることを忘れないでほしい．

　アジア経済の現実を国ごとに記したものに，渡辺利夫編『アジア経済読本 改訂 第4版』（東洋経済新報社，2009年）がある．本書とほとんど時を同じくして出版された文献であり，用いられているデータも最新のものである．本書の副読本として利用されるのが望ましい．日本貿易振興会アジア経済研究所からは，毎年，『アジア動向年報』が発刊されているので，これを参考するのもよかろう．

　私は時に応じてアジアの経済，政治，社会の現実問題について新聞や雑誌に原稿を寄せている．それらは私のホームページにストックされている．「渡辺利夫の思想空間」http://watanabet.net/ をクリックしてくだされば，それらを読むことができる．

　学習を進めていくのに，辞書（事典）はぜひ手もとにおいておくことをお薦めする．本書の理解にとって最も重要な事典には，渡辺利夫・佐々木郷里編『開発経済学事典』（弘文堂，2004年）がある．理論，政策，人名，国情，時勢などを網羅した事典である．長谷川啓之監修『現代アジア事典』（文眞堂，2009年）も便利である．

　本書を読んでこの分野の研究をさらに深めたいと思う諸君は，少々難しいかもしれないが，速水佑次郎『開発経済学――諸国民の貧困と富（新版）』（創文社，2000年）に進まれたい．本書も同書からさまざまな示唆を得て書かれている．また，この分野の概説書としてジェラルド・M・マイヤー『開発経済学概論』（渡辺利夫・徳原悟訳，岩波書店，2006年）も，大変に優れている．序章で記したアマルティア・セン『自由と経済開発』（石塚雅彦訳，日本経済新聞社，2000年）は，そもそも開発とはなにかについての実に深遠な思想が語られてい

る．読む者を深い感銘に誘う秀作である．

　アジアの経済発展についての国際機関の代表的文献が，世界銀行『東アジアの奇跡——経済成長と政府の役割』（白鳥正喜監訳，東洋経済新報社，1994年）である．少々古い文献だが，今日なおこの文献をこえるアジア経済発展分析はないといってもいい．

　諸君が卒業論文などを書く場合には，上記文献などに引用されている論文や著作に当たる必要がある．ここでは，そこまでの詳しい紹介はやめておこう．

　本書を学びながら，「回帰式」などを利用した横断面分析や時系列分析などに興味をひかれた諸君も少なくないのではないか，と想像される．大学の授業科目のなかに「統計学」が用意されているはずである．回帰式の意味については，本書序章の「補論」に簡単に記しておいたが，統計学の授業では必ず説明される．必要なデータは，本書の各章の図表の資料に書き込んだものを利用されたい．各大学の図書館や情報センターなどにいって，データの検索の仕方について，指示を仰ぐようお薦めする．

II　開発経済学研究
──輸出と国民経済形成──

はしがき

　開発途上国の輸出はその国民経済形成にいかなる役割を歴史的に演じてきたか，また現在演じつつあるか．本書は，開発経済学上のこの主要問題に，いくつかの思いきった新しい仮説をもちこんでみようという試みである．

　開発途上国の輸出と経済発展に関するこれまでの研究の多くは，どういうわけかその分析に一種特有の「道義性」を色濃くとどめており，輸出と経済発展との因果関係は怜悧な分析や政策判断の対象となることは少なかった．おそらくこのことは，開発経済学が，植民地支配からの政治的独立を達成した開発途上国の熱い民族主義の息吹きに支えられて，自立を求める彼らの経済開発に処方箋を示すという，実践的であると同時にすぐれて「道義的」な分野として形成されてきたことと無関係ではない．開発経済学は開発途上国の「スポークスマン」としての機能をもつことになり，その貧困にたいしてはつねになんらかの国際的政策手段の発動をつづけなければならないという心理的性向がこの分野の経済学を支配したのである．

　この心理的性向に最もよく見合うのは，開発途上国の貧困の原因は「国際市場諸力の不平等化作用」によるものだという議論であり，一次産品の長期需要停滞論，交易条件の長期不利化論がこれを補強する．これらの議論は，一方で開発途上国の輸出拡大のための商品協定や特恵，交易条件不利化による損失の補償といった国際的経済政策の実施を促すと同時に，他方では不利な国際市場諸力から隔離された保護主義的な国内工業化を潔しとする理論と政策を導くことになる．UNCTADで展開されてきた南北間の一連のドラマは前者を象徴し，近年の「新国際経済秩序」の論争でそのドラマは最も刺激的な幕に入った．大規模に展開されてきた輸入代替工業化は後者の系である．

　しかし，開発途上国の貧困を対外的諸要因に帰する傾向を強くもったこれらの議論において見落とされがちなのは，輸出は国内経済のいかなる連関関係を通じて一国の経済発展に結びつくか，いかなる輸出活動が一国の経済発展を最も有効に触発しうるか，という国内的開発努力の側面である．おいおい本書で指摘されるように，19世紀後半から20世紀初頭にかけてアジア諸国が，さら

にまた両大戦間期にアフリカ，ラテン・アメリカ諸国が達成した輸出拡大の速度は，しばしば「19世紀的貿易パターン」として理想化される往時の温帯周辺国のそれに決して劣るものではなかった．にもかかわらず前者のその後の経済発展が後者のそれに及ばなかったとすれば，それは前者の国内的開発努力のどこに欠陥があったとみなければならないのか，前者の場合「貿易の利益」はなぜ「成長の利益」として国民経済に内部化されえなかったのか．「貿易と発展」という接近方法は，かかる分析視角を採用することによってはじめて開発経済学の核心に迫ることができると思われるのである．開発経済学の基本的課題に応えようとする本書が「貿易と発展」という接近方法をあえて採ったゆえんもここにある．

　輸出が国民経済に与える成長効果ならびに資源配分効果にたいしてどのような政策的対応をなすかは，一国の経済発展にとって決定的である．このことを示す現代開発途上世界における好個の事例は，輸入代替工業化と輸出志向工業化というそれぞれの工業化類型が帰結した経済的パフォーマンスの著しい対照であろう．後者は，賢明にして果敢な資源再配分政策を用いることによって，「貿易の利益」を「成長の利益」として内部化することに成功を収めた，現代の数少ない開発途上国における特有の発展類型としてこれを記述することができる．また前者は，現代の開発途上国が「貿易の利益」を犠牲にしてなお工業化を達成することができるか否かをうらなう工業化の実験であったとみられるのである．「貿易の利益」はいかにして「成長の利益」たりうるか．本書は，この問題を最も鮮明に理解しうる観察対象を開発途上世界の歴史的経験ならびに現代における開発努力のなかに探り，そこからいくつかの有用な発展政策上の示唆を得ようという試みである．全体の構成と本書の「意図と課題」は序章に展開される．

　読み返してみて，なおいっそうの分析を加えねばならないところが目につく．しかし5年ほどつづけたこの研究に一応の区切りをつけたいと考え，出版に踏みきることにした．厳しい批判を仰ぎたいと思う．本書の各章はそれぞれ独立論文として，主にアジア経済研究所の和文機関紙『アジア経済』に発表してきたものである．一巻に纏めるに際し，全体の構成を考えて若干の加筆修正を施した．

主題に関する研究に変わらぬはげましをいただいてきた板垣與一先生，日本国際開発センター田島秀夫氏，アジア経済研究所豊田俊雄氏にこの機会を借りてお礼を申し上げたい．ミント，マイヤーの訳書につづいて，また東洋経済新報社の大貫英範氏のお世話になることになった．氏のご厚意と助力なしに本書が出版の暁をみることはなかったであろう．拙稿を世に問うとき，いつも筆者の心を痛めるのは，はたしてこれが原覺天，山本登 両先生の深い学恩に応えうるものだろうかという思いである．この思いは今回もまた変わらない．

　1977年　晩秋
　母の追憶のために

渡辺利夫

序　章　意図と課題

　開発途上国における人口の爆発的増加はもちろんきわめて注目すべき事実であるが，開発途上国の多くが今日なお人口規模に相対して豊かな自然資源を有しているというのも争いがたい事実である．これらの国ぐにが一次産品もしくは自然資源集約財に国際貿易上の比較優位を有するという原理は，いぜん真である．人口規模が小さいことによって国内市場は相対的に狭小であり，他方で一次産品に比較優位をもつのであれば，その国が大きい「対外接触度」をもつことは自然である．歴史的にみれば，これらの国ぐにのほとんどがヨーロッパ諸国による植民地支配のもとにおかれ，宗主国への工業原材料供給を旨とする極度に大きい対外接触度をもった「輸出経済」として形成されてきたことはよく知られている．誤解をおそれずにいえば，余剰資源を抱えてこれを利用するすべをもたなかった旧来の熱帯開発途上国が，停滞的で自己充足的な低次均衡を打破って経済発展を開始するためには，植民地支配におかれていたと否とにかかわらず，いずれにせよ「輸出経済化」過程を進めていかざるをえなかったのである．一次産品国際価格の変動にたいする「対外的脆弱性」は輸出経済のもつ体質的な弱点であるが，これは次の段階でつぐなわれるべき「発展費用」の一つであると考えられよう．多くの開発途上国における経済発展の真の課題は，輸出経済化過程で拡大する「貿易の利益」をこれにつづく二次的段階において「成長の利益」としていかに内部化し，自律的な国民経済を形成していくかという国民的努力でなければならない．植民地支配はしばしばこの国民的努力を阻害する傾向をもったけれども，多くの開発途上国における低次均衡から

の初期的離脱が植民地支配のもとではじめて開始されることになったというのも他面の事実なのである．

　19世紀において工業的中心国が大規模に発生させた一次産品需要圧力に，余剰資源をもつ温帯周辺国は敏速な反応を示し，有利化する交易条件のもとで拡大する輸出収入を工業化の基礎条件の輸入に充て，いちはやく経済発展の道を歩むことができた．19世紀貿易は急速な工業化過程を歩みつつある中心国の成長諸力を周辺国に伝播する動態要因であり，かくして19世紀貿易は後者の「成長のエンジン」として機能したという，ヌルクセによって広く知られることになったデニス・ロバートソン卿の指摘は問題の核心を衝くものである．そうした周辺国の代表例としてヌルクセが挙げているのは，アメリカ，カナダ，オーストラリア，ニュージーランド，南アフリカ，アルゼンチン，ウルグァイである．とはいえ19世紀後半期から20世紀初頭にかけてのアジア諸国の輸出拡大の速度も，おいおい指摘されるように温帯周辺国のそれに劣らないものであったことも忘れられてはならない．アジア諸国につづいて，輸出拡大の波はアフリカ，ラテン・アメリカ諸国をも洗い，両大戦間の40年足らずの間に後二者の輸出規模は実に10倍を越えて拡大したのであるが，どういうわけかこうした事実は見落とされることが多い．

　アジア諸国の場合，1869年におけるスエズ運河の開鑿ならびに汽船の発達が可能にした大量輸送は，海上輸送費を大幅に低下させ，いくつかの国の場合には温帯周辺国のそれにまさる輸出の拡大を経験したのである．この間アジア諸国の多くの輸出一次産品価格は一貫して上昇をつづけたのであり，その輸出が拡大する需要に牽引されたものであったことには疑いの余地はない．最も急速な輸出拡大をみたのは，その経営支配権を植民地宗主国が握ったプランテーションや鉱山であったが，植民地支配の力が直接には及ばなかった小農部門といえどもこの例外ではない．豊かに存在する水稲適地のなかで自給的な稲作生産に携ってきたタイ小農は，19世紀央のボーリング条約を契機に輸出換金作物としての米生産の急速な拡大過程に入り，あの広大なメナム・チャオプラヤー・デルタ地帯の開拓を開始する．19世紀末葉に端を発する英領マラヤのゴム・プランテーションの拡大過程は，ほとんど即時的にプランテーション周辺部に小農ゴム生産者の同じく急速なゴム生産を誘発し，後者はプランテーショ

序　章　意図と課題　　233

ンに一貫して脅威を与える競合的輸出者としての地位を得るまでに至る．
　しかし，多くの熱帯周辺国がかくして拡大した貿易利益を長期的な経済発展の動因とすることができず，したがって輸出経済から有機的な国民経済の形成に成功しなかったとした場合，その原因ははたしてどこにあるだろうか．なぜ彼らは「貿易の利益」を「成長の利益」として国民経済に内部化することができなかったのであろうか，ここに問われるべき重要な分析視角がある．この視角を用いてなされるのは，まずは熱帯開発途上国の「輸出と発展」に関する歴史分析であるが，そこから導かれる開発政策論上の現代的意義は大きいと思われる．輸出を経済発展の主導因とする政策的手だてがどこにあるのかを，いちだんと広い視野のなかで示唆するはずだからである．この分析視角を不問に付して，「国際市場諸力の不平等化作用」を議論することは空しい．
　タイの小農輸出経済の拡大過程をこの分析視角から眺めてみようという試みが本書第1章である．豊かな水稲適地と稀少な人口のなかでほぼ自己充足的な米作経済のもとにあったタイが，19世紀中葉以降に出現した米にたいする強い海外需要圧力に反応してみせた輸出速度はまことにめざましく，中部デルタの開拓から東北部，北部へとタイ経済は19世紀の後半に急速な米単作化過程を進む．しかしこの過程は「一回限りの発展」であって，つづく時期に経済発展の二次的過程を誘発することは少なかった．なぜだろうか．輸出換金作物への単作化過程を次の段階における国民経済形成の主要な契機とすることに成功した別の発展類型との比較のもとに，この間に答えてみたい．
　タイのそれに典型的にみられる小農輸出経済とは別に，プランテーションの先行的発展に誘発されて，当該プランテーション生産物と同一の輸出換金作物のきわめて急速な拡大を経験したもう一つの小農類型がある．マラヤ（マレーシア）のゴム小農がそれである．かかる類型のもとにある国の経済発展の中心的課題は，輸出の主導部門を握る近代部門プランテーションの発展波及力に伝統部門の小農がいかに反応し，後者がその発展波及力をいかに内部化していくかというところにある．近代部門の先行的発展が生んだ二重経済化がいかなるプロセスのもとに，つづく時期に伝統部門の小農生産の成長を誘発して，新たな発展局面をひらくか．19世紀末葉に開始されてこんにちに至るマラヤのゴム生産の拡大史を追跡することからこの問題に接近していこうというのが**第2**

章の課題である．

　すなわち，本書の第1章，第2章は開発途上国の一次産品輸出と経済発展との歴史的因果関係がどのようなものであるかを探る試みであり，開発政策はいかなる手だてをこの因果関係のなかにもちこみうるか，またいかなる類型の一次産品輸出が一国の経済発展を最も有効に触発しうるか，という政策論を導くための重要な示唆をそこから得ることができると思われるのである．「貿易の利益」はいかにして「成長の利益」たりうるか，輸出部門の発展波及力はいかにして伝統部門に及ぶか．くり返すが，「貿易と発展」に関する分析視角の中心はあくまでここにある．

　「国際市場諸力の不平等化作用」という，あまり整合的とも思われないが，しばしば人を魅了するイデオロギー的な仮説は，国内的努力の失敗を往々にして隠蔽してしまいがちであり，したがってまたなされるべき開発の手だてを真剣に模索するための誘因をも奪ってしまうことが多いのである．一次産品の長期需要停滞論，交易条件の長期的不利化論といった悲観主義がこれに加わり，さらにまた植民地主義のもたらしたもろもろの「悪」と結びつけられて，一次産品への特化は合理的な政策判断の対象となることは少なかった．むしろ一次産品特化への拒絶反応こそが，第二次世界大戦後における開発途上世界の経済開発政策の出発点に位置したといってもいいすぎではない．もちろん上に指摘した一連の開発論上の仮説が，開発途上国の現実の動きをかかる方向に向かわしめる実際上の力をもったといっているのではない．実は，それらの仮説自体が開発途上国の輸出悲観主義の明瞭な反映であるというところに，問題の深刻さがあるのである．

　ところで，奇妙なことであるが，一次産品輸出にたいする彼らの悲観主義は，国内工業化についての一種特有な楽観主義とまことに固い結びつきをもっている．国際市場諸力の不利な作用から自らを隔離するために高度の保護障壁を築き，保護障壁の内側にかくして形成される国内市場に向けて工業化を開始しようという考え方がそれであるが，その考え方の背後には工業化のための資本と技術を海外からなんらかの形で導入することができれば，近代工業部門は先進国から自国に「移植」しうるはずだというかなり安易な前提が潜んでいたようにみえる．植民地独立の担い手となった政治的エリートの強烈なナショナリズ

ムは，彼らをして「産業化」を伴わない「工業化」の可能性を期待せしめたのである．またその一方で，一次産品輸出にたいする悲観主義を反映した多くの仮説が一世を風靡したのと同じく，工業化にたいする開発途上国のかかる楽観主義を反映し，保護主義的工業化を正当化する幾多の開発仮説もまた用意されることになった．一次産品輸出の停滞と交易条件の不利化に直面する開発途上国は，国内資源を輸出一次産品生産から対輸入競争工業生産に転換するために，後者を保護の対象におくべきであるというのがその仮説の主要内容をなす．この仮説は，保護は国内投資の有効な増大手段となるという考え方，すなわち消費財輸入の制限は国内貯蓄率したがって国内投資率の増大をもたらすという議論によって補強されると同時に，さらに保護は商品貿易に代替して要素移動を刺激するから，外国民間資本のより大規模な導入のもとに工業化を促進することが可能になるという一種の関税工場論によっても支持されることになる．複雑な議論はすべて本論にまわすとして，要するにこうした一連の保護論は開発途上国の輸入代替工業化を正当化すべく用意されたのである．

　実際のところ大半の開発途上国が試みてきた工業化は，従来の最終消費財輸入を，優遇条件を与えて導入された外国民間資本の手になる国内生産によって代替するという方途であった．もっともこの輸入代替工業化が，保護主義的工業化というにふさわしい整合的な政策体系のもとに展開されてきたとは必ずしもいいがたい．むしろ慢性化する国際収支危機に対応して断続的に発動される輸入制限措置が，輸入制限財の国内生産とこれに携わる外国民間企業の導入をこれまた断続的に誘発したといった方が真実に近いであろう．しかしいずれにせよ輸入代替工業化の方途にしたがった開発途上国の現実の経験のなかから，保護主義的工業化が内包する問題の所在を窺うことは十分に可能である．

　問われるべき課題の中心は，開発途上国に特有な要素賦存条件と市場条件のもとで保護主義的工業化が一国の資源配分をいかに歪めるか，代替的開発政策に比較して保護主義的政策の費用はいかに大きいかを考察することである．大半の開発途上国においてその保護主義的工業化は，対輸入競争産業を関税ならびに非関税障壁を用いて対外的にこれを保護のもとにおいたのみならず，たとえば低利銀行資本や過小に評価された外国為替を輸入代替産業に優先的に配分することによって，これを爾余の国内産業部門からも隔離するという二重の保

護のもとに実行された．すなわち，外国の輸出者との競合を排して形成された一種の独占的市場の内部で，過大評価された為替レートのもとで安価に輸入できる外国投入財を用いて消費財の国内生産を行ない，さらにこの国内生産を低金利政策が支持する，というのが開発途上国の保護主義的工業化の方途であったといって大略まちがいない．かかる保護主義的工業化は，開発途上国の要素賦存条件に逆行する過度に資本集約的，労働節約的な生産方法を促すことによってその資源配分に由々しい歪みを発生させると同時に，狭小な国内市場に向けてなされる工業生産は市場機会をいちはやく涸渇させ，これが発展の動態要因となる前段階で停滞局面に入ってしまうという一般的経緯をたどったとみることができる．開発途上国における保護主義的工業化のこのような経緯を明らかにしようというのが，**第3章**と一部には**第4章**の課題である．

さて，輸入代替工業化を特徴づけてきた一連の保護主義的政策を自由化すると同時に，これに新しい一連の政策的手だてを用いることによって労働集約財に潜む国際貿易上の比較優位を見事に顕在化させ，その労働集約財の大規模な輸出をもってこれを工業化の主導部門とすることに成功したいくつかの開発途上国の発展類型を輸出志向工業化パターンと呼ぶことができる．このパターンに沿った数少ない開発途上国の経験は，もちろん当該国に特有な開発初期条件を考慮してのことであるが，開発政策論に与える示唆においてきわめて大きいものがあるといわなければならない．保護主義的工業化は必然的に一部の保護産業への既得権の累積をもたらす．政治的指導力と行政的能力において欠けるところの大きい開発途上国が，貿易自由化，外貨や資本といった稀少資源の「市場自由化」政策のもとに，保護を通じて累積した既得権益を排して新たな政策展開を試みることは，実際のところかなり困難な業である．すべての産業を無差別的な保護のもとにおく「幼稚経済保護」にのめりこんでいった開発途上国すら少なくないのである．開発政策論はまことににぎにぎしいけれども，開発政策が一国の経済開発過程を有効に導いたという事例は，現実の開発途上世界ではまことに稀有であるといってもよい．この点でわれわれが注目したいのは，1950年代後半以降に台湾が，1960年代央以降に韓国がみせた経済政策の刮目すべき成功の経験である．果敢にして徹底的な資源再配分政策の採用によって保護主義的工業化のもとで生まれた劣悪なパフォーマンスを排し，その

うえに実現された両国の経済成果は，輸入代替工業化政策のもとでの停滞的なパフォーマンスと著しい対照をなす．台湾，韓国における資源再配分政策とその成果を窺うというのが，**第4章**の課題である．

近年の開発経済学における重要な分析課題となりつつあるのは，開発途上国の経済成長と社会的公正との関連をいかように考えていくかという問題である．植民地からの独立の後に開発途上国が実現してきた一国全体としての経済成長率とくに工業化率は，むろん国によって隔たりはあるけれども，植民地独立以前に比較してかなり高いものであり，「速度」の観点よりするならば先進国のそれに見劣りしない．急速な工業化率のもとにすでに「準工業国」の地位を確保した国も数カ国にとどまらない．しかしこうした高い工業化率と経済成長率は社会的公正を大きく犠牲にしながら達成されたものではなかったかという懸念が次第に大きなものとなりつつある．この点で関心がもたれるのは，そうした傾向がとくに顕著であるのは高い工業化率を保護主義型政策のもとで実現してきたいくつかの開発途上国においてであるという事実であり，このことは保護主義型政策がもたらした資源配分上の歪みが社会的公正の実現に大きく関連していることを示唆しているのではないか，という問題意識である．

爆発的に増大する労働力を一方に抱えながら，他方でその保護主義的工業化政策が自国の要素賦存状況に見合わない生産方法の採用を促したがために，高い工業化率はそれに伴う労働吸収力をみせない．高い工業化率は高い失業率，不完全就業率と併存する．都市に向けて「押出」される農村の過剰人口がこの傾向を助長して，経済成長の恩恵に浴することのできない厖大な貧困層を部市内部に滞留させる．また保護主義的政策のもとで一国の資源は一部の保護部門に集中し，非保護部門は資源を「引出」されて停滞せざるをえない．ここに帰結するのは，近代部門と伝統部門，都市と農村間の所得分配の不平等化傾向である．かくして開発途上国の所得分配の不平等化傾向は保護主義的政策のもたらした資源配分の歪みの明瞭な反映であるということができそうであるが，そうした推論の正当性は，逆に自国の要素賦存状況を最も有効に利用するための「市場自由化政策」に成功をみた輸出志向工業化パターンに沿う国の所得分配が平等化に向かう傾向があるという，きわめて注目すべき結果のなかにもあらわれているように思われる．後者の場合，経済成長の主導部門を握ったものは

労働集約財の輸出部門であり，したがって成長の雇用弾力性は相当高いものであった．かかる個有の成長類型に注目して開発途上国の所得分配を考察したものが，**第5章**である．扱われる対象は「市場自由化」政策のもとにある現代韓国のそれである．すなわちこの章は，「貿易と発展」を考える分析枠組を社会的公正の問題にまで拡張しようという試みである．

　かくして本書は，まず開発途上世界の「貿易と発展」の問題を考察するための重要な分析課題がいずれにあるかを明示し，次いでかくして明示された分析課題に最も鮮明に接近しうる観察対象と分析方法を見出すことによって，そこからできるだけ有用な発展政策上の示唆を得ようという努力である，ということができる．

第1章　輸出と国民経済形成
アメリカ南部諸州の綿花生産とタイ小農輸出経済の拡大過程

序

　ヌルクセは，1957年のウィクセル講演のなかで，19世紀における垂直貿易は「中心国」(center)の成長諸力を「周辺国」(periphery)に伝達する動態的な機能をもったという意味で，これを「成長のエンジン」という比喩的な表現で呼んだ．だがそこでは，この「成長のエンジン」は，アメリカ，カナダ，オーストラリア，ニュージーランド，南アフリカ，アルゼンチン，ウルグァイといった主として温帯に属する周辺国には伝わったが，熱帯周辺地域はその影響の埒外にあったと考えられた[1]．

　ところでヌルクセのこの見解は，19世紀における中心諸国の一次産品需要の拡大の波に洗われたのは温帯周辺国だけであって，熱帯周辺国にはその波は伝えられなかった，という事実を示唆するものではない．熱帯周辺諸国の輸出も前世紀末葉から今世紀の初頭にかけての30数年という比較的長期にわたって，この間に半減した海上輸送費とヨーロッパの主導的中心諸国の需要拡大とを契機にして，われわれの予想を上回るきわめて急速で大規模な拡大をみせたのである．これら熱帯周辺国の一次産品輸出は，1880年から1913年の間に価額で年平均3.4％，数量で3.6％の成長をみせて温帯周辺国とほとんど変わら

---

[1]　Nurkse, R., *Patterns of Trade and Development*, Almquit & Wicksell, 1959. 大畑弥七訳『外国貿易と経済発展』ダイヤモンド社，1960年．

ぬ拡大歩調をとったことが知られている．特定国の場合には，この比率をはるかに凌駕するものであり，ルイスの計測によれば1883年を100とした1913年の熱帯周辺国の輸出数量指数は，西アフリカ548，タイ539，セイロン523，中央アフリカ498，エクアドル439，インドシナ426であり，熱帯諸国全体でも271とされている[2]．ヌルクセのあげた温帯周辺国の一次産品にたいする需要拡大をもたらしたのと同様のインパクトは，少なくとも第一次大戦に至るまでは熱帯諸国へも伝えられており，このインパクトにたいして彼らが大規模で急速な輸出拡大をもって反応していったことは確かに認められる事実なのである．ヌルクセの議論は，したがって温帯周辺国の場合には19世紀垂直貿易のもっていた成長誘発力に応じて自ら構造変化をとげ，「貿易の利益」を「成長の利益」に結びつけるのに成功したのにたいし，熱帯周辺国の場合にはその大半が西欧諸国の一次産品需要に反応して輸出拡大はしたけれども，これを最終的に「成長の利益」に結びつけて外国貿易のもつ「成長のエンジン」を「内部化」することには成功しえなかった，という事実を意味するものと受けとめねばならない．

　一次産品への強力かつ継続的な需要を発生させながら工業化の過程を進める中心国と，この中心国に一次産品を供給する周辺国という二つのタイプの国ぐにが並存した国際環境のもとで，前者のつくりだした一次産品需要圧力を後者がいかに自らの長期的経済発展の動態要因として内部化しえたかという歴史的事実の究明は，いぜん開発経済学の中心課題でなければならない．その理由は次のように表現できよう．19世紀貿易に特有な「成長のエンジン」が伝達された国ぐにとしてヌルクセによって言及された温帯周辺国と，一方の熱帯周辺国との間には，利用可能な自然資源と人口規模との関係によってはかられる経済発展の「初期条件」と，中心諸国に生じた強い一次産品需要圧力に応じて「余剰」な自然資源を大規模かつ急速に輸出商品生産に充当することによって生産拡大を始動させたという経済発展の「開始の型」とにきわだった類似性が

---

[2] Lewis, W. A., "The Export Stimulus," in W. A. Lewis, ed., *Tropical Development 1889–1913; Studies in Economic Progress*, London, George Allen & Urwin Ltd., 1970, pp. 13–45. なお本書の紹介と評価については，渡辺利夫「書評」『アジア研究』アジア政経学会，第18巻第3号，1971年10月，を参照されたい．

認められる．したがって，経済発展の「初期条件」と「開始の型」とを等しくしながら，しかし一方の国ぐにが国内産業間，地域間に有機的な関連をもつ国民経済形成段階にいち早く到達しながら，他方の国ぐにがいまだその段階に遠いとした場合，この二つの事例の発展過程を比較検討することによって後者の国ぐにの「低開発性」の基本要因を最もよく理解しうるのではないか，と考えられるのである．

　熱帯周辺国の経済発展過程が目にみえるほどの規模で働きはじめたのは，ヨーロッパの植民地主義国によって長く閉ざされていたその門戸が開放されて以後のことに属し，そこに至るまでは，大半は豊かな自然資源をもつ未開の地域内に稀少な住民から成る種族社会を偏在させていたものと考えられる．いいかえれば多くの熱帯周辺国の経済発展の始発期は，開発さるべく賦存している豊富な自然資源に比し人口稀薄な初期条件のもとにあったということができるのである．すなわち，植民地主義国による「門戸開放」とは，この余剰資源を国際貿易過程にひき入れ，未開の自然資源を輸出用一次産品生産に充当していく過程を開始させたことを意味する．門戸開放以前の周辺諸国の自然資源が真の意味での「余剰」資源であったというのは，国際貿易が存在しなければそもそもこれにたいする需要はそれ自体存在していなかったであろうという推測の根拠が存在するからにほかならない[3]．結果として，たとえば19世紀末にすでに過剰人口として知られていたインドのような少数の国ぐにを除けば，国内生産と輸出用生産との間に国内資源を利用する際の競合はほとんど生じなかったと考えられる．こうした初期条件のうえに加えられたヨーロッパの植民地本国の需要圧力に応じて，多くの周辺国は，労働は急速な率で伸長した地域間移動，自然増加，移民によって，また資本は，プランテーション，鉱山の場合であれば植民地本国もしくは国際金融市場からの流入によって，また小農の場合であ

---

[3] この点については次の二つの文献が最も代表的なものである．Myint, H., "The 'Classical Theory' of International Trade and the Underdeveloped Countries," *The Economic Journal*, Vol. XXII (2), No. 58 (1954-55), pp. 317-337, reprinted in H. Myint, *Economic Theory and the Underdeveloped Countries*, Oxford University Press, 1971, Ch. 5. 渡辺利夫・高梨和紘・小島眞・高橋宏訳『低開発国の経済理論』東洋経済新報社，1973年，第5章および Meier, G. M., *The International Economics of Development: Theory and Policy*, New York, Harper & Row, 1968, pp. 214-254. 麻田四郎・山宮不二人訳『発展の国際経済学』ダイヤモンド社，1973年，228-270ページ．

っても東洋外国人による小口金融を通じてその所要資本をほぼ不足なく満たすことによって，余剰資源を輸出生産用に次つぎと大規模に投入していくという「外延的」な生産拡大を試みることになったのである．

熱帯周辺国にかかる発展類型をもたらした発展のそうした初期条件は，人口稀少で豊かな自然資源に恵まれた地域へのヨーロッパ人の入植によって発展を開始した往時の温帯周辺国，たとえばアメリカ，カナダの初期条件に類似している．この両国は，ヨーロッパ諸国の産業革命が発生させた強力な一次産品需要圧力に満ちた「大西洋経済」（Atlantic Economy）を背景にして，人口稀少の地域にあった資源の余剰を輸出生産に投入しながら，世界商品としての特定の一次産品の急速な輸出を試みることによって経済的拡大を開始させたという，多くの熱帯周辺国と同様の「開始の型」をももったのである．急速な工業化過程にある中心国と，これに発する強力な一次産品需要圧力によってその経済的拡大を開始した周辺国とが並存するという「不均等発展」の歴史的文脈のなかで後者の経済発展類型を考える限り，一次産品輸出に向けうる資源的余剰にきびしい制約が与えられていた一部の過剰人口国を除けば，それが温帯周辺国であると熱帯周辺国であるとを問わず，経済発展の「開始の型」に上述のような共通性がみられたとしても不思議ではない[4]．

周辺諸国の経済発展の開始ならびにそれにつづく急速な拡大過程は，海外からの強力な需要圧力が継続的に存在しつづけたという事実を無視してはおよそ考えられないという意味で，その発展類型はホゼリッツの表現どおり，先進資本主義国のそれが「自立的」（dominant）であったのにたいし，まさしく「衛星的」（satellic）であったということができよう．そしてまたヨーロッパの先進資本主義国が，人口の規模と国土の広がりという二つの面で外郭を定められた一定の領域内で，「資本の深化」と「労働の熟練化」の過程を通じて既存の内部市場を成熟させながら「内攻型」（intrinsic）の経済発展の経路をたどっ

---

[4] インドのような過剰人口国の場合には等しく強力な海外需要圧力が与えられても，輸出用換金作物生産を試みるための資源的余剰が限られていることによって，その圧力に反応して輸出が増大することは少ない．この事実はまた人口と利用可能な自然資源との関係によって測られる発展の「初期条件」の重要性を示唆するものである．こうしたインドの事情については，Lidman, R., and R. I. Domlese, "India," in W. A. Lewis, ed., *Tropical Development 1889-1913*, pp. 309-336 を参照されたい．

てきたのと対照的に，多くの周辺国は利用可能な自然資源を輸出一次産品生産に継続的に充当しながら経済的拡大をはかっていったという理由で，彼らは「拡張主義的」(expansionistic) な経路をたどったのである[5]．先進資本主義国の経済発展は，自給自足型のある伝統的社会が既存の市場をしだいに成熟させて，より高次の分業体系と産業構造とをもつ社会に向かうプロセスとして描かれ，したがってその発展類型は，人口規模と地域的な広がりの二つの面で外郭を定められた一社会の発展の継起を「垂直的」に追うという旧来の発展段階理論の方法の射程距離にある．しかし周辺諸国にとっては，先進諸国の一次産品需要圧力に反応して試みられた急速度で大規模な輸出拡大の開始こそが，彼らの経済発展のはじまり自体を意味したのであるから，その経済的拡大に先行する，もしくはその経済的拡大を準備するなんらかの特有な経済発展段階を想定することは困難である．すなわち周辺諸国の経済発展過程には，発展段階理論が想定する段階移行の「非連続性」は見出しがたい[6]．

　経済発展の「初期条件」と「開始の型」との二つにおいて周辺国が先進諸国の発展類型とは異なるそのような重要な共通性をもちながら，しかしアメリカ，カナダなどのいくつかの温帯周辺国の場合には，その一次産品輸出部門の拡大は，高い連関効果と所得効果とをもつことによって他の産業部門の成長を誘発する主導的部門として機能し，輸出用一次産品生産に強い偏向をもちつつも経済成長過程を自律的たらしめていったという注目すべき経験を有している．したがって，同じく余剰資源を輸出一次産品の生産に継続的に投入しながら経済的拡大をはかっていったにもかかわらず，一方の国は鉱産物輸出経済や熱帯プランテーション経済にみられるような硬直的な二重構造に終わるか，さもなければ小農輸出経済にみられるような生産構造の高度化を伴わない経済の量的規

---

[5] Hoselitz. B. F., "Patterns of Economic Growth," *The Canadian Journal of Economics and Political Science*, Vol. 21, No. 4, November 1955, pp. 416–431, reprited in B. F. Hoselitz, *Sociological Aspects of Economic Growth*, New York, The Free Press of Glencoe, 1962, Ch. 4.
[6] 周辺国の経済発展は発展段階理論が想定する段階的移行を示すものではないと主張する最も代表的な文献は次の二つである．North, D. C., "Location Theory and Regional Economic Growth," *Journal of Political Economy*, Vol. LXII, June 1955, pp. 243–258; Bertram, C. W., "Economic Growth in Canadian Industry, 1870–1915: The Staple Model and the Take-Off Hypothesis," *Canadian Journal of Economics and Political Science*, Vol. XXIX, No. 2, May 1963, pp. 159–184.

模の外延的な拡大に終始したのにたいして，別の国が各産業間に有機的な連関をもつ国民経済形成段階にいちはやく到達しえたというこの相違はどこから生じたのか，という問には答を用意する必要がある．その相違の原因を探ることによって，熱帯周辺諸国の低開発性の原因はどこにあるのか，したがって彼らの国民経済形成の要件はなにか，という開発経済学の基本問題に接近することができるのではないか，というのが本章の問題意識である．

　もっとも本章で扱いうるのは，上述した問題のすべてではない．19世紀初頭にはじまるアメリカ南部諸州の綿花輸出生産の外延的拡大がアメリカ国民経済の形成に果たした役割と，19世紀中葉に開始されたタイの米の外延的拡大過程との比較分析を通じて，両者の経済発展過程の比較を最も有効なものにしうる分析概念を見出し，開発経済学におけるこの分析概念の意味を考察する，という方法で叙述を進めるつもりである．

I 「ステイプル・モデル」によるアメリカ国民経済形成論

　一次産業部門への依存度を減少させることなく，むしろ生産活動の中心を特定一次産品の輸出生産におきながら経済的拡大過程をたどる一国が，いかにして最終的な国民経済形成段階に至るかを一つの経路として追跡したきわめて魅力的な分析は，「ステイプル・モデル」(staple model) によるアメリカ国民経済形成論の試みである．「ステイプル・モデル」が想定する背景は，一次産品への需要を大規模かつ継続的に発生させる高い工業成長率をもつ中心国と，その一次産品生産のために充当しうる余剰資源を豊富に有している周辺国とが並存する，すでに指摘した「不均等発展」の世界である．このモデルではそうした背景のもとで，後者が前者のつくりだした需要圧力に応えて輸出用一次産品生産を急速に拡大させ，この拡大過程を通じて成長諸力が前者から後者へ波及していくメカニズムが問題とされる．いいかえれば，「ステイプル・モデル」は上述した国際的背景のもとで周辺諸国が「貿易の利益」を「成長の利益」としていかにして「内部化」していったかを経路として示す分析の枠組であると考えることができる．

1. 南部諸州における綿花生産の外延的拡大

ノースによれば,アメリカの国民経済形成への最大の契機は南部諸州の綿花生産に求められる.19世紀前半期のアメリカ南部の綿花は比較優位度がきわめて高く,かつ自然資源集約型の世界商品であるという意味で「輸出ステイプル」の典型の一つとされる.そうした輸出ステイプルとしての綿花生産の拡大が,南部以外の地域に高い所得効果を発揮することによって東北部に工業,商業部門の設立を,西部に食糧生産部門の拡大を誘発し,そのことを通じて諸地域間に相互補完的な産業部門を分有する有機的な国民経済を形成する基軸的部門として機能したという意味で,南部はアメリカにおける経済発展の「輸出ベース」であったという開発仮説が導かれることになる[7].輸出ステイプルの生産が急速にして持続的に拡大するためには,人口稀薄で豊かな耕作適地の存在という生態学的初期条件に,次のようないくつかの需要面および生産要素供給面での条件が加えられる必要がある.アメリカ南部の綿花生産を念頭におきながら,輸出ステイプルの外延的拡大の要件がいかに満たされたかを整理してみよう.

第一は,強い海外需要圧力の存在である.当時のアメリカはすでに指摘した「大西洋経済」というヨーロッパ諸国の産業革命が発生させた強力な一次産品需要圧力に満ちた国際的環境条件のもとにあり,とくにイギリス木綿工業の発展はアメリカ綿花への巨大な需要をもたらすことによって綿花価格の高騰を結果した[8].イギリスの原綿輸入額は1750年の34万ポンドから,1800年の56

---

[7] ノースによる19世紀前半期のアメリカ国民経済形成過程に関する最も包括的な分析は,North, D. C., *The Economic Growth of the United States 1790 to 1860*, N. J., Prentice Hall, Inc., 1961, partly reprinted in J. D. Theberge, ed., *Economics of Trade and Development*, New York, John Wiley & Sons, Inc., 1968, pp. 67-80 に示されているが,同時に "Industrialization in the United States 1815-60," in W. W. Rostow, ed., *The Economics of Take-Off into Sustained Growth*, London, Macmillan & Co. Ltd., 1963, pp. 44-62, および既出の North, "Location Theory and Regional Economic Growth" を参照されたい.なおステイプル・モデルによる発展分析の枠組を知るためには,Watkins, M. E., "A Staple Theory of Economic Growth," *Canadian Journal of Economics and Political Science*, Vol. XXIX, May 1963, pp. 141-158; Buckley, K., "The Role of Staple Industries in Canada's Economic Development," *Journal of Economic History*, Vol. XVIII, December 1958.

[8] この事情については,Potter, J., "Atlantic Economy, 1815-1860: the U.S.A. and the Industrial Revolution in Britain," in A. W. Coats, and R. M. Robertson, eds., *Essays in American Economic History*, London, Edward Arnold Ltd., 1969, pp. 14-48. に詳しい.

図1.1 アメリカ南部における綿花生産の「西漸運動」

（資料）Robertson, R., M., *History of the American Economy*, Third Edition, Harcourt Brace Jovanovich, Inc., p. 116. ならびに Gray, L. C., *History of Agriculture in Southern United States to 1860*, II, Washington, Carnegie Institution, 1933, p. 891 を合成. なお黒点一つは生産額1ベールを示す.

万ポンド，1830年の2億6396万ポンド，1860年の14億ポンドへと激しい増加をみせたのであるが，この輸入の大半はアメリカ南部綿に求められ，1850年代には原綿輸入額の80%以上が対米輸入であったとされている[9]．南部綿はこうした強力な需要圧力のもとに開始され拡大された世界市場商品であるから，定義によって自国内産業への投入部分は一貫して低水準におかれ，事実1810年代以降60年まで年平均綿花生産額の85%以上が輸出に向けられている．もっとも自国内産業の進展とともにこの比率が低下していくのは当然の帰結であって，自国内産業への投入比率は1860年に至ると22%の水準に達しているが，しかしすでにこの時点になるとアメリカの経済構造自体が綿花という単一のステイプルによっては変動を許さないほどに多様化しており，すなわち綿花はアメリカの経済成長における主導的産業部門としての役割を終えていると考えられる．イギリス木綿工業への最大の原料供給地として経済的拡大を開始したアメリカ南部諸州の綿花生産額と輸出額は1800年のそれぞれ156ベー

---

9) Bruchey, S., *Cotton and the Growth of the American Economy: 1790–1860*, New York, Harcourt Brace Jovanovich, Inc., 1967, p. 9.

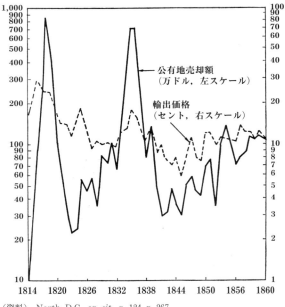

図1.2 アメリカ南部諸州の公有地払下げと綿花価格

（資料） North. D.C., *op. cit.*, p. 124, p. 267

ル，79ベールという低水準から，1860年の4861ベール，3774ベールへと著しい増大過程をたどったのである[10]．

　綿花生産の外延的拡大を支えた第二の要因は，耕作適地の弾力的供給である．土地集約財である綿花の生産を短期間に上述したような急速な率で拡大させるためには，最大の生産要素である利用可能な土地が余剰に存在しており，しかもこの余剰な土地が海外需要の拡大に見合って弾力的に供給されるという条件が不可欠である．前者の条件は，図1.1にみられるように綿花生産の中心地域が南部大西洋岸諸州からいわゆる「低南部」へと「西漸運動」を繰り返すことによって[11]，また後者の条件は政府によるプランターへの土地の売却いわゆ

---

10) *Ibid.*, pp. 14-17. なお，ベール（bale）とは，綿花1梱の重量を示し，アメリカ綿花の場合1ベールは480lbsである．

11) Robertson, R. M., *History of the American Economy*, Third Edition, New York, Harcourt Brace Jovanovich, Inc., 1973, pp. 115-117.

る「公有地払下げ」が綿花価格の変動に応じて弾力的に行なわれることによって満たされた[12]. 綿花の国際価格と公有地払下げ額との運動関係を示唆する図1.2は, 綿花生産の外延的拡大を支えた重要な原因がプランターの収益機会に対応して行なわれた公有地の弾力的な払下げにあったことを示唆している. 土地供給の制約が綿価格上昇の重要な要因となるのは1860年以降のことだが, さきに指摘したようにすでにこの時点に至ると, 綿花生産は経済成長の主導部門としての地位を失っている. 耕作適地の持続的, 弾力的な供給が綿花生産の不可欠の条件であったという事情は, さらに次の理由によっていっそう重要性をもつことになる. すなわち一つには, 南部諸州の綿花生産が安価な奴隷労働に依拠し, かつ上述したように耕作適地の供給が弾力的に行なわれえたために生産性を上昇させる技術進歩がみるべき規模では生じえなかったこと, また二つには, 綿花自体が地力を著しく低下させざるをえない種類の商品であったこと, によって綿花はきわめて粗放的な生産方法に依拠することになり, 結果として生ずる単位面積当りの収量低下を補うために, 耕作適地を求めて外方に拡大していこうという衝動に動かされざるをえなかったと考えられる.

　第三の要因は労働の供給である. 綿花生産の外延的拡大を支えたもう一つの主要な生産要素である労働は, イギリス植民地時代にタバコ, 米, 藍の生産のために導入された黒人奴隷が「高南部」諸州からさきの「低南部」諸州へと耕作適地の外延的拡大と軌を一にして大規模に移動したこと, また奴隷労働人口の高い自然増加率によって満たされた. 1820年から1860年までの40年間における「高南部」諸州から「低南部」諸州への黒人労働者の移動数は約74万人と推定されているが, この労働人口の移動は上述した土地の移動と連動するものであった. 南部における「綿花地帯」(Cotton Belt) の中心地となったミシシッピー州においては, 1830年において6万6000人であった奴隷数は1860年には実に43万7000人に達し, わずか30年の間に7倍に近い増加をみせたのである. 南部諸州全体の人口数は1810年の231万5000人から1860年の799万4000人へと増加している[13].

---

12) North, *op. cit.*, pp. 123-125. 鈴木圭介編『アメリカ経済史』東京大学出版会, 1972年, 166-181ページ, 199-203ページ.
13) 本田創造『アメリカ南部奴隷制社会の経済構造』岩波書店, 1964年, 138ページ. North, *op.*

第四は資本の流入である．土地の購入，開墾，奴隷の移転などには少なからざる資本が必要であるが，これはイギリスおよび北東部諸州から流入した長期資本でまかなわれた．この外部資本も綿花栽培地域の拡大期すなわち 1816～19，1832～39 年に集中して，この拡大を支持すべく大量に流入している．社会的間接資本についていえば，南部の綿花の搬出のほとんどがこの地域に豊富に存在している河川に依存することができたために，さらにまた「仲介人制度」が広範に存在し，これが綿花プランターと外部との効率的な仲介をなしえたという事情のために，資本支出額は最小規模にとどまることができた．この仲介人は，プランターから綿花を買いつけ，さらに彼らに消費財，資本財，信用を供与する機能を果たしたのであるが，すでに北東部に発達していた商館，銀行，保険会社が彼らを通じて綿花貿易に強力な支持を与えたために，その制度はいっそう効率的に作用したものと思われる[14]．

　これら輸出ステイプルの拡大条件を図示したものが図 1.3 である．この図かち窺われるように，19 世紀前半期のアメリカ南部諸州の経済成長過程は，発展段階説によって示唆されるヨーロッパの経済成長過程とは，外延的拡大率のきわだった速度という点で，さらにまたこの外延的拡大をもたらしたものが特定一次産品の輸出生産活動の拡大であったという点で明らかな相違をみせている．実際のところ，旧来の考え方によれば，一国の経済発展過程における資本流入期は同時に輸入超過期間が対応し，過去に流入した資本にたいする利潤，利子の流出額が新規資本流入額を凌駕する次の段階に至ってはじめて輸出超過が生ずると考えられている．しかし上述してきたアメリカの歴史的経験に徹していえば，成長の開始期である資本流入期は同時に輸出超過期と対応しており，経済成長の開始期以来その「輸出志向性」がきわめて高い．もっと積極的にいえば経済成長の開始自体が大規模な輸出活動によってはじめて動力を与えられたとみるべきであろう[15]．あとで論じられるように，強力な海外需要圧力の

---

cit., p. 129.
14) North, D. C., *op. cit.*, p. 126.
15) こうした国際収支構造上の特質は，19 世紀前半のアメリカのみならず，先進国の強力な一次産品需要に応じて「門戸開放」していった，あとで指摘される熱帯周辺国をも含む多くの国ぐにに特有のものである．この問題については，Myint, H., "The Gains from International Trade and the Backward Countries," *The Review of Economic Studies*, Vol. XXII, No. 58, 1954-55, pp. 129

図 1.3 アメリカ南部における綿花生産の外延的拡大（1815〜1860 年）

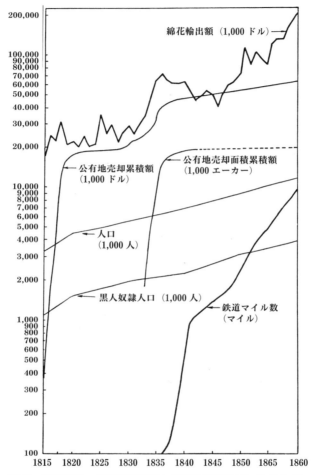

（資料）綿花輸出額，公有地売却累積額，公有地売却面積：North, D.C., *The Economic Growth of the United States 1790 to 1860*, Appendix. 人口，黒人奴隷人口：Bureau of the Census, U.S.A., *Historical Statistics of the United States, Colonial Times to 1957*, Washington, 1960, pp. 12-13. 鉄道マイル数：鈴木圭介・中西弘次「アメリカ資本主義の発展と鉄道業（一）」『社会科学研究』第 22 巻第 4 号，1971 年，23 ページ.

もとに経済的拡大過程を始動させた熱帯低開発諸国とくに小農輸出経済国の「開始の型」は，その急速な輸出の伸びとこれを支えた土地をはじめとする生産要素の外延的拡大率の大きさの二つの点において，図1.3で示されたアメリカ南部諸州の経済拡大過程に著しい類似をみせることになるであろう．

2. 綿花生産と輸出ベース

　海外需要と生産要素面において上述してきた条件が与えられたことによって，南部の輸出ステイプルである綿花の生産は急速な拡大をみたのであるが，しかし特定地域における輸出ステイプルの拡大が二重経済構造の創出ではなく，国内産業間，地域間に相互補完的な連関を保った有機的な国民経済形成の基盤となっていった過程，いいかえれば輸出ステイプルの拡大がなぜ同時に一国の産業構造の高度化に寄与する「輸出ベース」の拡大となりえたのかを明らかにする分析仮説は別に用意されねばならない．輸出部門の拡大が引き続いて一国経済の自律的成長過程を引きおこしうるか否かを決定する要因は，ノースによればつぎの三つであるとされる[16]．

　第一は，当該地域の自然資源の賦存状況である．当該地域が，当初の輸出商品よりもいっそう収益性の高い数多くの財や用役の生産に充当しうる広範な資源基盤をもつならば，要素結合比率を変化させながらより多様化された経済構造を有するに至る可能性をもつ．しかし逆に，当該地域の自然資源賦存状況がある単一の商品生産にとくに強い比較優位を発生させ，その結果資源の大半が継続的にこの商品生産に充当されるとすれば，この地域にはその単一の商品生産以外への特化や分業は発生しにくいという結果が生ずることになろう．

　第二は，最も重要な要素であるが，輸出産業の性格である．この性格は第一次的には輸出商品の生産関数によって決定される．仮りに輸出商品が必要労働量の相対的に小さい家族単位経営で行なわれるならば，結果として生ずる所得分配は比較的平等なはずであり，したがってそれが生む所得効果は広範な市場基盤をもつ必需財，用役の生産を誘発する圧力を形成するであろう．一方，輸

　-142. reprinted in his *Economic Theory and the Underdeveloped Countries*, Ch. 4. 渡辺利夫他訳『低開発の経済理論』第4章を参照されたい．
16) North, D. C., *op. cit.*, pp. 66–74.

出生産がプランテーション型の生産方法に依拠する場合には，より不平等な所得分配が生じ，低所得層を形成する大半の労働人口の所得は自給生産による食糧や単純な必需財にあてられ，一方高所得者層たるプランテーション経営者はその所得の大半を海外からの贅沢品輸入にあてるという消費性向を有する．後者がレヴィンのいわゆる「贅沢品輸入者」（luxury importers）である[17]．

　またそうした所得効果とは別に，輸出部門がもたらす連関効果のいかんは輸出産業の性格を大きく決定する要素である．すなわち，ある輸出部門の拡大が投入財や運輸，倉庫，港湾などの社会的間接資本部門への投資を促進する類のものであるならば，これは他の生産部門や輸出部門を利する外部経済を発生させるであろうし，また輸出部門の拡大が補完産業，補助産業の設立を促すとすれば，より多様な投入産出関係を創出することによって経済発展の主導的部門としての地位を担うことになろう．一方，その輸出産業が輸出商品の集荷と搬出のみを行なう少数の経済部門を発展させるだけであるならば，これは拡大する輸出部門が他部門の成長を促す牽引力をもちえず，その結果二重経済を発生させるにとどまる可能性が大きい．

　第三は，技術進歩とくにそれによる移転費用の低下である．輸出商品を搬出する運輸手段の発達は，輸出費用の低下を通じての輸出価格の低下によってこの商品の比較優位度をいちだんと高め，結果としてこの単一商品への依存を強化し経済構造の多様化をさまたげる要因となる．また地域内における運輸手段の発達は，他地域もしくは外国からの商品の大量流入を招来し，従来の高い輸送費用によって保護されていた当該地域の工業部門の競争的地位を奪うことにより，この面からも単一商品への依存を強化せざるをえないという傾向をももつことになろう．

　これらの要因のうち，決定的に重要な要因は輸出部門のもたらす所得効果と連関効果であろう．輸出所得が第三地域の財，用役の購入のために流出していく度合が大きければそれだけ第三地域を利し，自らは輸出所得の増大がもたらす地域市場規模の拡大をはかることがむずかしくなる．輸出産業の拡大が「輸

---

17) Levin, J. V., *The Export Economies: Their Pattern of Development in Historical Perspective*, Massachusetts, Harvard University Press, 1960, pp. 177-179, partly reprinted in J. D. Theberge, ed., *Economics of Trade and Development*, pp. 19-20.

出ベース」の拡大につながっていくためには，当初は輸出部門の加工産業の設立，次いで輸出部門ならびにこの加工産業への投入財生産部門の拡大，そして最後には輸出所得がもたらす最終需要をめざした消費財部門の設立を試みることによって，輸出所得が第三地域に直接流出していくのを防ぎ，当該地域内に輸出所得のもたらす乗数―加速度効果をとどめておくことが不可欠である．輸出部門それ自体の維持，拡大に必要とされる以外の輸出所得が財，用役の購入のために海外に直接的に流出する限り，輸出部門が経済発展の「輸出ベース」となることはむずかしい[18]．

　このように「輸出ベース」拡大の要件を整えたうえで，これを19世紀前半期のアメリカ国民経済形成過程に適用してみると次のような概略的な発展構造をうることができる[19]．まず指摘されねばならないのは，南部が綿花生産に強い比較優位をもち，しかもこれにたいする海外需要が継続的に存在したために，南部の利用可能資源はつねに綿花生産へと充当されつづけ，結果としてあらわれたのがモノカルチュア型産業構造の強化であったという点である．こうした産業構造の帰結として，南部諸州においては工業部門のみならず農業の多様化すらもいうにたるほどの規模にまで発展することはなかった．農業の多様化の欠如がもたらした最大のものは食糧の不足であり，これは西部の余剰食糧農産物の流入によってまかなわれざるをえない．西部にとってみれば当時の南部は最大の食糧需要地域であり，また南部綿花プランターにとってみれば綿花生産のいっそうの拡大もこの食糧流入なしには考えられなかったという意味で，西部農民と南部綿花生産者，さらにこれにイギリス木綿業者を加えた共通利益の基盤，クリスティのいわゆる「三者同盟」（Tripartite Alliance）が形成されることになったのである[20]．南部には綿花生産への投入財産業はいうに及ばず，膨大な輸出収益がもたらすはずの消費財市場向けの工業すらもほとんど形成されることはなかった．1860年の時点においてさえ南部における工業部門のシェアは，生産額，就業労働者数のいずれでみてもアメリカ全体の8％にす

---

[18]　19世紀アメリカ南部の綿花生産が発揮した前方連関効果，後方連関効果については，渡辺利夫「工業化の諸類型と中小工業」鈴木長年編『アジアの経済発展と中小工業』アジア経済研究所，1977年，55-85ページを参照されたい．
[19]　North, D. C., *op. cit.*, pp. 66-74.
[20]　鈴木圭介，前掲書，213ページ．

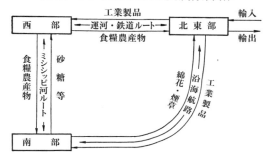

図1.4 アメリカにおける地域間分業関係

ぎなかったとされている．南部は工業製品を北東部諸州とヨーロッパとくに前者からの流入にまたざるをえなかったのみならず，金融，運輸，保険などの綿花生産拡大のための諸サービスをも北東部に依拠することになった．同時に北東部の工業ならびにサービス産業は南部に需要を見出すことによって活発化したとみることができる．こうした相互補完的な地域間の分業体系，もう一度整理すれば図1.4に示されるように，南部諸州が食糧農産物を西部に，工業製品を北東部に依存して輸出向け綿花という単一作物生産に特化し，西部諸州が工業製品を北東部に依存して南部ならびに北東部に食糧を供給し，さらに北東部が食糧を西部に，綿花一部にはタバコなどの工業原材料を南部に依存し，自らは商，工業部門に特化するという相互依存体制が形成されることになったのである[21]．

---

21) アメリカがイギリス木綿工業への原料供給地としてとどまっていた時期はそう長くつづいたわけではない．1807年の出港停止令（Embargo Act of 1807）ならびに1812年の第二次米英戦争は，はやくも原綿を国内産業用原料として「国民的に」確保するための重要な契機となった．すなわち出港停止令や戦争という「意図せざる」幼稚産業保護のもとに，その存立基盤はいまだ幼弱ではあったが，多くの国内市場向け本綿工業を発生させ，米英戦争後の国際競争においては「意図的」にして強力な「ハミルトン体制」下での幼稚産業保護を後楯とし，かつ継続的な技術革新，工場制度の導入，そして西方に向けて拡大をつづける国内市場を背後において，またたく間に規模の経済効果と特化の利益を自産業にとりこむことに成功していった．そしてこの輸入代替過程がもたらした規模の経済効果と特化の利益とは，生産費を急激に低下させることによって，品目によっては早くも1820年代に「輸出代替」へと向かうことになった．「原料輸出」→「輸入代替」→「輸出代替」というこの一連の工業化パターンの急速な移行過程は，アメリカが輸出一次産品の生産構造を垂直的に統合していった過程を示すものである．この点の詳しい展開についても，渡辺利夫，前掲論文「工業化の諸類型と中小企業」を参照されたい．

しかしここで主として論じられるべきは，この三大地域間の相互依存体制のかなめの位置にあったものが，いままでの叙述から予想されるようにまさに綿花という単一の輸出ステイプルであったという点である．海外需要に敏速に反応して試みられたこうした綿花の輸出生産に依拠することなくして，当時のアメリカの国内市場をかくも急速に拡大していく方法が他になかったという意味で，南部における綿花は19世紀前半期におけるアメリカ国民経済形成過程において決定的に重要な役割を果たした世界商品であったとみなされるのである．実際，1818年の綿花生産の投機的拡大，20年代の急激な綿花価格下落，30年代の綿花価格上昇といった単一の輸出商品の動向こそがアメリカ経済全体の景気循環に最も重要な影響を及ぼした要因であったという事実は，この時代における綿花生産の卓越した地位を如実に示すものと考えられよう[22]．

　このような分析過程からわれわれは，経済活動を自らひきおこす「能動的」産業部門と，この部門からの圧力によって設立を誘発される「受動的」産業部門とを区別すべき必要性をもつ．国内資源の加工度したがって国内付加価値が小さい輸出市場向けの資源集約財を生産する部門を「第一次製造業」（primary manufacturing industry）とし，逆に国内資源の加工度したがって国内付加価値が大きい主として国内市場向けの製品の生産部門を「第二次製造業」（secondary manufacturing industry）という分類を試みることにしよう．前者は一般に強い比較優位をもち，したがって世界市場への接近は容易であるが，後者は絶対的な比較優位をもたないのが普通である．これは，やはり「ステイプル・モデル」の主唱者の一人バートラムがカナダの経済成長過程の分析から得

---

22) この点をノース自身は，前掲論文 "Industrialization in the United States 1815-60" において次のように敷衍している．「原綿貿易はアメリカの地域間分業の直接的な導因であった．南部はますます増大する海外需要に反応して高度に特化された原綿生産地域となった．しかし南部の経済はその構造的特質のゆえに，原綿貿易からの所得増大部分は新たな原綿生産地の外延的拡大に充当され，他の財や用役の生産に向けられる投資が誘発されることは少なかった．その結果，南部の高い輸入性向は，西部の食糧品への需要，ならびに北東部の製造工業品や用役への需要を急速に拡大させることになった．西方への拡大ならびに北東部における製造工業の発達の速度を決定づけた重要な要因となったものは，まさにこの原綿貿易に基礎をおいた地域間特化の拡大にほかならない．原綿貿易からの所得だけをとっても（保険料，仲買業，輸送費，その他原綿から直接発生した所得を含まずに），それは1831年の2500万ドルから1836年の7100万ドルへと増大を示し，この10年間の拡大を出発させることになったのである．製造工業品市場の伸長は，そうした拡大のもたらした一つの重要な帰結であった．」

図1.5 カナダにおける「第一次, 第二次製造業」(1870～1960年, 100万ドル)

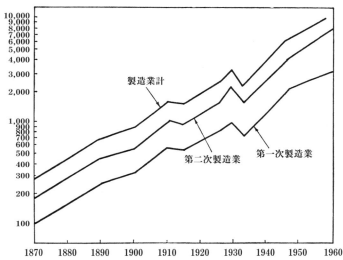

(資料) Bertram, G. W., "Economic Growth in Canadian Industry, 1870-1915: The Staple Model and the Take-Off Hypothesis," *Canadian Journal of Economics and Political Science*, Vol. XXIX, May 1963, p. 171.

た産業区分であるが，カナダの場合でいえば，前者は一次食糧，木材，非鉄金属，小麦，パルプおよび紙，化学製品，後者は紡績，紡織，鉄鋼，二次食糧，石油および石炭からの生産物，運輸資材，電気製品などである[23]．このように分類された1870年から1960年までの二つの生産部門の産出額をプロットしたものが図1.5であるが，この二つがきわだった連動関係にあることが知られる．ステイプルの拡大が同時に第二次製造業部門の設立を誘発するというすでにノースが明らかにした連関がこの図のなかにきわめて明瞭に示されており，またその連関が20世紀後半期に至るまで長期にわたって持続していることが注目されよう．カナダの経済発展過程のなかでこうした連関を考える場合，重要な輸出ステイプルとなったのは西部における小麦であり，このステイプルの拡大がアメリカにおける綿花と同様の「輸出ベース」を形成したと考えられて

---

23) Bertram, G. W., "Economic Growth in Canadian Industry, 1870-1915," pp. 167-184.

第1章 輸出と国民経済形成 257

いる.

　アメリカ，カナダといった豊富な自然資源と稀少な人口という初期条件のうえに，一次産品輸出を通ずる経済的拡大を開始した国ぐにのその後の発展過程の主導部門を形成したものは，ロストウの「離陸」シェーマが示唆するようななんらかの工業部門ではなく，その成長率の速さ，連関効果と所得効果の大きさといったいずれの要件からみても，まず疑いなく特定の一次産品の輸出活動であったという点にわれわれは改めて注目しなければならない．その意味でアメリカとカナダの歴史的経験は，一次産品輸出を通ずる「貿易の利益」がいかにして国民経済形成を促す「成長の利益」として内部化されていくかを示す好個の歴史的事例を提供するものであると考えられるのである．

　そしてこの事例こそは，前世紀末葉から今世紀初頭にかけての30数年間に同じく大規模な一次産品輸出の拡大を経験しながら，最終的な国民経済形成段階への到達に失敗しているいくつかの熱帯周辺諸国の停迷の原因を探る一つの重要な手がかりを与えてくれることになるであろう．19世紀前半期のアメリカ経済の拡大過程との対比において熱帯周辺国の経済拡大過程を考察することが次の課題であるが，そのための素材としてタイにおける米輸出経済の歴史的発展過程をとりあげ，豊かな自然資源にたいして人口稀少な初期条件のうえに海外からの強い需要圧力を受けて開始された熱帯周辺国の発展類型の特性を眺めることにしよう．

II　熱帯周辺国経済の外延的拡大
──タイ小農輸出経済の拡大過程──

　豊かな水稲適地と稀少な人口のもとでほぼ自己充足的な米作経済を営んできたタイに急速な経済拡大を始動させたものは，19世紀後半期以降の米にたいする海外需要の急激な増大であった．1869年のスエズ運河の開鑿ならびに汽船の発達がもたらした大量輸送の可能性と，したがって海上輸送費の低減は，東南アジア諸国からの輸出一次産品にたいするヨーロッパ諸国の需要を急速に増大させることになった．タイの米作もこうした全般的な需要圧力に応じて，すなわち直接的にはヨーロッパ諸国の市場の需要に応じて，また間接的には対

ヨーロッパ輸出活動の活発化によって増大したアジアの米輸入国の需要に応じて激しい速度で拡大していくことになった．1855年にイギリスとの間に締結された通商友好条約いわゆる「ボーリング条約」は，この国をして伝統的な米輸出の禁を解かせ，米を輸出用換金作物とする一方，消費財の自由輸入を認めるという自由化を通じて，タイを国際経済の一部にまきこんでいく急速な過程を開始させた．この時期以前においては豊かな米作適地の存在ゆえに，タイの国内住民はその生存維持に十分な米を獲得することができ，人口の増大に比例する漸次的な需要増大に応ずる以上に米生産を拡大すべき誘因をほとんどもたなかったとみられる．

しかし強い海外需要に応じて生産される米が収益性の高い輸出用換金作物であり，またその輸出収益によってヨーロッパとの貿易のもたらすたとえば安価な綿製品のような新たな輸入消費財を容易に手に入れうることが認知されるや，その後の米の生産と輸出の拡大率はまことにめざましく，これにて他の農産物生産も換金作物である米生産にいちはやく転換し，さらに農村の家内工業も安価な輸入消費財によって駆逐されていくという米単作化の過程を強化していくことになった．ほとんど自己充足的な経済から米という単一の輸出用換金作物生産へのこうした特化は，1850年代に始まるせいぜいのところ20，30年の短い期間になされたのである．ちなみにマロックの記述になる1850年のタイの品目別輸出統計によれば，この年の米輸出額は輸出総額433万バーツ中15万バーツ3.5％であったが[24]，すでに1875～79年には年平均総輸出額1519万バーツ中米輸出額は1011万バーツと実に67％の水準に達している．図1.6にみるごとく1857～59年において99万ピクルであった米の年平均輸出量はつづく5年間（1860～64年）に年平均184万ピクルと一挙に倍増し，その後のいっそう急速な拡大によって1895～99年の800万ピクル，1900～1904年の1113万ピクルを経て1930～34年には2572万ピクルの最高値を達成するに至った．しかもこの間，単位当りの米価は1930～39年の不況期を除いてほぼ一貫した上昇をみせており，継続的な海外需要圧力がこの生産拡大の一大要因であった

---

24) Malloch, D. E., *Siam: Some General Remarks on Its Production*, Calcutta, 1852. 尾崎忠二郎『タイの農業経済』農業生産性向上会議，1959年，27–28ページより引用，なお，ピクル（picul）は重量単位で1ピクルは60.48 kgである．

第1章 輸出と国民経済形成 259

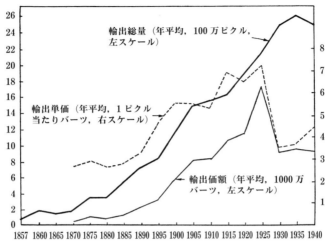

図1.6　タイ米の輸出数量，額，単価（5年平均）

（資料）Ingram, J. C., *Economic Change in Thailand 1850–1970*, California, Stanford University Press, 1971, pp. 38–39 より作成.

ことを窺わせている．こうして，自己充足的な非貨幣経済単位がかくも急速な輸出拡大過程にのりだすことになった契機は，まず疑いなく強力な海外需要圧力にあったと考えられるのであるが，これはアメリカ南部綿花の生産開始の契機に対応する．ここでの目的はこのような急激な輸出生産の拡大を支持した要因をさぐり，そこからタイ経済の外延的拡大パターンを抽出することにある．

1. 米生産の外延的拡大

　タイの米輸出生産の急速な拡大を支えた第一の要因を上述のごとき強力な海外需要圧力の出現であるとすれば，第二の要因は，米が典型的な土地集約財であることによって生ずる土地の弾力的供給の問題であろう．アメリカ南部綿花の耕作地が，綿花の国際価格の高騰に応じて弾力的かつ持続的に直接生産者の手に引き渡されていった南部における「西漸」過程についてはすでに論じた．19世紀後期にみられたタイの耕作面積の外方への拡大も，その速度と規模の両面においてアメリカ南部の「西漸」運動に比すべき「北漸」過程をたどったということができそうである．

タイがチャオ・プラヤ・デルタを擁する中央平原に広大な氾濫水利用型の水稲耕作適地を有しているのはいうまでもないが，この自然環境条件の存在に加えて，米輸出経済の始発時点である 1850 年代のタイの人口はイングラムの推定によれば 500 万人から 600 万人であったとされ，1 平方マイル当り 25～30 人というかなり人口稀薄な状態にあった[25]．19 世紀中葉におけるラーマ 5 世の社会改革によって漸次，賦役労働制度，奴隷制度から解放された農民は自由な生産者となり，人頭税負担のみに応ずるという政治的身分を獲得した．旧制度の桎梏から離れることのできたこれら農民は，われわれが低開発国住民の人間類型として長い間信じてきた貨幣反応の弱い人種集団という固定観念からは予想しえない著しく敏速な海外需要への対応をみせ，家族労働を中心としながら個人の自由な意図によって未開地を開拓し，これを水田と化していく急速な過程を開始することになった[26]．農民の自由な労働によって開墾された水稲適地はそれが荒蕪地として放置されない以上，自らの占有地として認められ，2 年の占有の後に所有者として登録されるという，土地にたいして自由に接近しうる制度的保障が与えられていたこともつけ加えておかねばならない．しかもこの土地占有の規模には制限はなく，したがってその規模はただ農民の努力に比例して決定されるものであったといわれている．余剰な水稲適地が大規模に存在し，そのうえに土地の弾力的供給を保障する，そうした制度的条件が加わることによって農民は少なくとも家族の生存維持をはかるのに十分な土地を確保することができ，次いで海外需要に応ずるための追加的土地部分を継続的

---

[25] Ingram, J. C., *Economic Change in Thailand 1850–1970*, California, Stanford University Press, 1971, p. 54.

[26] 低開発国住民の人間類型の特徴として描かれた最も「古典的」なものは，彼らの「欲望の欠如」であり，したがって経済的収益機会にたいする彼らの反応は著しく弱いというものであった．そうした考え方の基礎は，Boeke, J. H., *Economics and Economic Policy of Dual Societies*, New York, 1953, partly reprinted in G. M. Meier, ed., *Leading Issues in Economic Development*, second edition, Oxford University Press, 1970 によって与えられたが，近年におけるいくつかの実証研究はそうした考え方をつきくずしつつある．タイ米輸出経済の拡大を支えた小農民の行動様式は貨幣反応の強さを最も典型的に示すものである．この点についてはさらに，Bauer, P. T. and B. S. Yamey, *Markets, Market Control and Marketing Reform*, 1968, Part I and II および Myint, H., "Dualism and the Internal Integration of the Underdeveloped Economies," *Banca Nationale del Lavoro Quarterly Review*, No. 93, June 1970, reprinted in his *Economic Theory and the Underdeveloped Countries*, Ch. 12. 渡辺利夫他訳『低開発の経済理論』第 4 章，第 14 章の各所を参照されたい．

に拡大していくことが可能であった[27]．水稲適地のフロンティアが消滅するまでの間，タイの土地所有は家族労働を中心とした自作農民によって特徴づけられてきたが，その理由の多くは，人口規模に比較して利用可能資源の絶対量が大きかったという生態学的初期条件に加えて，この利用可能資源に直接生産者が自由に接近していくことを許した制度的背景の存在に由来するところが大きいものと思われる．そうした制度的保障はアメリカ南部の綿作地の外延的拡大を支えた公有地の弾力的な払下げに対応する．

結果としてみられた1850年代以降のタイの米作面積の拡大率は著しいものであった．これを詳細に示す1905年以前のデータは存在していない．同じくイングラムの推定によれば1850年における米作面積は約580万ライであり，1905～06年の920万ライに至るまで50年余の間の増加率は158%であったことが知られる[28]．しかしこの数字が示唆するように19世紀後半期はむしろ漸次的な土地の開発期であり，急激な新土地開発は今世紀前半期に開始されている．1905～06年に920万ライであった耕地面積は1940～44年には2550万ライとなり，1950年には3460万ライに達し，この間40数年の耕地面積の増大率は376%という高い水準であった[29]．こうした急速な耕地の拡大は，そのほとんどが貨幣誘因に敏速に反応して新たな収益機会を求めるタイ人自身の自由な個人的意図のもとに進められたものであり，華人をはじめとする移民が直接生産者となることも，政府もしくは民間の組織的な入植計画が用いられることもまったくなかったという点に注目しておきたい．

海外需要への反応として試みられた上述した耕地面積の急速な拡大は，チャオ・プラヤ・デルタに網目のような運河と水路の既存の自然的環境をもち，したがってバンコクへの運輸条件がよいうえに，灌漑用の水利条件も整っていた中部でまず最初に行なわれたのは当然であった．タイ経済研究においてすでに歴史的文献の一つになっている論文のなかでファン・デア・ハイデは，中部以外の地域からの輸出は1905～06年においてもなおこの年の総輸出額1400万ピ

---

27) 友杉孝「中部タイ米作村落の変容過程——土地所有を中心として——」滝川勉・斉藤仁編著『アジアの土地制度と農村社会構造』アジア経済研究所，1968年，188-189ページ．
28) Ingram, J. C., *op. cit.*, pp. 43-44. なお，1ライ（rai）は1600 m^2 すなわち約0.4 aに相当する．
29) *Ibid.*, pp. 43-45.

図1.7 タイの主要河川ならびに沖積地帯

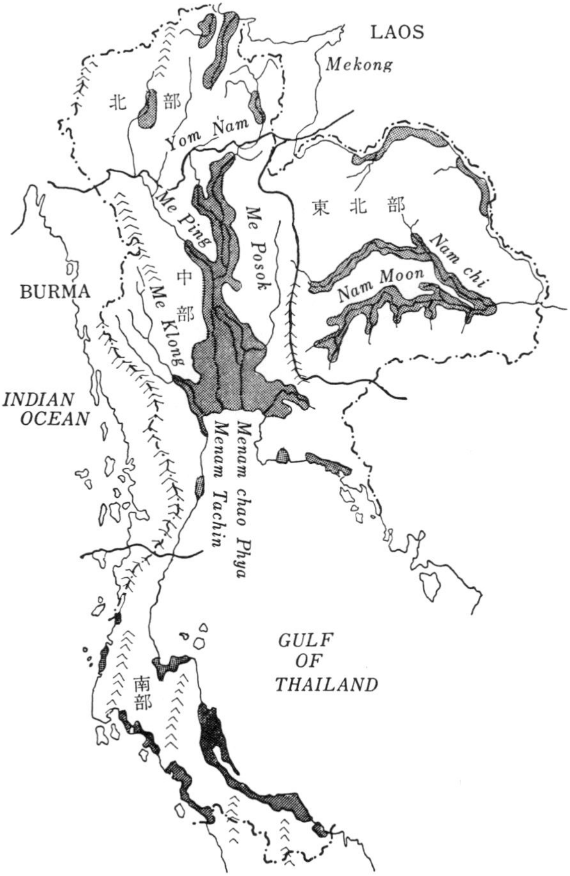

(資料) タイ国農業省次官室農業経済部「農業助成と開発のための農業経済地図」(タイ語 1972年9月 64ページ) より作成. アミ部分は沖積地, 太線は中, 東北, 北, 南部を分ける境界線を示す.

クルの2％を越えず，これら地域では増大する人口に比例する以上の米生産すなわち輸出余剰はほとんど生じなかったものと推定している[30]．したがって

---

30) Van der Heide, J. H., "The Economical Development of Siam during the Last Half Century," *Journal of the Siam Society*, III, 1906, quoted from J. C. Ingram, *op. cit.*, pp. 44–45.

19世紀後半期のタイ米の輸出はその大半が中部からのものであったということができる．しかし1905年以降になると中部の米作フロンティアがしだいに消滅し，中部以外すなわち東北部，北部への米作地帯の拡大が顕著となる．すでに指摘したように米作面積の拡大率は1905年以降の方がそれ以前に比較してより急速であったが，その急速な拡大は主として中部以外の米作面積の拡大によって達成されたものとみられる．中部の米作面積は1903〜07年の650万ライから1948〜50年の1630万ライへと251%の増大に終わっているのにたいし，同期間に中部以外の北部，東北部のそれは220万ライから1710万ライへと実に777%の増加をみ，絶対値でも中部を凌駕するに至っている．中部では米作面積の拡大率が251%に終わったのにたいし，人口は1911年の326万7000人から，1947年の700万人へと214%の増大をみているから，住民の米消費量を一定とすれば輸出余剰はこの間にそれほど増加していないことが示唆される．これにたいして北部，東北部では米作面積の拡大率は778%であるのにたいし，人口は1911年の499万9000人から1947年の1031万7000人へと206%の伸びにとどまり，輸出余剰は一挙に増大をみたものと考えられる[31]．こうした中部以外の急速な米作適地の開発と，したがって輸出量の増大は1900年以降北部，東北部とバンコクをつなぐ鉄道の発達によっていっそう促進され，とくに1900年のバンコク―コラート間の鉄道の敷設は，1900年にほとんどゼロに近かった東北部コラート地方の米輸出を1905年にはすでに20万ピクルに拡大させたといわれている．さらに1920年にはこの鉄道はコンケン，ウボンにまで延長されたことによってバンコクへの輸出用米の積出しは急激に増加し始め，その規模は1925年に170万ピクル，1937年には460万ピクルに達し，総輸出量の20%に及んだ．北部にとっても鉄道の敷設は重要な役割を果たし，1920年代にウータラデットに達し，さらに北進した鉄道は1925年に65万ピクル，1935年130万ピクルの輸出用米をバンコクに搬出したと推計されている[32]．海外需要への敏速な反応によって耕地面積を急速に外方に拡大させていくというこうしたパターンは，アメリカ南部諸州の「西漸運動」にも

---

31) Ingram, J. C., *op. cit.*, pp. 45–46.
32) 長谷川善彦『タイの米穀事情』アジア経済研究シリーズ32，アジア経済研究所，1962年，259–264ページ．

図1.8 タイにおける米生産の「北漸運動」

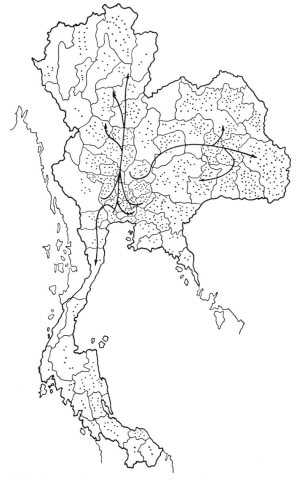

（資料） 図1.7に同じ．67ページより作成．なお黒点一つは5万ライを示す．

比すべきものであり，図1.8に示されるタイのそうした拡大過程はさきに指摘したごとく「北漸運動」という比喩で呼ぶことができるであろう．

　米生産のこのような外延的な拡大を支えた第三の要因は，米作面積の増大に

加えていうまでもなく人口の急速な増大である．1911年以後の人口増大の数字についてはすでに指摘したとおりであるが，1910年以前については正式な人口統計は存在していない．1850年におけるタイの人口はイングラムの推計に依拠すれば500ないし600万人であり，1900年には730万人，1911年には826万に増加している．しかもこの間人口減少期は一度もないことが同時に推測されている[33]．この時期の米作拡大の中心地が中部であったことから，この人口増大は主として中部でみられたものと考えてよいであろう．急激な人口増大がみられたのは米作面積の拡大と同じく今世紀に入ってからのことに属し，正式なセンサスのある1911年から1947年に至る35年の間にタイ全体で20%の増大をみている[34]．労働力の増大は人口の自然増加によるものが主であり，地域間の移動は比較的容易に水田化しうる土地がそれぞれの地域に存在していたためにそれほどめだっていない．また米生産の拡大とともに他の生産部門からの労働力の流入もなんらかの規模でみられたものと思われるが，すでに1880年の時点までに米単作を急速に高め，したがって労働人口のほとんどが米作に従事していたことを考慮すれば，この部分の寄与率はかなり小さいものであったと推測される．しかし全般的にみれば米作面積の拡大率の方が人口増大率よりも高いことが観察され，ことに今世紀前半期に米作面積の急激な拡大をみせた北部，東北部では，さきに指摘したように人口増大率は米作面積の拡大率にはるかに及ばない．重要な問題としてあとで指摘されるように，この間米生産の労働生産性にはほとんど変化がなく，むしろ若干の低下さえ認められ，そこでの土地—労働比率の増大は労働時間のかなり急速な延長を促したものと考えられる．すなわち農民は農閑期の一部を増加した土地の耕作に投入するか，もしくは兼業をやめることによって米作労働時間の増大をはかるという方向をとったと推測するのが合理的である．したがって米作労働時間の増大という観点からいえば，あとの図1.9に示される人口の増大率はより増幅されたものとして理解されねばならないが，土地—労働比率の増大が労働人口の増大のみならず労働時間の延長をもただちに誘発するというそうした過程のなかにも，タ

---

33) Ingram, J. C., *op. cit.*, pp. 45–46.
34) National Statistical Office, Government of Thailand, *Statistical Yearbook of Thailand*, Bangkok, 1950.

イ農民の貨幣反応の強さを再び観察することができるのである．

　第四の要因は資本供給であるが，米作および水稲適地の開墾に要する資本支出はきわめて少ないことが熱帯稲作の大きな特徴である．タイ米作の中心地中央平原はチャオ・プラヤ河の沖積作用によって形成された肥沃な平坦かつ広大なデルタ地帯であり，この平原の水稲耕作は毎年定期的に生ずる氾濫水を利用した自然環境依存型の生産形態をとってきた．次節でみるように，肥料，農薬をはじめとする農業投入財は伝統的にほとんど用いられてこなかった．東北部の場合地形に恵まれた一部では灌漑も可能であるが，その面積は限られ大半は天水依存の一期作であり，所要資本量はわずかである．北部の灌漑面積は前二者より大きく，相対的に資本集約的な農法を行なってきたと考えられるが，それゆえにこそ開拓費用のより低い前二地域の米作適地の拡大過程が順調である間は，この地域の拡大テンポは遅く，現在でもなお全米作面積の14％を占めるにすぎない[35]．実際のところタイの未耕地は1850年代に始まる約100年の拡大過程のなかで，農民がそれを開拓する意図さえもてばほとんど無償のまま手に入れることが可能であったといってもいいすぎではない．土地は共有財産もしくは政府所有地からの移転であり，加えて政府自身米作地域の拡大には租税優遇策を講ずることによってこれに応じた．その意味では他の国ぐにおいて現金支出を要した項目がタイにおいてはほとんどみられなかったことになり，タイの米輸出生産の外延的拡大が比較的容易な過程であったことを示唆している．

　米作面積を外延的に開拓していく過程についてのみならず，米作過程自体もきわめて資本節約的なものであった．この点については，バンコク郊外地方の米作農家の年平均所要資本額を時系列的に検討したイングムの研究が利用可能である[36]．これによると，家族5人，水田面積20ライをバンコク郊外の平均的農家と考えると，この農家の創業支出は役牛2頭もしくは水牛1頭の価額プラス種籾価格のみと考えられるが，その価額は1890年頃で水牛2頭40〜50バーツ，役牛15〜32バーツ，種籾8.90バーツ，合計64〜90バーツ，1905年

---

35)　山口尚夫「タイの稲作」『アジアの稲作』アジア経済研究シリーズ14，アジア経済研究所，1961年，82-86ページ．
36)　Ingram, J. C., *op. cit*., pp. 63-71.

頃でそれぞれ 70〜120 バーツ，70〜80 バーツ，10.60 バーツ，合計 150〜210 バーツ，1930 年頃でそれぞれ 74 バーツ，64 バーツ，10.60 バーツ，合計 150 バーツであると推測されている．一方，籾生産額から自家消費，白米換算時の歩留りをさしひいた農家の米販売額は，仮りに仲買商人の単位販売価額を輸出価格の半分と見積もっても，1890 年頃で 60 バーツ，1905 年頃で 106 バーツ，1930 年頃で 100 バーツであるから，バンコク郊外の平均的農家の創業支出額は，1年あるいは多くとも1年半の現金所得額程度のものであったと考えられる．しかし少額ではあっても，多くの農民は創業時にいずれにせよこの創業支出額を外部から借入せざるをえなかった．借入先がどこであったかを具体的に示すデータは存在しないが，アンドリュースの指摘によれば 1930 年代の農民負債はそのほとんどが親類，友人からまかなわれる範囲を越えておらず，その利子率はゼロであったとされている．しかし仮りに 30% ないし 50% の高利子率で仲買商人から借入したにせよ，上述した推計を考慮する限り，創業後それほど長くない期間に返済可能な程度であったと考えられる[37]．小作への転落農民は，最近年に至るまで，貨幣経済化の速度の速かった中部の一部を除いてはいうにたるほどの規模では存在しなかったという事実自体，タイにおける農民負債問題がそれほど深刻なものではなかったことを間接的に証明するものであろうが，このことはまた米作における所要資本がきわめて小さいものであったことの反映でもある．そして実は資本支出のこうした少なさこそが，タイの外延的な米作過程を著しい速度で促進してきた大きな要因であったと考えることができる．

　上述してきた各生産要素の歴史的増大過程を簡単にまとめれば，米作面積の拡大率がきわめて急速であり，人口の増加率も急速ではあったがそれを凌駕するものではなく，資本は所要量が小さいうえにほとんど増加をみせていない，という結果が得られる．マクロ・データの欠如している資本を除外して，米作面積，人口，米輸出量の三つの働きを図示すれば図 1.9 が得られるが，この三つの変数の連動による経済拡大過程とりわけ中部以外の地域にみられたそれは，その著しい特色として海外需要圧力のもとに始動したタイの米輸出経済が水稲

---

37) Andrews, J. M., *Siam, 2nd Rural Economic Survey 1934–1935*, Bangkok, 1935, Ch. 5.

適地と労働とを外方に求めて急速に拡大していったという外延的拡大過程を如実に示しているものと考えることができる．そしてこの過程は図 1.3 に示された 19 世紀前半期のアメリカ南部諸州の綿花生産の拡大過程に明らかに対応する．

2. 外延的拡大と単位収量の下落

　ところで，こうしたタイにおける米作の外延的拡大を最もよく立証しうるのは，その拡大過程が土地・労働のほぼ同一の結合比率のもとで行なわれた技術進歩をほとんど含まないものであり，したがって水稲適地の外方への拡大は同時に単位面積当り収量の漸減傾向を伴うものであったという点であろう．実際のところタイの農民は米輸出経済の開始以来 100 年間にわたって，米輸出経済開始前とさして変わらぬ技術を継承しているにすぎない．耕耘，収穫はいずれも木製の犁，まぐわ，鎌などの伝来の農具を利用したものであり，この間わずかながらみられた国家的規模での水利の改善が受益農民の収量を増大させることはあっても，それは一回限りの技術改善にすぎず，農民の個人的レベルでの持続的な技術改善は存在していなかったといってもいいすぎではない．技術進歩をともなわぬ水稲適地の外延的拡大は，中部から東北部，北部へと，地力が低くまた水利条件の不利な地域への拡大を意味するから，こうした拡大過程が長期的には単位面積当りの収量を漸減させる傾向をもつことになったのは当然の帰結である．

　さきに指摘したように，タイ米の輸出生産が海外需要の圧力に応じてまず開始されたのは，この国で灌漑と交通のための自然環境に最も恵まれた中部においてであった．いずれの地域においても耕地の拡大は相対的に地力の高い地域から低い地域に向かうのは自然のなりゆきであるが，中部の場合にはこの地域がほぼ完全な平坦地で灌漑施設の拡張が他地域に比較していっそう容易であり，したがって水利の改善によって追加的な土地の不利な地力を補うことができたために，結果として単位面積当り収量は他地域に比べて長期にわたりそれほど低下していないことが観察されている．それでもデータの得られる 1920 年以降 1 ライ当り平均収量は，1921〜24 年 4.24 ピクル，1930〜34 年 3.91 ピクル，1940〜44 年 3.37 ピクルと漸減傾向をみせている[38]．

図 1.9 タイにおける米輸出経済の外延的拡大（1850〜1950年）

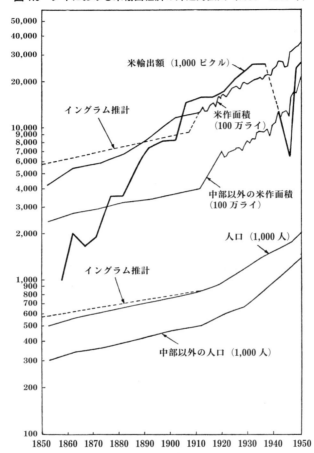

（資料） 米輸出額：Ingram, J. C., *Economic Change in Thailand 1850–1970*, p. 38. 米作面積：1920年以降については *Statistical Yearbook of Thailand*, 各年, 1911〜1920年については長谷川善彦『タイの米穀事情』（アジア経済研究シリーズ32）アジア経済研究所, 261ページ. 1850〜1910年については同書256ページにおける同氏の推計. なお点線は, Ingram, J. C., *Economic Change in Thailand 1850–1970*, における推計. 人口：1911年以降については *Statistical Yearbook of Thailand*, 各年, 1910年以前については長谷川善彦『タイの米穀事情』255ページにおける同氏の推計. 点線は Ingram, J. C., *Economic Change in Thailand 1850–1970*, における推計.

極端な低下をみせたのは東北部である．この地域の水田面積は1940年の時点で総米作面積の36%，中部以外の米作面積の70%弱という大きな比重を占め[39]，この時期に至るまでの米作面積の拡大率もまた最も高いものであった．しかしこの地域の土壌は地味瘦薄な砂土，砂壤土が多く，したがって保水力が弱いために土地の生産性は低い．また中部に比較して降雨量は不安定なうえに年雨量も少なく，加えて水源に乏しい．中部の肥沃な氾濫水利用型稲作に比べてこのように不利な諸条件にもかかわらず急速に拡大された東北部の米作過程が，単位面積収量の急速な低下を招くものであったことは当然である．1ライ当り年平均収量は1920～24年4.30ピクル，1931～34年3.22ピクル，1940～44年2.54ピクルという激しい低下であった[40]．長谷川善彦氏の推計によれば，東北部の米の生産力下降期の末期である1937年から42年の5年の収穫量増加分と米作面積増加分との関係すなわち米の限界生産力は1ライ当り2.30ピクルとされ，氏はこの水準を「落ちるところまで落ちた」生産力であったと評価している[41]．こうした単位面積当り収量の激減にもかかわらず東北部農民が他の代替作物への転換を試みなかったのは，あとで指摘されるように米作のみに固執するタイ農民の伝統や習慣，代替作物への知識の欠如などが考えられるかもしれない．しかし一面，単位収量の減少に直面しながらも，なおかつ上述したような耕地拡大への性向が著しく高いものであったという事実は，米輸出価格の上昇にあらわれた海外需要圧力の強さと，したがってそれだけに米が他に比較して市場性が強く，換金のより容易な産品であったことをも示しているのである．

　北部は，地力は他地域よりも良好であるが，水稲適地の量的規模は小さく，加えてその拡大率も小さいという条件があったために，面積当りで測られる収量はむしろ中部よりも高い．しかしそれでも時系列的にみれば収量自体は低下傾向をみせており，1937～42年の下降期末期の収量はそれ以前の最高時の72%である．

---

38) National Statistical Office, Government of Thailand, *op. cit.*; Ingram, J. C., *op. cit.*, p. 49.
39) *Ibid.*
40) 長谷川善彦，前掲書，281ページ．
41) 同書．

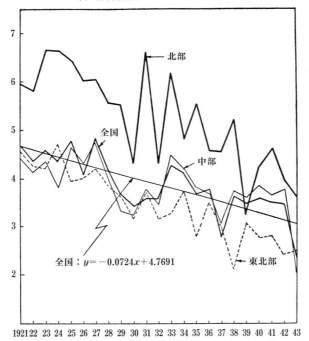

図1.10 タイ稲作の単位面積当り収量の漸減傾向（1921〜43年，作付面積1ライの収量ピクル）

（資料） National Statistical Office, Government of Thailand, *Statistical Yearbook of Thailand*, Bangkok, 各年.

　データの得られる1920年以降のタイ3地域の単位面積当り収量の変化をみたものが図1.10であるが，すべての地域にわたり年度によって変動はみられるものの，ほぼ一貫してその収量が漸減していく傾向をはっきりみることができる．こうしたタイ全域にわたる米の単位面積当り収量の傾向的下降は，海外需要の持続的圧力の存在，人口のほぼ一貫した増大という二つの要因が加わることによって，1人当り米供給量の減少という国内住民の厚生的犠牲をすら帰結するほどであった．1907年以前の輸出額について公式データは得られないが，米の総生産額にたいする輸出比率は1850年の5％前後から1907〜08年の51％へと急激な上昇を持続したものと思われる．1907年から1940年までの間ほぼ40％から50％の輸出比率を上下してきたが，この間すでにみたように人

口は約2倍の増加，単位面積当り収量はかなりめだった低下を経験した．結果として生じた1人当り米供給量は1907/08〜1909/10年1.8ピクル，1910/11〜1914/15年2.4ピクル，1915/16〜1919/20年2.4ピクル，1920/21〜1924/25年2.8ピクル，1925/26〜1929/30年2.5ピクル，1930/31〜1934/35年2.2ピクル，1935/36〜1939/40年1.7ピクルであり，「正常」水準と考えられている2.4ピクルを下回った年度が散見され，また1925年以降の急速な持続的低下が注目されよう[42]．米の1人当り供給量の減少傾向にもかかわらず，輸出比率が40%から50%の高い水準を持続しているという事実のなかにも，再び米にたいする海外需要圧力の強さと，なによりも肥沃度の劣る地域への耕地の外延的拡大の著しさを読みとることができるであろう．収量が減少すれば，一定の輸出現金収入を得るために，さらに地力の低い地域に耕作を拡大し，さらにそれが収量低下に拍車をかけ，最終的には自らの消費量の削減を余儀なくされるという悪循環が帰結することになったのであるが，このいわゆる「飢餓輸出」の事実は1920年代以降における東北タイの米作拡大過程に典型的にみられた．この「飢餓輸出」は，タイにおける輸出用換金作物生産の外延的拡大の著しさを象徴的に示す事実であったとみることができる．

　ちなみに，上述してきた傾向はひとりタイに限った趨勢ではなく，アジアの熱帯米作に等しくあてはまるものと考えることができる．タイは実は一つの事例であるにすぎない．図1.11はヴィッカイザーとベネットがいくつかの推定を含みつつ計測したアジア数カ国の単位面積収量の時系列的変遷を図示したものであるが，日本，朝鮮，台湾に比較した熱帯米作の生産性の絶対的な低位性と，にもかかわらず生じているその漸減傾向を観察することができるであろう[43]．

　19世紀前半期にみられたアメリカ南部の綿花生産の拡大も，前節で考察してきたように等しく「外延性」をその特徴とした．そこにおける綿花の生産方法自体は，大量の奴隷労働を利用した「掠奪的」な粗放農業であり，南部における「西漸運動」は実際には農業技術の改善を伴うことなく，地力の低下を新

---

42) Ingram, J. C., *op. cit.*, pp. 53–54.
43) Wickizer, V. D., and M. K. Bennett, *The Rice Economy of Monsoon Asia*, California, Stanford University Press, 1941, Appendix.

図 1.11 特定国の単位面積当り収量の変化（1911〜40年，作付面積 1ha の収量 100kg）

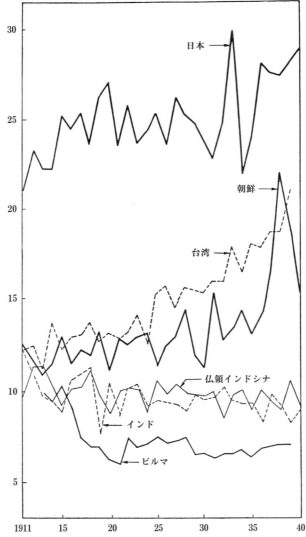

（資料） Wickizer, V. D., and M. K. Bennett, *The Rice Economy of Monsoon Asia*, California, Stanford University Press, 1941, Appendix Table III, pp. 318-319 より作成.

耕地の開墾によって補うという形で進められた外延的拡大をその内容としていた．土地生産性の下落は，タイの米作拡大過程と同じくここでも耕地の外延的拡大から生じ，またその外延的拡大を促す要因でもあった．にもかかわらず，アメリカ南部の綿花生産は，すでにみたようにそれが有した強力な連関効果と所得効果とによって他産業，他地域の成長を誘発する「輸出ベース」としての機能を果たすことができたのである．多くの熱帯周辺国の輸出一次産品生産の急速な拡大が，なぜそうした19世紀前半期のアメリカ南部における綿花生産のごとき経済発展の「輸出ベース」たりえなかったのか．この問題を再びタイの米作の拡大過程に事例をとりながら眺めていくことにしよう．

III 熱帯米作と経済発展
――タイにおける米作の発展波及力――

　熱帯米作がなにゆえに水稲適地の単なる外延的な拡大に終始し，したがってまたなにゆえにその急速かつ大規模な輸出生産の拡大が国民経済形成の「輸出ベース」として機能しえなかったのであろうかという問題の提起にたいして，さしあたりタイの米作の拡大過程を念頭にした場合に導かれるであろう論点は次の三点に集約される．

　(1) 熱帯米作のもつ技術的制約性とその自然的環境のゆえに，タイにおける米作過程は社会的間接資本を含めて近代的な農業投入財の規模と内容の貧弱なものであり，後方に投入財産業の設立を誘発する可能性が限られざるをえなかったこと．これも熱帯米作のもつ自然的制約と，なによりも容易に外延的拡大を試みうる水稲耕作適地がタイ全体に広範に存在していたために，労働投入もまたきわめて粗放的であり，上述の要因とあいまって米作が直接生産者であるタイ農民にもたらす技術移転の可能性が小さかったこと．

　(2) 米が換金作物であると同時に農民の主食でもあったがゆえに，商品生産と自給生産とは多分に未分化の状態にとどまり，したがって農民の米作への特化がたとえばこの農民に食糧を供給する他の農民の特化を誘発するという分業関係を形成するための契機とはならなかったこと．

　(3) タイ農民は伝統的に米作のみに専念することによって，他の流通分野の

経済活動をすべて華僑に委ね，結果として，一つにはそうした経済活動がもたらすであろう「教育効果」を享受することができず，また二つには輸出収益が直接生産者に帰属する部分が縮小されたために，人口の大半を占めるタイ人に輸出所得のもたらす所得効果が輸出量の拡大に応じて発生する度合を減じられたこと．

1. 粗放性，連関効果

　タイの米作は伝来の原始的な農法を 100 年間にわたって受け継いだものであり，技術進歩を伴わない水稲適地の外延的拡大は，地力が低く水利条件の整わない地域の水田化によって単位面積当り収量を低下させつづけるものであった．中部の無数の運河，水路の発達している地域，北部の灌漑施設の整備されている一部を除けばタイの米作の多くは天水栽培であり，そのために雨量の少ない年には旱魃が，多い年には洪水と氾濫による水害を避けることができない．タイの米作における伝来の農業生産過程をみることによって，その技術的特性，所要資本ならびに所要労働の規模と内容，したがって農業および社会的間接資本部門への投入財生産部門の設立誘発の可能性，直接生産者への技術移転の可能性などを推測することができるかもしれない．この点を示唆する有効な資料として 1953 年に FAO と ETAP（Expanded Technical Assistance Programme of the United Nations）の農業統計の専門家としてタイに駐在したカッセバウムによるタイ農村の経済調査が利用可能である[44]．

　旧来の農法の変化を断片的に示す他のデータはまったくないわけではないが，実際には最近年におけるトラクター，揚水ポンプなどの動力用農機具の導入を除けば，タイにおいては長期にわたって近代的農業技術の採用はほとんど皆無であったとみられる．カッセバウムの調査はその意味で，タイの米作過程が 1950 年代に至ってもなおいかに後進的な農法を継承しているかを示唆するものとして受けとめることができる．まずタイ米作農業の農業投入財の構成に注

---

44) Ministry of Agriculture, Office of the Under Secretary of State, Division of Agricultural Economies, Government of Thailand, *Thailand Economic Farm Survey 1953*, directed by J. C. Kassebaum, Bangkok, 1953. なおこの文献については尾崎忠二郎『タイの農業経済』に詳細な紹介がある．

目してみよう．カッセバウム調査によれば，1953年のタイ農家の資産は53%が土地，17%が家屋，両者で70%を占めるとされている．家屋の構成比がこのように小さいのは，いうまでもなく熱帯農家のほとんどがニッパ椰子で葺いただけの掘立小屋であり，したがって建築材はその大半が自給可能な範囲のものに限定されているからである．また他の8.8%を役畜が占めており，これは全国平均で1戸当り水牛2頭，牛1.6頭である．役畜の比重が大きいことが熱帯農業の特色の一つであるが，このことは当然ながら近代的農業投入財が少ないことの反映でもある．水牛は全国農家の64%，牛は36%がこれを飼育している．簡単な鍬，まぐわ，犂などの農具については全国農家の98%が所有しているものの，これらは全資産の2.5%を構成するのみであり，いかに原始的な農具が広範に普及しているかが窺われよう．トラクター，揚水ポンプなどの農業機械は主に西南部と北部の農家が所有するのみで，その単位価額が高いために全国平均では4.5%を占めるが，しかし実際には全農家戸数の3%がこれを所有しているにすぎない．肥料が用いられるようになったのも第2次大戦後のことであり，それ以前は仮りにこれを単位面積当りに換算すればほとんど無肥料栽培であったといってよい．

次いで農業経営費についてみてみると，まず注目されるのは農業経営規模に比較したタイ農民の農業経営費自体の絶対的規模の低さであり，1戸当り平均のそれは1953年でわずか664バーツである．仮りに時点をカッセバウム調査と同じ1953年にとってみると，タイの農家経営規模は全国平均25.6ライで日本の1.75倍に達するが，経営費は約7分の1にすぎない[45]．農業経営費構成比中最も大きい項目は肥料，飼料，種子，包装用品などの農業投入財15%，建築修理費14%，負債利子10%，豚，山羊，緬羊などの小家畜購入費9%などが主だったものである．農業経営費のこの構成でとくに注目されるのは，肥料，飼料，種子などの農業投入財がわずかな比重しか占めていないという点である．農業投入財の面でみても日本は同じく1953年の時点で肥料のみで農業経営費の36%を占めており，農業投入財全部でわずか15%のタイ農業が資本面の投入においていかに粗放的であるかが窺われよう[46]．労働費の比重が高

---

45) 尾崎忠二郎，前掲書，第4章．

いのは，実は農業経営規模に比較して経営費が著しく小さいことの反映であって，労働がとくに多く用いられていることを示唆するものではない．実際のところ労働日数は年間1人100日で，1953年時点における日本のそれが1人215日であるのに比較すればむしろそのきわだった低位性こそが強調されねばならない．農業労働日数を面積当りに換算すると，家族労働に雇用労働を加えても全国平均で1ライ当り19.1人となり，日本の約20分1である[47]．

このようにタイの米作農業は資本面ではいうに及ばず，労働面でも著しく粗放的であることが示唆されるのであるが，これはあとでみるように灌漑施設の整理状況がタイ全体にわたっていまだ初歩的段階にあるがゆえに乾季にはほとんど作物の栽培が不可能となり，労働が雨季に集中するという熱帯農業に特有な労働の季節的不規則性からする当然の帰結であるとみられる．こうして農業投入時の構成，農業経営費の構成のいずれからみても，タイの米作過程はその「粗放性」を一貫した特色として理解することができるが，熱帯米作におけるかかる特質こそが近代的農業投入財の供給をうけもつ製造業部門の設立を後方に誘発する連関圧力を生みえなかった理由の第一であると考えられよう．1920年代においてバンコクにみられた工場はわずかセメント，石鹸，皮革，煙草，浄水場が7カ所にあっただけであって，農業投入財生産部門は皆無であったといわれる[48]．タイにおける米作がいかに連関効果の弱いものであったかが示唆されよう．また農業投入財のみならず，すでにみたように労働投入自体も熱帯米作という特殊な条件のためにきわめて粗放的であり，そうした労働過程からなんらかの技能が小農民に伝播する可能性を推論することも困難であろう．ただ一つ例外的に投入財を比較的集約的に必要とする生産過程は精米であるが，しかしこれとても「粗」工業の域を出るものではなく，加えてこの過程をうけもつものは伝統的に華僑であり，少なくともこの時点でのタイ華僑は流通差益の極大化に関心をおく前近代的資本であった．

連関効果を考察する場合の第二の問題は社会的間接資本であるが，熱帯米作におけるその規模はきわだって小さい．米作にとって最も重要な社会的間接資

---

46) 同書．
47) 同書．
48) 別技篤彦「タイ」渡辺光編『東南アジア』朝倉書店，373ページ．

本はいうまでもなく灌漑であるが，タイにおいてはその建設に投入財を供給する他部門の設立を誘発するにたる規模と内容をもった近代的な灌漑施設は近年の若干のものを除けば，19世紀中葉以来ほとんど存在しなかった．比較的灌漑の整備されているのは，耕地が山間の小盆地や川沿いの扇状地に開発され，したがって山間から流出する水量を安定的に利用することのできた北部であるが，その施設は粗雑なものであり，分水堰堤は竹によってつくられ，貧弱な石詰めの丸太堰ですらごく少数である．比較的灌漑が整備されている北部ですらこんにちにいたってもなお米の二期作が限られていることがなによりもその灌漑の貧弱さを物語っているといえよう．米作の中心地である中部はすでに再三にわたって言及しているように，灌漑には好都合な自然環境を整えているが，逆にその好条件ゆえに小規模で簡単な施設によっても水田に水を引き入れることが可能である．瀝青をつめた籠，木製の揚水シャベル，足踏み水車，竹製の水車といった一見して自給可能な資材によって調達できる灌漑が一般的である．主流の水を所定の場所にまで導く水路を人工的につくりだすことは古来，中部米作農民の努力の中心であり，実際タイの中部は人工水路「網」によっておおわれているといってもいいすぎではない．しかしほぼ完全な平坦地にあってしかも自然の水利を自由に利用できるこの地域の灌漑建設は，水流を部分的に方向転換させるだけのわずかな努力を要するものであった．したがって中部においてはその米作規模に比較して社会的間接資本は粗であり，これがなんらかの連関効果をもったものとは考えられない．

とはいえ，東北部，北部から籾を大規模に搬出する手段は鉄道をおいてない．すでに指摘したように，東北部にたいしては1900年にコラートへの鉄道が完成し，つづいてこれは1920年代にはコンケン，ウボンに達した．北部にたいしては1920年代にウータラデット―バンコク間が開通し，のちにウータラデット以北とも連絡された．それぞれ東北部，北部と中部とを結ぶ鉄道によって両地域の米作面積したがって米の搬出量が急速に増加した点についてもすでに指摘したが，しかしこれとても鉄道「網」といえるほどのものではなく，鉄道の敷設がその投入財産業の設立を誘発したという経緯はタイではみられない．

2. 未分化

　タイの米作拡大過程が他部門の成長を誘発しえなかったという連関効果の低位性を考えるに際してもう一つ重要な要因は，なんといっても米が輸出生産物であると同時にタイ農民の主食でもあったという特有な事情から生じた自給生産と商品生産の未分化の問題に関連する．すでにみたように，タイの米作の拡大過程は外国需要に反応してなされた輸出用換金作物の外延的な拡大であり，したがってその拡大は同時に貨幣経済の外延的な拡大をも意味するものであった．実際のところ海外需要に門戸を開放して以来のタイの貨幣経済化の速度は他の周辺諸国のいずれよりも速かったとみられる．したがってその意味では，農民が米作に特化し，農業投入財を生産する製造業分野が別に特化して，相互に分業関係を形成してしかるべき有利な貨幣経済的環境のもとにあったと考えられる．しかしながらこの点については次の事情を考慮する必要がある．

　第一に，米が強力な海外需要圧力のもとで拡大された輸出換金作物であったがゆえに，貨幣経済の「横」への広がりは急速であったものの，同時に米が生産者の主食であったために商品化部分は全生産物から自家消費用部分を優先的に控除した市場余剰部分に限定され，その意味では貨幣経済の「縦」への深まりには一定の限界があったこと[49]，第二に，米が主食であったために米作に特化した農民に食糧を供給する他の産業部門が設立されることによって生じる農業多角化がはばまれたとみられること，の二点である．アメリカの南部が強い比較優位をもつ綿花生産への単作を強化したことにより西部に食糧農業の成立を促したという点についてはすでに指摘したが，タイではそうした地域間の特化は生じなかった．すでに指摘したノースの分析が示唆しているように，一地域が単一の産品にあまりに強い比較優位度をもった場合には，ますます当該商品への集中度を高め，この地域は多部門に均斉的な産業構造をもつ自立的な経済圏たる地位を失う可能性が強い．技術進歩や運輸の改善はこの場合ますます当該商品の比較優位度を高め，したがって単作化への圧力として機能する．しかしこのことは，アメリカの歴史的経験が示唆するように，一国がさまざまな生産物の生産に利用可能な多様な資源的基盤を有している場合には，単一産

---

[49] 東畑精一『日本農業の展開過程』岩波書店，1941年，210-211ページ．斉藤一夫『米穀経済と経済発展』大明堂，1974年，8-13ページ．

品の生産に特化した地域の輸出所得をめざして食糧生産物，消費財，輸出生産用投入財，サービスを供給する他地域の成長を促すことによって，地域間に相互補完的な経済関係の創出に寄与するという開発経路をとりうる．だが19世紀半ばに中部デルタ地帯に大規模に開始されたタイの輸出用米作は東北部，北部へと外方に向けて加速度的に拡大し，20世紀初頭に至るまでの70年の間に実際のところ全土の耕作適地は，そのほとんどが米作過程にひき入れられてしまったとみられるのである．

輸出需要の増大とともに進行したタイの貨幣経済化は，たとえそれが国内需要に支えられた，たとえば綿作地であったとしても，水稲適地でさえあればただちにこれを米作地に転換していく強制力として機能し，若干は存在していた家内工業ですらも，増大した米の輸出所得をめざして流入する安価なヨーロッパからの輸入消費財によって容易に駆逐されていくという急速な米生産への集中化過程をたどったのである．結果として1950年のタイの総耕地面積4950万ライに占める米作面積は3885万ライと80％近くに達し，一方果樹，ゴムなどを含む樹木作物は580万ライ，その他作物は516万ライを数えるにすぎない[50]．ココ椰子，さとうきび，落花生，煙草，メーズなど農産物の多様化が若干なりとも目につくほどに増加しだしたのは第二次大戦後のことに属する．こうして1850年代に始まるタイの米作の拡大過程は，タイ米がもつ強い比較優位のもとに他の生産部門の縮小傾向を招来し，全土を米単作化過程にまきこんでいった過程であった．結果としてみられた熱帯米作とその輸出過程は，アメリカ南部の綿花生産のごとき「輸出ベース」として機能することに明らかに失敗したのである．

3. 教育効果，所得効果

急速な米輸出を通ずるタイの貨幣経済化の過程は，こうして農業と製造業，あるいは輸出農業と食糧農業との間に有機的な分業関係を成立させるには至らなかったものの，一方，国内流通面においては米の生産者と仲介商人，輸送業者，精米所，輸出業者および米商という五つの分野にわたる分業関係を形成さ

---

50) Ministry of Agriculture, Government of Thailand, *Agricultural Statistics of Thailand*, Bankok, 1954.

せた．しかし結論を先取りしていえば，人口の大半を占めるタイ農民は伝統的に米栽培以外の分野に進出することをまったく潔しとせず，流通分野はほぼ完全にこれを外国人業者とくに華僑にまかせるという，人種の相違に応じた分業関係の形成に終わり，各部門が国内的な比較優位度に応じて特化するという近代的な意味での国内分業関係はついに成立するには至らなかった．ここにもまた 19 世紀前半期のアメリカ国民経済形成過程との差異を見出すことができよう．

　タイ米の国内流通は最末端の農家，籾仲買人，籾輸送業者，精米所の四つの段階を経て最終的に輸出されるという経路をたどる．このうち中間業者の最末端を構成するのが籾仲買人であるが，彼らはタイのあらゆる村むらに浸透して，単に圃場の収穫物を買うのみならず，タイ農民に雑貨，日用品の小売をする機能をもかねている．さらにまた彼らは若干の金融的機能をも有し，農民に金品を貸与し，籾価格の相対的に低い収穫期に籾を金品の元利のかわりとして受け取るという金融活動をも行なう．米作以外に関心をもたない農民は多くの場合籾の市場価格について無知であり，これが仲買人に利用され，結果として高利の金融を受けることも少なくなかった．仲買人が農民から買いつけた籾を精米所にまで運搬するのが籾輸送業者であるが，彼らはまた籾仲買人をかねることが多く，実際のところ籾輸送船であるカーゴー・ボートをもった仲買人といった方がよいかもしれない．カーゴー・ボートは貯蔵設備であると同時に輸送業者家族全員の住居でもあることが示唆しているように，これら輸送業者は零細な資金によって運営されており，実際その多くはバンコクの精米業者に資金的に依存している．

　米流通過程の最後に位置するのが精米業者であり，これはまた古くからタイ最大の工業部門でもあった．彼らの資金的基盤は他のいずれの中間商人よりも強力ではあるが，交渉力の弱い仲買人から安価に籾を買い入れてこれを精米としていかに高く販売するかという流通マージンの極大化に主要な関心をおき，多分に前近代的な商業的利潤のうえに経営が成立しているとみられる．この精米業者も，初期にはヨーロッパ人とりわけドイツ人の経営になる蒸気機関精米所が若干は見られたものの，しだいに華僑の手に移されタイにおける精米業者は華人経営のものがほとんどである．以上の流通分野のほかに，鉄道の普及に

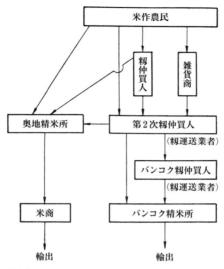

図 1.12 タイにおける米の流通経路

（資料）　長谷川善彦『タイの米穀事情』アジア経済研究所，1962年，330ページを修正．

伴って籾生産地で直接精米されバンコクに輸送された米を保管し販売する業者すなわち米商が存在するが，この米商とバンコクの精米業者とが輸出にたずさわる主要な業者である．米商ももちろんそのほとんどが華僑である．上述した籾生産者から輸出に至る流通経路は図 1.12 に示されるとおりである．こうしてタイにおける分業関係は直接生産者であるタイ農民と華僑中間商人という二つの人種間の分業形態をとり，人口の大半を占める前者は伝統的に米作のみを神聖な職業として庭先で籾を仲買人に販売する以外，のちにつづく籾の取引き，加工，輸出といった分野に自らの活動領域の開拓を試みることはほとんどなかった．貨幣経済の発達に伴って生じたすべての農産物集荷，輸送，貿易などの新しい流通機構は華僑と残りの一部はヨーロッパ人に握られ，その意味ではタイ人は米作において経済活動を行ないえたのみで，他分野の労働と「企業者としての地位」はすべてこれを外国から輸入したと表現しうるであろう．イングラムは，この点を次のように敷衍している．

「米作適地の拡大こそがタイ人自身の最も主要な企業家的活動分野であった．

他の企業家的活動機能の大半は外国人にまかせられた．古来，米作だけがタイ人の誇り高い業であり，彼らは他のなににもましてこれを好んできたのである．……こうした選好パターンこそがタイの経済発展類型の最も重要な要素の一つであった．タイ人は米作地の開墾に根気のいる労働をつぎこむことを潔しとし，また土地開墾のために貯蓄や借金をも行ないつつ費用と利潤の貨幣計算を次第に習得していったのである．したがって米作過程においては彼らは企業者であったが，しかし他のすべての経済活動においてはそうではなかった．経済学者に満足のいく分析を期待することはできないが，そうしたタイ人がなぜ他分野に進出して他の人種との競合を試みようとはしなかったのかという事実の究明は，タイ経済発展の研究において大きな重要性をもっているように思われる」[51]．

　こうした人種の相違に応じた分業関係がタイの経済発展過程に及ぼした影響には次の二つの点が考えられねばならない．一つは，すでにイングラムの指摘に示唆されているように，そうした分業関係はすべての経済活動における「企業者としての地位」を他人種に委ねたことによって，米作農民はさまざまな経済活動がもたらすであろう「教育効果」を享受することが不可能となったという点である．二つは，輸出所得の少なからざる部分が他人種の手になる流通分野にとどまり，人口の大半を占める米作農民への帰属部分が大幅に減少したことによって，輸出所得のもたらす所得効果が限定されざるをえなかったという事情である．前者については，ミントの次のような大胆な指摘が有効かもしれない．

　「中間商人の存在がもたらした真の障害は，多くの場合かなりのひどいものであったにせよ，その搾取にあるのではなく，彼らが後進的住民と外的世界との間に身をおき，前者から直接的接触のもつ教育的，刺激的効果を奪ったという事実にあることが理解されるであろう．そうした結果として，門戸開放過程につづく数十年の経済発展のあとでさえも，多くの後進国住民は以前と同様ほとんど無知で近代的経済生活にはなじまないままであった．経済活動の側面において彼らは依然後進的であった．近代化されたのは欲求の側面のみであり，

---

51) Ingram, J. C., *op. cit.*, 1971, p. 56.

これは彼らの貯蓄性向を減少させ不満と不平等感をつのらせることになったのである」[52].

　後者については，バンコクを出港したときの米の輸出価額のうちどの程度が最終的にタイ農民の手に帰属したかが明示されねばならないが，もちろんこのことを歴史的に記述した正式なデータはない．タイ国財政顧問であったドル氏の指摘によれば，1937 年において直接生産者であるタイ農民への帰属分は輸出価額の 50% であり，他は仲買業者，精米業者，輸出業者の取り分とされ，差益のいちばん大きかったのは生産者と仲買商人との取引過程であったといわれる[53]．農民への輸出所得の帰属分はおそらくその程度の割合であったと思われる．そして重要なことは，籾仲買人から精米業者に至るまでの中間商人は，いかに前方より安く買い後方にいかに高く売りつけるかという流通利潤の極大化に最大の関心を向け，農民に生産的投資を行なった形跡がみられないという点であろう．輸出所得の 50% がこれら中間商人の手に握られ，これが農民の生産性向上のための資源として向けられることがほとんどなかったという事実は，タイ農民にとって生産性向上のための資金的余裕が限られていたことを示し，また農民の手に渡った輸出所得がもたらす所得効果の波及範囲が限定されざるをえなかったという結果を示唆するわけであるが，この点にもアメリカ南部綿花の輸出所得がもたらした所得効果との対照をみることができるであろう．

　こうして，稀少な人口と豊かな自然資源という初期条件のうえに強力な海外需要圧力を加えられることによって，ともに急速な外延的な経済的拡大過程をたどることになった二つのタイプの国ぐにのうち，「ステイプル・モデル」として理論化された 19 世紀前半期のアメリカの場合には，南部綿花の外延的拡大が同時に北東部と西部に南部諸州の拡大を支持する多様な工業，食糧農業，サービス部門の設立を誘発することによって，19 世紀中期を過ぎるころに早

---

52) Myint, H., "An Interpretation of Economic Backwardness," *Oxford Economic Papers*, New Series, Vol. 6, No. 2, June 1954, pp. 132–163, reprinted in H. Myint, *Economic Theory and the Underdeveloped Countries*, Ch. 3. 渡辺利夫他訳『低開発国の経済理論』第 3 章．なおこの点についてはさらに，Hancock, W. K., *Survey of British Commonwealth Affaires*, London, Vol. II, Part 2, Ch. III を参照されたい．

53) 外務省アジア局第 4 課『タイ国政府財政顧問報告』1952 年．尾崎忠二郎『タイの農業経済』92–94 ページ．

くも諸地域間に相互補完的な産業部門を分有する有機的な国民経済を形成することに成功した．一方，熱帯輸出経済の一例として検討されたタイの場合には，その輸出一次産品である米が強い比較優位をもつことによって，利用可能な生産要素のほとんどがこうした特定の一次産品の輸出生産に充当されつづけ，加えて熱帯米作が連関効果，所得効果，技術移転効果の著しく弱いものであったことによって，米作の外延的拡大が一国全体としての産業構造の高度化につながることはついになかったのである．

IV 輸出一次産品と経済発展
―――「輸出ベース」論の考え方―――

　類似した初期条件をもち，加えてその経済的拡大の動因を同じく特定の一次産品の輸出に求めながら，一方の国が国民経済形成段階へといちはやく進みえたのにたいして，他方の国がそれに成功をみなかった原因についてのこれまでの分析は，解き明かされるべき問題の一部でしかないであろう．19世紀の初頭に始まるアメリカ南部の綿花生産の拡大過程と，同じく19世紀の中葉に開始されたタイの熱帯米作の拡大過程を，それぞれ温帯周辺，熱帯周辺国の代表的な経済発展類型ととらえたとしても，なお両者には他にみられない特殊性が多く存在していることもいうまでもない明瞭な事実である．しかし少なくともこの比較分析から示唆される重要なポイントは，既述した経済発展の「初期条件」と「開始の型」をみせた国ぐにとって，その主要な輸出一次産品がいかなる発展波及力を備えたものであったかという点に集約されよう．「輸出経済」として外延的な拡大を開始した一国がより高次の産業構造を有する国民経済体系に進みうるか否かを決定する重要な要因の一つが，当該輸出一次産品のもつ発展波及力にあるとすれば，その発展波及力はいかなる分析概念として措定されうるのかが示されねばならない．輸出一次産品がもたらす発展波及効果を考えるに際しての最も重要な概念として，二つのタイプの国の歴史的拡大過程を比較することによって得られたのは，連関効果，所得効果の二つであった．熱帯周辺国にみられる小農輸出経済以外の生産経営形態すなわち鉱産物輸出経済，プランテーション経済をも考慮しながら，そうした概念を得るためのチェ

ック・リストを示してみよう．特定の輸出一次産品と経済発展との一般的な関連を考察することから，「輸出ベース」[54]という開発仮説に接近していくことができると思われる．

(1) 輸出部門が国内諸部門にいかなる連関効果と所得効果を及ぼすかをみる場合，まず輸出部門が国内諸部門の生産要素を量においてどの程度，質においていかなるものを需要するかを知る必要がある．これを知る第一次的な枠組は輸出部門の生産関数によって与えられるはずである．輸出部門の生産関数は，一つにはその輸出商品の生産に要する生産要素の結合比率を明らかにし，輸出商品の相違に応じて，いかなる生産要素がどの程度の割合で吸収されることになるのかを教えてくれる．したがって二つにはその生産要素が受けとる輸出収益の相対的分け前，すなわち輸出収益が利潤，賃金，利子，地代のいずれにより多く帰属するかという所得の分配関係をも明らかにするであろう．

(2) 輸出部門の生産関数は輸出商品ごとに異なるから，単位当り必要労働量は輸出商品の相違に応じて変化する．したがって賃金率を一定とすれば，輸出生産の拡大に伴う労働者の所得の量的規模，すなわち国内消費財市場基盤の形成にたいする寄与の度合は，商品ごとに異なってくるであろう．ボールドウィンの推計によれば，年間1000ドルの産出物に要する労働者数は，1940年前後において石油0.026人（ベネズエラ），0.033人（サウジアラビア），ボーキサイト0.08人（ブリティッシュ・ギニア），銅0.13人（南ローデシア），鉄鉱石0.31人（インド），茶6人（セイロン），砂糖2.1人（キューバ），ゴム6人（マラヤ），

---

54) 「輸出ベース」という用語を明示的に使っているわけではないが，そうした考え方の最も包括的な視角を示したものとして注目に値するのは，Baldwin, R. E., *Economic Development and Export Growth: A Study of Northren Rhodesia, 1920–1960*, Berkley and Los Angels, University of California Press, 1966 であろう．この概念についてはさらに，North, D. C., "Location Theory and Regional Economic Growth; North, D. C., "Agriculture in Regional Economic Growth," *Journal of Farm Economics*, December 1959, pp. 943–951; Thomas, M. D., "The Export Base and Development Stages Theories of Regional Economic Growth," *Land Economics*, November 1964, pp. 421–432; Tiebout, C. M., "Exports and Regional Economic Growth," *Journal of Political Economy*, April 1956, pp. 160–164; Plumptre, A. F. W., "The Nature of Political and Economic Development in the British Dominions," *Canadian Journal of Economics and Political Science*, November 1937, pp. 489–507 を参照されたい．なお，ボールドウィン・モデルの適用分析の一つとして，Lim, Y., "Trade and Growth: The Case of Ceylon," *Economic Development and Cultural Change*, Vol. 16, No. 2, Part I, January 1968, pp. 245–260 は興味ある文献である．

ゴム 3.5 人（西アフリカ），タバコ 1.6 人（南ローデシア）とされており，ここに示されているようにプランテーション生産物の方が鉱産物よりも労働を吸収する力がはるかに大きい[55]．輸出部門の所得がもたらす最終消費財需要を「最終需要連関」としてとらえるとすれば[56]，この連関効果は，プランテーション生産物の方が鉱産物よりもいっそう大きいであろう．

(3) また労働需要の質的側面から考慮してみても，輸出商品の相違に応じて，その大半が国内で満たされる未熟練労働者と外国からの導入にまたねばならない熟練労働者との結合比率は異なってくる．賃金率の相対的に低い国内の未熟練労働者が大量に雇用される場合と，賃金率の相対的に高い熟練労働者が外国から導入される場合とでは，所得の絶対的規模が仮りに同一であるとしても，それぞれの労働者の消費性向と輸入性向の違いから，おのおのの消費需要がつくりだす国内市場の規模と内容には大きな隔たりが出てくるのは当然である．すなわち，輸出収益が必需品を中心とした国内産品消費性向の高い階層に帰属するか，あるいはレヴィンのいわゆる「贅沢品輸入者」に帰属するかによって国内市場のあり方は大きく左右される．輸出部門の企業家，労働者の消費財需要においてその限界輸入性向が高ければ高いほど，さきの「最終需要連関」は小さくならざるをえない．同じくボールドウィンの推計になる南ローデシアの例でいえば，年 1355 ポンドの所得があるヨーロッパ人はその消費需要のうち 26% を輸入商品に向けており，年収 106 ポンドのアフリカ人労働者のそれが 10% 程度であるのに比較して著しく高いことが知られる[57]．

(4) さらにまた輸出部門が要求する国内労働の量と質の相違は，第二次的には国内労働者の習得する技術と熟練という，より動態的な効果の波及の範囲に相違をもたらすことが予想される．1949 年アングロ・イラニアン石油会社に所属していたイラン人 5 万人のうち給与所得者すなわち技術者，商業関係者，

---

55) Baldwin, R. E., "Patterns of Development in Newly Settled Regions," *The Manchester School of Economics and Social Studies*, May 1956, pp. 161–163. なおこの問題については同時に，Baldwin, R. E., "Export Technology and Development from a Subsistence Level," *Economic Journal*, March 1963, pp. 80–92. ならびにこれらボールドウィンの論文の発想の基礎となったレオンチェフの考え方を Leontief, W., "The Structure of Development," *Scientific American*, CCIX, September 1963, pp. 148–154 によって参照されたい．

56) Watkins, M., "A Staple Theory of Economic Growth," pp. 145–146.

57) Baldwin, R. E., "Export Technology and Development from a Subsistence Level," p. 86.

監督は 9% 以下, 残りは賃金労働者すなわち未熟練労働者であったとされている. 給与所得者のうち上級管理者はイギリス人 1 人にたいしイラン人 5 人であった. イランの二重経済構造の歴史的推移を追跡したアムゼガールとフェクラートは, このように現地労働者が比較的高度の技術に接近する機会をとざされていたことによって, 鉱山部門を特徴づける高度の生産技術と経営技術に発する「教育効果」が国内経済に伝播する度合はまったく小さいものであったと評価している[58].

(5) 次いで輸出部門の生産関数は, 輸出商品ごとに単位生産量当りの必要投入財の量的規模が異なることを示す. その投入財の需要量と質的内容いかんによって, その投入財が国内生産によって満たされるのか, 輸入によらなければまかなわれえないのかという「後方」への連間効果の強度が示唆されよう[59]. タイの小農輸出経済にみられたように農業投入財の規模が小さく, またその内容も自給生産の可能な原始的なものである場合には, 当然のことながら後方連関への圧力は小さい. 需要される投入財の価格が規模の経済と特化の利益に左右される度合の大きいものである場合には, この投入財が国内生産によって満たされる可能性は当然のことながら小さい. 投入財生産のための原材料が国内に賦存していない場合も同様である.

(6) 輸出部門の連関効果を考える場合, 直接生産活動に関連する投入財需要のみならず, 輸出部門の拡大が, 一つには社会的間接資本をどの程度需要するか, 二つには食糧需要をどの程度発生させるかという点にも留意する必要がある. 前者については, たとえば熱帯稲作は, すでにみたようにその自然環境と技術的制約性のゆえに典型的な社会的間接資本節約的な生産方法に依拠した. 後者については, アメリカ南部の綿花生産の拡大は同時に西部食糧農業の拡大を誘発するという強力な連関をみせた.

(7) 次に輸出部門が他の国内諸部門といかなる連関効果をもつかをみる場合,

---

58) Amuzegar, J., and M. A. Fekrat, *Iran: Economic Development under Dualistic Countries*, Chicago University Press, 1971, pp. 13–28.
59) 連関効果についての最も重要な文献は, Hirschman A. O., *The Strategy of Economic Development*, Yale University Press, 1958. 麻田四郎訳『経済発展の戦略』厳松堂, 1963 年. Chenery, H. B., and T. Watanabe, "International Comparison of the Structure of Production," *Econometrica*, October 1958, pp. 487–521 の二つである.

前者の産出物が後者の投入物として吸収されていくという「前方」への産業連関についても考察する必要がある．国内に加工産業部門が成立するか否かは，この産業設立のための投入財供給の可能性，国内における安価で良質な労働の供給，さらには規模の経済，国際市場への輸送費などの要因に依存する．要するに加工度の向上が当該商品の比較優位を失わせるならば，加工産業が国内に設立される可能性を期待することはできない．このために，たとえば鉱山部門においては，その産出物が他の国内部門の投入物として吸収されていくという前方連関の可能性は一般に小さい．石油，銅，ボーキサイト，鉄鉱石のいずれをとりあげてみても，鉱産物の精錬，精製のプロセスは，抽出のプロセスと同じく高度に資本集約的であり，労働構成における熟練労働の比率も高い．そのために鉱産物はほとんど加工を施されることなく海外に持ち出され，高度の技術と熟練労働の供給可能な先進地域で製品化されることになる．その製品にたいする国内需要がかなりの規模に達しても，加工が国内で行なわれるという例は少ない．再びイランの例にもどれば，この国が1923年までに消費した石油はそのすべてがロシアから供給され，年間消費量が8万2000トンに達した1929年においてもなお70%は同じくソ連からの輸入に依存したという[60]．

(8)　こうして輸出部門が他部門の生産要素を吸収し，また輸出部門の産出物が他部門の投入物として吸収されていくという部門間の連関がどの程度の強度をもつかという事実と，この連関過程のなかで決定される輸出収益の帰属先いかんの二つ，すなわち連関効果と所得効果が輸出部門の成長力を他の部門に波及させていく度合を決定する．これらの効果が強力であるときには，輸出部門の「先行的」発展に伴って生じる「二重経済」はより高次の国民経済的均衡体系に移行する過渡的形態として急速に消滅していくことが予想されるが，逆にそれらの効果が小さい場合には輸出部門は「飛領地」としてとどまらざるをえない．

(9)　ところで連関効果と所得効果の二つの効果の強度を左右する第一次的な決定因が輸出部門の生産関数にあるにしても，その効果の作用を当該経済がどの程度受け入れることができるかを二次的に保障する次の二つの条件を留保し

---

60)　Amuzegar and Fekrat, *op. cit.*, pp. 27–28.

ておく必要があろう．その一つは当該経済の国内市場条件であり，二つは輸出収益の海外への「漏出」の可能性である．前者は，発生した輸出部門の連関効果が他の国内諸部門に実際に波及していくのをさまたげる国内的障害の問題であり，また後者は，輸出所得が国内の市場基盤の形成に寄与する度合すなわち所得効果を相殺される問題として扱われよう．

(10) 国内市場条件については，従来からさまざまな形で議論されてきた開発途上国におけるいわゆる「市場の不完全性」，すなわち生産物市場と要素市場の双方におけるさまざまな制約傾向に発する生産要素の非移動性，価格の硬直性，技術的可能性にたいする無知，企業者精神の欠如などが問題とされよう[61]．とくに貨幣市場が未発達な場合には，仮りにある輸出商品の生産関数が連関効果と所得効果の大きいことを示唆するものであっても，現実にそれら諸効果が発揮すべき場をもたないことになる．プランテーション農業の労働需要は，その耕作農産物の特性から多くは季節的な不規則性をもつために，労働者は播種期ならびに収穫期に集中して雇用され，非雇用時は基礎的食糧，衣類，住居などの自給生産を家族単位で行なうのが常である．このような「出稼ぎ型」の労働形態が一般的である場合には貨幣市場の発達は当然不十分であり，輸出部門の拡大がもたらすであろう所得効果の波及は少なからざる影響を受けよう[62]．すでにみたように，熱帯米作の場合には，米の商品化部分は自給部分を優先的に控除した余剰部分に限られるから，その貨幣経済の浸透にはやはり一定の限界があったものと考えられる．

(11) 輸出収益の海外への「漏出」の可能性については，外国企業の収益送金，移民労働者の送金，外国人中間商人への輸出収益の帰属，対外債務返済，植民地通貨制度下における輸出収益の流出などが問題とされるであろうが，そうした「漏出」部分は輸出の増大に応じて発生すべき所得効果を減殺する．プラン

---

61) Meier, G. M., "Carry-Over Problem—Note," in G. M. Meier, ed., *Leading Issues in Economic Development*, Second Edition, Oxford University Press, 1970, pp. 509–515; Meier, G. M., *The International Economics of Development*, pp. 214–270. 麻田四郎他訳『発展の国際経済学』228–270ページ．

62) 「出稼ぎ型」労働形態におけるそうした問題については，赤羽裕「ブラック・アフリカにおける『出稼ぎ労働力』の存在形態」『低開発経済分析序説』岩波書店，1971年，第2部付論5を参照されたい．

テーションや鉱山の企業家がその利潤を需要増大の期待できない国内市場向けの消費財生産に投下することは稀であり，プランテーション，鉱山への再投資部分を除いてその大半は他国の輸出産業へ投資されるか，もしくは利子，配当，利潤の形態で主として本国に送金されたものとみることができる[63]．また第二次大戦前のマラヤのゴム・プランテーション，スズ鉱山に典型的にみられたインド人，華人移民労働者はその多くが単身移住者であり，本国の家族のために送金した額は無視しえないものであった．もう一つつけ加えるならば，ミントが「従属的通貨制度」と呼んだ植民地通貨制度のもとでの輸出収益の「漏出」の可能性がある[64]．たとえばポンド為替本位に代表される英連邦植民地通貨制度のもとでは，植民地の輸出収益はロンドンの通貨発行局（Currency Board）にスターリング・ポンドとして保有されねばならず，通貨発行局はこれを利子を生む形態で保有するためにイギリスもしくは他の植民地諸国の政府証券の購入に向けるというのが一般的な手順であった．すなわちこの制度にあっては，特定の植民地の輸出外貨は当該植民地に直接には帰属しない[65]．

このようなチェック・ポイントを論証することによって，われわれは熱帯間辺国における輸出経済部門の拡大が発展波及力をもった主導的産業部門として他の国内的諸部門を「牽引」する力をもたなかったのはなぜか，あるいは輸出部門の成長力が他の国内的諸部門に「伝播」することなく二重経済構造をつくりあげるにとどまった原因はどこにあったのか，という問題の究明を一歩おし進めることができるであろう．

二重経済化は，それ自体，自己充足的な自給経済の「低次均衡」を部分的に打ち破ったという意味で，明らかに経済発展の始動を意味する．すでに冒頭で示唆したように，この始動がどうして当該国をして最終的な国民経済の形成段階にまで導く動因たりえなかったのかを探る，という視角を採用することによってはじめてわれわれは開発途上国の「低開発性」の基本要因を考える近道を得ることができるのである．そしてその意味では，開発途上国の長期的経済成

---

[63] Singer, H. W., "The Distribution of Gains between Investing and Borrowing Countries," *American Economic Review,* Paper and Proceedings, May 1950, p. 475.
[64] Myint, H., *The Economics of the Developing Countries*, London, Hutchinson & Co., 1964, pp. 69–84. 結城司郎次・木村修三訳『低開発国の経済学』鹿島出版会，1965 年，72–90 ページ．
[65] 矢内原勝『金融的従属と輸出経済――ガーナ経済研究』日本評論社，1966 年，38–58 ページ．

長の隘路を異質的生産構造の並存という「二重性」の存在自体のなかに求めようとする伝統的な二重経済理論は，輸出部門の拡大がもたらした「貿易の利益」を最終的に「成長の利益」に結びつけることに失敗した原因がどこにあったのかを究明するという，より広い問題意識のなかで再構成される必要があるといえるであろう．

第2章　二重経済論の再考察
マラヤにおけるゴム小農の拡大と経済発展

序

　開発途上国の経済発展にたいしてもつ「二重経済」の意味はしばしば強調されすぎるきらいがある．二重経済論の主要な流れの一つに，近代部門と伝統部門における要素結合比率の異質性をとりあげて，これを前者から後者への発展波及を阻止する要因として主張するいわゆる「技術的二重性」の考え方がある．そこでは，近代部門の生産方法は資本集約的・技術係数固定的，伝統部門のそれは労働集約的・技術係数可変的と仮定され，したがって労働吸収力の相対的に弱い近代部門の拡大率を越えて増大する人口は近代部門ではなくて伝統部門に滞留することによって後者の偽装失業人口を増大させると同時に，近代部門の投資拡大と技術進歩が伝統部門の経済活動を活発化させる潜在力は弱いと論じられる[1]．

　しかし多くの開発途上国の歴史的な発展過程のなかに，こうした「過度に理論化された」事例を発見することはむずかしい．近代部門が鉱産物輸出に特化

---

[1]　こうした論法の最も代表的なものは，Eckaus, R. S., "The Factor Proportions Problem in Underdeveloped Areas," *American Economic Review*, Vol. XLV, September 1955, pp. 539–565, reprinted in A. N. Agarwala and S. P. Singh, eds., *The Economics of Underdevelopment*, London, Oxford University Press, 1958, pp. 348–378 であるが，Leibenstein, H., "Technical Progress, the Production Function and Dualism," *Banca Nationale del Lavoro Quarterly Review*, December 1960, pp. 3–18 をも参照されたい．

した抽出部門であるか，あるいは輸出の前段階で高度の加工を要する数少ない例を別とすれば，近代部門と伝統部門との「境界線」は実はそれほどはっきりとしたものではない．実際のところプランテーション生産物のうちで，当のプランテーションの周辺部にいる伝統部門の小農民がこれに接近しえないという生産物はほとんどない．プランテーションの提供する社会的間接資本，加工施設，販売機構を利用しうる便宜が小農民に開かれるや，多くの国ぐにの小農民は当該国で開始されたプランテーション生産物の栽培を模倣し，世界市場においてもかなりの規模に達する輸出シェアを享受することができたのである．二重経済を前提とする限り，「受益者」はつねに近代部門への投資者であるが，事実はもう少し複雑だといわねばならない．近代部門と伝統部門との「境界線」がそれほどはっきりしたものではないとするならば，「輸出と発展」との関連を探るわれわれの枠組も二重経済論を越えたところに求められねばならない．

かつてボールドウィンは輸出部門の生産関数が輸出商品の相違に応じて異なるという点に着目し，輸出部門が国内諸部門の発展に与える連関効果と所得効果もまた輸出商品ごとに異なるという理論を展開した[2]．すなわち輸出部門の生産関数は，一つには当該輸出商品の生産に要する生産要素の結合比率を明らかにし，いかなる生産要素がどの程度の割合で吸収されることになるかを教えてくれる．したがって二つには，その生産要素が受取る輸出収益の相対的な分け前，すなわち輸出収益が利潤，賃金，利子，地代のいずれにより多く帰属するかという所得の分配関係をも明らかにする．すなわち輸出部門の相違は，その生産関数の相違を通じて，当該輸出部門をとりまく国内諸部門との連関関係と，国内市場への寄与の度合すなわち所得効果の相違をもたらすことになるのである．国内諸部門との連関効果ならびに所得効果がより強い輸出部門であれば，輸出部門の発展波及力はより早く国内諸部門に及び，初期的な二重経済は

---

[2] ボールドウィンのこうした考え方は一連の著作 "Patterns of Development in Newly Settled Regions," *The Manchester School of Economics and Social Studies*, Vol. XXIV, May 1956, pp. 161–179; "Export Technology and Development from a Subsistence Level," *Economic Journal*, March 1963, pp. 80–92; *Economic Development and Export Growth: A Study of Northern Rhodesia, 1920–1960*, Berkley and Los Angels, University of California Press, 1966 に示されている．なお，本書第1章Ⅳをも参照されたい．

早期に消滅することになるであろうが，しかし両効果が弱い場合には二重経済は固定化されるにちがいない．ボールドウィンの考え方は，二重経済論をより広い文脈のなかにおき，開発途上国の長期的経済成長の隘路を異質的生産単位の併存という「二重性」の存在自体のなかに求めようとする伝統的な二重経済論の枠組を越えたものとして注目するに値しよう．

　本章の目的は，近代部門と伝統部門との「境界線」がある歴史的経験に照らしてみればまことに曖昧としたものであり，近代部門の成長が時を移さず伝統部門の成長を誘発したという事実を論証することにある．扱われる事実は，マラヤ（マレーシア）[3]におけるゴム・プランテーションの小農への発展波及関係であるが，この発展波及関係はマラヤのみに特有なものではなく，プランテーションが大規模に展開した地域においては多かれ少なかれ見出される事実であると予想される．そしてこの論証を通じて伝統的な二重経済論の前提に疑義を呈したいというのが第一の関心であるが，第二に，輸出部門の連関効果と所得効果が伝統部門にいかに及ぶかという点を強調するボールドウィン・モデルでは，近代部門の生産物を伝統部門が模倣し，伝統部門自体が近代部門化していく，または輸出部門が「現地化」していく過程の分析が欠如していると思われるので，この部分を補完しようという副次的な目的をももっている．

　まず，マラヤのゴム栽培の歴史的拡大過程において，プランテーション生産と小農生産とがいかなる誘発関係と対抗関係をもちながら展開してきたのかを探り（Ⅰ，Ⅱ），次いで，プランテーションの先行的発展が即時的に小農生産の拡大を誘発してきたという歴史的事実に経済学的な意味づけを与えるとしたら，それはどのようなものであるかを考える（Ⅲ）．ここでは第一に，ゴム生産が天然ゴムの本来的性格からして規模の経済効果のほとんど作用しない生産分野であり，小農のゴム生産への「参入障壁」が小さいものであったこと，第二に，プランテーションの先行的発展がもたらした社会的間接資本が外部経済効果として小農ゴム生産を誘発する強い力をもったこと，の二つが主要な論点となる．最後に，現代のマレーシア政府が大規模に試みつつあるゴム小農部門の支持政策によっていちだんと加速化されつつある小農の近代部門化の態様を

---

[3] 本章で扱われる地域は西マレーシアと呼ばれるマラヤ半島部に限定されるが，ここではイギリス植民地下のこの地域をマラヤと呼び，独立後のそれをマレーシアと呼ぶことにした．

概観することにしたい（IV）．

I　ゴム小農の拡大（1921年以前）

　マラヤにおいてゴムに関する最初の公式統計が発刊されたのは1922年であるが，この年までに1972年の半島部マレーシアのゴム栽培総面積（420万6300エーカー）の55.3%（232万8000エーカー）がすでに開発されており，小農については1972年（269万8300エーカー）の34.0%（91万8000エーカー）が1922年までに採液地帯となっていたことが知られる[4]．しかし1921年以前についてはデータの欠如が著しく，マラヤのゴム小農の輸出生産がいつ，いかなる経緯で開始されたのかについての整合的な知識を得ることはむずかしい．

　いくつかの文献の示すところによれば，マラヤにおけるゴムの商業的栽培はイギリス人やマラッカ在住華僑のなん人かの先駆的努力によって，1895～98年頃に開始されたと伝えられる．マラヤにおけるゴムの商業的栽培がイギリス，アメリカにおける自動車チューブ，タイヤというゴム消費産業の大規模需要の出現によって開始されたことはいうまでもないが，この需要にまず敏速な反応をみせたのは近代的経営をもってするイギリス人企業家であり，一部にはすでにこの地でタピオカ等の栽培で財をなしていた華人系企業家であった．マラッカ在住華僑のひとりタン・チェイ・ヤン（Tan-chey Yan）は1875年にブキット・リンタン（Bukit Lintang）に43エーカーのゴム栽培を試み，マラヤにおける最初のゴムの商業的栽培の成功者として記されるが，彼はまた1898年に「マラッカ・ゴム・タピオカ会社」（Malacca Rubber and Tapioka Company）の経営陣に加わることによって企業的先駆をもなしたと伝えられる[5]．W. W. ベイリー（Bailey, W. W.）はイギリス人として最初の商業的栽培の成功者とし

4）　ここでの1972年のゴム栽培面積は半島部マレーシアのものであり，1922年のそれはシンガポールを含むマレー半島部の数字である．なおゴム小農とはゴム栽培面積が100エーカー未満の生産単位を指し，プランテーションもしくはエステートとは100エーカー以上の生産単位を意味するものとする．なお，プランテーションとエステートとは本章では同義のものとして用いられている．

5）　Allen, G. C., and A. G. Donithorne, *Western Enterprises in Indonesia and Malaya: A Study in Economic Development*, London, George Allen & Urwin, 1957, p. 114.

て知られ，「スランゴール・ゴム会社」(Selangor Rubber Company Ltd.) の経営者として君臨した．この会社は，1898 年にグラスゴーで登録された授権資本 2 万ポンド，払込資本 1 万 2250 ポンドの近代的大企業であったが，後者のうち 6000 ポンドは「スンゲイ・レンガン・エステート」(Sungei Rengam Estate) 4000 エーカーの購入にあてられたといわれている[6]．さらにまたコーヒー生産のためにヌグリ・スンビラン州に 1000 エーカーの土地を 1895 年に購入した「リンギ・リベリアン・コーヒー会社」(Linggi Liberian Coffee Company) も，ゴムの需要拡大に即応してゴム栽培を開始するに至った[7]．こうしたいくつかの先駆的な企業活動はきわめて活発であり，はやくも 20 世紀初頭にはマラヤ半島西海岸のいくつかの地点においてゴム樹が，一部にはコーヒーやタピオカと混在して植樹され，また一部には純粋にゴムのみの栽培地域として開発されつつ，かなりの密度のゴム生産地帯と化していったもようである．とくにスランゴール州のクアラ・ルンプールからクラン (Klang) の間，ペラ州のメタン (Metang) 沿岸地域，ヌグリ・スンビラン州のスレンバン (Seremban) 地方は 20 世紀初頭の最も代表的なゴム栽培の集中地帯であった．

とはいえ 1905 年まではあくまで初期的拡大の時期であり，先駆的企業によるリスク覚悟の冒険的事業の時代であったことはまちがいなく，保守的な小農民がゴムの輸出生産に積極的に参画していったという形跡はない．よく知られているように，最初のブームは 1906 年に起こった．この時期以降マラヤのゴム栽培地域にはそれまでのマレー連邦州（ペラ，スランゴール，ヌグリ・スンビラン，パハン）に海峡植民地（シンガポール，ペナン，マラッカ）が加わり，さらにジョホール州の生産高も急増して西海岸のほぼ全域にわたるいわゆる「ゴム・ベルト地帯」(Rubber Belt) が形成されるに至る．マレー連邦州に始まったゴム栽培が海峡植民地に波及し，さらにジョホール州を経てケダー州，ケランタン州に及んでいくプロセスは，J. H. ドレイブルの精力的な努力によってなされた推計を図示する図 2.1 からこれを読みとることができよう．1905 年から 1910 年までの 5 年間にマレー連邦州のゴム栽培面積は 4 万 3425 エーカ

---

[6] Drabble, J. H., *Rubber in Malaya 1876–1922: The Genesis of the Industry*, Kuala Lumpur & Singapore, Oxford University Press, 1973, p. 21.
[7] *Ibid.*, p. 21.

図 2.1 各州におけるゴム栽培の開始と拡大（1897〜1922年，1000エーカー）

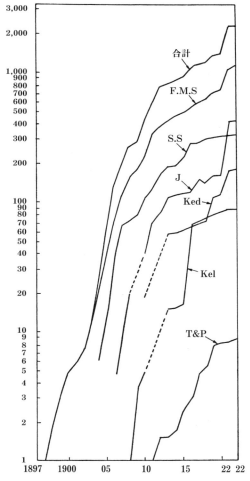

(注) F. M. S：マレー連邦州，S. S：海峡植民地，J：ジョホール州，Ked：ケダー州，Kel：ケランタン州，T&P：トレンガヌ州・ペルリス州．

(資料) Drabble, J. H., *Rubber in Malaya, 1876-1922: The Genesis of the Industry*, Kuala Lumpur & Singapore, Oxford University Press, 1973, Statistical Abstract Appendix, p. 215 より作成．

第2章 二重経済論の再考察　299

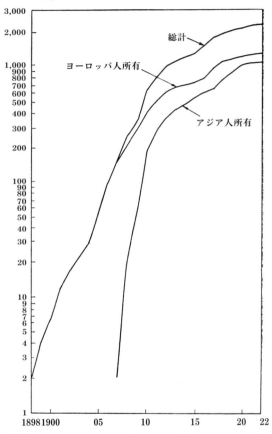

図2.2 人種別にみたゴム栽培面積の拡大（1898〜1922年，1000エーカー）

（資料）Figart, D. M., *The Plantation Rubber Industry in the Middle East*, U. S. Department of Commerce, Trade Promotion Series No. 2, Government Printer, Washington, 1925, p. 277. Drabble, J. H., *Rubber in Malaya 1876–1922*, Statistical Appendix, p. 216.

ーから24万5774エーカーへとほぼ5.7倍の増大，海峡植民地に至っては1万2000エーカーから11万4679エーカーへ実に10倍に近い増大をみせ，これに新たにジョホール州，ケダー州，ケランタン州が加わったことによって，マラ

ヤにおけるゴム栽培総面積は5万5425エーカーから42万9406エーカーへと一挙に7.7倍の増加をみせたのである．このきわめて急速なゴム栽培地域の拡大を支えた中心的担い手はやはりイギリス人企業家であり，たとえば1906年に「マレー半島（ジョホール）ゴム官許会社」（Malay Peninsula [Johore] Rubber Concession Ltd.）と「ジョホール・ゴム・エステート会社」（Rubber Estate of Johore Ltd.）はそれぞれ5万エーカー，2万5000エーカーをジョホール州のスルタンから購入し，「ジュグラ土地ゴム・エステート会社」（Jugra Land and Rubber Estate Ltd.）はスランゴール州で2万8000エーカーを確保しており[8]，この3社だけでも1906年のゴム栽培面積の実に80％を所有したことになる．1911年以降も上述してきたゴム栽培面積の顕著な拡大傾向は1922年に至るまで変わらず持続したものの，1905年から1910年までの急速度の拡大過程をもってひとまずマラヤにおけるゴム栽培は「定着化」をみたといえそうである．

　1922年までのゴム栽培面積の急速な拡大過程を担った中心的活動主体がイギリス人企業家であったことには疑いをいれない．しかし1905年までの初期的拡大の時期を終え，これにつづくいっそう急速な拡大期には，いちだんと有利な換金作物としてのゴム栽培に小農民が少なからざる規模で参画していったことは容易に想像される．というのはⅢでいっそう詳細に分析されるが，ゴム栽培はその特質として大規模企業経営によっても資本による労働の代替範囲はきわめて限られており，生産量は採液面積にほぼ比例するという規模の経済効果のほとんど機能しない分野であり，したがって小農生産がプランテーション生産に比較して単位生産費において遅れをとることは少ないからである．そのためにプランテーション周辺部の小農民が，在来の作物栽培との兼業を行ないつつも，プランテーションのゴム栽培をただちに模倣していったのではないかという予想は不自然ではない．家族労働に依拠して栽培を行なうことができる限り，在来の作物の一部を転換するか，新たになんエーカーかの土地さえ確保できれば，苗木の購入以外に創業的資本支出を要するところの少ない生産物だけに，ゴム栽培への接近にはさしたる「参入障壁」はなかったのである．

---

8)　*Ibid.*, p. 49.

そしてなによりもこの時代のゴムは他の在来の作物に比較して，小農民にとっていちだんと収益性の高い換金作物であったというのはどうやら事実のようである．時期的には若干あとになるが，P. T. バウワーの指摘によれば 1932 年のエーカー当りの平均実質収入はゴム価格の最低水準時においても米のそれを大きく越えていたといわれ[9]，さらには 1925 年において 1 エーカー当り 450 ポンドの平均収量をもつゴム小農のエーカー当り粗収量は，米およびココナッツのそれぞれ実に 20 倍，16 倍であったという記述すらみられる[10]．しかもゴムは米などと異なって季節を問わず一年中収穫が可能であり，しかもこれが輸出換金作物であるために採液をつづけるかぎり「日銭」にこと欠くことのない類の生産物であった．バウワーは，当時の伝統部門の小農が稲作よりもゴム生産を選好した理由として，さらに次の三つを指摘している．第一に，稲作の投入財である犂，役畜の購入費用ならびに端境期間の生存費用は，ゴム生産のそれより相当大きかったとみられ，そのために稲作小農の債務奴隷化の傾向が広くみられたこと，第二に，ゴム生産は稲作に比較してその生産量が天候によって左右される度合が小さく，しかもこの時点においてすでに華人系中間商人が，すべてのゴム生産地帯において広範に活躍していたために，ゴム小農は「自由競争」条件のもとでの販売が可能であったこと，第三に，ゴム栽培労働は 1 日に 3～4 時間の集中的労働を要するだけの，稲作に比較して容易なものであり，実際ゴム栽培は熱帯農業のなかで最も簡単な作業内容のものだったことである[11]．こうした事実があったとすれば，データの欠如にもかかわらず，エステート周辺部の小農民がかなり大規模にゴム生産への志向性をみせたという事実は高い蓋然性をもって推論できそうである．

とくにプランテーションが提供した道路，加工施設，販売経路を利用できた地域においては，そうした小農民の行動様式を示す断片的なデータはないわけではない．実際のところ，以前にコーヒー・プランテーションとして栄え，道

---

[9] Bauer, P. T., *The Rubber Industry: A Study in Competition and Monopoly*, Cambridge, Harvard University Press, 1948, pp. 60–62.

[10] McHale, T. R., "Rubber Smallholdings in Malaya: Their Changing Nature, Role and Prospects," *The Malayan Economic Review*, Vol. X, No. 2, October 1965, p. 42; McHale, T. R., *Rubber and the Malaysian Economy*, Singapore, M. P. H. Printers Sendrian Berhad, 1967, p. 66.

[11] Bauer, P. T., *op. cit.*, pp. 62–63.

路網の整備されていた諸州においては，この道路周辺のゴム栽培適地をめぐってアジア人小農とプランテーション企業家との間に土地の競合が一再ならずみられたといわれている[12]．ヌグリ・スンビラン州においては10エーカー以下のアジア人小農の規模は1909年に2万6735エーカーであったが，1910年にはこれが3万817エーカーに拡大したという記述がある[13]．

ヨーロッパ人の経営になるもののすべてがエステートであるとはいいうるものの，アジア人経営のすべてが小農であるとはいいがたいために，図2.2はゴム栽培の初期的時代における小農の規模を必ずしも正確には反映していない．しかしエステート─小農区分を示す資料が他にないために，D. M. フィガートの人種別ゴム栽培面積の推計をもってこの時期における小農の比重の顕著な増大趨勢を間接的に示すにとどめざるをえない．小農主体のアジア人ゴム栽培面積がゴム栽培総面積に占める比重は，1907年のわずか1.2%から，はやくも1910年には30.3%へと急激な増大を示したあと，その拡大速度を弱めつつ，しかし1922年には45.6%へとほぼその比重において半ばに達することになったのである．1922年の公式統計におけるマラヤのゴム栽培総面積（45万2000エーカー）に占める小農面積（21万5000エーカー）は47.6%であったので，図2.2にみられるアジア人所有のゴム栽培＝小農，ヨーロッパ人所有のゴム栽培＝エステートという区分はほぼ正確なものであるとみることができよう．

かくして上述してきた断片的な記述のなかから，われわれは，1890年代の最終年頃から1905年までの間にマラッカ在住華僑やイギリス人企業家によって開始されたゴムの商業的栽培期は，多分にリスク覚悟の先駆的事業活動の時期であり，そのために保守的な小農がこれに積極的に参画していったという形跡を窺うことはできないが，1906年に始まる最初の顕著なブーム的拡大期を経てはやくも1909〜10年頃にはとくにスランゴール，ヌグリ・スンビランの2州で相当数の小農が出現し，別の資料によれば小農主体のアジア人によるゴム栽培面積が全体の30.3%に達したという事実をみることができた．そして1922年に至るとゴム栽培総面積の45.6%がアジア人所有のものであったという別の資料にも接することができた．1905年から1922年というわずか17年

---

12) Drabble, J. H., *op. cit*., p. 38.
13) *Ibid*., p. 73.

図2.3 エステート,小農別にみたゴム栽培面積の拡大
(1922~72年,1000エーカー)

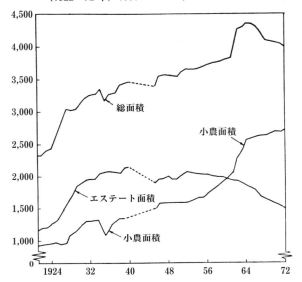

(資料) Lim-chong Yah, *Economic Development of Modern Malaya*, Kuala Lumpur, Oxford University Press, 1967, Appendices.

ほどの短期間に,これほどまでの速度でプランテーションという近代部門の成長が伝統部門である小農に波及していったという事実は,他に例を見出すことがむずかしいかもしれない.

II ゴム小農の拡大 (1922年以後)

1922年以降については公式統計『ゴム統計報告』(*Rubber Statistical Bulletin*) ならびに『ゴム統計ハンドブック』(*Rubber Statistics Handbook*) に依拠してエステートと小農のゴム栽培面積と生産量の推移を,時点によって州別のその推移をもみることができる.概要は面積については図2.3,生産量については図2.4に示されている.本節では1922年以降におけるプランテーション生産の小農生産への波及,および両者の対抗の過程をできるだけ簡単に追うことにしよう.それに先立って,1922年以後こんにちに至るまでの推移を概括

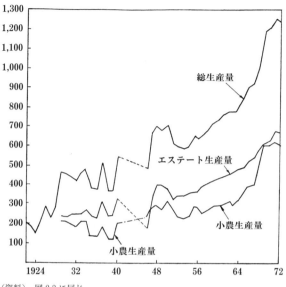

図2.4 エステート,小農別にみたゴム生産量の拡大（1922～72年,1000トン）

（資料）図2.3に同じ.

するために,表2.1によって大略10年間隔のエステート,小農おのおのの栽培面積の年平均増大傾向をみておきたい.

1922年以降8年間の年平均拡大面積は9万エーカーを越えているものの,1905年から1922年までの拡大率が年平均推定値13万エーカーであったのに比較すれば,その拡大趨勢はかなり減速しているということができる.この減速傾向は,1922年に至る数年間に,ゴム栽培面積が「爆発的」に拡大した結果として一種の過剰供給現象が表面化し,ロンドンならびにシンガポールにおける国際価格がめだって低下を示したことを憂慮した植民地政府が,1922年11月ゴム栽培の規制を謳った「スティーブンソン規制計画」（Stevenson Scheme）を発令したことに由来する[14].実際,図2.5に示されるように,1910年には1ポンド当り8シリング9ペンスであったロンドン価格は1920年

---

14)「スティーブンソン規制計画」の内容と経緯については,Bauer, P. T., *op. cit.*, Ch. II を参照されたい.

表 2.1 エステート，小農別にみたゴム栽培面積の年平均増大趨勢（1922～72年，1000エーカー）

	エステート	小　農	合　計
1922～30	58.25	31.88	90.13
1931～40	19.89	14.78	34.67
1941～45	n. a.	n. a.	n. a.
1946～55	13.00	16.67	29.67
1956～65	△ 17.56	93.22	75.66
1966～72	△ 50.83	21.17	△ 29.66

(資料) Department of Statistics, Government of Malaya, *Rubber Statistical Bulletin*, Kuala Lumpur, 各年：Bauer, P. T., *The Rubber Industry: A Study in Competition and Monopoly*, London, Longmans Green, 1948, p. 375: Lim-chong Yah, *Economic Development of Modern Malaya*, Kuala Lumpur, Oxford University Press, 1967, Appendices, pp. 328–329; McHale, T. R., "Rubber Smallholdings in Malaya: Their Changing Nature, Role and Prospects," *Malayan Economic Review*, Vol. X, No. 2, October 1965, pp. 40–41.

には1シリング10½ペンス，1922年には9⅓ペンスにまで下落し，そのためにインド人労働者の帰国や華人プランターの倒産など由々しい事態が発生するに至り，なんらかの手段による生産規制は不可避であった．採られた手段はポンド当り1シリング3ペンスの基準価格を確保すべく，認可された水準以上の輸出には禁止的輸出税を課するというものであったが，この統制は1922年以降1928年までの間エステートと小農のいずれにも適用されるきびしい規制力をもった．

1930年代の10年間にゴム栽培面積の拡大傾向はいちだんと減速する．しかしその減速の度合はエステートにおいてより激しかった．折から世界的大不況とくにアメリカ自動車産業の不況の影響を受けて，1930年代のはじめには，図2.5にみられるようにポンド当り価格は最低水準に落ち込んだ．同時に世界のゴム備蓄量は1928年以降持続的に上昇し，1928年の24万7000トンは1934年の68万9000トンに達する一方，輸出は1929年の86万1000トンから1932年の71万トンへと下降した[15]．マラヤにおけるゴム・エステート労働者数は1929年の約半分に減少し，労働者の多くは一部には自発的に，一部には植民

---

15) Lim-chong Yah, *Economic Development of Modern Malaya*, Kuala Lumpur, Oxford University Press, 1967, pp. 78–79.

図2.5 天然ゴムのロンドン価格（1910〜72年，ポンド当りシリング）

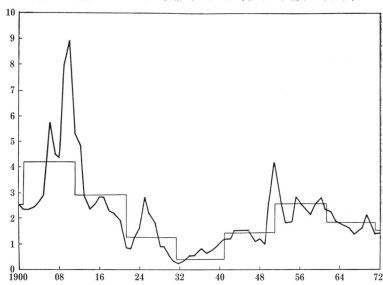

（資料） Department of Statistics, Government of Malaya (Malaysia), *Rubber Statistical Bulletin*, Kuala Lumpur, 各年 ; Department of Statistics, Government of Malaya (Malaysia), *Rubber Statistics Handbook*, Kuala Lumpur, 各年.

地政府の費用によって強制的に帰国せざるをえないというありさまであった．その収入の大半をゴムの生産，輸出に依存する政府の苦境はいうまでもない．こうした経験をもったマラヤをはじめとする，北ボルネオ，サラワク，セイロン，インド，ビルマ，仏領インドシナ，蘭領東インド，タイは，1934年に新たに「国際ゴム規制計画」(International Rubber Regulation Scheme) を発効させ，この計画への加盟各国は自国の生産能力を斟酌して決定された基礎的輸出割当によって生産高と輸出高とを規制されざるをえなかった[16]．

ところでこの計画の主たる目的は，表面的には上述してきたごときゴム価格の顕著な低下傾向への対応であったが，その真意はすでに1934年の時点においてマラヤのゴム生産量の45%，蘭領東インドの49%を占めるに至った小農

---

16)「国際ゴム規制計画」についても，Bauer, P. T., *op. cit.*, Ch. II を参照されたい．

第2章 二重経済論の再考察　　307

生産を規制して，そのうえで価格安定を実現しようというプランテーションの利害を優先するものであったことが知られる．エステートの場合には受容不可能な価格でも，小農はあとで指摘する生産構造上の特質からして生産の維持が可能であり，そのために遠くない将来にマラヤや蘭領東インドのゴム栽培の大宗が小農に移行してしまいかねないという恐怖に発したものだ，といいかえてもいいかもしれない．「英領北ボルネオ会社」(British North Borneo Company) 社長は，1936年の時点で「国際ゴム規制計画制定の主要目的の一つは，マラヤ，ボルネオ，蘭領東インドにおけるプランテーション企業のヨーロッパ資本を，ヨーロッパ人所有のエステートの費用のほんの一部でゴム生産を行ないうる土着人との競争から保護することにあった」[17]と明瞭に言明したという記述が存在する．この一例は，小農はもはやエステートと補完関係にたつものではなく，国際市場においてエステートと競合する脅威的存在となったことを，エステート企業家をして明らかに認識せしめた事実を示すものとして興味深い．ともかくこの規制計画によってマラヤの小農はクーポンを発給され，これに明示された以上の輸出を禁じられるという措置のもとにおかれることになり，同じく蘭領東インドにおいても小農には特別輸出税が課せられることになったのである．実際のところマラヤにおいては，小農はこの規制計画のためにゴムの新植はもちろんのこと植替すらも強い統制を受けることになった．バウワーの指摘するところによれば，1934年から1938年までの間，植替は従来の栽培面積の20%以下に限って許可されたが，たかだか3エーカー程度の栽培面積しかもたず，したがって植替時点から採液可能時点に至る数年の「懐妊期間」を耐えることのできない小農にとっては，この許可範囲はほとんどゼロに等しかったといわれ[18]，規制計画がいかに強力なものであったかを窺わせている．

1934年の「国際規制計画」がエステートよりも小農にいっそうきびしいものであった理由は，このようにイギリス人企業家の，拡大をつづける小農にたいする一種の危機意識にあった．もっとも，小農をより強く規制しようという

---

17) *Rubber News Letter* (September 30, 1936), quoted by Lim-chong Yah, *op. cit.*, p. 82.
18) Bauer, P. T., "The Working of Rubber Regulation," *Economic Journal*, 1964, p. 402, reprinted in T. H. Silcock, ed., *Readings in Malayan Economies*, Singapore, Eastern University Press, 1961.

考え方の背後には，小農保有のゴム園は植樹密度が大きすぎ，除草をはじめとする農場管理が不十分であり，さらに短期的な価格上昇時には集中的切付（slaughter tapping）を行なってゴム樹の余命を短縮させる，要するに小農ゴム園の維持管理はエステートのそれに比較すると貧弱にすぎ，したがって長期的には世界市場へのゴム供給を小農に依存させることはできない，という考え方が潜んでいたことはまちがいない．しかしこうした主張はそれほど確実な根拠のあるものではなく，事実その時点における単位当り収量における両者の差異はさしたるものではなかった．一方では，小農に特有な狭い土地での高密度植樹は，地温を低めに維持し，ゴム樹を風害から保護する天蓋として機能するという，むしろ高収益につながるものであったといわれ [19]，他方では，そもそも小農は定義によってその労働を家族単位で構成しているものである以上，エステートに比較して若干なりとも労働集約的ではあれ，ゴム1単位当りの追加的労働投入の機会費用はきわめて小さいものであり，したがってゴム栽培の増大が貨幣費用の増大をもたらす度合は小さいものであったと主張されている [20]．実際問題として 1930 年代の 10 年間には，規制計画の影響のもとに小農のゴム栽培面積の増大率は，それ以前の時期に比較すれば小さいものではあったが，それでも年平均1万5000エーカー弱の増大をつづけた．K. E. クノールの推定によれば，1933 年におけるマラヤの輸出総額の 47.8% が小農輸出によって占められ，実は「国際ゴム規制計画」下の 1935 年においてですらマラヤ全体の輸出割当量の 36.8% が小農輸出によって満たされていたのである [21]．

　一般にエステートと小農の間には要素結合比率と，とくに要素の相対価格に無視しえざる相違がある．すなわちエステートの場合その資本費用は完全に貨幣化されたものであり，また投入労働もインド人，華人契約労働者から構成されており，短期的には賃金水準は固定されているとみることができる．さらに

---

19) McHale, T. R., "Rubber Smallholdings in Malaya," p. 45.
20) Parmer, J. N., *Colonial Labour Policy and Administration: A History of Labour in the Rubber Plantation Industry in Malaya 1910–1941*, New York, J. J. Augustin Incorporated Publishers, 1960, p. 202.
21) Knorr, K. E., *World Rubber and Its Regulation*, California, 1945, p. 89, quoted by Lim-chong Yah, *op. cit.*, p. 81.

経営代理制のもとで経営委託されているイギリス系エステートの場合，マネージャー，スタッフへの俸給支払，事務管理費等を含めた一般管理費は，家族もしくは同族経営を旨とする小規模アジア人エステート，小農に比較してかなり高い．とくに小農の場合，資本費用のうち貨幣化されているものの比重は小さく，労働は家族労働として供給され，しかも1930年に至るまではゴム専業小農は少なく，多くは他に代替的所得源をもっていたとみられる．そのために，一般に主張されるほどではないにしても，小農のほうがエステートに比較して供給の価格弾力性は大きい．したがって1920年代の「スティーブンソン規制計画」，30年代の「国際ゴム規制計画」時代のようなゴム価格の激しい下降期には，エステート面積の拡大速度は小農に比較してより大きく減速せざるをえず，他方小農はこの時代にあってもなお強靭に生き延びることになったと判断することができるのである．

　第二次世界大戦後のマラヤにおけるエステート面積増加率の停滞ならびに1956年以降の絶対的規模の顕著な減少傾向と，これとは対照的な小農面積の加速度的な拡大傾向についてはよく知られているが，既出の図2.3はこの推移をはっきりと示している．このような戦後における両者の対照的な傾向については，とくに二つの点をその要因として指摘することができるであろう．一つは，そこに至るまで植民地政府によって無視され，保護を受けることのなかった小農にたいして，こんどは積極的な保護政策が用いられるようになったことと，二つには，合成ゴムとの競合が価格弾力性の小さいイギリス系エステートとくに小規模エステートを駆逐する方向に動いたこと，である．前者の政府による小農の保護政策は，1950年に「ゴム生産者委員会立法評議会」（Legislative Council Rubber Producer's Committee）ならびに「ゴム生産者評議会」（Rubher Producer's Council）が政府にこれを進言し，同じ年に政府が7年間にわたって50万エーカーの小農に多収樹植替への補助を約したことに端を発した．そして1957年の独立を経てマレーシア連邦政府の連邦土地開発庁（Federal Land Development Authority：以下FELDA）が，とくにマレー人優先政策を背景にして大規模にして積極的なゴム小農のための土地開発入植計画を開始するという経緯のもとにこんにちに至っているが，この事実については節を改めてⅣで論じることにしよう．後者の問題については，すでに指摘したようにエ

ステートはその生産費構成上，小農に比較して固定貨幣費用が大きく，したがって合成ゴムとの価格競争上不利な立場にあるエステート，とくに比較的小規模のエステートを，一部は整理統合し，また他の一部は家族・同族経営のアジア人エステートに分割譲渡し，大幅なゴム栽培面積の縮小をみることになったと考えることができる．次節で観察するように，ゴム生産性を高めるための決定的な方途は多収樹への植替であり，したがってイギリス系エステートは経営合理化と同時に，生産性の低い小規模の在来樹の土地を売却して，大規模な植替可能なエステートのみを温存する方向を選択したとみられる．この点からみると，小農の増大とエステートの減少という傾向的事実の中間項にアジア人エステートの増大という事実をおき，これを近代部門の「現地人化」の一つの流れとして把握することが必要であろう．

　かくしてマラヤにおけるゴム小農は，19世紀の最終年頃にいくつかの先駆者的企業努力によって開始された商業栽培にほとんど時を移さず反応し，時に植民地政府による厳しい規制のもとにおかれ，また時に保護政策を受けるというさまざまな経験を経ながら急速な拡大をつづけ，1972年データによればこの年のゴム栽培総面積の64％，生産量の48％を占めるに至ったのである．エステートがそこに経営を開始するや，その周辺部につぎつぎとゴム小農が形成されていったという，近代部門の即時的な「現地人化」の過程は図2.6，2.7を一見して明らかであろう．図2.6では各州別のエステート―小農別面積のデータが得られる1922年から1953年までの両者の結合比率が示され，各州別面積のデータのない最近年のものは図2.7において生産量で二つの結合状態が図示されている．この二つの図からわれわれは，少なくとも1922年以降マラヤの全土においてエステートの先行的発展がただちに小農のゴム栽培を誘発し，しかも両者の拡大率が驚くほど一致しているという事実を読みとることができる．エステートの先行的発展が同時に小農生産を誘発したというこの事実は，近代部門と伝統部門との境界線はきわめて曖昧としたものであり，最も典型的な「植民地経済化をたどったはずのマラヤのゴム栽培の歴史的発展過程において，実は技術的二重経済論が成立する可能性が薄いという，一般の予想をくつがえすにたる事実を見出すことができるのである．ゴム・エステートの発展が時を移さず小農生産を誘発したという．この歴史的事実の背後にある経済学的

図 2.6 エステートと小農のゴム栽培面積の結合値（1922〜53年，1000エーカー）

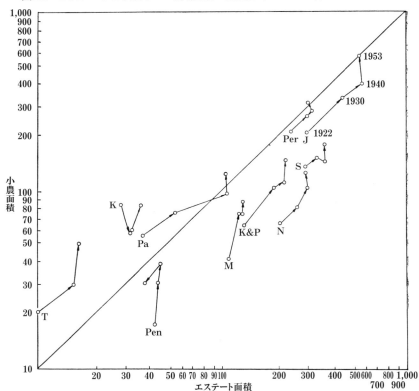

（注） J：ジョホール州，K&P：ケダー州・ペラク州，K：ケランタン州，M：マラッカ州，N：ヌグリ・スンビラン州，Pa：パハン州，Pen：ペナン州，Per：ペルリス州，S：スランゴール州，T：トレンガヌ州．
（資料） Department of Statistics, Government of Malaya (Malaysia), *Rubber Statistics Handbook*, Kuala Lumpur, 各年；Lim-chong Yah, *Economic Development of Modern Malaya*, Appendices, p, 330.

根拠を探ってみようというのが次節の課題となる．

図 2.7 エステートと小農のゴム生産量の結合値（1965〜72年，1000トン）

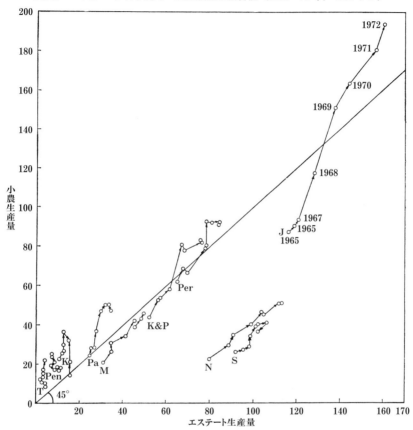

（注）　略号は図 2.6 に同じ.
（資料）　図 2.6 に同じ.

III　天然ゴム生産の特質と小農

1. 規模の経済

　天然ゴムは本来労働集約度の高い熱帯プランテーション生産物のなかでも，茶と並んでとりわけて高い労働集約性をその特質としている．これまでの研究

第 2 章　二重経済論の再考察　　313

成果の一,二からのこの事実を示唆する傾向値を窺ってみると,たとえばボールドウィンは,1940年前後における年間1000ドルの熱帯プランテーション生産物に要する労働者数を,茶6人（セイロン）,ゴム6人（マラヤ）,ゴム3.5人（西アフリカ）,砂糖2.1人（キューバ）,タバコ1.6人（南ローデシア）と推定しており[22],同じ計測方法にのっとりY. リムは,セイロンの1953年における三つの主要プランテーション生産物のそれを,茶4.8人,ゴム3.8人,ココナツ1.3人と推計している[23]．ちなみにボールドウィンの推計した1940年前後における年間1000ドルの鉱産物の生産に要する労働者数を示しておくと,石油0.026人（ベネズエラ）,0.033人（サウジアラビア）,ボーキサイト0.08人（ブリティッシュ・ギニア）,銅0.13人（南ローデシア）,鉄鉱石0.31人（インド）であり[24],熱帯プランテーション生産物における労働集約性が鉱産物に比べていかに高いものであるかが示されると同時に,なかでも茶,ゴムのそれがきわだって高いことが理解されるであろう．

ところでマラヤのゴム生産における費用構成を窺わせる正式の資料は,これまでほとんど利用することができなかった．しかしエステートについてだけのものであるが,1967年と1968年の両年にわたってマレーシア政府統計局が試みた『1967,1968年の費用・経済調査概観』を利用することによって,間接的にではあるが,ゴム生産の労働集約性の高さを読みとることができる[25]．表2.2として示されたものがそれである．本表からは,労働費用をその他の費用から分離させることはできないけれども,少なくとも圧倒的に大きな費用項目であるゴム樹切付作業,ラテックス集液作業はそのほとんど全部を,ゴム園契約労働者にたいする賃金支払い部分すなわち労働費用とみなすことには異論

---

22) Baldwin, R. E., "Patterns of Development in Newly Settled Regions," pp. 161–163.
23) Lim, Y., "Trade and Growth: The Case of Ceylon," *Economic Development and Cultural Change*, Vol. 16, No. 2, Pt. I, January 1968, pp. 251, 259.
24) Baldwin, R. E., "Patterns of Development in Newly Settled Regions," pp. 161–162. なお前章Ⅳを参照されたい．
25) Rubber Research Institute of Malaya, Government of Malaysia, *1967 and 1968 Costing and Management Study Survey*, Kuala Lumpur, 1969. この調査結果のうちゴム生産の費用構成については,Rubber Research Institute of Malaya, Government of Malaysia, *Guide to Estate Management*, Economies and Planning Division Report No. 7, Kuala Lumpur, June 1970, p. 80 から知ることができる．

表 2.2 規模別，人種別，エステート費用構成（エーカー当りマレーシア・ドル）

	100～499エーカー アジア人		100～499エーカー ヨーロッパ人	500～999エーカー アジア人		500～999エーカー ヨーロッパ人		1,000～5,000エーカー アジア人		1,000～5,000エーカー ヨーロッパ人		全エステート平均 アジア人		全エステート平均 ヨーロッパ人	
		%			%		%		%		%		%		%
経 営 費 用	28.7	(10.7)	n.a.	29.2	(10.4)	53.3	(18.2)	28.0	(9.7)	51.3	(15.0)	28.3	(10.0)	51.3	(15.0)
ゴム樹切付作業，ラテッ クス集液作業	159.7	(59.3)	n.a.	152.1	(54.4)	75.3	(60.0)	167.6	(58.6)	94.0	(56.6)	163.6	(57.9)	193.8	(56.6)
加　　　　　　　　工	29.8	(11.1)	n.a.	30.5	(10.9)	3.1	(1.1)	28.4	(9.9)	30.1	(8.8)	29.0	(10.3)	29.7	(8.7)
除　　　　　　　　草	13.7	(5.1)	n.a.	18.1	(6.5)	8.6	(2.9)	12.4	(4.3)	11.0	(3.2)	13.7	(4.8)	10.9	(3.2)
施　　　　　　　　肥	10.3	(3.8)	n.a.	17.6	(6.3)	6.6	(2.3)	16.1	(5.6)	12.9	(3.8)	15.5	(5.5)	12.8	(3.7)
そ の 他 投 入 物*	3.2	(1.2)	n.a.	4.9	(1.7)	9.4	(3.2)	4.0	(1.4)	6.6	(1.9)	4.1	(1.4)	6.7	(1.9)
現 場 維 持**	2.8	(1.0)	n.a.	3.8	(1.4)	2.4	(0.8)	3.8	(1.3)	4.7	(1.4)	3.6	(1.3)	4.7	(1.4)
そ の 他 農 諸 費 用***	21.2	(7.9)	n.a.	23.5	(8.4)	33.7	(11.5)	25.9	(9.0)	32.4	(9.4)	24.8	(8.8)	32.4	(9.5)
合　　　　　　　　計	269.4	(100.0)	n.a.	279.7	(100.0)	292.4	(100.0)	286.2	(100.0)	343.0	(100.0)	282.6	(100.0)	342.3	(100.0)

（注）* ラテックス促進剤，ペスト・その他の疾病防止薬，商標添付・開所・剪定・清掃等雑用を含む．
　　 ** 道路，橋・排水・灌漑，境界柵・家屋修理・火事監視労働・保険，測地費，機器，電気，水道，運送等の費用を含む．
　　 *** 銀行その他の融資利子，土地税その他の税金，保険，測地費，道具，備蓄倉庫，備蓄費用を含む．
　　 脚注4）の文献による．
（資料）

第2章　二重経済論の再考察　315

はないであろう．そこでこの費用項目に注目して表2.2を眺めると，これはアジア人エステートとヨーロッパ人エステートとを問わず，さらにまた規模の大小を問わず，すべてのエステートにおいて変化なくいずれも 55～60% の範囲にあることが知られる．ある人は，近代的経営形態をもってするヨーロッパ人エステートにおけるゴム樹切付作業，ラテックス集液作業については，規模が小さくまた前近代的経営を行なうアジア人エステートにおけるそれよりもいっそう大きな労働利用の「合理化」を予想するかもしれないが，少なくとも表2.2からはその事実を読みとることはできない．

　容易に想像されるように，このことはゴム樹栽培の技術的性格に由来する．ゴム樹切付作業は高度の熟練を要し，この労働を機械によって代替することはまず不可能である．したがって切付専門労働者が単位時間に切付けるゴム樹数すなわち採液面積は一定であり，しかも賃金率が規模にかかわらず一定である限り（事実エステートの切付専門労働者の大半は契約労働者であって，賃金率は多分に一定である），エステートの規模と切付労働者数とはほぼ正確に正比例するものと考えねばならない[26]．ラテックス集液作業は早朝から切付けられたゴム樹を一定時間経過したあとに一本いっぽんまわって集液し，これを加工処理場まで運搬する作業である．切付作業に比較すればより簡単なものであるが，この集液作業の機械化も不可能なものと考えられており，この作業に従事する労働者数もまたエステート面積に大略正比例するものとみられる．いずれにせよゴム樹切付費用，テラックス集液費用についてみる限り，作業面積の大規模化が平均費用の低下をもたらすという事実はほとんどない．しかもさきに指摘したように，この二つの作業はゴム生産における決定的に重要な労働項目であり，全費用に占めるその比重の圧倒的な大きさについてはもう一度注目しておく必要がある．ゴム費用構成を公式に示したものは，前述した『概観』がはじめてのものであるが，私的な調査はこれ以外にもないわけではない．それらのうち最も古いものは 1940 年のバウワーのそれであるが，彼はこの年の157 のエステートの個別調査から切付，集液作業費用を 58% と推計しており[27]，またロナルド・マは代表的イギリス系企業 36 社の調査から 1958 年に

---

26) 深沢七郎『天然ゴム──その産業構造』アジア経済研究所，1968 年 8 月，第 1 章．
27) Bauer, P. T., *The Rubber Industry: A Study in Competition and Monopoly*, p. 271.

表 2.3　エステート 1 エーカー当り所要労働者数（1972 年）

規模 （エーカー）	切付・ 集液労働者		除草労働者		工場労働者		その他労働者		合　　計	
	人	%	人	%	人	%	人	%	人	%
0〜　499	187.9	(71.9)	29.5	(11.3)	17.9	(6.9)	26.0	(9.9)	261.3	(100.0)
500〜　999	111.8	(74.5)	18.1	(12.1)	3.5	(2.3)	16.7	(11.1)	150.1	(100.0)
1,000〜1,999	110.9	(71.8)	23.3	(15.1)	4.5	(2.5)	15.8	(10.2)	154.5	(100.0)
2,000〜2,999	87.3	(71.5)	18.2	(14.9)	4.4	(3.6)	12.2	(10.0)	122.1	(100.0)
3,000〜	95.7	(67.5)	24.2	(17.1)	7.7	(5.4)	14.1	(10.0)	141.7	(100.0)
合　　計	593.6	(71.5)	113.1	(13.7)	38.0	(4.6)	84.8	(10.2)	829.7	(100.0)

（資料）　Department of Statistics, Government of Malaysia, *Rubber Statistics Handbook 1972*, Kuala Lumpur, 1973. より作成.

おけるその費用を 52% と導きだしている[28]．少なくとも 30 年間にわたってこの費用項目の高い比重が，ほぼ安定的に推移していることを窺うことができそうである．

　もちろんその他の費用項目，加工，除草，施肥作業にも確定はしないが，少なからぬ労働費用が含まれているから，切付，集液作業費用のみによって労働費用を代表させるわけにはいかない．しかし同じく統計局の『ゴム統計ハンドブック』から作業内容別規模別にみたエステート 1 エーカー当り必要労働者数を知ることができる．表 2.3 をみることによって労働者総数に占める切付，集液労働者数の比率は，規模が大きくなるとともにこれが傾向的に下がるという兆はまったくなく，エステートの規模のいかんにかかわらず大略一定であるというさきの観察事項が再確認されるとともに，除草作業，工場労働，その他作業の必要労働者の比率についても，規模にかかわらずほぼ一定であるという特徴をみることができる．所要労働者数に占める工場労働者の比率はエステートの規模によって若干のばらつきがあるが，しかしその比重は問題となるほどの高さにはない．ゴム生産の費用構成に占めるきわめて高い労働費用と，この高い労働費用が生産規模の相違にかかわらずほぼ一定であるという点はどうやら結論づけられるように思われる．すでにあげたバウワーによる 1940 年の調査結果によれば，調査対象 157 エステートのうち 5000 エーカー以上のエステー

28）　Ma, Ronald, "Company Profits and Prices in the Rubber Industry in Malaya, 1947–58," *The Malayan Economic Review*, October 1959, p. 30.

トを除く 138 エステートの場合，ゴム生産量とエステート規模との相関係数は－0.12 であったとされ [29]，また 1956 年のロナルド・マが試みた 36 社の調査結果によれば，その相葉係数は＋0.20 であったとされている [30]．いずれにせよ統計的に有意の相関があらわれていないことが改めて注目される．

　小農生産費構成を知るための資料はいまのところないが，ゴム生産が少なくともこのように規模の経済効果のほとんど作用していないという特質に裏づけられるものである以上，このことが栽培面積の相対的に小さい小農に有利な条件であったことは十分に予想される．加えてゴム栽培の創業資本はこれも小さく，T. R. マッケイルの記述によれば，こんにちのマレーシアにおいては年間 10 ポンドのゴム生産量を創出するための資本量は，土地取得ならびに開墾費用を別にすれば，約 1 ポンド程度であるとされており [31]，いずれの側面よりみても小農のゴム生産への参入障壁は小さいものであったということができる．単位面積当りゴム生産量を左右するものは「規模」ではなく，実はその唯一にして決定的な要因は多収樹への植替である．しかし植替による単位収量増大の機会と方途は小農にもエステートとほとんど変わらず与えられており，ここでも小農がとりたてて不利な立場にいるということはできない．

　以下では，ゴムの多収樹への植替率は単位当り収量と明らかな相関を示しており，その相関が経済規模の大小にかかわることはないという事実を示すことにしよう．ここでも残念なことに小農に関するデータは欠如しており，小農の多収樹植替率と単位面積当り収量とを直接比較することはできない．そのためにエステートにおけるこの二つの変数の相関がきわめて大きいという事実は，その規模の大小に関係なく成立しているという傾向を論証することによって，規模はいちだんと小さいが，国家的規模での保護のもとに多収樹植替率を急速に伸長させつつある小農の単位面積当り収量の増大傾向を，間接的にではあるが予想することにしたい．世界銀行の推計によれば，1972 年において平均栽培面積 5.56 エーカーの小農の多収樹エーカー当り収量が，1970 年，1975 年においそれぞれ 980 ポンド（実績），1025 ポンド（推定）であり，エステートの

---

29) Bauer, P. T., *The Rubber Industry*, p. 272.
30) Ma, Ronald, *op. cit.*, p. 31.
31) McHale, T. R., "Rubber Smallholdings in Malaya," pp. 45–47.

図2.8 エステートの多収樹植替率と単位面積当り収量年（1972年）

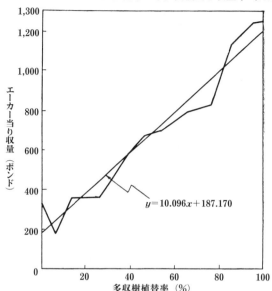

（資料） Department of Statistics, Government of Malaysia, *Rubber Statistics Handbook 1972*, Kuala Lumpur, 1973 より作成.

場合のそれぞれ1000ポンド，1120ポンドとほとんど変わらぬ高さにあることからも上述した間接的な方法は誤りとはいえない．

　まず，1972年におけるマレーシアのエーカー当り収量を多収樹植替率別にみたものが図2.8である．一見して明らかなごとく二つの変数はみごとな相関を示している．エステートの規模別に多収樹植替率とエーカー当り収量との関連をみたものが図2.9であるが，ここでは二つの変数の相関の高さは規模の大小にかかわらないという事実が知られよう．1965年と1972年の2時点のいずれにおいても，相対的に規模の大きいエステートが規模の小さいエステートに比較してより大きい単位面積当り収量を獲得しているが，それは前者の多収樹植替率が後者のそれよりも相対的に大きいという事実を反映したものであり，またヨーロッパ人エステートの方がアジア人エステートよりも大きい単位面積当り収量を示しているのも同じ理由による．さらにまた1965年に比較して

第2章　二重経済論の再考察　　319

図 2.9 エステートの多収樹植替率（成熟樹地域）と単位当り収量（1965～72 年）

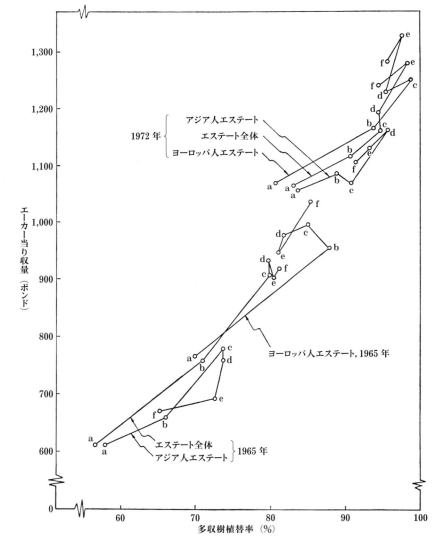

(注) a：0～500 エーカー，b：500～999 エーカー，c：1,000～1,999 エーカー，d：2,000～2,999 エーカー，e：3,000～4,999 エーカー，f：5,000 エーカー以上．
(資料) 図 2.8 に同じ．

1972 年のエーカー当り収量がかなり大きくなっているが，いうまでもなくこれは 2 時点間にいずれの範疇のエステートも多収樹植替率を大幅に伸長させたことの結果である．ちなみに，エステートの多収樹植替率とエーカー当り収量との連関を各州別に 3 時点間で比較してみると図 2.10 が得られるが，ここでも事情はまったく同じである．すなわちエーカー当り収量の相対的に高い諸州の多収樹植替率は例外なく高く，トレンガヌ，パハンの 2 州におけるエーカー当り収量の低さはこの 2 州における植替率の低位性のあらわれにほかならない．また各州における 1964 年，1969 年，1972 年の 3 時点間におけるエーカー当り収量増大傾向は，この間における各州の植替率の上昇を反映したものと考えられよう．

かくしてゴム生産の特質としてわれわれは次の二つの点を確認することができた．すなわち一つには，ゴム生産の費用構成において労働費用はきわめて高く，またこの高い労働費用の比重は経営規模の著しい相違にかかわらず一定であるという事実によって，ゴム生産においては規模の経済効果はさして発揮されないという点と，二つには，単位面積当りゴム生産を大きく増大させる決定的な方途は多収樹への植替であるが，この植替による単位収量の増大も経営規模にかかわらず平等に実現可能であるという点である．前者の事実は，小農が近代部門に参入していくに際しての「障壁」がそれほど大きいものではなく，また後者は，小農がいったん近代部門に参入を果たすならば，経営規模の大きいエステートに伍して単位収量の拡大をはかっていくことが十分に可能であることを示唆している．もっとも多収樹への植替は，1930 年にイギリス系の大規模エステートで開始されたが，その本格的な展開は，次節でみるように第二次大戦後のことに属し，したがってこれはゴム生産の歴史的過程の一部にのみあてはまる事実であることをことわっておきたい．ここで必要なことは，ゴム生産においては伝統部門と近代部門とは「二重的併存」ではなく「競合的併存」関係にあり，このことが天然ゴム生産に本来的に内在する技術的性格から導かれることを確認しておくことである．

2. 外部経済

ところでマラヤのゴム生産の場合，小農の近代部門への「参入」が比較的容

図 2.10 州別にみたエステートの多収樹植替率（成熟樹地域）と単位当り収量（1964, 1969, 1972 年）

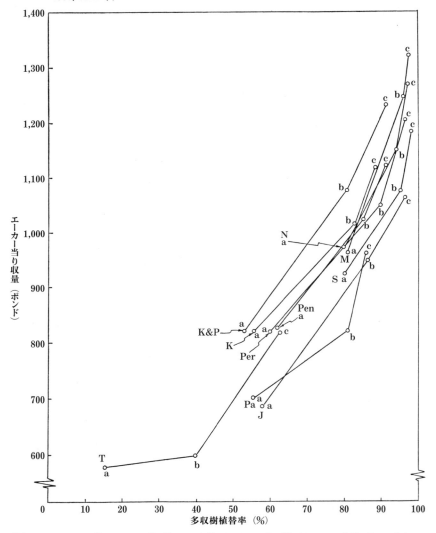

(注) J：ジョホール州, K&P：ケダー州・ペラク州, K：ケランタン州, M：マラッカ州, N：ヌグリ・スンビラン州, Pa：パハン州, Pen：ペナン州, Per：ペルリス州, S：スランゴール州, T：トレンガヌ州.
(資料) 図 2.8 に同じ.

図 2.11 鉄道とゴム生産地域の拡大

易であった理由を，ゴム生産における規模の経済効果の欠如という点から眺めてきたが，その参入をいっそう促してきた要因として，大規模プランテーションの先行的発展がもたらした社会的間接資本とくに鉄道，道路の発達と，それに伴う都市の成長が小農に与えた有利な影響とを見逃すわけにはいかない．小農は自動車道路，ある場合には鉄道を利用して地方都市と容易に接近することができ，そこでゴム・シートの等級づけや販売を行なったり，さらにはスクラップの粉砕といった便宜を受けることができた．またゴム生産の投入財である凝固のための蟻酸，切付ナイフその他の金物や生活上の必需商品をも都市で購入したのである[32]．小農が自給作物や一部の換金作物の生産のうえに付加的にゴム生産を行なっていた初期においては，小農の都市への接近は断続的なも

第 2 章 二重経済論の再考察　323

のであったが，かれらのゴム生産への特化とともにこの接近は次第に恒常的になっていった．こうした，ゴム・プランテーションの先行的発展がもたらした社会的間接資本の成長がゴム小農を拡大させる大きな要因となったことは疑いない．1920年代以降マラヤ・ゴム地帯のいかなる地域も主要自動車道路および鉄道から40マイル以上離れて存在することはなかったといわれている[33]．

　マラヤにおける鉄道とゴム栽培地域との結びつきは図2.11からこれを明瞭にみることができる．マラヤにおける鉄道の初期的発展は，1885年から1899年までの間にペラク，スランゴール，ヌグリ・スンビランの3州の西海岸に点在する錫産地帯と主要港湾を結ぶものとして，すなわちタイピン（Taiping）とポート・ウェルド（Port Weld），イポー（Ipoh）ならびにタパー・ロード（Tapah Road）とテロク・アンソン（Telok Anson），スレンバンとポート・ディクソン（Port Dickson），クアラ・ルンプールとポート・スウェッテンハム（Port Swettenham）とを連携する局地的な錫輸送路としてみられたが，それらははやくも1904年までに北方はペナンの対岸プライ（Prai）から南はマラッカに至る主要錫産地帯を縦に走る幹線として連絡されることになる．すでに記したようにマラヤのゴム生産はマレー連邦州を中心に1910年に至る数年間に急速な拡大をみせたのであるが，実はこの拡大を支えたのはその時点で大量輸送の可能な唯一の手段であったこの鉄道にほかならない．すなわちプライからタムピン（Tampin）に向かう鉄道幹線の建設はこの鉄道に隣接するゴム栽培適地にまずプランテーションを，次いで小農のゴム栽培を誘発したのである．さらにこの主要幹線は1904年以降マラッカのタムピンから次第にジョホール・バル（Johore Bahru）に向けて延長され，1909年にマラヤ半島の最南端に達するのであるが，これに伴ってただちにジョホール州はマレー連邦州に次ぐ主要なプランテーションならびに小農のゴム栽培地域となっていった．1910年以降主要幹線はプライから北方に発し，ケダー，ペルリスの2州を横切ってマラヤ半島の最北端パダン・ブサール（Padang Besar）に達し，とくにマレー人小農のゴム栽培を誘発する．ゲマス（Gemas）とケランタン州の北方スンゲイ・ゴロク（Sungei Golok）とトゥムパット（Tumpat）を結ぶ最後の幹線は

---

32) Courteney, P. P., *Plantation Agriculture*, London, G. Bell & Sons Ltd., 1965, pp. 161–162.
33) *Ibid*., p. 162.

1913年に完成し，小農比重の大きいケランタン州のゴム栽培を誘発することになった[34]．こうして1931年までにマラヤ半島部の鉄道網は，トレンガヌ州を唯一の例外として他のすべての諸州を結びつける，現在のそれとほとんど変らぬ構造をつくりあげたのであるが，鉄道の形成が図2.11でみたような各地域のプランテーション，そしておそらくは小農のゴム生産の大規模化とほとんど軌を一にしているという点に，改めて目を惹かれるのである．

いうまでもなくそうした鉄道網は，初期的には先行した錫の輸送用として建設されたものであるとはいえ，1900年代初頭からはゴム・プランテーションの生産拡大を支持するものとして新たに建設されたものであり，こうしたプランテーションの先行的発展がもたらした社会的間接資本を小農は私的費用をいっさい投下する必要のない外部経済として利用することができた．ゴム生産がその性格上規模の経済効果をもたないことによって，小規模生産が大規模生産に比較して競争上不利な立場におかれる度合は小さく，加えてゴム・プランテーションによって促された鉄道，道路，地方都市等の社会的間接資本を小農が十分に享受しえたという外部経済効果を合わせ考えたとき，われわれはプランテーションの先行的発展が即時的に小農のゴム栽培を誘発しえたという歴史的事実の背後にあるもう一つの要因をさぐりあてることができるのである．そしてまたわれわれはこうしたマラヤのゴム生産の歴史的拡大過程の分析から，その生産の性格上，規模の経済効果が機能することが少なく，さらにプランテーションの先行的発展が促進した社会的間接資本を小農が十分に利用しうるような生産物においては，マラヤの事例とおそらく同じように近代部門と伝統部門とは「二重的併存」ではなく，「競合的併存関係」にある二つの存在形態として再定式化を迫られることになると予想されるのである．

ところで植民地独立後の多くの開発途上国においては，そのような状態にある小農をさらに積極的に政策的に育成しようという傾向がはっきりみられ，小農それ自体を近代部門化していくという顕著な方向が窺われる．実はこの点においてもマレーシアは現代の最も著しい事例となっており，小農のゴム植替にたいする政府の積極的な補助政策と，さらには政府による小農用ゴム栽培地域

---

34) この経緯については，Lim-chong Yah, *op. cit.*, Ch. 10. を参照されたい．

の新たな開墾と新経営形態の創出という画期的な開発計画も緒についているのである．次節ではこうした経緯を追うことによって，小農部門自体の近代部門化の過程をみることにしよう．

IV 小農保護政策の展開

1. ゴム植替政策

　ゴムの切付は植樹後6〜7年目にはじまり，採液量は15〜17年目にピークを迎える．しかしその後次第に採液量は減少をつづけ，ゴムの将来価格の見通しによって一様ではないが，標準的なゴム樹の場合には植樹後大体33年目に切付を終了するのが一般的である．ゴム樹に特有なこうしたライフ・サイクルのために，植樹後30年を若干越えたゴム樹の植替は不可避であり，加えて第二次大戦後に新しく登場した合成ゴムとの価格競争に立ち向かうためにも多収樹への植替はますます緊急の課題とされたのである[35]．1948年10月小農ゴムの老木化を懸念する「連邦立法評議会」(Federal Legislative Council) によって成立を促された前述の「ゴム小農調査委員会」の最終報告によれば，1953年における小農ゴム面積の67%，93万7000エーカーのゴム樹齢が30年を越えており，また27%，37万5000エーカーのゴム樹齢が40年以上であったことが指摘されている．既出の図2.3に示された数値によると，1922年以前に付けられた小農ゴム面積は91万8000エーカーであるが，これは1952年のゴム栽培総面積160万6000エーカーの57.2%にあたり，調査委員会の計測値とは若干異なるものの，いずれにせよ30年もしくはそれを越えるゴム面積の比率がきわめて高い水準にあったことが知られる[36]．エステートにおいてもゴム樹の老木化が解決を要すべき緊急な課題とされたのはいうまでもなく，1952年の時点で樹齢30年を越えるエステートのゴム樹面積は69.9%に達し，実際小農のそれよりも高い比率にあったのである．しかしあとで指摘されるように，

---

[35] McHale, T. R., "Changing Technology and Shifts in the Supply and Demand for Rubber: An Analytical History," *The Malayan Economic Review*, Vol. IX, No. 2, October 1964, pp. 24-48.

[36] Federal Legislative Council, *Minutes and Council Papers of the Federal Legislative Council, Third Session, February 1950 to January 1951*, Kuala Lumpur, 1951, pp. 528-531.

エステートの場合にはその必要性が認識されるや，植替の速度は早いものであった．ところが一方の小農は次のような資金的，技術的制約条件ゆえに，自力で植替を行なうことには大きな限界があったとみられる．

第一に，ゴム樹の植替には，この植替を成功させるのに不可欠の投入費用である施肥の負担はかなり大きい．加えてゴム樹の植替のためには，植替新樹からの採液が可能となるまでの6～7年間，成熟樹となるまでのさらに4～5年間のなんらかの所得喪失期を経過しなければならないが，この所得喪失に耐えて生計を維持していくための費用もまた避けられない．エステートの場合には植替のための投入費用をまかなうことは相対的に容易であり，また広大なゴム栽培面積のうち一部ずつを計画的に植替えうるから，植替にともなう所得喪失を長期間に分散できるという強味をもつ．しかし余剰の少ない小農は，植替投入費用をまかなう能力に限度があり，加えてゴム栽培面積が小さいために植替は一時的に大きな所得喪失につながらざるをえない[37]．

第二に，ゴム植替には，新樹が太陽光線を十分に吸収できるよう，また新樹の幼弱な根が成熟樹の根に阻げられないよう，成熟樹に四方を囲まれない，ある程度広い土地で行なわれることが望ましいという技術的条件がある．こうした条件は100エーカー以上のエステートでは満たされるが，2エーカーを下まわるようなとくに小規模の小農の場合には容易ではない．ちなみにバウワーの指摘によれば，1934年から1938年の国際ゴム規制計画時代に小農による植替がほとんど皆無であったのは，たかだか5～6エーカーの小農が1年間に保有地の10％，規制計画期間を通じて20％の植替しか許可されず，したがって上述の技術的条件を満たすことが不可能であったからだと判断しているが，いずれにせよゴム樹面積が小さいほど新樹植替の障害は大きいという事実は争えない[38]．

このような資金的，技術的条件を考慮する限り，植替投入費用と植替に伴う所得喪失に耐えることができ，かつ植替のための相当面積を保有するエステートを除けば，ゴム産業の停滞もしくは他産業への転換は避けられない．第二次大戦終了時点においてゴム栽培総面積のすでに44％を小農が保有していたマ

---

37) Bauer, P. T., *The Rubber Industry*, pp. 173-174.
38) *Ibid.*, pp. 174-175.

ラヤが，ゴム産業のいっそうの発展を志向する限り，積極的な小農ゴム植替政策にのりださねばならなかったのは当然である．マラヤ連邦政府はさきに指摘した「ゴム小農調査委員会」の報告にもとづき，1952年以降意欲的な植替政策の施行に転じ，1953年1月1日にはその政策の施行機関として「ゴム植替局」（Rubber Replanting Board）を設置することになった．植替政策の中核をなしたのは，ゴム輸出にたいして課せられる「植替特別税」（Schedule I-V）と一般歳入を財源とする資金を，小農および一部にはエステートの植替のための補助金として賦与するというものであった[39]．1952年9月1日より開始されたいわゆる「第1計画期」（Scheme No. 1）においてはエーカー当り100ドルの植替補助金が支出されることになったが，つづく1953年1月1日に始まる「第2計画期」（Scheme No. 2）にはこれが一挙に400ドル，小農については500ドルへと増額され，1956年4月5日以降小農にたいしては，これに100ドルが追加されて600ドルとなった．1960年1月1日以降の「第3計画期」（Scheme No. 3）においては，小農補助金はさらに増額されて750ドル，保有面積5エーカー以下の小農は，800ドルの補助金を享受することが可能となった．エステート補助金は「第2計画期」以降400ドルにとどまっている．

　政府によるこうした積極的なゴム植替政策の帰結として，とくに小農の多収樹への植替率は第二次大戦終了時以降急速な増加をみせることになった．小農の年間植替面積は1946年以降「第1計画期」の開始する1952年まではせいぜい1万エーカーかそれを下まわる水準にしかなかったものの，1953年以降の「第2計画期」の7年間には年平均5万3800エーカーに達し，さらに「第3計画期」に入って1963年に至るはじめの4年間は年平均実に13万8700エーカーの増加をみせたのである．1946年の時点でわずか0.6％であった小農の植替率は1953年に至ってもなお4.7％の水準を低迷していたが，その後急激な

---

39) ゴム植替政策の詳細については，次の五つの文献が重要であり，本節の指摘もこれに負うところが多い．萩原宜之「マラヤにおけるゴムの発展と植替え政策の形成過程」『アジア研究』アジア政経学会，1968年7月，1-34ページ．「ゴム小農と植替え政策」『アジア経済』第9巻第5号，1969年5月，1-19ページ．堀井健三「マラヤにおけるゴム植え替え政策の問題点——ゴム小生産者の経営条件に関連して」『アジア経済』第4巻第11号，1963年11月，24-39ページ．Lim-chong Yah, "Export Taxes on Rubber in Malaya—A Survey of Post War Development," *The Malayan Economic Review*, Vol. V, No. 2, October 1960, pp. 46-59; "The Malayan Rubber Replanting Taxes," *The Malayan Economic Review*, Vol. VI, No. 2, October 1961. pp. 43-52.

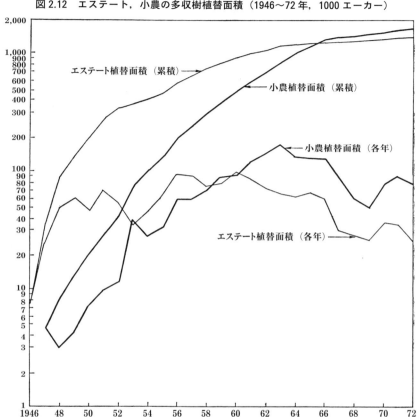

図2.12 エステート,小農の多収樹植替面積(1946～72年,1000エーカー)

(資料) 図2.8に同じ.

増大を示し,1963年には41.6%に到達した.小農の植替面積は図2.12にみるごとく1963年にピークを迎え,以後若干増勢は鈍ってはいるが,植替率は1972年には66.7%となった.エステートの場合には1953年までの時点ですでに相当の植替速度をみせていたが,「第2計画期」にはそれがさらに加速化し,その7年間に年平均7万700エーカーという高い水準に達した.エステートの植替率の増加速度は小農よりいちだんと速く,1953年の17.7%,1959年の42.1%を経て,1972年の時点でほぼ100%に近い水準にある.かくして

1959 年以後小農の各年の植替面積はエステートのそれを越えており，また 1965 年以降は植替面積の累積値においても小農はエステートのそれを凌駕している．

2. 土地開発入植計画

　こうして小農の多収樹植替面積比率は急速な増加を示したものの，現時点での植替費用エーカー当り 1000～1200 ドルに比較して，植替補助金はいまだ「第 3 計画期」出発時点の 750～800 ドルにとどまっており，また現在のマレーシアのゴム小農の平均所有面積がたかだか 5～6 エーカーであることから，さきに指摘した植替を阻止する技術的要因はいぜん強力に作用しているものとみられる．ゴム小農の保有面積と植替面積率との関係を示す資料は存在しないが，ちなみに「登録小農」(registered smallholders)[40] の人種別平均所有面積と植替面積率との関連をごく大雑把にみることは可能である．1972 年におけるマレーシア全体の登録小農の平均保有面積は 5.56 エーカー，植替面積率は 47.9% であるが，人種別にこれをみると，マレー人 4.16 エーカー，35.3%，華人 8.29 エーカー，60.7%，インド人 9.42 エーカー，53.1% となり，保有面積が小さくなればなるほど植替面積率も小さいという一般的傾向を知ることができる．エステート保有者の人種別構成とは逆に，ゴム小農に占めるマレー人の比重は最も大きく，とくに 5 エーカー以下の零細小農におけるマレー人の比重は表 2.4 にみるごとく圧倒的な高さにある．

　こうした零細小農については，これに補助金を与えて植替を促進するという消極的な支持政策にとどまらず，国家が自らの資力によって土地を新たに開墾し，これを零細小農に分与することによって新経済単位を創出していくという，より積極的な政策が試みられることになった．これが FELDA の主導のもとに大規模に展開されつつあるいわゆる「土地開発入植計画」(Land Development and Settlement Scheme) である．第二次マレーシア計画の中間報告によれば，計画期間の政府開発支出総額 93 億 5000 万ドルのうちこの土地開発入植計画に充てられるのは 11 億ドルと見積られており，この計画がいかに重点的

---

40) 「登録小農」とは，FELDA の土地開発入植計画によって創出された小農，ならびに未登録地保有の小農という二つの範疇を除く小農である．

表 2.4 人種別にみた登録小農*のゴム栽培平均面積（1972年）

規　　　模** (エーカー)	マ　レ　ー　人 小農数 (千戸)	総面積 (千エーカー)	平均面積 (エーカー)	華　　　　　人 小農数 (千戸)	総面積 (千エーカー)	平均面積 (エーカー)
0 〜 5	193.1	528.4	2.74	45.7	172.1	2.79
5 〜 15	61.0	451.7	7.40	67.3	535.4	7.96
15 〜 30	3.2	61.8	19.24	8.3	166.0	20.12
30 以 上	0.6	30.9	48.16	3.2	158.6	49.65
合　　　計	258.0	1,072.8	4.16	124.5	1,032.2	8.29
植替面積率（％）		378.7 (35.3)			626.5 (60.7)	

規　　　模** (エーカー)	イ　ン　ド　人 小農数 (千戸)	総面積 (千エーカー)	平均面積 (エーカー)	合　　　　　計 小農数 (千戸)	総面積 (千エーカー)	平均面積 (エーカー)
0 〜 5	2.4	8.9	3.68	241.3	709.4	2.94
5 〜 15	2.1	17.4	3.42	130.4	1,004.5	7.70
15 〜 30	0.4	7.9	19.42	11.9	235.7	19.85
30 以 上	0.3	14.6	51.62	4.1	204.1	49.55
合　　　計	5.2	48.7	9.42	387.7	2,153.8	5.56
植替面積率（％）		25.9 (53.1)			1,031.7 (47.9)	

（注）　* 登録小農とは FELDA の土地開発入植計画によって創出された小農，ならびに自己の栽培地の所有権が不明確なために所有権の登記を行なっていない小農という二つの小農範疇を除外したものである．
　　　　** ゴム栽培が行なわれている面積で，他の作物の栽培面積は含まない．
（資料）　Rubber Industry Replanting Board より入手した資料にもとづく．

な開発項目となっているかが知られよう．この計画には 17 の農村開発と 7 の都市開発が含まれるが，マスター・プランが作成され，すでに事業活動を開始しているパハン州の「ジェンカ・トライアングル開発プロジェクト」(Jenka Triangle Development Project)，同じくパハン州の「東南パハン開発プロジェクト」(Pahang Tenggara Development Project)，ジョホール州の「東南ジョホール・パンガラン開発プロジェクト」(Johore Tenggara and Penggarang Development Project) の三つは注目に値する[41]．「ジェンカ・トライアングル開発プロジェクト」はその規模において後二者に劣るが，マレーシアにおける最初の大規模な農村開発計画として成功し，つづく後二者の雛型をつくったという意味で重要である．この計画に注目することによって，現代マレーシアに特

---

41) この三つの計画の概要については，アジア経済研究所経済協力調査室『年次経済報告——マレーシア 1974』（加賀美充洋著）アジア経済研究所，1975 年 3 月を参照されたい．

第 2 章　二重経済論の再考察　　331

表 2.5 ジェンカ・トライアングル開発プロジェクトの土地利用計画（エーカー）

オイルパーム	65,500
ゴム	27,500
小　計	93,000
農村	8,400
農村道路	4,800
トライアングル道路	2,600
学校・工場	600
利用不可能面積	4,700
小　計	21,100
以　上　計	114,100
町	2,700
河川敷	4,100
以　上　計	120,900
森林用農地	3,100
森林	39,500
小　計	42,600
総　計	163,500

（資料）Federal Land Development Authority, Government of Malaysia, *The Jenka Triangle Project: The Outline of Master Plan*. Hunting Technical Service Ltd., Kuala Lumpur, 1967, p.14.

徴的な零細小農の近代部門化計画の一つを浮び上がらせることにしよう[42]．

　この計画は，パハン州中央部に位置する三つの町テメーロー（Temerloh），ジェランツット（Jerantut），マラン（Maran）に囲まれた三角形状地帯約30万エーカーのうち開墾適地18万9000エーカーを1998年までに開発し，表2.5，図2.13のごとき土地利用構想のもとに，新規入植者5万9100人を含む総人口10万5000人の定住を意図したものである．主要生産物はゴム，オイル・パーム，森林資源である．入植者はゴム，オイル・パームの場合には，植樹後収穫可能時までは月額給与70ドルの賃金労働者としてFELDAの指示のもとに働くが，この労働を行なわないものには同額の「生存維持信用」（sub-

[42] Federal Land Development Authority, *The Jenka Triangle Project: The Outline of Master Plan*, Hunting Technical Service Ltd., Kuala Lumpur, 1967, p. 14. なお本計画の詳細については世銀の諸資料にあたるのが望ましい．

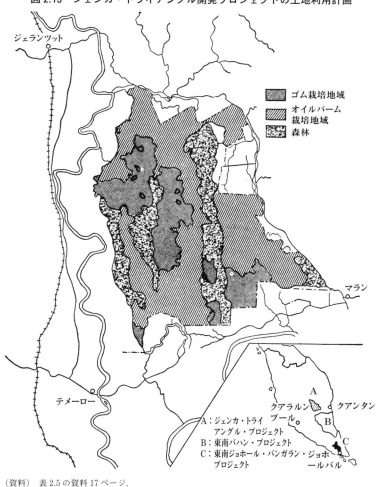

図 2.13 ジェンカ・トライアングル開発プロジェクトの土地利用計画

(資料) 表 2.5 の資料 17 ページ．

sistence credit) が供与される可能性もある．入植後ゴムの場合には 7 年，オイル・パームの場合には 5 年を経て収穫可能時が到来し，さらに収穫期に至るまでの労働が満足すべきものと認められると，ゴム生産者には 12 エーカー，オイル・パーム生産者には 14 エーカー，他に家屋用として 4 分の 1 エーカーの土地が分与され，FELDA 労働者から入植小農へと身分が変更されることにな

る．入植から収穫期までの間，(a)土地開墾費用，主要作物植付費用，(b)肥料，薬品，農機具等の投入費用，(c)生活必需品購入費用，(d)住宅建設費用，といったすべての費用項目に信用が供与され，これらは年利6.25％，返済期間15年の長期低利条件で収穫後にこれを返済することができる．入植者の採液したラテックスは時価で，オイル・パームの場合は前3カ月の平均価格でFELDAがこれを買上げ，FELDAはその大半を政府の資本費用で建設された自己の加工工場，一部をFELDAの認可した民間加工工場に販売し，この販売額から運搬費用，加工費用，販売費用などを差引いた利益分を入植小農に手渡すという順序がとられる．生産物の流通には1974年に「連邦土地流通局」（FELDA Marketing Corporation）がFELDAの下部機関として設立され，FELDAにかかわる生産物はすべてこのチャネルを通じることになり，小農生産物の流通過程における中間商人のマージンは完全に消滅することになった[43]．こうして「ジェンカ・トライアングル開発プロジェクト」におけるゴム，オイル・パームの生産，加工，流通過程をみると，このプロジェクトの主要な特徴が小農入植方式をとるものとはいえ，多分にFELDAの集中管理のもとにあり，従来の小農に比較してその平均経営規模もかなり大きく，エステート経営と多分に同一の一元的経営方式が採用されているとみることができるのである．

ところでここでとくに問題となるのは，入植者の資格である．すでに指摘したようにこの計画は，ゴムについていえば平均所有規模が5エーカーに満たず，多収樹ゴム導入による利益を享受できないきわめて多くの零細小農に一定の最小有効生産単位を確保するというところにその重要な目的がおかれた．この目的はFELDA計画への入植者資格条件のなかにはっきりと示されている．入植者資格のうちそれまで従事していた農業分野がなんであったか，土地所有面積がどの程度であったかの二点がとくに重視され，それぞれについて重要度を示す加点方式が次のように定められている．すなわち前者については，従来の農業分野が，ゴムの場合—4点，オイル・パームの場合—4点，野菜の場合—1点，家畜の場合—1点，とつけられ，さらに所有面積が，2分の1エーカー以

---

43) Wharton, C. R. Jr., "Marketing, Merchandising, and Money Lending: A Note on Middlemen Monopsony in Malaya," *The Malayan Economic Review*, Vol. VII, No. 2, October 1962, pp. 24–44.

表2.6 ジェンカ・トライアングル開発プロジェクトにおけるゴムの単位面積当り収量の推計

植樹後年数	切付年次	エーカー当り収量
年	年	ポンド
8	1	650
9	2	1,000
10	3	1,400
11〜19	4〜12	1,500
20〜22	13〜15	1,400
23〜25	16〜18	1,300
26〜28	19〜21	1,200
29〜31	22〜24	1,100
32	25	1,000

（資料）Federal Land Development Authority より入手した資料にもとづく．

下の場合―5点，2分の1エーカーの場合―4点，2分の1〜1エーカーの場合―3点，1〜2エーカーの場合―2点，2エーカーの場合―1点，となって，従前の保有面積が2エーカーを越えるものの入植は禁止されるという方式がとられている点が目につく．保有面積が2エーカーに満たないゴム，オイル・パーム生産者ということになれば，当然その大半はマレー人小農になるはずであるが，その意味でこの土地開発入植計画は下層マレー人の近代部門への参入を促進する重要な計画，いわゆる「ブミプトラ政策」の一つとしても，これに注目することができるであろう．

1966年に開始されたこの「ジェンカ・トライアングル開発プロジェクト」は1973年3月の時点ですでに3万人を越える人口を擁し，ゴム，オイル・パームに関する開発土地面積は表2.5に示した土地配分計画9万3000エーカー中8万エーカーに達するという速度で進んでいる．この計画におけるゴム小農の単位面積当り収量がどの程度のものかは，いまだ採液期に入ったゴム樹の数が相対的に少なく，また資料自体も十分に整っていないために，これを知ることはできないが，FELDAの推定によれば，切付年次に応じて表2.6のように推移するものとされている．もしこの数値が実現するとすれば，入植小農の生産性は少なくとも切付年次3〜15年の間は，現在のマレーシアにおける最もよく管理のゆきとどいているエステートと同一の土地生産性水準に到達すること

になる．

　「ジェンカ・トライアングル開発プロジェクト」の初期的成功はきわめて注目に値するものであるとはいえ，これにつづくいくつかの土地開発入植プロジェクトに比較すれば，いまだその規模は小さい．既述の「東南パハン開発プロジェクト」，「東南ジョホール・パンガラン開発プロジェクト」は 1990 年までにそれぞれ 250 万エーカー，74 万 2200 エーカーの土地開発を行ない，ここによりいっそう大規模なゴム，オイル・パームの小農入植者を導入する計画であるが，この計画もすでに実施段階に入っている．これらの計画自体がもつ「機会費用」の大きさ[44] はここでは問うことはしないが，1990 年を過ぎてこれらの小農入植計画が完全な稼働状態に入った時点でのマレーシアにおける小農のプロフィールは，現在のそれとは大きく異なったものになることだけは確かである．少なくともゴム小農の新植，植替率のいっそうの上昇がみられるのは近い将来のことであろう．小規模経済単位に補助金を与えて，これを近代化させていこうとする漸進的な政策ではなく，零細小農の大規模な入植計画をもってこれを一挙に近代部門化していくというマレーシア政府の上述した計画は，開発途上世界における一つの新たな政策的実験としても，これに大きな注目を払う必要があるように思われるのである．

V 要　　約

　マラヤにおけるゴムの商業的栽培は 1890 年代の最末葉に少数の企業家的先駆をみたのであるが，リスク覚悟のこの冒険的事業の時期を経て 1906 年以後数年間にわたってつづいた最初のブーム期に，マラヤの小農はマレー連邦州と海峡植民地を中心に急速に拡大したプランテーション周辺部においてはやくもゴム生産を，しかも無視しえざる規模で開始するに至る．そして小農主体のアジア人によるゴム栽培面積はすでに 1910 年にマラヤ全土のゴム栽培面積の 30% を越え，公式のゴム統計のあらわれた 1922 年に至ると，小農のゴム栽培面積の比率は 47.6% と実に半分に近い水準にまで達した．15 年をわずかに越

---

[44] Degani, A. H., "The Land Development Authority: An Economic Necessity?" *The Malayan Economic Review*, Vol. IX, No. 2, October 1964, pp. 75–79.

える短期間に，経営知識や技術知識の乏しかったはずの伝統部門の小農がこれほどまでに急速に近代部門プランテーションの生産物を模倣し，与えられた市場機会に敏速に反応していったという事例は，植民地経済における「二重性」を念頭においてきたわれわれにとっては確かに一つの驚きである．しかもこの急速な小農ゴム栽培の拡大過程を植民地政府がなんらかの政策を用いて支持したという形跡はみられないのである．1922年以降の統計を用いてその後の小農ゴム栽培の拡大過程を追跡することにより，われわれはプランテーションによる小農生産の「誘発」関係はいぜんとして強力に作用し，時に両者は対抗関係におかれながらも，全体としての小農生産の増勢は，第二次世界大戦に至るまで劣えをみせていないことを知ることができた．そして独立後のマレーシア政府は，小農による多収樹植替費用にたいしてはプランテーションのそれに比較してより手厚い補助金を用意し，さらに栽培面積のいちだんと小さい小農範疇には，政府による新開発地に優遇条件を与えてこれを入植させるという画期的な計画を用いることによって，伝統部門を一挙に近代部門化するという試みにすらでることになった．

　このようなプランテーションの先行的発展による小農の誘発関係を歴史的に追跡すると同時に，かかる誘発関係を生起せしめた経済学的事実を見出そうというのが，本章のもう一つの目的であった．そこで明らかにされたことは次の二点である．すなわち第一に，ゴム栽培においては天然ゴムの本来的な性格からして，その費用構成上，切付・集液労働費用が圧倒的に大きく，しかも単位収量に占める労働費用は経営規模の著しい相違にもかかわらずほぼ一定であるという理由によって，この生産分野においては規模の経済効果はほとんど発揮されない，いいかえれば生産量は採液面積とほぼ正比例する，という点があげられた．この事実はすなわち，小農が近代部門化していくための「参入障壁」がそれほど大きいものではないことを示す．そのうえ単位面積当り収量を増大させる唯一にして決定的な方途は，多収樹の新植ならびに植替であるが，この方途による単位収量の増大も規模の大小にかかわるところはあまりない．このことは小農がいったん近代部門に参入すれば，規模の大きい経営単位に伍する費用上の地位を確保しうることを示唆するものであった．そして第二に，大規模なプランテーションの先行的発展がもたらした社会的間接資本とくに鉄道と

道路，さらには地方都市の成長から発生した便益を小農は私的費用をいっさい投下せずに得られる外部経済として享受し，これが小農拡大過程をいっそう加速化する重要な要素となったという点が分析された．かくしてゴム栽培における規模の経済効果の欠如と，小農に与えられた外部経済効果こそが，プランテーションに「牽引」される小農生産の拡大というマラヤのゴム生産の発展史を特徴づけるパターンを生んだ要因として捉えられたのである．

　このようにみてくるならば，少なくともマラヤにおけるゴム生産の歴史過程は，近代部門と伝統部門との「二重的併存」としてこれを捉えることは困難であり，むしろ両者の「競合的併存」関係こそが問われるべき課題だとすらいわねばならないのである．このような「競合的併存」関係は，小農にたいする保護政策がまったくのところ皆無であった植民地体制下において今世紀初頭よりほぼ一貫して持続してきたのであるが，政府による積極的な小農支持政策のもとにおかれているこんにちの「競合的併存」は，さらに小農の相対的地位をいちだんと強化しながら推移していくであろうことはまちがいあるまい．二重経済論の視野を越えるこのような見方で観察しなおされねばならない対象は，他のゴム生産国および茶の生産国にとどまらず，熱帯プランテーション経済のすべてであるかもしれない．

第3章　保護主義型工業化の諸偏向
開発途上諸国の輸入代替工業化と経済発展

序

　開発途上諸国にはさまざまな開発初期条件の類型がある．したがって開発途上国の経済開発政策の立案において最も重要なことは，当該諸国の開発の初期条件をいかなるものとして捉えるか，次いでこの初期条件を有効に生かす開発方向はなにかという順序で政策を考えることであろう．工業化という観点からいうならば，開発の初期的時点において与えられている国内市場規模，利用可能な自然資源の賦存状況，人口圧力等々が，いずれの工業化の型——国内市場向け工業化，工業消費財の輸出を通ずる工業化，一次産品輸出を通ずる工業化——の採用を正当化するか，すなわち初期条件と採用される工業化の型との間に不整合があるか否かがまず考慮されるべき問題でなければならない．

　しかし現実に展開されてきた開発途上国の工業化の経験を顧みるに，このような考慮は著しく欠けていたといわざるをえない．ほとんどの開発途上国は，目指すべき目標として「工業化」を，解決すべき課題として「国際収支危機」を，そして制約条件として「一次産品輸出の・一・般・的・需要停滞」をア・プリオリに設定することによって，開発の初期条件をほとんど無視する傾向をもったのである．この点でとりわけ問題となるのは，国内市場が狭小である一方，特定の一次産品に強い比較優位をもって大きな「対外接触」の歴史を有してきた多くの開発途上国が，その初期条件を無視して保護による国内市場志向型の輸入

代替工業化政策を採用した場合である．国内市場基盤が相対的に大きく，「対外接触」度は比較的小さいという「大国型」の初期条件のもとにあるいくつかの開発途上国の場合には，保護による輸入代替工業化を正当化する論拠を見出すことは可能である．しかし「小国型」の開発途上国が，得られるべき貿易利益と狭小な国内市場規模とを無視して輸入代替工業化を推進した場合，これが当該国の長期的な発展過程にもたらすであろう偏向はかなり深刻なものとならざるをえない．

　以下，輸入代替工業化という開発仮説を，この戦略の代表的論者であるハーシュマンの所説に従ってごく簡単にまとめ（Ⅰ），次いで輸入代替工業化過程が当該国の長期的な経済発展にもちこむであろう個有の偏向を，国内貯蓄，生産方法，国際収支の三つの側面から考える（Ⅱ）．この考察のあとで輸入代替工業化の停滞メカニズム，すなわち初期的輸入代替機会の涸渇とともに開始される，投入財生産部門への輸入代替の「深化」がもたらすであろう資源配分上の偏向を問題にする（Ⅲ）．こうした停滞メカニズムに特徴づけられる輸入代替工業化は，将来のある時点での輸出可能性をそのうちに不可欠のものとして含むところの，幼稚産業保護論の示唆する工業化とはその論理を異にすると考えられるが，輸入代替工業化論と伝統的な幼稚産業保護論との論理構造の差違を明らかにすることによって前者の問題点を浮彫りにしたい（Ⅳ）．最後に開発途上諸国の輸入代替工業化に重要な役割を演じてきた外国民間資本の行動をトレースし，それが受入国の輸入代替過程にもたらした特徴的な偏向について考察することにしよう（Ⅴ）．

Ⅰ　輸入代替工業化論

　輸入代替工業化は最終消費財の輸入を制限することを通じて，国内生産によって充足されるべきある一定の需要規模をもった国内市場を政策的に創出することから始まる．この新たに創出された国内市場を「レディ・マーケット」と称するとして，この市場は国内工業化の強力な誘発力をもった存在であることが期待される．ここでの工業化の誘発力は，従来の輸入が果たしてきた役割に帰せられると考えられている．輸入代替工業化に論理的な整合性を与えたハー

シュマンの指摘によれば,「輸入が行なわれているという事実は,そこに市場があるということの最も確実で争う余地のない証拠である.また,輸入は初期段階でみられる消費者の抵抗を排除し,次第に彼らを輸入品に馴致させるであろう.このように,輸入は一国の需要を偵察し,その実体を明らかにするものである.すなわち輸入は,不確実性を除くとともに販売費用を削減し,そうすることによって,国内生産開始の採算点を目に見えるほど近づけるものである.」もう一度いいかえれば「輸入の役割とは,需要を国内生産域に近づけるほど増大させることによって,国内生産への道を徐々にひらくこと」[1] であった.

そこで輸入代替工業化政策とは,端的にいえば,前年度もしくは当該年度にさきだつ一定期間におけるある商品の輸出量から輸入量をマイナスした純輸入量が「国内生産開始可能点」を凌駕するある特定の水準に達したものと想定される商品項目について,なんらかの輸入制限政策を用いてこれを保護のもとにおき,保護によって形成された市場を国内生産者用の市場として確保するという順序をもった工業化の方途であるということができるであろう.

ところでこの輸入代替される財は最終財である.開発途上国の工業化は「産出物を最終需要へ販売する産業を出発点としてのみ発生しうる」というのが,輸入代替工業化論の不可欠の論理的前提だという点に注意しておく必要がある.輸入代替される財が最終財でなければならない理由の一つは,定義によって開発途上国では中間財の輸入代替を許容しうる市場と工業化の条件がいまだ形成されていないからであり,二つには,より積極的にレディ・マーケットがいっそう大きいのは最終財にほかならないからである.

こうして開発途上国においては最終財生産部門がまず設立され,これが「飛び地的輸入産業」(enclave import industry) として発展波及のコアを形成する

---

1) Hirschman, A. O., *The Strategy of Economic Development*, New Haven, Yale University Press, 1958, Ch. 7. 麻田四郎訳『経済発展の戦略』厳松堂,1961 年,第 7 章.本節のハーシュマンの指摘はすべて同書の同章,一部には第 6 章からの引用である.なお,Hirschman, A. O., "The Political Economy of Import-Substituting Industrialization in Latin America," *Quarterly Journal of Economics*, Vol. LXXXII. No. 1, February 1968, pp. 1-32, reprinted in S. Spiegelglas and C. J. Welsh, eds., *Economic Development: Challenge and Promise*, New Jersey, Prentice Hall, Inc., 1970, pp. 221-230 を参照.

ことになるのであるが，この点でもう一つつけ加えておく必要があるのは，この最終財の投入物は国産のものであることが望ましいとはいえ，発展の初期的な時点において国産投入物を国内市場に期待することは困難である．むしろ最終財の輸入代替によってつくりだされた強力な後方連関効果が次の段階で投入財の国産化を誘発するという経路が想定されているところに，「不均斉発展経路」としての輸入代替工業化の中心命題があるといった方が正確であろう．すなわち開発途上国の工業化は，外国から輸入した準完成品に「最後の仕上げ」を加える工場の設立によって漸進的に行なわれることになるのである．ハーシュマンは，かかる「飛び地的輸入活動」を「飛び地的輸出活動」と対比させ，後者の場合その「飛び地的状態を脱することが非常にむずかしい．通常，前方連関効果をある程度利用することは可能であろう．たとえば，鉱石や砂糖きびを船積みする前に精製することができる．しかし，そのような仕事の範囲はきわめて限られている．ところが飛び地的輸入産業では，事情はまったく異なっている．それは，事実上無限の幅と深さをもった後方連関効果を生みだすのである」と述べて，「事実，急速に発展しつつある低開発国の現代経済史の大部分を，最後の仕上げ段階から中間生産物的工業原料の国内生産段階へ，そして最後に基礎的な工業原料の国内生産段階へと後ろ向きに進行する工業化過程として，叙述することができるであろう」と結ぶのである．

　輸入代替工業化の内的メカニズムに関するかかる論理化はひじょうに魅力的である．だがいうまでもなく，問題はこのような論理が開発途上国で実際に展開される場合，これが当該国の発展過程にいかなる偏向をもたらすかという点である．すでに広く知られているように，こんにちの開発途上国の大半にみられた現実の工業化戦略もまた最終消費財を中心とした輸入代替工業化戦略であるといってさしつかえない．もっとも，そうした輸入代替工業化過程に入っていく際の契機は，必ずしもハーシュマンが論理化した工業化への意図に発したものではなく，後述するように頻発する国際収支危機に場当たり的に示された貿易保護が，結果として最終財の輸入代替を招いたとする見方はかなり妥当性をもっている．しかし，この現実に生起してきた開発途上国の輸入代替過程の経験から，輸入代替にもとづく工業化がとりわけ「小国」の経済発展過程に不可避的に与えざるをえないいくつかの重要な問題点を発見していくことは可能

である．

II 輸入代替工業化の諸偏向
——貯蓄，技術，国際収支——

　開発途上国の輸入代替は最終消費財から始まる．最終消費財が輸入代替の対象とされた理由はいくつか考えられる．前節で指摘されたように，開発途上国の市場条件と工業化の基礎条件とを考慮するならば，初期的時点における投入財の国内生産は容易ではなく，したがって輸入代替生産はまずは最終消費財によって開始されざるをえない，という事情が一方にある．また輸入代替のための厳しい輸入制限が，輸入需要弾性値の低い投入財を対象とすれば，これは経済成長と雇用そのものに甚大な影響を及ぼさずにはすまない．したがって輸入代替の初期的機会は，輸入需要弾性値の高い最終消費財とくに耐久消費財のような非必需財 (non-essentials) によって与えられることになる．開発途上国の所得分配構造は一般にかなり不平等であり，上位の所得階層を形成する都市中流・上流階層向けの乗用車や弱電製品等，需要の弾力的な非必需耐久消費財の輸入需要は大きい．輸入制限の容易さと，輸入制限によって生まれるレディ・マーケットの規模とを考えてみても，初期的輸入代替は最終消費財から開始されるという傾向を強くもつことになるのである[2]．輸入制限の手段として採られたものは，輸入数量統制，関税，為替管理，複数為替レート制等さまざまであるが，これら多様な手段とそれがもたらす資源配分上の歪みについては次章Iで論じられるので，ここでは詳述しない．いずれにせよ最終消費財の輸入が制限されるために，国内生産によって充足されるべきある一定の需要規模をもった国内市場がそこに形成されることになる．この市場は，国内企業家あるいは導入を許可される外国民間企業家にとっては，事前に存在する，市場開拓費ゼロもしくはそれに近いきわめて有利な市場としてあらわれる．そのために最終消費財の輸入制限は，ただちにこの財の輸入代替工業部門の設立を誘発する圧力を形成し，結果として当該国の工業化パターンに耐久消費財のような都市

---

[2] Sutcliffe, R. B., *Industry and Underdevelopment*, London, Addison-Wesley Publishing Company, 1971, p. 266.

階層向け商品の生産に強い偏向をもちこむことになる[3]．

　工業化を最終消費財の国内生産によって始発させるというかかる方式には，長期的な経済発展との関連でみて大きな問題がある．すなわちこの方式においては，国内需要は従来の輸入財から新しく国内輸入代替財へ切換えられたにすぎない．いうまでもなく，国内貯蓄の増大をはかるには消費構造のかかる変化ではなく，消費支出規模自体を縮小させることが必要である．すなわち国内需要が輸入財から輸入代替財へ移動し，なおかつ消費支出を縮小させるためには，国内消費税の引上げ等そのための政策措置が考慮されねばならない．しかしそうすることはレディ・マーケットの規模自体を縮小させて輸入代替工業化への誘発力を減じさせてしまうという二律背反に逢着せざるをえない．輸入代替財への需要圧力が強力に作用する一方で，消費抑制への政策的配慮はなされず，国内消費産業は当初の予想を大きく越えて拡張してしまうというのが一般的な経験であった．最終消費財の輸入代替は，「消費の自由化」（consumption liberalization）を加速させることにより，他の資源配分形態を採った場合に比較してより低い貯蓄水準しかもたらしえないという傾向を内在化している[4]．

　ところで，こうした初期的局面における輸入代替は，最終財の生産は保護されるが，中間投入財，資本財は自由あるいはそれに近い条件のもとで輸入されるのが一般的である．いいかえれば，非必需最終消費財の輸入代替は，先進国で生産された中間投入財・資本財ならびにそれに体化された技術的条件のもとで生産されることが多い．したがって輸入代替による商品生産構造が上述のよ

---

[3] 輸入代替工業化が，上・中流階層向けの耐久消費財生産に偏向をもつという事情については，Felix, D., "Monetarist, Structuralist and Import-Substituting Industrialization: A Critical Appraisal," in W. Baer and I. Kerstenetzky, eds., *Inflation and Growth in Latin America*, London, 1967, pp. 384-385 を参照されたい．

[4] 国際収支調整に発する輸入代替工業化は必ず消費の自由化をもたらす，という論理については以下のものを参照されたい．Power, J. H., "Import Substitution as an Industrialization Strategy," *The Philippine Economic Journal*, Vol. V, No. 2, 1966, pp. 169-174, 191-199, reprinted in G. M. Meier, ed., *Leading Issues in Economic Development*, Second Edition, London, Oxford University Press, 1969, pp. 520-527; "Industrialization in Pakistan: A Case of Frustrated Take-Off ?" *Pakistan Development Review*, Summer 1963; Khan, A. R., "Import Substitution, Consumption Liberalization and Export Expansion," *Pakistan Economic Review*, Summer 1963; Soligo, R., and J. J. Stern, "Tariff Protection, Import Substitution and Investment Efficiency," *Pakistan Development Review*, Summer 1965; Sutcliffe, R. B., *op. cit.*, p. 266.

うに非必需財に偏向をもつことに加えて，生産方法自体も先進国の技術的条件に制約されるという偏向をもたざるをえないのである．

輸入代替産業の設立が国内企業家のみでは不可能な場合，開発途上国政府は，事業所得税その他課税の免除，投入輸入の関税軽減もしくは全免，法人税算定時における減価償却費の免除等の面で手厚い恩典を与えることによって先進国民間企業の導入をはかるという手順をとる．先進国の企業家もまた開発途上諸国の厳しい輸入制限によって排除された既存の市場シェアを防御するために，つまり通常貿易の形では入りこむことがむずかしくなった商品輸出にかえて受入国内にそこでの保護を後楯とした生産・販売体制を確立するために，開発途上国の政策要求に見合う輸入代替産業部門への積極的な企業進出を試みるに至る．すなわち開発途上国がその輸入にたいして課する制限は，先進国の企業家をしてその輸入制限を回避するために，輸入制限障壁の内側に「分工場」設立の誘因を形成するのである．周知の「関税工場」(tariff factory) がそれである．進出形態の最も代表的なものが合弁形態による直接投資であることはよく知られている．この進出企業の生産技術は本国の親企業のそれと同一もしくは親企業の技術体系の一分枝であり，受入国側の要素賦存比率を考慮に入れた技術的適応が考えられることは少ない．すなわち進出企業にとってみれば，受入国側の要素賦存状況に見合う生産技術の創造は，それが正当化される以上に費用のかかるものであると考えられるのである[5]．外国企業による輸入代替産業の典型が組立加工部門であったという事実は，この間の事情を端的にあらわしている．さきに述べたように輸入代替の初期的局面における輸入制限は，最終財において最も厳しく，投入財においてより緩やかになるという「統制の格差構造」をその特質としている．そのために，外国企業家による輸入代替は「親企業」の技術と投入財を用いて「分工場」においてこれを最終財に組立加工することがいっそう有利であり，この事実が上述の事情を助長する．

先進国の組立加工産業の効率性は，部品・原材料部門の生産管理の技術的効率性に依拠しているといわれ，したがって組立加工部門のみをきりはなして第

---

[5] Johnson, H. G., "Tariffs and Economic Development: Some Theoretical Issues," *Journal of Development Studies*, October 1965, pp. 3–30, reprinted in J. D. Theberge, ed., *Economics of Trade and Development*, New York, John Wiley & Sons, Inc., 1968, pp. 351–375.

三国に移転することは，当該産業全体の効率性をそれほどそこなうことにはならないが，逆に部品・原材料は本国以外では効率的には生産されない．とすれば，外国資本による輸入代替組立加工業は，その投入財を本国からの輸入にまたざるをえず，したがって先進国の技術的制約から離れることはまずできそうにない．開発途上国における輸入代替産業の一つの代表例である自動車組立業はそのほとんどすべてが外国企業の「分工場」であり，生産技術と組立部品はこれもほぼ完全に本国親企業の支配下にある[6]．受入国の要素賦存条件を考慮に入れた技術的適応が考えられない以上，そうした工業化は受入国の資源配分に歪みを与えざるをえない．

最後の問題として，輸入代替工業化が当該国の輸入構造にもたらすことになる次のような重要な影響が考えられねばならない．すなわち，非必需最終消費財の輸入が制限されたことによって，当該国が自由に輸入しうる品目は必需的な中間投入財か資本財に限定されるという硬直的な輸入構造をもつことになり，したがって次の段階で輸入削減の必要性が生じた場合には，統制はこの必需品輸入にまで及ばざるをえず，結果として輸入制限は既存の工業能力の遊休率を高めることを通じて経済成長率と雇用に直接的な影響を与えずにはすまない．輸入代替工業化以前における輸入の削減は，主としてその需要が少なくとも短期的には弾力的とみなされる輸入消費財の引締めという形をとりうるが，輸入代替工業化以後の輸入制限は需要の非弾力的な必需財の引締めという形をとることによって，当該国の国際収支条件の変動が経済活動全体の変動と連動せざるをえなくなり，その意味では非必需品の輸入制限にはじまる輸入代替工業化は，当該経済の「対外的脆弱性」をいちだんと増大させることになるというるかもしれない[7]．

---

[6] Sutcliffe, R. B., *op. cit.*, pp. 268–269.
[7] この点については，Schydlowsky, D. M., "Latin American Trade Policy in the 1970s: A Prospective Appraisal," *Quarterly Journal of Economics*, May 1972, pp. 263–289; Macario, S., "Protectionism and Industrialization in Latin America," *Economic Bulletin for Latin America*, Vol. IX, No. 1, March 1956, pp. 78–81, reprinted in G. M. Meier, ed., *op. cit.*, p. 532 を参照されたい．

III　輸入代替工業化の停滞メカニズム

　開発途上国の輸入代替工業化過程は，長期的な経済発展との連関からみて，これを阻害するであろういくつかの特徴的な偏向を当該国経済にもちこむことになる．とはいえ，輸入代替機会が比較的豊かに存在する初期的局面においては，この工業化は実際のところかなり急速度に進むことが予想される．スペインのあるエコノミストが，歴史上最も劇的な事例であるとして言及している第二次大戦前のスペインの輸入代替過程においては，1923年から30年までの8年間に国民総生産，一人当り国民所得の年平均成長率はそれぞれ2.3％，1.1％という著しい低迷状態にあったのにたいし，工業成長率は実に14％を越えるものであったという[8]．この事実は，工業化過程が輸入代替戦略によって開始される場合，少なくとも輸入制限によって創出されたレディ・マーケットを満たすまでの間は，工業化は所得の成長とは独立にかなりの速度で進みうることを示唆している．しかし，輸入代替が結局のところ既存の多分に固定的な国内需要に依拠するものである限り，以下に述べられる事情によって，代替機会は早晩涸渇せざるをえず，それ以後はいっそう困難な局面にふみこんでいくことになると考えられる．輸入代替過程のこうした停滞化へのメカニズムについて考えておこう．

　この分析の出発点に位置するのは，輸入代替工業化の「反輸出偏向」である．この問題は次章Iで論じられるが，さしあたり，一つには，この工業化が非保護部門である輸出一次産業部門からの資源の「引出し」をもたらしたこと，二つには，輸入代替産業の拡大が同時に投入輸入の増大を招来したこと，三つには，保護のもとでの非効率的生産と特権的市場生産ゆえに生まれた，輸入代替部門の高コスト生産物を投入財として利用する輸出産業部門の国際競争力低下を招いたこと[9]，という三つの事情によって，当初予想されたほどの外貨の節

---

8) Donges, J. B., "From an Autarchic towards a Cautiously Outward-Looking Industrialization Policy: The Case of Spain," *Weltwirtschaftliches Archiv*, Bd. C VII, 1971, Heft 1, pp. 3–73.
9) この三つの事情についての標準的な議論としてはマカリオの前掲論文を参照されたい．三つめの事例として彼はアルゼンチンの輸入代替過程をひきあいにだし，100％関税の硫黄の輸入代替がこれを投入物とする硫酸産業の産出物価格を国際価格の3〜4倍とし，さらに硫酸を投入物とする化

約にはつながらず，むしろ多くの場合当該国の国際収支難をいっそう厳しいものにした，という点が考えられる[10]．輸入代替過程の進展とともに，このように当初の意図に反して外貨危機はいっそうの深まりをみせ，そのためにさきに述べたごとく輸入制限の範囲が必需財である中間投入財や資本財輸入にまで拡張され，結果として外貨危機と経済成長とが一義的な連動関係におかれるという事情があらわれるに至った．そのために多くの開発途上国は輸入代替工業化政策そのものの変更をはかるか，さもなくば中間投入財，資本財の輸入代替という代替構造の深化を試みるかという二者択一に直面せざるをえない[11]．この二者のうち大半の開発途上国が採ったのは後者であった[12]．

ほとんどの開発途上国が「外向型」政策への方向転換をはかりえなかったのには，やはりいくつかの理由があげられる．一つには，この工業化は，仮にあとで指摘する「国内資源費用」で示される一国の厚生的犠牲を少なからず含むものであるにせよ，それを甘受しさえすれば，貿易保護によって自動的に工業化圧力をつくりだしうるのであるから，工業化への契機を容易につかむことのできない開発途上国にとっていぜん最も魅力的な工業化の方式であったという事情がある[13]．外国市場に悲観的な見通しをもつ開発途上国にとって，対

学産業，またその化学産業の産出物を投入物とする産業へと高価格が伝播する過程を描写している．
10) 輸入代替の進展が国際収支難をいっそう厳しいものにする傾向については，Leff, N. H., and A. D. Netto, "Import Substitution, Foreign Investment and International Disequilibrium in Brazil," *Journal of Development Studies*, April 1966, pp. 218–233 を参照されたい．
11) 輸入代替の出発点がすでに重化学工業段階にあるところでは，代替構造の深化とはすなわちこの部門のいっそうの深化である．インドがその例であるが，Ahmad, J., "Import Substitution and Structural Change in Indian Manufacturing Industry, 1950–66," *Journal of Development Studies*, April 1968, pp. 352–379 を参照されたい．
12) バラッサは，下記の二つの論文で輸入代替機会の余地が限定される初期局面の終了時と同時に「輸出志向型工業」政策にみごとに転換しえた国の例として台湾と韓国の事例を分析している．Balassa, B., "Industrial Policy in Taiwan and Korea," *Weltwirtschaftliches Archiv*, Bd. 106, 1971, pp. 55–77; "Growth Strategies in Semi-Industrial Countries," *Quarterly Journal of Economics*, Vol. LXXXIV, 1970. なお，同時に次の論文も参照されたい．Keesing, D. B., "Outward-Looking Policies and Development," *The Economic Journal*, Vol. LXXVII, No. 306, June 1967, pp. 303–320, reprinted in S. Spiegelglas and C. J. Welsch eds., *Economic Development: Challenge and Promise*, New Jersey, Prentice Hall, Inc., 1970, pp. 276–292.
13) この点についての代表的な議論はハーシュマンの前掲論文，Hirschman, A. O., "The Political Economy of Import-Substituting Industrialization in Latin America," に見出すことができるが，彼はそこでガーシェンクロンの周知の「相対的後進性の有利性」の理論をひきあいに出し，この有

外的競争圧力を回避しうる工業化の方式はいずれにせよ大きな魅力であった．二つには，輸入代替工業化は当然ながら高度の輸入制限をはじめとして，事業所得税，投入輸入の面での産業保護を不可欠の条件とするが，こうした保護過程は同時に当該国の保護産業にとっては既得権の累積過程であり，したがって「外向型」政策への転換に伴う既得権の廃止は高い社会的費用をそこに含むはずである，という問題がある．一度与えた保護を排除することの実行上の難しさは，よく知られているように幼稚産業保護論以来の二律背反である．

さて，輸入代替過程の進展に伴う外貨危機のいっそうの深まりと，初期局面における国内市場の飽和化現象とが招来した代替の深化は，容易に想像されるように比較劣位度のいちだんと大きい分野の生産への移行を示している．というのは，輸入代替深度が浅ければ浅いほど，その商品生産過程における投入係数は一般に弾力的とみなされ，資本集約的方法，労働集約的方法いずれの方法によってもこれを生産しうる余地はより大きい．熟練度の相対的に低い労働者により，それほど高度化していない技術を用いることによって比較的小規模ベースで生産を行なうことが可能であったという意味で，そうした商品項目の場合には国際的生産費差が生じる余地は相対的に小さく，開発途上国の比較劣位度がきわだって大きいということもない．ここでは保護の度合も極端に高くなくともよい．

しかし，中間投入財・資本財へと輸入代替構造が深化していくとともに，高度の技術に裏づけられた資本集約的生産方法を用いざるをえなくなり，熟練労働と資本の所要量は急速に増大する．そのためにこうした生産方法は，開発途上国の要素賦存比率にますます適合しえなくなる．さらにそうした生産方法に依拠すれば，生産費は当然ながら規模の経済と特化の利益によって左右される度合を強め，したがってこの面からも開発途上国の市場条件に合致しなくなる可能性が大きい[14]．要素賦存条件，市場条件のいずれから眺めても，輸入代替構造の深化は国際的生産費差を拡大する方向であることは疑えない．ところ

利性を最もよく利用しうる方途として輸入代替工業化の方式を示唆している．Gerschenkron, A., *Economic Backwardness in Historical Perspective*, Cambridge, Mass., Harvard University Press. 1962, pp. 343–344.
14) Balassa, B., "Industrial Policy in Taiwan and Korea," pp. 55–57.

で，輸入代替構造の深化過程が同時に国際的生産費差の拡大過程であるとすれば，これは他方で保護貿易の「垂直的」な拡大過程でなければならない．比喩的表現を用いれば，輸入代替の初期的局面における多様な消費財にたいして試みられる「広さ」での保護は，次の段階で異なった生産段階にある一連の産業群にたいして垂直的に行なわれる「深さ」での保護に移行しなければならない[15]．より深い生産段階での保護の度合は，浅い段階のそれに比較してより手厚いものとなるのは当然であって，その意味ではここにピラミッド型の保護の構造が帰結することになるのであるが，しばしば言及されるようにこの帰結は「幼稚経済保護」とも呼ばれるべきものである[16]．

輸入代替構造の深化が，当該国の比較優位度からどの程度の乖離をもたらすことになるか，もしくは当該国の静態的な経済的厚生をどの程度犠牲にするかという点は，輸入代替によって節約された外貨の国内資源費用（Domestic Resource Cost: DRC）という観点から評価することが可能である．すなわち，輸入代替に関連するある産出物一単位（j）の生産に要する国内投入要素（$\bar{f}_{ij}$, $i=1, 2, \cdots, m$）にその投入要素価格（P_i）を乗ずることによって，ある特定の輸入代替生産に要する機会費用をはかることができる．当該産出物一単位の国際価格（P'_j）から，その産出物一単位の生産に要する投入輸入の外国為替必要量（$\bar{f}_{m+1, j}$）をマイナスすれば，その産出物一単位の輸入代替によって節約される外国為替量が得られる．かくして得られた外国為替量は，当該生産物一単位の国際価格で評価された付加価値であると考えられよう．前者すなわち特定の輸入代替産業部門の国内投入要素の機会費用を，後者すなわち当該部門の輸入代替によって節約された外国為替量で除すれば，特定部門の輸入代替によって節約された外貨の国内資源費用をはかることが可能となる．すなわち，

---

15) Myint, H., "Infant Industry Arguments for Assistance to Industries in the Setting of Dynamic Trade Theory," in R. F. Harrod and D. C. Hague, eds., *International Trade Theory in Developing World*, Macmillan and Co., Ltd., 1963, Ch. 7, reprinted in H. Myint, *Economic Theory and the Underdeveloped Countries*, London, Oxford University Press, 1971, pp. 166-167. 渡辺利夫・高梨和紘・小島眞・高橋宏訳『低開発国の経済理論』東洋経済新報社，1974 年，第 6 章．

16) Myint, H., "International Trade and the Developing Countries," in P. A. Samuelson, ed., *International Economic Relations*, London, Macmillan and Co., Ltd., 1960, reprinted in H. Myint, *op. cit.*, pp. 197-201. 前掲邦訳書，第 7 章．

$$DRC = \frac{\sum_{i=1}^{m} \bar{f}_{ij} P_i}{P'_j - \bar{f}_{m+1,j}}$$

である．かくして計算された DRC が公定為替レートを越えれば，国内資源の機会費用が輸入代替によって節約された外国為替量を越えたことになり，この部門の輸入代替は自由輸入時に比較してその分だけの静態的な厚生的犠牲をこうむったことになるであろう[17]．DRC が許容しうる通常の公定為替レートを下まわる場合であれば，この産業は国際的に十分な競争力を有しうるはずであるから，あえて輸入代替産業としての銘をうける立場にはいない．したがってそれが輸入代替産業と呼ばれるものである以上，DRC は公定為替レートを越えるはずであるから，問題は，一つには厚生的犠牲という観点から，二つには将来における生産性の上昇可能性という観点から，DRC がどの程度まで公定為替レートを越えることが許容されるべきか，という点に帰着するであろう．

ここでの問題は，輸入代替過程の進展とともに生じた外貨危機のいっそうの深刻化，ならびに狭隘な国内市場の飽和化現象の二つがもたらした輸入代替構造の深化は，産出物一単位の輸入代替によって節約される外国為替量を極大化し，輸入代替生産に必要な国内投入要素の機会費用をいっそう加速度的に高騰させる．そうして DRC をますます高め，輸入代替生産部門の比較劣位度，したがって当該国の厚生的犠牲を大きくする可能性がきわめて大きい，という点である．

ところで，上述した事情によって輸入代替構造の深化が DRC をいっそう大きくするという結論が得られるにせよ，次のような反論の可能性は消えていない．すなわち仮りに DRC が大きくとも，これは本来比較優位理論から導かれる貿易利益の損失と同じく，当該経済にとっての静態的犠牲を意味するにすぎ

---

17) DRC 概念およびその適用例としては，Steel, W. F., "Import Substitution and Excess Capacity in Ghana," *Oxford Economic Papers*, Vol. 24, No. 2, July 1972 が代表的と思われるが，Schydlowsky, D. M., *op. cit.*, pp. 272–278; Balassa, B., "Effective Tariffs, the Domestic Cost of Foreign Exchange and the Equilibrium Exchange Rate," *Journal of Political Economy*, Vol. LXXVI, May/June 1968. も参照されたい．また Johnson, L. T., "Problems of Import Substitution: The Chilean Automobile Industry," *Economic Development and Cultural Change*, Janualy 1967, pp. 202–216 は DRC の単純な計算によって，チリーの輸入代替過程の非効率性を鋭くついている．

ない．すなわち DRC に関する議論は，輸入代替産業が当該経済の爾余の部門にたいして与える成長誘発効果を考慮に入れていないというのが第一の反論であろう．第二の反論は，DRC 議論は労働の社会的費用と私的費用との乖離についてもこれを考慮していない，というものである．

　輸入代替産業の設立が，労働の訓練ならびに工業的経営技術の熟錬をはじめとするさまざまな工業的能力を育成するものの，しかし当該産業自身はそうした工業的能力の育成から生まれるベネフィットを独占することはできず，大半は外部経済効果として他産業を利する要因となる．いいかえれば輸入代替産業のもたらす外部経済は一国にとっては内部的であるが，当該産業にとっては外部的であるというのが前者の問題である．しかし，外部経済性が輸入代替産業に固有のものでないことはいうまでもないから，資源を輸入代替産業自体に配分した場合に生ずるであろう外部経済性が輸入代替産業以外から生ずる外部経済性よりも大きいと想定されてはじめて，上述の反論は成立しうることになるが，その可能性は一義的には明らかではない．外部経済性は輸出産業においてより大きいかもしれないのである．輸入代替工業化が開発途上国の要素賦存条件と市場条件に適合しえない度合いを強めていく限り，その生産費は輸入代替の進展とともに上昇をつづけていくはずであり，その産出物を投入財として利用する他産業へはむしろ「金銭的外部不経済」が波及すると考えねばなるまい．また要素賦存状況と適合しない生産方法のなかで知識と経験の蓄積がそれほど大きいものとなることは期待できない．

　後者の問題，すなわち労働の私的費用と社会的費用との間になんらかの乖離が存在することも認めねばならないが，これを過大に評価することにも警戒しなければならない．一般的には，労働過剰の開発途上国では輸入代替部門の雇用労働者の少なからざる部分は，もし輸入代替産業が設立されなければ失業もしくは不完全就業状態にあったと想定され，したがってこの場合には労働の社会的費用はゼロもしくは非常に小さいものと考えられるかもしれない．しかし注意しなければならないのは，輸入代替産業はすでに記したごとく，初期における耐久消費財の輸入代替局面においてすらも，先進諸国の技術に依存した近代的工場生産に依拠しており，ましてや代替構造が中間財・資本財生産へと深化した場合にはいっそうその度合を強めざるをえないという点である．すなわ

ちそこで需要される工業労働は当然のことながら，その技術水準に見合う半熟練もしくは熟練労働であり，これらの人的資源は労働過剰といわれる開発途上国のなかにあって，およそ最も稀少な資源にほかならない．であるとすれば，この稀少な資源の輸入代替部門への移転は，無視しえない社会的費用をそこに含まざるをえないのである．

　低い DRC を正当化する同様の議論として，輸入代替産業の技術伝播効果，労働吸収効果あるいは政府歳入への効果といった問題が掲げられることもあるけれども [18]，他の代替的な資源配分形態に比較して輸入代替産業のもつそれら諸効果の方が大きいとする論法はやはり一義的には成立しがたい．技術伝播と労働吸収の二つの効果にたいする寄与という問題については，輸入代替産業で用いられた技術が開発途上国の要素賦存条件にどの程度合致するものであったかという点が問われるべき問題となろうが，その答は本章の他の部分ですでに指摘された．政府歳入への寄与という点については，輸入代替産業のほとんどが，輸入制限による外国商品からの保護という点はいうに及ばず，当該産業の操業開始以後に与えられる事業所得税の免除，補助金の供与，投入財の自由輸入をはじめとする多様な手厚い保護を考慮すれば，また輸入代替産業を志向する外国民間資本へのいっそう手厚い保護をも考えれば，輸入代替産業の政府歳入への寄与は他の資源配分形態に比較してむしろかなり小さいものであることが予想される．

　輸入代替の深化は，さきに指摘した「外向型」政策への転換の困難性を示すものであると同時に，輸入代替過程を経済的に有利な範囲にとどめておくという政策的節度の欠如をあらわしており，また一方における輸入代替を他方における輸出産業の発展によって補定するという合理的な政策のシステムをもちえなかったという政策的整合性の欠如をも示していると考えられる．

IV　輸入代替工業化論と幼稚産業保護論

　われわれはこれまで輸入代替工業化過程で生じる特徴的な偏向，ならびに外

---

18) そうしたいくつかの反論の可能性については，サトクリフェ，スティール，L. T. ジョンソンの前掲論文を参照されたい．

資危機の深まりとともに進行する輸入代替の深化とこれに伴う国内資源費用の高騰過程について考察してきた．これに次いで輸入代替工業化論を伝統的な幼稚産業保護論と比較することによって，前者で含意されている問題点を明らかにしておくことが重要な課題となろう．二つの議論における産業選択基準の相違をみることから接近してみたい．

輸入代替工業化論における保護産業の選択基準は，当然のことながらある産業を保護することによって生まれるレディ・マーケットの規模にある．前年度もしくは当該年度にさきだつ一定期間におけるある商品の輸入量から輸出量をマイナスした純輸入量が「国内生産開始可能点」を凌駕するある特定の水準に達したものと想定され，次いでこの商品が，第一次的には国内の生産要素と技術で生産可能であるかどうか，第二次的には外国民間資本の導入のもとにこの生産を開始しうるか否かが検討され，そのうえにたって輸入代替産業設立の優先順位が決定されるという手順が基本的にはとられる．「国内生産開始可能点」という概念が政策的になんらかの実効的な意味をもちうるか否かには大きな問題点が残るが[19]，ここで注目しなければならないのは，輸入代替産業の試みる投資規模が当該商品の当該投資年次にさきだつ一定期間の純輸入量に依存するという関係である．

そこで輸入代替産業の設立基準の背後には，なによりも保護によって創出されることになる市場規模が国内生産を可能ならしめる最小生産規模を越えて拡大すれば，保護産業の費用は規模の経済効果を通じて必ずや低下するであろうという前提があると考えねばならない．ところがこの前提には，輸入代替工業化論が恒久的な保護を是認するものではない以上，保護によって創出された市場が「国内生産開始可能点」を凌駕しさえすれば，生産規模，要素賦存比率，要素生産性がはっきりと異なる外国の輸出者と将来のある時点で競合可能であるという考えが含まれていることになるはずである．いいかえればこの考えは，各国間に存在する要素賦存差，要素生産性格差によって決定される比較生産費差を結局のところ否定することにつながらざるをえないのである[20]．

---

[19] 「国内生産開始可能点」という概念にたいする一つの批判としては，Myint, H., "Infant Industry Arguments for Assistance to Industries in the Setting of Dynamic Trade Theory," 前掲邦訳書を参照されたい．

国内市場の規模が拡大し，したがって生産規模が最適水準に近づいていけば当該産業の費用が低下していくこと自体は，もちろんその程度に差はあるもののいずれの産業にもあてはまるはずであり，したがってそれだけの理由では特定の産業にたいして保護を与えるべき基準にはならない．保護によってつくりだされた国内市場向けの生産過程で発生する規模の経済効果を通じて，輸入代替産業を将来のある時点で輸出産業化しうるという期待は少なくとも幼稚産業保護論のそれではない．輸入代替産業は，いずれにせよ従来輸入商品によって充足されてきた既存の多様な国内需要に見合わせるべく行なわれる多様な国内生産である[21]．であるならば，輸入代替がもたらす産業構造上の帰結は，比較優位序列に対応した構造ではなく，輸入制限品目に応じた国内産業の多様化であるといわねばなるまい．

　よく知られているように幼稚産業保護論は，保護期間において企業家および労働者がその工業化過程で習得する経験の蓄積とそれを通ずる効率改善によって費用引下げ能力を獲得するという事実に，保護を正当化すべき根拠をおくものである．いいかえれば，そこでは比較優位比率を上昇しうる当該産業の産業効率改善能力そのものに中心的関心がおかれているのであって，国内市場規模の拡大と最適生産規模への移行から生ずる自動的な費用引下げ要因は副次的なものとして扱われるにすぎない，と考えられている．幼稚産業保護論における保護産業選択基準の一つは周知のミル＝バスタブル・テスト（Mill Bastable Test）であるが，これは特定の保護産業に生じる経験の蓄積が国内生産費の平均水準を持続的に低下させ，一定の保護期間の後に輸入代替を効率的に終了させるとともに，これが輸出産業として自立しうるか否かを問うものであった．このテストによれば保護期間において失なわれる貿易利益が，産業自立後に発生する国民経済的利益によってつぐなわれて余りあることが証明されて，はじめてこれを「幼稚産業」といいうるという厳しい条件が付されることになる．さらに，保護期間における企業家ならびに労働者の経験の蓄積が当該産業を利するだけで他に及ばない場合，すなわち保護が生む社会的収益が私的収益を下

---

20) *Ibid.*
21) 開発途上国に現存する市場は，多種類で少量の需要によって特徴づけられる，という主張は，H. G. ジョンソンの前掲論文で強調されている．

まわる場合には，幼稚産業保護を正当化しないという条件を付すべきだという考え方もある．ケンプ・テスト（Kemp Test）といわれているものがそれであることも知られている．もう一度繰返すならば，ケンプ・テストによれば，保護のもとでの習得過程から生ずる経験の蓄積がもたらす外部経済性が，当該企業もしくは当該産業にとっては外部的であり，しかし当該経済全体にとっては内部的である場合，すなわち特定産業部門における経験の蓄積を他部門が自由にしかも完全に利用しうると考えられる場合に，その特定産業部門に保護が与えられることになるのである[22]．

周知のように幼稚産業保護論は，保護産業に本来的に内在していると考えられる潜在的比較優位を顕在化させるための過渡的な保護であって，産業の成熟とともに保護は当然の帰結として漸減もしくは排除されるという前提が不可欠のものとされている．幼稚産業保護論は，その政策的実効性には問題を残しているものの，理論自体としては自由貿易論と鋭く対立するものではないという一般的理解は，前者が上述したように潜在的比較優位を顕現しうるまでの過渡期間を是認するための議論であって，それ以上の保護を正当化していないという論理上の構造に由来する．

このように考えてくれば，ミントが主張するように，「幼稚産業保護論は，開発途上国では異なる産業系列ごとに学習を通じてその効率を改善する能力が違うという命題をうけいれるならば，結局のところ資源を"特化"することによって経済成長を促進するという原理にもとづいている」ことになるのである[23]．経験の蓄積を通じて国内生産の平均費用を国際競争価格に一致させる方向に資源を「特化」させ，潜在的比較優位性を顕在化しめるという努力が幼稚産業保護であるとすれば，既存の多様な国内需要に見合う国内生産を開始すべく，資源の多様化をはかろうというのが輸入代替工業化のための保護である

---

22) 幼稚産業保護論の現代的意義づけ，ミル＝バスタブル・テスト，ケンプ・テストのもつ意味については，Grubel, H. G., "An Anatomy of Classical and Modern Infant Industry Argument," *Weltwirtschaftliches Archiv*, Vol. 2, 1966; Myint, H., *op. cit.*, 前掲邦訳書．村上敦『開発経済学』ダイヤモンド社，1971年，第5章．山本繁緯「保護貿易理論にかんする若干の覚書（Ⅲ）――幼稚産業保護論について」関西大学『経済論集』1967年9月を参照されたい．

23) Myint, H., *op. cit.*, 前掲邦訳書．なお，現在開発途上国で試みられている輸入代替工業化は，幼稚産業保護論の視角から再検討されるべきであるという主張は，Bruton, H. I., "Import Substitution and Productivity Growth," *Pakistan Development Review*, Summer 1963 に強くみられる．

とみなすことができよう．輸入代替による資源の「多様化」は，一部の国ぐにでみられたように，一連の工業活動分野をすべて網羅したいという自己充足的産業構造への願望が生んだ無差別で過度の保護によっていっそう促進され，多様な実質生産性をもつ多様な産業が同時に併存するという不合理な産業構造への傾斜を強めたと考えられる[24]．

ところで輸入代替産業の保護基準あるいは産業選択基準は，幼稚産業保護論にもとづくそれとは大きくその質を異にするというのがこれまでの指摘であるが，しかし現実に展開されてきた開発途上国の輸入代替工業化は，なんらかの整合的な輸入代替工業化論ならびに政策にもとづいてなされたものでは必ずしもない．実は輸入代替戦略と呼ばれているものは，頻発する国際収支危機への急場しのぎの対応策であるとみて大略誤りはない[25]．輸入代替という考え方が工業化のための戦略として明示的に意識されることはより少なかったのではないかと予想される．開発途上国の輸入代替工業化は「明確に意図された理論的計画としてではなく，対外収支の不均衡と環境の逆調を克服することを目的とした防衛的反撥として」試みられたとするプレビッシュの指摘[26]にこの間の経緯が集約されている．マイヤーの適切な表現を引用すれば，「保護の理論は，厳しい貿易統制政策を合理化するための方便にすぎず，多くの場合，真の

---

24) この点についてはマカリオの前掲論文に詳しい．
25) 開発途上国の輸入代替工業化が「戦略」ではなく，多くの場合外貨危機への短期的な対応策であったという事情を，ラテン・アメリカについて普及したものに，Robock, S. H., "Industrialization through Import Substitution or Export Industries—A False Dichotomy," in J. W. Markham and G. F. Papanek, eds., *Industrial Organization and Economic Development*, Boston, Houghton Mifflin, 1970, pp. 350-365 がある．また同じくラテン・アメリカの二，三の国について，その輸入代替政策が全体的な開発計画と「統合」されたものではなかった，という事情については，Felix, D., "The Dilemma of Import Substitution—Argentina," in G. F. Papanek, ed., *Development Policy, Theory and Practice*, Cambridge, Harvard University Press, 1968, p. 57, および Alejandro, C. F. D., "An Interpretation of Argentina Economic Growth since 1930," *Journal of Development Studies*, January 1967, p. 158 を参照されたい．
26) Prebisch, R., *Towards a New Trade Policy for Development*, New York, United Nations, 1964, pp. 20-21. 外務省訳『新しい貿易政策を求めて』国際日本協会，1964年，56ページ．なおハーシュマンは，前掲論文 Hirschman, A. O., "The Political Economy of Import-Substituting Industrialization in Latin America" において，輸入代替工業化を開始するに至る契機を，先進諸国の工業化過程の歴史的経験から考察し，これを国際収支難，所得の漸次的成長，戦争，意図的開発政策，の四つに分類しているが，かれは非必需品生産への偏向をもつものはとくに国際収支難に発する輸入代替であり，その対極が意図的開発政策に始まる輸入代替であると考えている．

理由は，開発途上国の国際収支圧力であった．国際収支の継続的圧力に直面して開発途上国は，広い範囲の輸入品に数量制限を課すことにより，その相次ぐ国際収支危機を回避しようとした……国際収支困難に対する特別措置は，はじめこそ臨時的なものであったが，ほとんどすべての場合，それは次第に恒久的措置に変わり，範囲も拡大し，そして，ついに保護の形をとるに至った．その特徴は一時しのぎであり，自主性の欠如であり，さらには，発展のためにどの工業が最も有効か，どのくらいの期間その手段を実施したらよいか，についてはまったく顧慮することなく，いかなる犠牲を払っても輸入代替を実施しようという根本目標にもとづいて，制限政策を頻繁かつ無差別に実施したことである．」[27]

V 輸入代替工業化と外国資本

現代における対開発途上国外国民間資本の最も主要な進出分野は製造業分野であり，これは抽出産業部門，鉄道をはじめとする社会的間接資本投資に中心的な関心をおいた第二次大戦前の伝統的投資類型と著しい対照をなしている[28]．こうした急激な投資形態の変化をもたらしたのは，天与の自然資源が外国資本の支配下にあるという事実が植民地ナショナリズムを強く刺激し，抽出産業部門ならびにこれの補完的分野である社会的間接資本部門の国有化，ないしは国有化に至らないまでも利権料の大幅な値上げが行なわれたことによって，投資国にとって独立後の開発途上諸国の投資環境自体がはなはだ魅力のないものに変化していったという事情が考えられる．これに反して，植民地的従属構造からの経済的自立を支える中心的産業分野とされた製造業部門への外国資本にたいしては直接的，間接的に手厚い恩典を加えた導入政策が，初期には消極的に後期にはきわめて積極的に用いられることになり，この部門への外国

---

27) Meier, G. M., *The International Economics of Development, Theory and Policy*, New York, Harper & Row, Fublisher, Inc., 1968, p. 193. 麻田四郎・山宮不二人訳『発展の国際経済学』ダイヤモンド社，1973年，206ページ．
28) この対照をメキシコの事例でみた興味深い分析に，Wionczek, M., "Foreign Investment in Developing Countries: Mexico," in P. Drysdale, ed., *Direct Foreign Investment in Asia and the Pacific*, Camberra, Australian National University Press, 1972, pp. 272–275 がある．

資本の進出が急増傾向を示すに至ったのである．ここでの製造業分野とは，すなわち輸入代替工業部門である．

　ところで開発途上国の輸入代替工業化過程に重大な役割を演じてきたものは，外国民間資本にほかならない．この外国民間資本の進出類型をかりに資源志向型，労働力志向型，市場志向型，環境立地志向型と分類するならば，これまでの対開発途上国外国民間投資を特徴づけてきたものはなんといっても市場志向型投資であったといいうるであろう．その意味は次のように理解される．

　開発途上国が輸入代替工業化を進めていくためには，高度の輸入制限政策を用いて国内の企業家が利用しうるレディ・マーケットを確保することが不可欠の条件であるが，この場合先進国の商品は通常貿易の形で開発途上国内に入りこむことはむずかしくなる．しかし一方，多くの開発途上国は，排外的な植民地ナショナリズムが強固に存在していた初期段階はともかく，資本の流入にたいしては商品輸入にたいするほどには厳しい態度はとらず，後期になればなるほど資本不足の解消策としてむしろ積極的な外資導入政策を用いようとする傾向を強めていくようになった．そこで先進諸国の民間企業としては，高度の保護貿易によって排除された通常輸出の市場シェアを回復し，さらにこれを拡大するための方途として，現地の政策に見合った輸入代替工業部門への積極的な企業進出を試み，次いでこんどは現地の保護貿易主義を後楯とした非競合的生産を享受するという方法を選択したのである．商品の国際移動が生産要素の国際移動を代替するものである限り，開発途上国の高度の輸入制限政策が商品移動のかわりに生産要素移動を促進するのは当然である．すなわち輸入制限政策は，輸入制限国内の稀少要素である資本の相対的稀少性をいっそう強めることを通じて資本の収益性を高め，そこへの資本移動を誘発することになるのである．実際にはさらに輸入代替工業化政策の線に忠実に沿う進出企業にたいしては，開発途上国政府は，事業所得税，投入財輸入等の面でさまざまな優遇策を講じ，とくに現地資本・技術では生産不可能な輸入代替工業部門の設立に際しては「創始産業」としてこれにいっそう手厚い恩典を加える政策をとった．結果として，輸入代替工業化政策の採用によって排除された市場を回復し維持しようという目的のために進出する先進諸国の民間企業進出は大規模化し，しかも進出後は多分に温室的な条件のなかでその目的を達成することが可能だっ

たのである.

ところで，このように受入国側の輸入代替政策に発する保護貿易主義に依拠して進出した外国民間資本は，結果として受入国側の長期的な経済発展との関連で無視しえない偏向を派生させることになった，という点を指摘しておかなければならない．そうしたもののうち重要と思われる特徴的な帰結，すなわち一つには，輸入代替工業部門に進出した先進国企業の技術は本国の親企業のそれと同一もしくは親企業の技術体系の一分枝が用いられざるをえず，受入国の要素賦存条件への技術的適応を欠いたこと，二つには，そうした技術的体系のもとで外国資本は開発途上国における旧来の生産方法に比較してより大量生産的なベースで操業され，市場基盤の小さい開発途上国の輸入代替機会を急速に涸渇させることによって，この工業化過程のもつデメリットを一挙に顕在化させたこと，この二点については本章の随所で論じてきたところである．

第三に考えておかなければならない問題は，現代の先進諸国の対開発途上国民間資本進出を特徴づけているものが，受入国の輸入代替工業化政策を後楯とした市場志向型のそれである，というさきに指摘した事情に関連する．すなわち，この市場志向型投資において中心的な関心となるのは，受入国側の輸入代替政策によって排除された通常の輸出貿易にかわるところの，資本進出と結合した輸出行動にほかならない．したがって，受入国における多くの直接投資形態での企業設立は，そこでの収益獲得と同時に，設立される企業への当初は投資プロジェクト建設のための資本財の輸出，操業後は企業稼働のための投入財の輸出をも，主要な目的とすることになるのである．ところで，この事実を裏返していえば，進出企業が受入国に賦存する資源そのものを利用する傾向を減殺することにつながり，輸入された投入財を最終的に組立ないし加工するだけの仕上げ段階のみに関心をもつという，生産段階上の偏向を生じることになるのである．

第四に，この問題と関連するが，対開発途上国民間資本進出の動機が市場志向型であるといっても，これはあくまで受入国の高度の保護貿易主義に依拠して，保護された受入国市場を志向するという意味であって，本国あるいは第三国の輸出市場にたいしてはさして関心が示されないのがふつうである．要素志向型の資本進出であれば，定義によってよりコストの低い生産がめざされるこ

とになるが，市場志向型投資の場合には，これが高度の保護障壁を後楯とした非競合的生産を目的とし，しかもこの非競合的生産を市場基盤の小さい開発途上国で行なおうというのである以上，第三国への輸出を可能ならしめる生産費の低下を期待することができないのは当然であろう．

ところで輸入代替工業化過程の，すでに分析してきた傾向とともに，初期において抱かれた期待は次第に稀薄化される傾向にあり，無差別的外資導入政策から選択的なそれへと政策転換が試みられつつある，というのが実情である．「輸入代替型工業化政策」から「輸出志向型工業化政策」もしくは「輸出代替政策」への転換は，一般に論じられているほどの規模と速度をもって進んでいるわけではないが，しかし外国資本にたいするその方向への政策転換はかなりの速度であるように見受けられる．これは漸次公表されるであろう経済開発計画における大きな政策転換の前兆であろう．上述した外国資本の問題点についていえば開発途上国の近年における外資政策は大路以下のような態度を表明し始めているものと考えられる．

第一，第二の問題については次のような傾向が顕在化しつつある．受入国の要素賦存状況に見合う技術的適応の問題に関しては，外資法にはっきりとした規定はいまだ挿入されていない．導入技術の選択権をいかにして自国に確保しうるかは，開発途上国における外資導入法改正の一つの重要なポイントとなろう．ただし開発水準が比較的高度にある国ぐにでは，外国資本の寄与をはかる評価基準としてすでに技術伝播効果を最大のものとして掲げており，一般事務職の入国を制限し技術者を優先するといった，技術伝播を考慮に入れた職業選択を通して，外資の技術的寄与を高める政策にのり始めているのは注目される．またこうした政策は，現地被雇用者にたいする技術伝播を最大化しようという政策，すなわちとくに現地の中級経営管理者，技術者の登用への要請と結びついており，親会社派遣の外国人の引揚予定表を提示させることによって企業中堅層の現地人化をはかる方向もとられ始めている．労働過剰度を高めている開発途上国が，外資系企業に自国民の一定の雇用比率を義務化しようとする方向はつとに一般的である．

第三の問題について当然生じてくるはずの開発途上国の関心は，受入国に賦存する資源そのものの利用度を高め，そのことによって同時に付加価値をでき

るだけ国内にとどめておこうという，いわば国産化率の増大への要請であろう．この国産化率の増大は，組立産業においては現地工程比率の増大，加工産業においては現地調達比率の増大という要請としてあらわれるであろう．これが同時に関連産業の設立ならびに労働吸収にたいしてもつ効果があわせ考慮されることによって，最近の開発途上国の強い関心の一つとなっている．外国資本の導入許可時に一定の国産化率を外資法によって義務づける例も少なくなく，優遇策供与を条件に国産化率向上への誘因を用意するというのはすでに一般的な傾向である．

第四の問題の帰結は，外資系企業の輸出の義務化である．導入許可に際して合弁契約書に一定の輸出比率を謳うよう行政指導を行なったり，税制上の恩典を付与するという誘因措置を講ずるという事例はかなり多く見受けられるが，外資法に商品ごとの輸出義務を明示するという厳しい方向をとる国もあらわれつつある．受入国内での非競合的生産を享受するという目的のもとに進出した外資系企業が輸出志向に転ずるためには，そのための条件としてスケール・メリットの得られる市場と生産方法が必要となるのはいうまでもないが，このための方途として一定資本量以下の外国投資を禁止するというラディカルな方向をとる国すらもあらわれてきている．輸出志向型外資系企業への誘因供与という点で最も端的にこの性格をあらわしているものに，よく知られている自由（輸出）加工区があるが，この加工区に導入された企業の生産物はいうまでもなく全量輸出に向けられねばならない．

こうして開発途上国の輸入代替工業化政策に伴う関税をはじめとする多様な保護政策に依拠して受入国に非競合的生産・販売体制を確立すべく進出した外国民間資本は，そうした企業行動のいわば「成功」の帰結として，受入国の経済構造に多様な偏向を与えたのであるが，輸入代替政策の行詰りは，受入国政府をしてそうした偏向に警戒の目を向けさせることになったと考えられる．

とはいえ開発途上国の近年における外国資本にたいするかかる態度の変化をとらえて，これを「内向型」開発政策から「外向型」のそれへの開発政策全般にわたる基本的な変化を含むものとして評価するのは時期尚早であろう．変化のきざしはあらわれているとはいえ，ほとんどの開発途上国の開発政策の基本はいぜん輸入代替型の工業化におかれており，ただこの政策を後楯として進出

した外国資本のもたらしたデメリットの部分のみを矯正しようという努力だけがわれわれの目につくというにとどまる．開発途上国が輸入代替政策を採用するに至った契機が外貨危機にあったという点はこれまで再三にわたって指摘されてきたところであるが，かれらの工業化政策の基本が現在もなお輸入代替にあるという事実もまた，彼らの外貨危機の反映なのである．「輸入代替」政策から「輸出志向型」政策への国際環境をいかにつくりあげていくかという国際経済協力の問題に再びたちもどらなければならない．

第4章　輸出志向工業化政策の展開

台湾および韓国の開発経験と東南アジア

序

　香港，台湾，韓国を含む東南アジア諸国は，いずれも人口基盤，国内市場基盤の小さいいわば「小国」であり，「小国」のつねとして外国貿易への依存度は相当高い．したがってその国内工業化政策も外国貿易政策と離れては存在しえない．大半の東南アジア諸国がこれまでに採用してきた工業化政策は，保護主義的色彩の濃い輸入代替型のそれであり，工業製品の輸入制限がこの政策の中核に位置した．すなわちここでの戦略的政策変数は「輸入」である．香港に始まり，台湾，シンガポール，韓国が1960年代に至って本格的に展開させた輸出志向工業化政策は，輸出工業部門を工業成長の主導部門とするための一連の政策手段であり，すなわちそこでの戦略的政策変数は「輸出」である．「対外接触度」の大きい開発途上国の工業化は，いずれにせよその貿易政策と不可分の関係にある．

　しかし開発途上諸国の20数年に及ぶこれまでの工業化の経験をふりかえるに，輸入代替工業化政策のもとにあった国ぐにおいて達成された経済的パフォーマンスと輸出志向工業化政策に沿った国ぐにのそれとの間には目立った差異がある．前者の工業化率，経済成長率は後者のそれに大きく及ばない．少なくとも香港，台湾，韓国を含む東南アジア諸国においては，つとに論じられている経済成長率の明瞭な「分極化現象」が一般的である．経済成長率のこの分

極化現象は，前者の国ぐににおいてかなりラディカルな資源再配分政策が用いられない以上，将来にわたってなお持続するかもしれない．というのは，輸入代替を促進するために採用されてきた一連の保護政策が，前章で問題とされたごとき，長期的な経済発展を阻害する個有の偏向を当該国の経済構造にもちこんでいるからであり，また本章で扱われるような資源配分の歪みが由々しき輸入偏向と反輸出偏向とを生んでいるからにほかならない．幼稚産業保護論の考えにたつならば，保護過程で企業家ならびに労働者が習得する経験の蓄積を通じて，保護産業は生産費引下げ能力を獲得していくはずであり，そのために生産費の引下げとともに保護の度合は軽減していくはずであった．したがってそこでは輸入代替産業は一定の保護期間の後に輸入代替を完成させ，つづく時期に輸出産業化していくことが当然の前提とされたのである．前章で指摘されたように，むしろ保護過程で喪失した貿易利益が，当該産業が次の段階で輸出産業化したことによって生まれる国民経済的利益によってつぐなわれて余りあると考えられて，はじめて保護の論拠が成立する，といった方が正確であろう．しかしこんにちの開発途上国の輸入代替の経験は，その保護過程が資源配分の歪みを拡大させ，これが反輸出偏向を構造化させて実際のところ時間の経過とともに逆に保護は累積化の過程をたどっていかざるをえなかったのである．輸出産業化への可能性は，保護のもとでますます遠のいていったというのが実情に近い．

　しかし，こうした一般的傾向と対照的な開発経緯を数少ない開発途上国の事例のなかに窺うことができる．われわれがとりわけ注目したい事例は台湾と韓国の輸出志向工業化の経験である．この二国にとくに注目する理由は次の通りである．二国とも当初は他の開発途上国と同様の輸入代替工業化政策を採用し，その貿易保護と輸入代替産業の国内保護はむしろ他の開発途上国よりも強力なものであったと評価することができる．しかしこうした保護主義的な政策はある時期に一挙にくつがえされ，新しい自由主義的政策に変更されることになるのであるが，その後に実現された経済的パフォーマンスは刮目すべきものである．輸入代替から輸出志向への政策転換が，その経済成長過程を両国ほどにみごとに変化させていった事例はまことに稀有のものだといわねばならない．二国の政策転換の経緯を検証しておくことは，開発途上国の開発政策を考えるわ

第4章　輸出志向工業化政策の展開　　365

れわれにとって，重要な示唆を与えてくれることになりはしないかと期待されるのである．

実際のところ，1950年代後半期の台湾，1960年代央の韓国にみられた経済政策の転換ほど急激にして徹底的なものは，現代の開発途上世界においては例をみない．輸入制限，低金利，過大評価された為替レートを通ずる産業保護過程は，被保護産業にとっては同時に既得権の累積過程であり，したがって保護主義的政策を一挙に自由主義的政策に転換するに際して発生する既得権の廃止は，高い社会的コストをそこに生むはずである．一度与えた保護を廃止することの実行上の難しさは，前章で記したごとく幼稚産業保護論以来の二律背反である．その意味で，両国政府の試みた積極的にして果敢な政策転換には，おいおい分析されるような，この政策転換後に実現される経済的実績に照らしてみれば，とりわけ高い評価が与えられねばならない．

以下，開発途上諸国とくに東南アジア諸国の輸入代替過程で発生した資源配分の歪みを，第3章とは異なった観点から論じ（I），同時に台湾，韓国の輸入代替過程をも考察する（II）．次いで台湾と韓国の二国が，輸入代替過程において生じた劣悪なパフォーマンスの反省の上にたって，「市場自由化政策」と輸出促進インセンティブ政策によって特徴づけられる，輸出志向工業化政策にいかに転換していったかが検討される（III）．そのあとで，両国の輸出志向工業化はその要素賦存状況に見合う労働集約財輸出によって導かれたものであることを論証し（IV），最後に輸入代替工業化の停滞から新しい活路を模索する東南アジア諸国が，そうした台湾，韓国における輸出志向工業化政策のインパクトのもとに，いずれの方向に歩みつつあるかを素描する（V）．

I　輸入代替工業化と資源配分

前章で問題とされたように，現在に至るまでの開発途上諸国の工業化は輸入代替工業化という呼称のもとに概念化されるものであった．これも前章で指摘されたごとく輸入代替工業化とは，輸入商品によって形成されてきた国内市場が国内最小生産規模に達した時点でなんらかの輸入制限政策を用いることにより，この市場を国内生産者のための市場として確保し，次いでこの市場に向け

て国内企業家による生産を次つぎに開始させながら工業化をはかっていくという特有の開発経路を指す．

したがってこの工業化の展開を政策的に推進する場合，まず第一に必要とされることは，保護主義的な輸入障壁を築いて外国の競合的輸出者から隔離された国内市場を創出することである．この保護主義的な輸入障壁は，当初は輸入承認制，為替管理制度を広範に用いることによって，次いで高度の保護関税を築くことによってなされた．輸入承認制もしくは為替管理制度は，先進国においては周知のごとく本来国際収支の一時的逆調を救う緊急手段であるが，開発途上国の場合にはこの手段が工業化のための行政的統制手段にまで拡張されることになったのである．この制度のもとで，当該国の輸入商品もしくは輸入主体はなんらかの重要度基準 (essentiality criteria) にしたがって類別され，それぞれに異なった輸入許可条件を与えるというのが通常の手順であった．

1954年以降10年間にわたって典型的な重要度基準をもったフィリピンの事例でいえば，この国の輸入主体は，不要不急の非必需財の輸入を厳しく抑制し，必需財生産者の投入財輸入を優遇するという目的のもとに，(1)必需財生産者 (essential producer)，(2)準必需財生産者 (semi-essential producer)，(3)非必需財生産者 (non-essential producer)，(4)必需財消費者 (essential consumer)，(5)準必需財消費者 (semi-essential consumer)，(6)非必需財消費者 (non-essential consummer)，(7)未分類 (unclassified)，(8)非統制 (decontrolled)，と次第に厳しくなる8項目に類別された[1]．消費者よりも生産者の輸入が，非必需財よりも必需財の輸入が優先されたことはこの分類より明瞭である．この結果，1954年から1963年までの10年間にフィリピン全体の輸入総額に占める必需財生産者の輸入額の比率は40.2%から59.7%へと増加する一方，他の輸入主体の輸入比率はいずれも例外なく低下をみるという顕著な傾向があらわれるに至る．またフィリピンの輸入総額に占める耐久ならびに非耐久消費財輸入額の比重は1949年には37.3%であったが，1964年には16.4%へと大きく減少しており，これに反して，機械，未加工原材料，半加工原材料等生産財輸入額の比重は，同期間に62.7%から83.9%へと増大している[2]．かかる輸入重要度基準，も

---

1) Power, J. H., and G. P. Sicat, *The Philippines Industrialization and Trade Policies*, London, Oxford University Press, 1971, pp. 88–92.

う一度繰返せば不要不急の最終財の輸入において最も厳しく，中間原材料・部品・資本財等生産者のための必需財の輸入においてより緩やかになるという「統制の格差構造」は，輸入代替政策を採用した大半の開発途上国においてほぼ共通のものであった．

　かかる重要度基準のもとで，投入財輸入者は消費財輸入者に比較してより多くの外国為替を保有することができたのであるが，市場機構を経由しないでなされる外国為替のこのような配分過程は，当然のことながら市場のもう一方に非公式の外国為替市場を形成し，この「闇」市場のなかで外国為替保有者は多大の「稀少性プレミアム」を享受することができた．しかし外国為替保有者が享受しえたのは，そうした「不法な」利得ばかりではない．より重要なことは，輸入承認制，為替管理制度のもとで輸入をより少なくしか許可されず，ある場合には輸入禁止となったことから生まれた非必需財の国内市場向けの生産に外国為替保有者が積極的な投資を試みることにより，そこからいっそう大きな利益を得ることができたという点である．すなわち非必需財のほぼ完全な輸入統制は，この財の輸入代替生産に高い保護の壁を形成したことになり，高価格での国内生産・販売を可能にする一方，この非必需財生産のための投入財は重要度基準のもとで優先的にこれを輸入することができた．輸入統制品目の国内価格が当該商品の推定自由輸入価格を大きく上まわるという事実がここに帰結する．投入財輸入者は自由な為替市場を通じてではなく，輸入承認制，為替管理制度のもとで優先的に外国為替を与えられるのであるから，そこでの為替レートは当然のことながら均衡市場レートに比較して，自国通貨を外貨に相対して過大に評価したものであった．いいかえれば投入財輸入者は過大評価された外国為替を優先的に利用しうるという二重の便宜を受けたことになるのである．

　すなわち輸入代替政策を採用した開発途上国の公定為替レートは自国通貨を過大に評価する傾向をもち，均衡市場レートとの複数レート制が一般化することになった．公定レートの過大評価は明らかに輸入代替部門への「輸入補助金」であった．高い輸入障壁に囲まれた国内市場向け生産を旨とし，したがって輸出よりも輸入代替生産のための投入財をより安く輸入することに多大の関

---

2) *Ibid.*

心をもつ多くの開発途上国では，公定レートを割高に評価しておく方がその国の政策により有利であるとみなされ，この割高傾向は恒常化されることになった．開発途上国の輸入代替過程は，よく知られているように同時にかなり激しいインフレ過程であったが，このインフレの進行に伴って生じた公定レートの実勢レートからの乖離は，多くの場合放置されて累積化の一途をたどった．一般にインフレ過程においては，他の価格項目に比較して賃金，公共料金，利子率，為替レート等の上昇は鈍く，相対価格に歪みが生じるのが常であるが，とくに利子率と為替レートの二つは，これが輸入代替産業にたいしてもつ「補助金的要素」のために，その歪みは容易に是正されなかったとみられる．

ところで統制がもたらす煩雑な行政，ならびにこれに伴う著しい行政的非効率を高費用に鑑み，輸入承認制と為替管理に依拠する初期的な輸入統制は次第に保護関税に道をゆずることになっていった．東南アジア諸国の場合フィリピンとインドネシアはそれぞれ1962年と1966年に輸入承認制度を廃止して関税に依拠する輸入代替政策に転じている．輸入承認制度，為替管理制度においてそれまでさして厳しいものをもっていなかったタイ，マレーシア，シンガポールも同じ時期に積極的な保護関税制度にのりだしはじめている[3]．保護関税は輸入承認制や為替管理制に比較して，市場メカニズムのもとで若干なりとも「自動的に」作動するものであり，行政上の費用のより少ないものであったことは確かである．とはいえ保護関税がめざし，またそれが帰結したものは為替管理制度のそれと変わらない．

すなわち保護関税障壁は最終消費財において最も高く，中間財においてより低く，資本財・原材料においてはほとんどゼロに近いという差別的な税構造をもった．1970年に近い時点での特定東南アジア諸国の商品項目別にみた関税率を示す表4.1は，この事実を示している．本表によれば5カ国中，シンガポール，そして一部にはマレーシアは，それほどはっきりとした差別的保護関税体系は有していないが，インドネシア，フィリピン，タイの三つの国においてその関税構造は非耐久，耐久消費財においてより高く，中間財，資本財においていちだんと低いという明瞭な傾向をもつことが知られるであろう．このよう

[3) Hughes, H., "The Manufacturing Industry Sector," Asian Development Bank, *Southeast Asia's Economy in the 1970s*, London, Longman Group Limited, 1971, pp. 185–251.

表 4.1　特定アジア諸国の関税率（1969年）

	インドネシア	マレーシア	フィリピン	シンガポール	タ　　イ
非耐久消費財					
小　麦　粉	8-40%	0%	pesos 2.50/110kg	0%	baht 22.0/kg or 30%
綿　繊　維	80-200%	10 Cyd or	30%	0%	40% to baht 40.0/kg or 60%
合　　　繊	150%	10 Cyd or 25%	pesos 3.90/kg or 75% to pesos 6.00/kg or 100%	0%	baht 40.0/kg or 60%
薬　　　品	0-40%	25%	0-25%	0-30% or S$0.50/lb	0-80%
耐久消費財					
冷　蔵　庫	100%	20%	80%	S$245 to S$350/unit	30%
テレビ・セット	100%	30%	80-100%	S$50/unit or 25%	35%
自　動　車					
C　K　D	40-60%	0%	25-100%	0%	30%
加　工　品	80-100%	35%	40-160%	30%	60%
中　間　財					
セメント・石材	25%	M$12/ton	pesos 3.50/100kg	S$12/ton	baht 1.0/ton or 10%
窒　素　肥　料	0%	M$50	5%	0%	0%
燐　酸　肥　料	0%	0%	20%	0%	0%
ポリビニール塩化物	5%	25%	20%	0% to S$35/cwt	25%
クラフト紙	60%	0%	80%	0%	baht 1.0/kg or 30%
綿　　　糸	8-40%	0%	70%	0%	baht 6.0/kg or 25%
資　本　財					
鉄　　　鋼	80%	10C vd or 25%	pesos 2.40/kg or 50%	0%	40%
錫　　　板	0%	0%/M$100/ton	20-60%	S$70/ton	baht 0.30/kg
鉄鋼ワイヤ	20%	0%	40%	0%	baht 0.75/kg
	5-10%	0%	pesos 16/100kg or 75%	0%	baht 0.70-1.25kg or 20-30%
トラクター					
C　K　D	5%⎫	0%⎫	5-10%	0%	2%
加　工　品	5%⎭	0%⎭		0%	5%

（資料）　Asian Development Bank, *Southeast Asia's Economy in the 1970s*, London. Longman Group Ltd., 1971. p. 249.

な関税率の「段階化」はすでによく知られている事実であるが，この事実は最終財にたいして表4.1にあらわれている「名目関税率」(nominal tariff rate) よりもはるかに大きな「有効保護率」(effective rate of protection) を帰結することに注意しなければならない．すなわち最終財にたいする関税の賦課はその財に「補助金」を与えたことと同じ効果をもつ一方，当該最終財生産のための投入財の輸入にたいする関税の賦課はその最終財にたいして「課税」することに等しいという論理があるからである．したがって最終財にたいする関税率が高く，その最終財のための投入財輸入の関税率が低いことは，最終財の国内生産にたいしてより大きな実質的保護を与えることになる[4]．段階的関税構造が，輸入承認制，為替管理にかわる輸入代替促進の強力な手段となりえた理由がここにある[5]．

　こうして輸入承認制あるいは外国為替統制における重要度基準に発する，最終財輸入者よりも投入財輸入者に外貨を優先して付与する慣行，これに加うるに投入財輸入者に有利，最終財輸入者に不利な差別関税方式とは，その帰結として開発途上諸国の輸入構造を急速に変化させていった．東南アジア諸国のそれをみたものが図4.1，4.2である．すなわちほとんどの国ぐにおいて食糧を除く消費財輸入は減少方向に向かい，他方で資本財の輸入は大きく増大傾向をみせたのである．こうした帰結をもたらした開発途上諸国の保護主義的政策は，その国内生産構造に特有の偏向をもたらすことになった．すなわち消費財輸入がほとんど禁止的な状態にある一方で，しかしこの消費財生産のための投入財は過大評価された為替レートのもとで優先的に与えられる外貨によって輸入しうるのであるから，国内投入財ではなく輸入される投入財とそれに体化される技術のもとで当の消費財の国内生産を試みることがきわめて有利であるの

---

[4]　実効保護率を扱った論文は多数あるが，ここでの問題に沿うものとしては，Balassa, B., and D. M. Schydlowsky, "Effective Tariffs, Domestic Cost of Foreign Exchange and the Equilibrium Rate," *Journal of Political Economy*, May/June 1968; Corden, W. M., "The Structure of a Tariff System and the Effective Protective Rate," *Journal of Political Economy*, June 1966 の二つがあげられる．さらに Balassa, B., and Associates, *The Structure of Protection in Developing Countries*, Baltimore, Johns Hopkins Press, 1971, Ch. 1 を参照されたい．

[5]　Meier, G. M., *The International Economics of Development, Theory and Policy*, New York, Harper & Row, Publisher, Inc., 1968, pp. 194-195. 麻田四郎・山宮不二人訳『発展の国際経済学』ダイヤモンド社，1973年，207-208ページ．

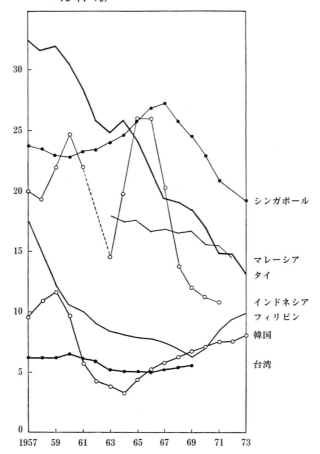

図 4.1 特定アジア諸国の消費財輸入比率の時系列推移（1957～73年，%）

（資料） United Nations. Economic Commission for Asia and the Far East, *Statistical Yearbook for Asia and the Far East*, Bangkok, 各年；United Nations, Economic Commission for Asia and the Pacific, *Statistical Yearbook for Asia and the Pacific*, 1974, Bangkok.

は当然であり，したがってこの輸入代替は同時に輸入投入財集約型のそれであった．加えて，輸入投入財は国内投入財よりもいっそう資本集約度が高く，そのために自国の要素賦存比率に逆行する資源配分を結果することによって，輸

図 4.2 特定アジア諸国の資本財輸入比率の時系列推移（1957～73 年，％）

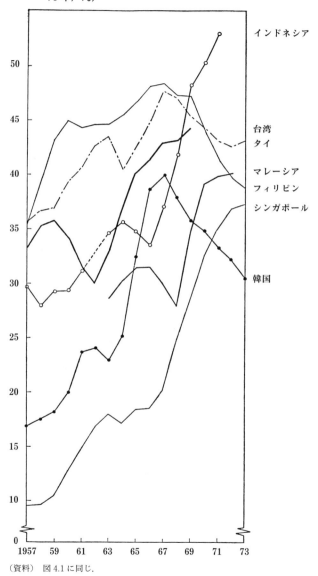

（資料） 図 4.1 に同じ．

入代替は反輸出偏向をも帰結することになるのである．しかし輸入代替産業の投入財輸入偏向ならびに反輸出偏向的性格をいっそう包括的に論じるためには，さらに要素価格の上に用いられた次のような一連の政策をも問題にせざるをえない．一つは低金利政策であり，二つは特定工業部門での高賃金慣行である．両者とも輸入代替工業化の過程と必ずしも論理的に結びつけて理解されるものではないが，ほとんどの開発途上国でみられた現象であり，これが上記の輸入代替工業化のための輸入制限政策と結合して，問題をいちだんと深刻なものにしていると考えられる．

　低金利政策は一時期多くの開発途上国においてその産業育成政策のかなめとされた．市中銀行や開発銀行の資金は均衡市場金利よりも大幅に低い水準で貸出され，市中銀行や開発銀行のそうした低金利貸出を中央銀行が全面的に支持するという方途がとられた．この低金利銀行信用にたいしては大きな超過需要が発生したのは当然であるが，一方この低い貸出金利に見合う低い預金金利のもとに集まる貯蓄量は低位にとどまることになる．圧倒的な超過需要は結局のところ低金利銀行信用の行政的割当を通じて解消されざるをえないが，この場合政府が育成しようと考えている特定輸入代替産業が選好されることになったのはいうまでもない．長期資本の貸出の場合には，これがこの特定産業以外にまわる可能性は現実にはゼロに近いものであった．ここに帰結するのは，為替レートの過大評価が生んだのと同様の偏向である．すなわちそうした金利規制の過程で発生した非公式の金融市場のなかで，低利資本保有者はつねに稀少性プレミアムをもつと同時に，この資本を保護された産業部門，すなわち輸入代替最終財産業に投資してそこから最大限の利益を獲得することができた．均衡市場水準での金利よりも相当低い金利の銀行資本を獲得できたことによって，彼らは自国の要素賦存比率に比較して相対的に資本集約的・労働節約的な，したがってまた相対的に輸入集約的な生産方法を選好するという偏向を発生させ，同時に将来の輸出可能性をもふさぐという反輸出偏向をも生んだのである[6]．

　ここでわれわれは一つの興味ある事実に気づく，すなわち輸入代替政策のもとでの保護とは，外国の競合的輸出者からの保護であると同時に，輸入代替部

---

[6] Little, I., T. Scitovsky, and M. Scott, *Industry and Trade in Some Developing Countries, A Comparative Study*, London, Oxford University Press, 1970, Ch. 3.

門を国内の爾余の部門からも隔離して保護するという，二重の保護構造をもったという点である．前者の保護が貿易為替管理や高関税政策によって形成されたことはすでに指摘したが，後者の保護は過小に評価された外貨と低利の銀行資本を輸入代替部門に優先的に配分する一方，爾余の部門がこれには容易に接近できないような手だてをつくりあげることによって実現されたのである．公定為替レートの過大評価による国内財に相対した輸入への低い価格づけは，低金利政策のもとでの労働に相対した資本財への低い価格づけを伴うことによって，当該国の要素賦存状況に逆行する生産方法を許容することになった[7]．

　この傾向は，保護政策が派生させた高賃金慣行によってさらに加速化された．特定の輸入代替工業部門の保護はそこに大きな利潤機会を発生させ，この事実が保護工業部門の賃金率を均衡市場賃金率よりも高位に保たせることを可能にした．いくつかの国では政府による高賃金促進政策を後楯とした強力な労働組合運動が，その高賃金をさらに上昇させることにもなった．かかる特定工業部門の高賃金化傾向は，低い農村所得との格差をますます大きくすると同時に，この高賃金に引き寄せられて農村から都市に向かう大規模な労働移動現象を生むことにもなる．為替レートの過大評価，低金利政策によって促進された資本集約的・労働節約的生産方法のゆえに，流入をつづけるこうした労働を吸収していく工業部門の力は弱く，その多くは失業人口，不完全就業人口として都市の底辺部に滞留を余儀なくされる．実際のところ保護による輸入代替工業化を強力に推進した国のほとんどにおいて，工業雇用の増加率は都市人口の増加率を大幅に下まわるものであった[8]．これらの国ぐにおいては一部の保護工業部門の高賃金化傾向は，失業人口，不完全就業人口の増大傾向と併存して生じたことになる．かかる高賃金化傾向は，次の段階でそれ自体こんどは当該産業の生産方法を資本集約的・労働節約的なものにしていく傾向を助長させることになるのである．

---

7) 開発途上諸国の輸入代替工業化過程を特徴づけた，かかる保護の二重性を最も鋭く論評したものに，Myint, H., "Dualism and the Internal Integration of the Underdeveloped Economies," *Banca Nationale del Lavoro Quarterly Review*, No. 93, June 1970, reprinted in his *Economic Theory and the Underdeveloped Countries*, London, Oxford University Press, 1971, Ch. 12. 渡辺利夫他訳『低開発国の経済理論』東洋経済新報社，1973年，第12章がある．

8) Little, Scitovsky, and Scott, *op. cit.*, pp. 81–85.

さてこのようにして輸入承認制度，為替管理制度，保護関税を通ずる輸入制限が生んだ為替レートにおける自国通貨の持続的な過大評価は，低金利政策ならびに高賃金慣行と結びつき，企業家をして国内投入財よりも国外投入財を，労働集約的生産方法よりも資本集約的生産方法を選好させるという志向性を生んでいったのである．その帰結は，すでに指摘したように一つには投入財の輸入偏向であり，もう一つには比較優位の喪失とこれに伴う輸出の停滞である．
もっとも輸出停滞は，国内市場志向型の輸入代替工業化過程にあっては予想されないものではなかった．しかしこの輸出停滞は，限界資本産出高比率，資本労働比率を増大させつつ進行する工業化過程のもとで，すなわち当該国の要素賦存比率からの乖離を深める過程で発生しているのであり，これによって工業品の比較優位はますます失なわれるという過程を進んだとみられる．幼稚産業保護のもとにおける工業化との決定的な違いがここに生まれたのである．
　この輸出停滞は，多くの開発途上諸国の伝統的な輸出品である一次産品にも及んでいるという点は無視できない．そしてこの点に輸入代替工業化政策に不可避の保護政策がもたらした資源配分上のもう一つの重要な問題がある．輸入代替工業化は次のようなプロセスを経て一次産品の反輸出偏向を派生させたと考えることができる．特定輸入代替工業部門にたいする上述してきた保護は，保護されざる伝統部門とくに農業部門にたいしては一種の「課税行為」となる．第一に，輸入代替工業部門の産出物の価格は，当該国の要素賦存比率に逆行する生産方法とその非効率性によって，農産物に比較して高まる傾向にあり，農家交易条件を不利化させる．すなわち当該国内市場における農産物と工業製品との相対価格を，同一生産物の国際市場での価格関係（交易条件）と比較してみると，後者の市場よりも前者の市場において相対価格は農産物にいっそう不利化しているという結果が得られるのである．この過程を通じて当該国の国内所得は農業部門から工業部門に移転する．第二に，過大評価された為替レートと低金利政策のもとで，外貨と資本は特定の工業部門に集中し，一国における外貨と資本を所与のものとみなす限り，この稀少資源は伝統部門から引出されて特定工業部門に向かうことになる．輸出の少なからざる部分を農産物輸出に依拠している開発途上国の場合，上述した二つの傾向は輸出額の減少をもたらす方向に作用するはずである．加えて第三に，為替レートの過大評価は一定の

農産物輸出によって農業部門が受取る輸出所得額を減少させる．これらの要因はすべて一次産品輸出へのインセンティブを奪う方向に作用し，輸入代替工業化政策の反輸出偏向を加速化させた．
　ところで，上述してきたような輸入代替工業化過程で進んだ資源配分上の歪み，またこの歪みがもたらした投入財輸入偏向と反輸出偏向とが，大半の開発途上国を特徴づける狭小な国内市場のなかでみられたという点に論じられるべきもう一つの問題があろう．もっともこの問題は前章の主要なテーマの一つであったので詳述は避けたいが，要するに輸入代替が結局のところ既存の，小規模にして多分に固定的な国内需要に依拠するものである以上，初期におけるほんの短期間を除いて工業化率は速度をもちえないのである．1960年代中頃以降いくつかの東南アジア諸国の，国民総生産における製造業シェアではかられる工業化率は，それまでの速度を明らかに減速させている．東南アジア諸国のなかで輸入代替工業化を最も早い時期から，強力な保護政策を用いて進めてきたフィリピンの場合にこのことは典型的にあてはまる．この国の工業化率は1950年代の末までのかなり急速な進展のあと，1960年代の初期からこんにちに至るまで大略18～22％の間を上下しているにすぎない．インドネシアの場合も1965年頃から工業化率は8～10％の間で変化はきわめて少ない．後れて輸入代替工業化過程に入ったマレーシアとタイは1960年代にかなりの工業化率の上昇をみたが，1970年を前後する時点より減速傾向がみられる．
　貿易収支の慢性的悪化傾向に加うるに，こうした工業化の遅滞に直面して，東南アジア諸国が新たな政策展開をみせ始めるのは1960年代の終りから1970年代の初頭にかけてである．これらと対照的にシンガポール，台湾，韓国の三国は他の東南アジア諸国に比較してきわだって良好な経済的パフォーマンスを実現することができた．ひろく知られているように，この三国はいちはやく輸入代替工業化からいわゆる輸出志向工業化に転じ，その政策変化がきわめて急速な輸出拡大を生み，それに導かれて高い経済成長率を実現するという実績を共有することができた．この三国の政策転換が生んだ成果は，開発途上世界全体のなかでも他に類例を求めることが難しいほどのものであったが，それだけに他の東南アジア諸国が輸入代替工業化の行詰りからの活路をそこに見出すべき「先例」をつくったという点でも，大きな重要性をもっていると考えること

ができる.この三国とも当初より輸出志向工業化をその開発戦略としてきたわけではなく,それに先立つかなり長期にわたる輸入代替工業化の時期を経験してきた.しかし三国は,この経験のなかである時期以降に生じた深刻な経済的停滞を特有の国内政策と輸出促進政策によってみごとに打破することができたのである.この三国の開発政策の成功は他の開発途上諸国がとるべき政策の「先例」をつくった,というのはまさにこの理由による.

実際のところ「開発政策論」盛行のなかにあって,賢明な開発政策が当該開発途上国の経済成長を主導したという経験は数えるほどしかないといってもよい.それでは,これらの国ぐにがいかなる政策的経緯のもとに輸入代替工業化から輸出志向工業化に転じ,結果として実現された経済的成果はいかなるものであったのか.台湾と韓国を事例にとりながらこの問題に近づいてみよう.

II 台湾,韓国の輸入代替工業化

台湾ならびに韓国も,前者は1950年代央に至るまで,後者は1960年代の初頭に至るまでは,前述した開発途上国一般と同様の輸入代替工業化政策を推進してきた.輸入代替を導いた政策手段もまた他と隔りはない.すなわち,第一に厳格な貿易為替管理であり,第二に保護関税障壁の設定であり,第三に低金利政策であった.しかし第二の保護関税は,両国の場合どちらかといえば他の開発途上諸国に比較してそれほど強力なものではなく,輸入関税の「段階化」の度合もより小さかった.両国の輸入代替にあずかって力のあったのは,なんといっても第一の貿易為替管理であろう.

輸入代替をめざした台湾の厳しい貿易為替管理は1950年代の中頃までつづいた.そこでは,公共部門の輸入ならびに政府が重要と認定した民間企業のプラント機器,原材料,資本財等投入財の輸入には過大評価された公定レートが適用される一方,その他の輸入主体には均衡為替レートとしての「外貨証明書レート」(exchange certificate rate) が用いられ,格差の大きい二重為替レートが形成されていた.実際1950年代初期の台湾においては,投入財ならびにアメリカ援助物資の輸入者のレートは10.35NTドルであったが,最終消費財の輸入レートは15.90NTドルが適用されていた.外貨証明書の保有者といえど

も自由輸入は不可能であり，輸入商品項目は，(1)許可品目，(2)統制品目，(3)停止品目，(4)禁止品目，の4つに分類され，この基準に照して輸入申請される品目ごとに許認可が与えられるという手順がとられた．需要の弾力的な最終消費財が(4)に近く，中間財，資本財が(1)に近いのは，輸入代替の意図からして当然である[9]．

韓国の為替レートも朝鮮戦争とそれにつづく経済復興期に急速に進んだインフレに追いつくすべをもたず，一貫して極度の過大評価が進行した．1953年に3倍，1955年に同じく3倍に近いウォンの切下げが試みられたものの，この間に進行したインフレのために後者の時点でなお50%を上回る割高率にあったと推定されている．韓国の為替レートのこうした過大評価は著しい輸出の停滞を生み，1953年に4000万ドルの水準にあった輸出総額は，1958年にはわずか1600万ドルへと減少し，1961～62年に至ってもなお4000～5000万ドルを低迷していた．一方，援助輸入，外国借款輸入，政府輸入には公定レートが用いられるかたわら，機械・運輸機器などの投入財には公定レートよりもいちだんと低い輸入レートを用いることによってこの輸入を促進したのであるが，1956年から1962年までの間この投入財輸入レートは公定レートよりも15%から，品目によっては実に70%ほども低い率が適用されたのである．ところが最終財の輸入はそのほとんどが輸入数量制限の対象となっており，その輸入にたいしては外国為替割当量を商品ごとに定めるという，輸入代替工業化推進の一般的な手段が講じられた．輸入代替の反輸出偏向と並んで投入財輸入偏向がここに発生したのである[10]．

低金利政策においても両国は，他の開発途上国と同様の手段を講じた．台湾の場合，公共部門および政府が重要とみなす輸入代替産業部門にたいする貸出金利は，他の金融機関のそれよりもきわだって低く，1952年9月に定められた借款利子率は月利1.8%であったが，1956年6月の改正によってこれはさ

---

9) 台湾の貿易為替管理については，Mo-huan Hsing, *Industrialization and Trade Policies, Taiwan*, London, Oxford University Press, 1971, Ch. 5, および Ching-yuan Lin, *Industrialization in Taiwan 1946–72: Trade and Import-Substitution Policies for Developing Countries*, Praeger Publishers, New York, 1973, Ch. 3 を参照．
10) 韓国の為替レートについては，Brown, G. T., *Korean Pricing Policies and Economic Development in the 1960s*, Baltimore, Johns Hopkins University Press, 1973, Ch. 6 を参照．

らに 0.99% に引下げられた．これに反して他の一般銀行による同一範疇の貸出金利は 1.8% と約 2 倍の高さにあった．しかしこの一般金融機関の利子率ですら非公式の金融市場金利に比較すればまだ低率であり，たとえば同じ時点での台北の未組織金融市場金利は 2.1〜2.4% であったと伝えられる．低金利銀行信用の供与は，貿易為替管理と一部には保護関税によって生まれた最終財の輸入代替部門への大規模な進出を可能ならしめる重要な政策的要因であった[11]．

　1950 年代の韓国の低金利政策は，開発途上世界のなかでも典型的なものであった．国務総理直轄の金融通貨委員会によって決定される金利規制は強力なものであり，1 年もの定期預金の金利を例にとれば，その上限は 1950 年 3.8%，1951 年 4.1%，1954 年 12.0%，1959 年 10.0% であった．ちなみに 1959 年時点における同一範疇の市場金利の実勢は 20% をゆうに越えており，2 倍を上回る「非現実的」な金利規制であった．低利銀行資本にたいする超過需要は，この公式の資本に接近しえざる階層を膨大に生みだし，彼らを資金確保の非公式ルート，いわゆる「私債」発行へと向かわしめた．私債金利は実勢を反映した大略 25% 前後の水準にあって，ここに 1950 年代韓国は明瞭な金利の二重構造のもとにおかれることになったのである[12]．

　上述してきた一連の保護主義的政策は，両国の最終財価格を高水準のものとし，いくつかの代表的な消費財についてその国内価格を同一財の推定自由輸入価格と比較すると，前者が後者を越える比率はきわめて大きく，輸入関税を支払ってもなお前者の価格水準が輸入価格を凌駕するという事実を結果することになった．リンの推定になる，台湾における 1953 年時点での特定商品項目についてのそれは表 4.2 に示されるとおりであるが，厳格な輸入統制はかくしてこれら商品生産にきわめて有利な輸入代替機会を創出し，外貨や資本，熟練労働といった資源のみならず，貴重な企業者的能力までが，国際価格水準を大きく越える「温室」生産分野に集中していくという結果を生んだのである．しかしこうした統制的手段によって進展した両国の輸入代替工業化は，その帰結としていくつかの重要な問題を抱えこむことになる．輸入代替をより大規模に進

---

11) 台湾の低金利政策については，Mo-huan Hsing, *op. cit.*, Ch. 6 を参照．
12) 韓国の低金利政策については，Brown, G. T., *op. cit.*, Ch. 7 を参照．

表 4.2　台北における特定商品の国内卸売価格と推定自由輸入価格との乖離（1953 年）

商品項目（単位）	台北卸売物価 [α] （NT ドル）	推定自由輸入価格 [β] （c.i.f. NT ドル）	α/β （%）	関税率 [γ] （%）	α/β−γ （%）
小　麦　　　粉（1　　　　　袋）	86.20	51.40	68	20	48
大　　　　　豆（1キンタル）	433.00	170.00	115	14	141
乾　燥　牛　肉（6 kg）	790.00	291.00	171	75	96
粉　ミ　ル　ク（罐、1ダース）	330.00	190.00	74	26	△21
綿　糸、20 番（1ベール）	4,414.00	3,125.00	41	8	33
綿　服　地、生　地（1ピース）	189.20	106.40	78	26〜39	39〜42
綿服地, ポプリン（1ピース）	316.60	109.50	189	26〜32	152〜163
毛　糸、B　　B（1ポンド）	120.00	25.00	380	30	350
麻袋、インディアン（1　　袋）	10.90	4.45	144	33	111
皮　　　　　靴（30m²）	22.60	15.39	47	26	21
板ガラス（2×50×50インチ）	142.00	66.00	115	51	64
サ　ル　フ　ァ　剤（60 kg）	1,607.00	723.00	122	75	47
ソ　ー　ダ　灰（kg）	432.00	106.00	308	33	275
アンモニアサルファイト（キンタル）	170.00	81.00	110	8	102
ガ　ソ　リ　ン（10ガロン）	83.00	40.56	105	75	30
ペ　イ　ン　ト（ゲロス）	530.00	257.00	106	26	80
ダ　イ　ヤ　ン（bte）	406.00	249.00	63	33	30
歯　み　が　き　粉（ゲロス）	2,639.00	983.00	168	149	19
鉄ワイヤー, No.8（MT）	3,707.00	2,447.00	51	17	34
鋼　板、4.5mm（MT）	3,214.00	2,075.00	55	20	35
原　動　機、3＝HP（1台）	1,500.00	814.00	84	11	73

（資料）Chin-yuan Lin, *Industrialization in Taiwan, 1946-72*, New York, Praeger Publishers, 1973, p. 51.

第 4 章　輸出志向工業化政策の展開　　381

展させた台湾においてその問題はいっそう深刻であった．

　第一に，台湾の場合には，1954年までに非食糧製造業生産額の77％，食品加工産業を含めると83％の輸入代替を実現しており，最終財の輸入代替機会はこの時期にほぼ涸渇したと考えられる．よりいっそうの代替機会はもちろん中間財，資本財の生産分野に存在してはいるが，これらの分野は規模の経済と特化の利益に左右される配合が大きく，台湾の市場条件に明らかに合致しない．最終財の輸入代替が終息するとともに，市場的拡張の道を閉ざされたいくつかの製造業部門において生産の停滞が発生し始める．3年間の移動平均でみた台湾の製造業の年平均増加率は図4.3に示されるとおりであるが，1954年以降数年間の落ちこみは大きく，その時期に若干のズレはあるが，繊維，化学製品いずれの停滞も著しい．事情は韓国においても大略同様である．韓国の輸入代替の中心的な消費財は，食品，繊維製品，ゴム製品，紙製品等であったが，これらは1958年から1961年にかけて内需を充足すると同時に，はやくも市場制約に直面し，価格低下と生産の停滞に向かう．1954～57年における消費財工業の年平均成長率は17.0％であったが，1958～61年のそれは7.9％にすぎなかった．この態様は図4.4に示されるが，1958～59年を前後する時点での製造業全体の停滞ぶりは明瞭であり，とくにそれ以後の後述する輸出志向工業化に伴って実現される高成長率とみごとなまでの対照を示している．図4.4に示されるとおり，繊維製品においてこの傾向はとくに顕著であった．

　第二に，この保護主義的政策によって形成された輸入代替過程は，両国においても反輸出偏向性と投入財輸入偏向をぬぐいがたくもつことによって，輸入代替の深まりとともに貿易収支の逆調に悩まされざるをえなかった．1950年代初頭から中頃にかけての台湾，1960年代前半期の韓国はまさにこの時期である．台湾における1950年代前半期の貿易収支のマイナスは輸入額の35％から64％，また韓国の1960年代前半期のそれは実に170％に及び，両国ともアメリカの援助なしに国際収支を維持することは不可能な状態にあった．

　台湾の場合には，1950年代後半における，韓国の場合には1950年代後半から1960年代前半にかけての，上述してきたごとき工業化の停滞と貿易収支の慢性的悪化に直面して，両国は新しい活路を摸索せざるをえなかった．しかし両国の政府当局は，この劣悪なパフォーマンスのよってきたる要因が，一つに

図4.3 台湾における製造業成長率の時系列推移（1947～75年，3年移動平均，%）

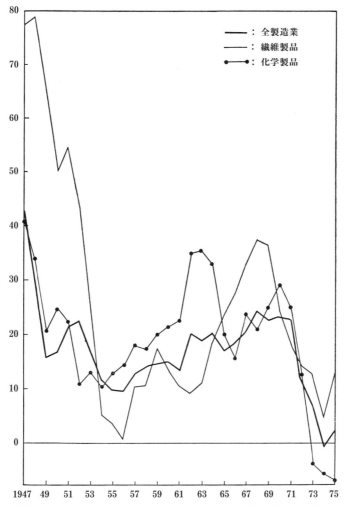

（資料） Directorate-General of Budget, Accounting & Statistics, Executive Yuan, Republic of China, *Statistical Yearbook of the Republic of China*, Taipei, 各年.

第4章 輸出志向工業化政策の展開

図 4.4 韓国における製造業成長率の時系列推移（1956～75 年，3 年移動平均，％）

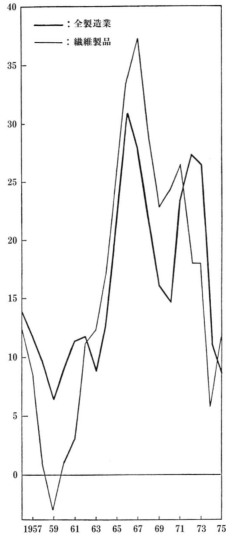

（資 料） Bureau of Statistics, Economic Planning Board, Republic of Korea, *Korea Statistical Yearbook, Seoul*, 各年.

は輸入代替工業化の市場制約にあり，もう一つには輸入代替工業化の反輸出偏向と輸入偏向にあることを，その時点で正しく認識していたという点は重要である．この認識にたって両国は，まずは「市場自由化政策」を用いることによって一連の保護主義的政策を一挙に解消し，それを通じて一つには反輸出偏向と投入財輸入偏向を正し，二つにはこの上にさらに輸出インセンティブを用いることによって，狭隘な国内市場の制約を破る「外向性」を各産業に付与するという積極的な方法を選択していくことになる．

III 台湾，韓国の輸出志向工業化政策

1.「市場自由化政策」

　台湾における市場自由化の最初の試みは，貿易為替管理を緩和し，また商品別の外貨割当を廃止することから始まる．公定為替レートと外貨証明書レートに分化していた複数為替レートを統合すること，いいかえれば特定の輸入主体を過度に優遇してきた前者を後者に近づけて均衡市場レートを公定為替レートとして一本化するという方向であった．この方向への諸制度の改革は1958年の4月に開始され，数回にわたる単一レートへの接近を試みたあと，1960年6月に実質的に完成し，1963年10月には外貨証明書の使用自体が廃止されて，ここに台湾の複数為替レートは名実ともに終止符を打つ．所定の外貨予算を決め，この予算にもとづいて外貨割当額を商品ごとに定めるという厳しい外貨統制手段の廃止への方向もやはり1958年4月に始まり，1959年の1月に完成する．また同じ年の9月には外貨予算の総枠を半期ごとに決めるという慣行も完全に廃止されるに至る．

　為替管理の最も厳しかった1953年から1956年までの時期においては，さきに指摘した輸入停止品目と輸入禁止品目の合計は輸入申請総数の38〜41%に及んでいたが，1960年以降これはわずか4%程度に減少した．他方，より軽度の輸入制限品目であった品目の比重は，同期間に4〜9%から40%へと圧倒的に高まる[13]．また1960年前後以降，台湾産業の国際競争力を強化しなけれ

---

13) Mo-huan Hsing, *op. cit*., pp. 208-209.

ばならないという政府からの圧力は強力なものとなり，当該輸入品目が「統制」項目に入っていてもなお，その品目の国内価格が関税その他の税を支払ったあとで，国内価格水準を所定の比率以上越えてはならないものとされた．この国内価格の超過率は当初25%であったが，のちに15%，10%へと引下げられており，これら品目の輸入代替がきわめて困難なものになっていった[14]．

こうして複数為替レートの廃止，ならびに外貨予算制度にもとづく商品別外貨割当慣行の廃止は，レートの格差から生まれる外貨保有の「稀少性プレミアム」と，外貨にたいする超過需要をも消滅させることになり，要するに外貨にたいする市場の歪みを取除くことによって，政府が市場の実勢に応じた現実的レートを設定していくことを可能ならしめたのである．

加えて1956年12月の金利政策の変更によって台湾銀行貸出金利も改正されることになるが，その改正の方向も為替レートのそれと同じく，均衡市場金利により近い一般民間銀行の金利水準に台湾銀行のそれを近づけようという現実的なものであり，この方向のなかで公共企業の一部にたいする低金利貸付を除いて，貸付主体に応じて金利を変化させるという差別的融資慣行をほぼ完全に廃止することができた．

「市場自由化政策」は台湾よりむしろ韓国において劇的な形で施行されることになった．まず為替レートの過大評価であるが，これは1964年5月の決定的な措置によって最終的な決着をみた．1950年代につづいた輸入代替工業化の反輸出偏向と投入財輸入偏向の結果，1960年代初期の貿易収支のマイナスは大規模なものとなり，1963年には4億ドルを越える，それまでに例をみないものであった．アメリカ援助の退潮のなかで国際収支を維持していくためにも輸入代替政策を転じていくことは，この時期の韓国にとって不可避の要請であった．1963年6月の韓国の外貨準備は3カ月の輸入を賄うだけのわずか1億1100万ドルに落ちこんだ．ここに1963年の新政府の登場とともに旧来の政策慣行が一挙に革新されて，新たに輸出促進がその政策の中心となった理由の大半がある．新政策の中心はなによりも為替レートの大幅引下げと輸出インセンティブの供与にあったが，とくに前者においてはそれまでの公定レート130

---

14) *Ibid.*

ウォンを1964年5月に一挙に255ウォンに切下げるという激しい政策転換をみている．ちなみに1963年の公定レートは130ウォン，ブラウンの推定によれば均衡市場レートは190.8ウォンであり，したがって新たに出現した公定レートはこの均衡市場レートを上回るもので，これは「過小評価」ですらあったのである．そして1965年5月には272ウォンを起点として単一変動為替レートが正式に出発することになり，韓国の場合もこの時点で複数為替レートに終止符を打つことになる[15]．

韓国における上述した，1964，65両年の為替レートの変更は，当然のことながら貿易為替管理制度の自由化を伴うものであった．すなわち特定輸入品にたいする輸入割当は1966年に廃止され，輸入数量規制のいっそうの自由化は1967年中頃に終了する．この間に輸入制限はポジティブ・リストからネガティブ・リスト方式に変化し，自動承認輸入項目の数は1965年にはそれ以前の625から1323へと倍増し，1967年にはこれはさらに3600へと増加するが，これは輸入総額の85%に相当するものであった[16]．

輸入自由化はついに開税率の全般的引下げにまで及ぶことになり，1967年の関税改正はそれほど徹底したものではなかったが，それでも最終消費財においてとくに高かった輸入関税率の引下げはかなりの低下をみせた．最終消費財の高い関税率は非効率生産を永続化させることによって輸入代替財の生産費と生計費の高騰を招き，結局のところこの事実が輸出生産費を増大させることになる，という正鵠を射た判断が最終財輸入関税引下げの背後にあったと伝えられている[17]．

市中金利に比し著しく低水準の金利規制を廃止し，これを前者に近づけていこうという韓国政府の意図は「金利現実化措置」と称され，1965年5月に実施された．この措置のもとで定期預金の最高金利は30%，商業手形割引最高金利は24%と定められたが，この金利現実化措置がもたらした効果もかなり有効なものであったとされている．第一に，いうまでもなく金利の市場均衡水

---

15) Brown, G. T., *op. cit.*, Ch.6.
16) Kwang-suk Kim, "Outward-Looking Industrialization Strategy: The Case of Korea," in N. Suzuki, ed., *Asian Industrial Development*, Tokyo, Institute of Developing Economies, 1975, pp. 219–254.
17) Brown, G. T., *op. cit.*, pp. 157–159.

準への回復に伴う低利銀行資本の消滅が，低利資本を利用しうるもののみに過度に資本集約的な生産方法を採用させるという，既述した資源配分上の歪みを解消させたことである．第二に，金利現実化措置は，これが「私債との戦争」と呼ばれたことに象徴されるように，非公式の私債市場に流入する民間零細資金を公式の金融制度に導入するためのチャネルを新たに形成するための努力でもあった．金利現実化措置に伴う預金なかんずく貯蓄性預金の増加率は，1965年以降とりわけて大きいものであった．一般銀行の貯蓄性預金の増加が，1950年代の低金利政策のもとで，そのようにチャネルされた一部の特権企業への特恵的融資傾向を改善することに大いに貢献したことは疑いない．

両国における貿易為替管理，保護関税，銀行金利等におけるこうしたきわだった「市場自由化政策」のなかで，最終財の国内価格と自由輸入価格との明瞭な乖離は急速に縮小方向に向かい，これと同時に国内輸入代替機会も消滅していくことになる．台湾においては1960年代の初頭から，韓国の場合には中頃より，投入財を低価格で輸入しこれを高度の輸入障壁で囲まれた最終財市場向け生産に投下するという輸入代替工業化パターンは完全に過去のものとなった．輸入代替工業化の終焉とともに，他方輸出は急速に増大していくことになる．輸出の増大に果たした後述する両国の輸出インセンティブ政策はたしかに大きいものであるが，しかしこうした「市場自由化政策」が両国の比較優位部門である労働集約財の潜在的競争力を顕在化したという事実を無視しては，輸出インセンティブ政策の役割も正当に評価することはできない．

すでに指摘してきたように，為替レートの過大評価は相対的に労働集約的な国内投入財よりも相対的に資本集約的な輸入投入財に低い価格づけを与える慣行であり，したがってこれは輸入偏向を強化するものであると同時に，輸入代替生産の方法をより資本集約度の高いものとする傾向をもった．低金利政策は一部産業に低い価格づけの銀行資本を供与するものであり，その生産方法を過度に資本集約的なものとする上述の傾向をいっそう加速化させた．したがって貿易為替管理ならびに輸入関税の自由化は，低金利政策の廃止とあいまって自国の要素賦存状況に逆行する輸入代替生産の資源配分を正し，労働集約財の比較優位を顕在化せしめるのに大きく寄与したと考えられる．

もっとも，両国の「市場自由化政策」がその資源配分の歪みを是正するのに

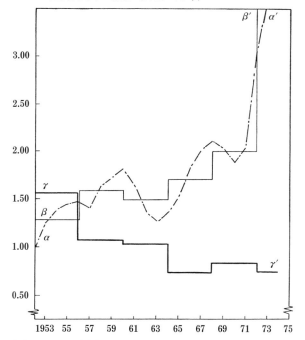

図 4.5 台湾の全産業ならびに製造業部門における限界資本産出高比率の推移（1952〜75年）

（注） $\alpha-\alpha'$：全産業部門の限界資本産出高比率（$\Delta K_{t-1}/\Delta Y_t$, 3年移動平均），$\beta-\beta'$：全産業部門の限界資本産出高比率，$\gamma-\gamma'$：製造業部門の限界資本産出高比率．

（資料） 図 4.3 に同じ．

どの程度寄与したのかをはかることは難しい．ちなみに両国の限界資本産出高比率の時系列変遷は図 4.5，図 4.6 に示されるが，台湾の場合には 1972 年以後の最近年を除いて大略 1.50〜2.20，韓国の場合には 1.50〜3.0 の範囲を推移していることが注目される．投資量が増大するにつれて投資収益が逓減するというのはよく知られた経験則であるうえに，両国とも観察期間中ことに最近年になればなるほど投下資本量の大きい鉄鋼産業部門，機械工業部門，社会的間接資本部門の比重が累積的に拡大してきたはずであるが，にもかかわらずその限界資本産出高比率が他の開発途上国の 3.00〜3.50 といった値よりも低い水準を推移しているという事実は，稀少要素の節約的な利用を導いた両国の国内経

第 4 章 輸出志向工業化政策の展開 389

図 4.6 韓国の全産業ならびに製造業部門における限界資本産出高比率の推移（1954〜75 年）

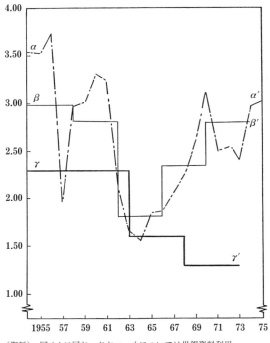

（資料） 図 4.4 に同じ．なお γ—γ′ については世銀資料利用．

済政策の成果であるといっても過言ではない[18]．とりわけ注目されるのは両国の製造業における限界資本産出高の趨勢的な低下傾向であるが，台湾の場合には 1950 年代の後半期以降，韓国の場合には 1960 年代の中期以降にこの傾向が加速されている．時期的には「市場自由化政策」の採用時に符号しており，この事実を「市場自由化政策」が実現した資源再配分の結果とみることは妥当

---

[18] バラッサは，平均的な開発途上国の限界資本産出高比率を 3.00〜3.50 と考えている．Balassa, B., "Industrial Policy in Taiwan and Korea," *Weltwirtschaftliches Archiv*, Bd. 106, 1971, p. 65. また Fei, J. C. H., and D. S. Pauuw, "Foreign Assistance and Self-Help: A Reappraisal of Development Finance," *The Review of Economics and Statistics*, August 1965 では 3.20 が用いられ，Chenery, H. B., and A. M. Strout, "Foreign Assistance and Economic Development," *The American Economic Review*, September 1966 では 3.27 が用いられている．

であろう[19].

2. 輸出インセンティブ政策

「市場自由化政策」によって顕在化された両国の労働集約財の比較優位は，よく知られているきわめて強力な輸出促進インセンティブを与えられることによって，一挙にその国際競争力をつけていくことになる．特徴的な諸点のみ記しておくことにしよう．台湾の輸出促進政策には，輸出者による輸入為替の優先的確保，関税その他の税の払戻し，低利輸出借款，輸出加工区の設置などがあるが，とくに税の払戻し制度は台湾の最も重要にして強力な輸出促進インセンティブ政策であった．この制度の淵源は1951年にさかのぼるが，若干なりとも本格的にこれが用いられるようになったのは，1954年以降のことに属する．この年に至るまで払戻しの課税対象は投入財輸入関税のみであり，輸出商品も特定のいくつかのものに限られていたが，その後国内消費税を含むすべての租税，すべての輸出商品を対象とするよう改正された．また同時に払戻しのための手数料の引下げ，さらに払戻しのための重要条件とされてきた，投入財輸入からこれを完成品として輸出するまでの期間限定を一挙に長期化するなど，要するに輸出産業にたいする税の払戻しを最重要の輸出インセンティブとすべく，手続上の改正が集中的になされたのである．そしてさらに1965年10月以来この税の払戻し制度は保税倉庫ならびに保税工場の建設にまで拡張され，こんにちに至るまで相当数がこの範疇に入れられることになった．保税制度を通じて無関税で輸入されてきた投入財のうち代表的なものは，挽材・合板のための丸太，鉄鋼のための鉄屑，鉄管・鉄板のための鉄，錫，ジュート，衣料のための繊維，電子部品，精製油のための動物油，小麦粉のための小麦，でん粉などである．租税払戻しや保税制度はいうまでもなく強力な輸出促進手段であったが，しかし払戻しのためには，払戻しを請求する各企業から提出される文書によって，それが払戻し要件を充足しているか否かを商品ごとにチェックしなければならず，輸出商品の種類と数量が飛躍的に拡大する1960年代央になる

---

19) なお，レイニスは1960年代央以降韓国製造業の資本労働比率が安定的な低下傾向にあることを立証している．Ranis, G., "Industrial Sector Labor Absorption," *Economic Development and Cultural Change*, April 1973.

と，そのための行政的費用が大きく嵩んでいかざるをえなかった．この行政的費用は，実際のところ払戻しの効果を帳消しにしてしまいかねない大きさでもあったと評価されている[20]．こうした点にかんがみ，さらにまた外国資本の大規模な導入をも意図して，払戻しによる輸出インセンティブは，その重点を輸出加工区の建設に移していくことになる．輸出加工区において操業する企業に与えられる特典には，(1)関税，消費税，その他投入財の輸入にかかわるすべての租税ならびに事業税の免除，(2)貿易為替管理の簡素化，(3)輸出入事務の現地決済，等がある．この輸出加工区における成果はつとに知られているところであろう．こうした税の払戻し，保税制度，輸出加工区を中心に．その周辺に輸出者による輸入為替の優先的確保，低利輸出借款，拡充された輸出保険制度をもち，この面から輸出インセンティブは，既述の「市場自由化政策」によって顕在化された台湾の比較優位財の国際競争力をきわめて強力なものにしていくことになった[21]．

韓国は1964年5月の現実的為替レートの採用と同時に商工部の主導のもとに，それまで小規模に行なわれてきた輸出産業補助にかわって新たに体系的な輸出促進政策を打ち出し，1965年のはじめまでにこれを強力に施行し始めることになる．この政策には，輸出活動にたいする国内税の軽減，再輸出投入財にたいする輸入関税の免除，低利輸出信用の供与，輸出保険制度の拡充，輸出促進のための新機構 (Korean Trade Association: KOTRA) の設立，輸出産業にたいする経営・技術指導，輸出マーケティングの開発促進，輸出工業団地，自由加工区構想といった，輸出促進のための考えられるおよそすべての手段が含まれる徹底したものであった．しかし中心は，輸出産業にたいする国内税と関税の免除，ならびに低利輸出信用の供与である．すなわち1965年以降，輸出による外貨獲得を目的とする業者にたいしては所得税，法人税の50%を軽減し，営業税についてはこれをすべて免除するという特典が加えられた．また再輸出される投入輸入財は，自動的に輸入承認されるのみならず，これが輸入許可日より1年以内に輸出されれば輸入関税は完全に免除される．さらに輸出用投入財の輸入分については，他の項目よりも高い損耗率が認められており，

---

20) Ching-yuan Lin, *op. cit.*, pp. 100–103.
21) 台湾の輸出インセンティブについては，Ching-yuan Lin, *op. cit.*, Ch. 5. 参照.

輸出活動の有利性はさらに大きなものになる．事業所得税，法人税，営業税といった国内税ならびに輸出用投入財輸入の関税の免除額は，1963年以降急速に上昇し始める．輸出産業国内税免除額の国内税総額にたいする比率，ならびに関税免除額の輸出関税総額にたいする比率の両者は，1963～64年頃より急速な増大を開始し，1963年のそれぞれ0.9%，8.9%は，1965年の5.4%，21.4%を経て，1967年には6.6%，32.3%に達している．1961年に開始された輸出者にたいする低利輸出信用の供与はいちだんと徹底したものであり，韓国の輸出拡大に果たしたその効果は大きなものであった．輸出信用状を受けた輸出業者，輸出用原材料生産者，輸出生産者にたいして供与される信用はより長期間に及ぶのみならず，その信用の利子率は一般銀行信用の利子率が24%であるのにたいし，1960年代の後半にはわずか6%であり，輸出産業がいかに優遇条件を与えられていたかが窺われる．民間信用総額に占める輸出信用の比率は1961年の3%から，1967年の19%に増大しているが，低利輸出信用の輸出信用総額に占める比重も，同時に1961年の2%から1967年の18%に増大している[22]．

　このような輸出インセンティブ政策は，一部には国内市場に向けられていた資源や，他の一部には遊休状態にあった資源を輸出部門にひきつけていく効果をもつと同時に，既述の「市場自由化政策」によって顕在化しつつあった労働集約財の国際競争力をいちだんと強化していくことになった．

3. 輸出志向工業化

　結果としてあらわれた台湾，韓国の輸出の伸長ぶりはめざましく，各産業部門の総生産額に占める輸出比率は急速な上昇をみた．台湾の場合，非食糧製造工業品輸出の国内生産に占める比率は1954年にはわずか1.9%であったが，以後急速な増勢を示して，1961年には11.5%，1966年18.7%，1969年27.0%，1971年28.2%と持続的に増加する．各産業別にみても，化学肥料，薬品，石油製品，輸送機器，印刷を除けばその輸出比率の増大テンポは確実でしかも速い．すでに1966年の時点で繊維，木材製品，ゴム製品，プラスチック，輸送

---

[22] 韓国の輸出インセンティブについては，Seung-hee Kim, *Foreign Capital for Economic Development, A Korean Case Study*, New York, Praeger Publishers, 1970, Ch. 3 参照．

機器の輸出比率は 20% を越え，紙パルプ，皮革製品，アルミおよびアルミ製品，機械，家庭用電気機器，その他電気機器も 10% を越えている．さらに合板，綿繊維，板ガラスでは，その輸出比率は 40〜90% の範囲にあることが知られる．韓国の場合にも同様に急速な輸出比率の増大傾向が観察される．とくに織物，繊維製品，製材・合板および雑製品の増大傾向は大きく，1960 年の時点ではそれぞれ 2.9%，2.2%，0.8%，6.4% にすぎなかった輸出比率は 1966 年には 14.9%，18.5%，35.2%，37.2% に高まり，1970 年には実に 16.0%，36.1%，37.8%，38.6% の高さにまで達する．

両国における主要な製造業部門の輸出比率がこのように急上昇し，高い水準に達したことによって，輸出部門は両国のこの 10〜15 年にわたる工業化と経済成長の主導部門として機能し，いわゆる輸出志向工業化パターンを典型的に示す国となったのである．台湾においては 1952〜55 年，1955〜60 年，1960〜64 年，1964〜69 年，1969〜74 年の非食糧製造工業品の年平均輸出成長率は 7%，24%，36%，35%，28% であったが，同期間における製造業生産の年平均成長率は 17%，11%，23%，18%，11% であり，また実質国民総生産の年平均成長率はそれぞれ 8%，6%，10%，10%，9% であった．1952〜55 年は輸入代替工業化過程に伴う比較的高い工業化率と経済成長率を実現した期間であるとすれば，1960 年以降のそれは 1955〜60 年の輸入代替から輸出志向への停滞的移行期を経て，製造業部門の急速な成長が高い工業化率と経済成長率を主導した時期であったということができる．同じ数字を韓国についてみると，1953〜60 年，1960〜64 年，1964〜69 年，1969〜74 年のそれぞれにおいて，製造業部門の輸出成長率は年平均 3%，90%，55%，88% であったが，同部門の生産成長率は 14%，10%，22%，22% であった．同時に実質国民総生産成長率は 5%，6%，11%，9% であった．実現されたパフォーマンスと開発パターンにおける，他の開発途上諸国との相違には歴然たるものがあろう[23]．

ところで両国のこの輸出志向工業化過程はたんに高い工業化率と経済成長率の実現に寄与したばかりではなく，輸入代替工業化過程においては実現しえなかった価格低減と経済的効率性の向上という重要なパフォーマンスをみせる．

[23) 1960 年代において二国が達成したパフォーマンスのマクロ指標を，他の開発途上国のそれと比較する試みは，Balassa, B., "Industrial Policy in Taiwan and Korea" にみられる．

手厚い保護主義的障壁のもとで行なわれてきた最終財の国内生産は，狭隘な国内市場のなかで過度に資本集約的な方法に依拠したために，非効率性と高価格によって特徴づけられるが，既出の表4.2は台湾の特定商品がその輸入代替過程においていかに高価格のもとで生産されてきたかを示すものであった．これに反して，輸出志向工業化政策のもとで産業の効率性が増大し，価格の低下が生じたのは，一つには，一連の「市場自由化政策」が輸入価格の低下をもたらし，この事実が輸入財と競合する国内財の価格低下への圧力となったこと，二つには，市場を狭い国内市場から外国市場に求めることによって規模の経済効果を享受できたこと，三つには，輸入の自由化が原材料，部品，資本の輸入に遅滞をひきおこすことなく生産の効率性を増大したこと，等によるものと思われる．輸出志向工業化政策のもとで両国において生じた価格の安定化傾向と労働生産性の増大傾向が注目される．

　両国の卸売物価上昇率は図4.7，図4.8のように推移している．図4.7のごとく台湾の場合，1950年代において高水準を維持した卸売物価上昇率は，1960年代に入るや一転してきわめて低位の，ある時点にはマイナスの値をみせる．繊維製品，化学製品，雑製品においてこの傾向は顕著であった．図4.8のように韓国の卸売物価上昇率は台湾のそれに比較して若干の遅れをもち，またその程度において台湾ほどに劇的ではないが，傾向それ自体は台湾と変わらない．すなわち1965年以降それまで20%を前後する高水準であった卸売物価上昇率は全商品の平均において8〜10%の上昇率で推移することになる．ここでも台湾と同じく繊維製品，化学製品，雑製品においてこの傾向が著しい．もっとも両国のいずれにおいても1970年代に入ってしばらくしてからの物価上昇は再びめざましいが，これはこの時期に鋭く波及した世界的インフレーションの反映であって，両国の政策努力とは多分に独立した現象であると理解することができよう．両国におけるこのような卸売物価水準のめだった低下が，その市場自由化ならびに輸出志向工業化政策への転換とほとんど軌を一にして発生しているという事実に改めて注目しなければならない．

　労働生産性の面でも両国の輸入代替工業化期と輸出志向工業化期の間には見逃しえない相違をみることができる．台湾についてごく概略的にこれをみると，1954〜60年，1961〜70年において製造業生産は年間それぞれ11%，17%増加

図4.7 台湾における特定商品の卸売物価上昇率の時系列推移（1951〜75年，3年移動平均，%）

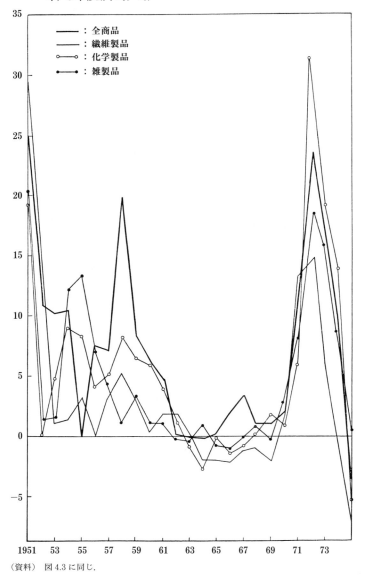

（資料） 図4.3に同じ．

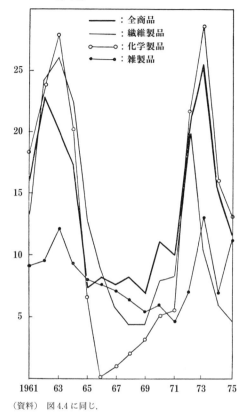

図 4.8 韓国における特定商品の卸売物価上昇率の時系列推移（1901〜75 年，3 年移動平均，％）

（資料）図 4.4 に同じ．

しているが，この間の製造業雇用増加は年平均 5％，9％ であった．すなわち労働生産性は 1954〜60 年において年平均 6％，1960 年代において年平均 8％ であったことが推定できる．その一方で名目賃金の増加は前者の期間において年平均 12.5％ であったが後者の期間において 6.6％ であった．すなわち 1960 年代は，労働生産性のかなり急速な増加にもかかわらず，名目賃金のより緩慢な増加がみられた時期であり，このことがこの時期の国内価格の安定性を帰結したものとみることができるのである．韓国の労働生産性の上昇も同様に著し

く，1960年から1964年までの5ヵ年の労働生産性の伸び率が33.2%であるのにたいし，「市場自由化政策」が開始された1964年から1968年までの5カ年の伸び率は，72.5%に達しており，それ以降こんにちに至るまで例外的な年を除いて，年平均10%を下まわる伸び率を示した年はない．

輸入代替工業化から輸出志向工業化への転換がもたらした国内価格の安定性と労働生産性の向上は，こんどはそれ自体が輸出競争力を強化していく重要な要素となり，輸出の加速度的な拡大を生んでいくことになる．ところで再三繰返してきたように，こうした台湾，韓国の注目すべきパフォーマンスは，帰するところ両国がその比較優位財である労働集約財の輸出部門を，誤またず経済成長全体の主導的部門として位置づけるための諸政策に成功したという事実に求められる．両国の輸出の労働集約性はどの程度のものであったのだろうか．次にこの点に考察を加えてみよう．

IV 台湾，韓国の輸出成長と要素集約度

1960年代初頭以降の台湾の輸出拡大の推移を商品グループごとにみたものが図4.9である．台湾の急速な輸出拡大を担った主要な商品グループは繊維製品，皮革製品，木製品，紙製品ならびにその関連製品（CCC 3）であり，つづいて金属製品（CCC 7），雑製品（CCC 8）の3グループである．この3グループで1975年の台湾の輸出総額の77%に達する．さらに輸出商品分類を細分化して，この10年において輸出寄与度の最も高い商品項目をとりだしてプロットしたものが図4.10に示される．繊維製品，電気機器，合板・木材製品，機械，金属製品，基礎金属，化学品などが台湾の輸出成長を牽引した主力商品であることが窺われる．韓国の輸出成長の態様は図4.11，4.12に示される．一見して明らかなように，雑製品，原材料製品の2商品項目の比重が，とくに1965～66年頃より圧倒的に高い地位にあることが知られる．雑製品の大宗は，衣類，つづいて靴類であり，かつら，竹細工などのいわゆる雑貨もかなり比重を占める．原料別商品では，合板などの木材製品，繊維・織物，鉄鋼製品，非鉄製品などが主だったものである．主要商品別に1961年以降の輸出の推移をプロットしたものが図4.12であるが，ここではこの10数年間とくに輸出増加

図4.9 CCC分類*による台湾の商品輸出の推移（1962～75年，100万USドル）

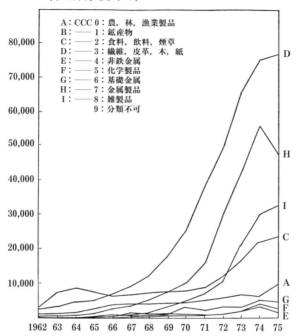

（注） * Standard Classification of Commodities of the Republic of China.
（資料） 図4.3に同じ．

率が高く，輸出総額における寄与度も大きい商品が選ばれている．うち衣類，靴類，かつらはSITC 8の雑製品，合板，鋼板，合成繊維織物はSITC 6の原料別製品，電気機器はSITC 7の機械類・運搬用機器である．両国のこうした商品項目をひとわたり眺めただけでも，それらが相対的に労働集約的な工業製品であることは容易に理解される．とはいえ，これら二国の主要輸出商品が，正確にどの程度の要素集約度をもっているかを直接はかる方法はない．しかし，産業連関表を利用して両国の諸工業部門の輸出係数を計測し，同時に若干の他のデータを勘案してつくられた要素集約度をその輸出係数と相関させてみることは可能である．図4.13，図4.14がそれであるが，ここに計測された結果は，

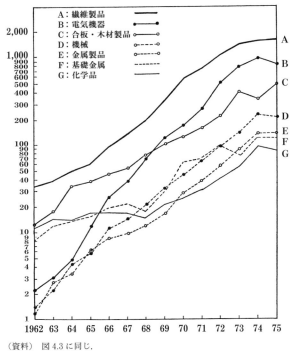

図 4.10 台湾における主要輸出商品の推移（1962～75年，100万USドル）

A：繊維製品
B：電気機器
C：合板・木材製品
D：機械
E：金属製品
F：基礎金属
G：化学品

（資料）図 4.3 に同じ．

両国の主要輸出品が他の国内部門に比較して相対的に高い労働集約度をもっていることを間接的に証明するものである．

　まず台湾について，1971年の産業連関表を利用して計測された，製造業輸出総額に占める当該部門の輸出額の比率で示される輸出係数の最も大きい製造業分野は，通信機器，雑製品，ゴム製品，家具・木材製品，繊維・衣類，プラスチック製品，皮革製品などであるが，これら7産業部門のうちゴム製品を除く6部門は輸出額においても大きな地位を占めており，この6部門の輸出額は1971年の製造業全体の輸出額の70%を越える．輸出係数における上位6部門について，1971年における1000ドルの単位生産物に要した当該部門の労働者数で示される労働係数をみると，いずれも国内市場向け産業のそれよりもかな

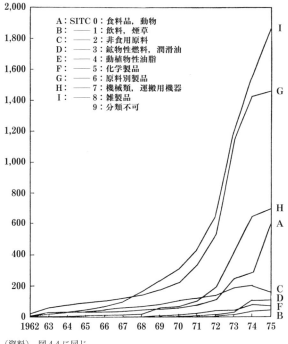

図 4.11 SITC 分類による韓国の商品輸出の推移(1962〜75年,1000万 NT ドル)

(資料) 図 4.4 に同じ.

り高いという結果が得られる.輸出係数が高く,なおかつ労働係数が低いという産業は一つも見出すことはできない.図 4.13 は,1971 年における各製造業部門の輸出係数(e)を横軸にとり,縦軸に労働係数(n)をとって二つの結合値を図示したものであるが,食品加工部門を除外すれば,1971 年の輸出額において最上位を占めた 5 つの製造業部門のいずれにおいても,高い輸出係数に高い労働係数が対応していることがここから理解されるのである.

韓国の 1970 年における産業連関表の 56 産業分類のうち製造業に属する 32 部門を選び,さらに輸出額が 5000 万ドルに満たない部門を除外した 16 部門についてその輸出志向性と労働集約性との関連をみたものが図 4.14 である.この図では,横軸に輸出係数(e),縦軸に [a] の場合には労働係数(n),[b]

第 4 章 輸出志向工業化政策の展開

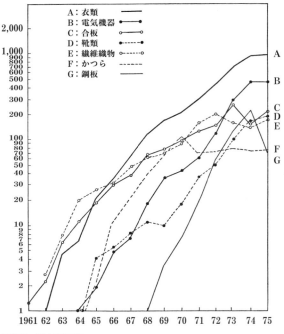

図4.12 韓国における主要輸出商品の推移（1962～75年，100万NTドル）

A：衣類
B：電気機器
C：合板
D：靴類
E：繊維織物
F：かつら
G：鋼板

（資料）図4.4に同じ．

の場合には労働集約度係数（n/k）がとられている．輸出係数は1970年の製造業32部門輸出額に占める各産業部門の輸出比率であり，労働係数は1000ドルの単位生産物の生産に要した1970年の各製造業部門労働者数である．また労働集約度係数は，1000ドルの単位生産物の生産に要した1970年の各製造業部門資本ストック額である資本係数で[24]，上述の労働係数を除した値である．注目すべき産業部門は衣類，挽材・合板・木材製品，雑工業品であり，この3部門の輸出額合計は1970年の韓国製造業部門輸出総額の60％をゆうに越える代表的輸出産業である．同時にこの部門の輸出係数は全32部門中最高位の三つを占め，その値はいずれも0.3600～0.3900の幅のなかにある．労働係数で

---

[24] 1970年の各産業部門資本ストック統計は図4.14の脚注に示されるW.ホンの文献から利用できる．

みると，衣類と雑工業品の二つは全32部門中最高位の二つに属し，挽材・合板・木材製品もほぼそれに次ぐ高さにある．資本係数でみるとこの3部門は労働係数とは対照的に低い水準にあり，結果として労働集約度係数は雑工業品1.3337，衣類1,1436，挽材・合板・木材製品1.1002となって全部門中最高位の三つを構成する．すなわち少なくとも1970年のデータで検討される限りにおいては，輸出額において最高位三つの産業部門が同時に輸出係数，労働係数，労働集約度係数のいずれにおいても最高値をとるというきわめて明瞭な結果が得られることになる[25]．かくして両国における輸出産業の労働集約度の高さは国内産業に比較してきわめて高く，要素賦存比率を正確に反映した労働集約財はその強い比較優位と，これに付加された既述の輸出インセンティブ政策のもとで，多くは先進国市場において刮目すべき成果を得ることができたのである．

ところで台湾，韓国の両国における10年以上にわたって持続した，このような労働集約財の比較優位がこんごも一貫してつづくかどうかは疑問である．労働集約財の大規模輸出ならびに労働力の大規模吸収は，実質賃金の大幅な上昇をもたらし，しかもこの一連の過程自体がきわめて急速であるために，労働集約財の比較優位自体をこれまた急速に失なわせる，という当然の推論が可能だからである．東南アジア諸国の製造業における実質賃金の増加率の速度において台湾，韓国にまさる国はなく，香港，シンガポールを除けば現在の実質賃金水準において両国はすでに最高水準に達している．韓国における実質賃金のかかる上昇過程については次章で扱われる．実質賃金水準の大幅な上昇過程のなかで，低廉な労働費用をもつことによって優位を保ってきた労働集約財の国際競争力は次第に衰えていかざるをえなくなり，低廉な労働費用の確保をめざして進出してきた輸出志向型外国民間資本も次第にその規模を縮小していくこ

---

[25] 韓国の輸出における労働吸収力の大きさについては，Watanabe, S., "Exports and Employment: the Case of the Republic of Korea," *International Labour Review*, December 1972; Cole, D. C., and L. Westphal, The Contribution of Exports to Employment in Korea, paper presented at KDI-Harvard IID Conference, June 25–28, 1974 (mimeo); Ranis, G., "Industrial Sector Labor Absorption," *Economic Development and Cultural Change*, April 1973; Lim, Y., *Industrialization, Trade and Employment in South Korea*, Technology and Development Institute, East-West Center, Paper Series, No. 2, 1974;渡辺利夫「開発途上国の経済成長と所得分配」『現代経済』第25巻を参照されたい．

図 4.13 台湾における製造業の輸出係数*(e)と労働係数**(n)の結合値（1971年）

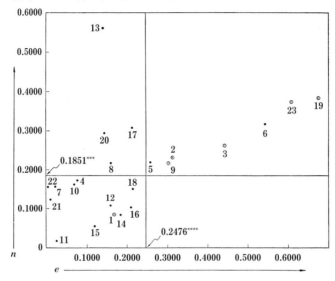

(注) 1：食品加工，2：繊維・衣類，3：木材製品・家具，4：紙・パルプ，5：皮革製品，6：ゴム製品，7：化学肥料，8：薬品，9：プラスチック製品，10：その他化学製品，11：石油製品，12：セメント製品，13：その他非鉄金属製品，14：鉄鋼製品，15：アルミ製品，16：その他金属製品，17：機械，18：家電製品，19：通信機器，20：その他電気製品，21：輸送機器，22：印刷，23：雑工業品．◉ 輸出額において上位6つの部門を示す．

*輸出係数（e）とは，全製造業輸出額にたいする当該産業輸出額の比率．**労働係数（n）とは，単位生産物1000ドルに要した労働者数．***全製造業の平均的労働係数．****全製造業の平均的輸出係数．

(資料) *Input-Output Tables of the Republic of China 1971*, compiled by Overall Planning Department, Economic Planning Council, Executive Yuan, Taipei, June 1974.

〔図 4.14 注および資料〕

(注) 1：食品加工，2：紡績，3：繊維織物，4：衣類，5：挽材・合板・木材製品，6：ゴム製品，7：その他化学製品，8：化学肥料，9：非鉄鉱産品，10：鉄鋼製品，11：非鉄金属製品，12：金属製品，13：機械，14：電気機械，15：輸送機器，16：雑工業品．◉ 輸出額において上位3つの部門を示す．

輸出係数（e）とは，全製造業輸出額に対する当該産業輸出額の比率．* 労働集約度係数（n/k）とは，単位生産物1000ドルに要した労働者数である労働係数（n）を，単位生産物1000ドルに要した資本ストック額である資本係数（k）で除したもの．** 全製造業の平均的労働係数．*** 全製造業の平均的労働集約度係数．**** 全製造業の平均的輸出係数．

(資料) The Bank of Korea, The Republic of Korea, *Korean Input-Output Table for 1970*, and *Report on 1970 Input-Output Table*; Economic Planning Board and The Korean Development Bank, The Republic of Korea, *Report on Mining and Manufacturing Census 1970*. なお各部門の資本ストック推計については，Wontack Hong, Factor Supply and Factor Intensity of Trade: The Case of Korea 1966–72, June 25, 1974（mimeo）．

図 4.14 韓国における製造業の輸出係数 (e) と労働係数 (n), 労働集約度係数 $(n/k)^*$ の結合値 (1970 年)

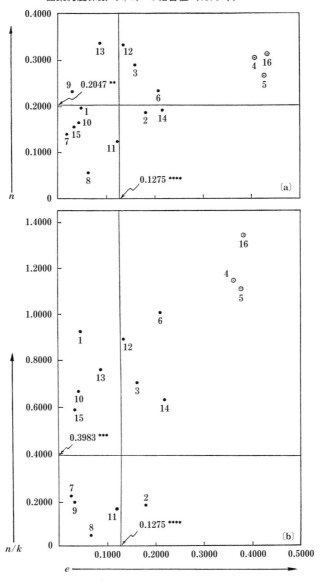

表 4.3 台湾における輸出係数の推移（1937～71 年）

		1937	1954	1961	1966	1969	1971
1	食 品 加 工	0.4091	0.0190	0.1150	0.1870	0.2362	0.1730
2	繊 維・衣 類	0.1670	0.0280	0.1960	0.2560	0.3889	0.3092
3	木材製品・家具	0.6670	0.0110	0.2270	0.4470	0.4946	0.4489
4	紙・パ ル プ			0.0570	0.1270	0.0709	0.0752
5	皮 革 製 品			0.0230	0.1690	0.3516	0.2501
6	ゴ ム 製 品	0.3480		0.1690	0.2080	0.3689	0.5475
7	化 学 肥 料			0.0470	0.0550	0.0892	0.0217
8	薬 品		0.0580	0.0310	0.0310	0.0756	0.1634
9	プラスチック製品			0.1200	0.2690	0.4428	0.3034
10	その他化学製品	0.3080		0.1470	0.0830	0.0559	0.0692
11	石 油 製 品			0.0500	0.0440	0.1148	0.0281
12	セメント製品		0.0100	0.1150	0.2970	0.1164	0.1584
13	その他非金属製品			0.0340	0.0780	0.1912	0.1461
14	鉄 鋼 製 品			0.1060	0.1610	0.1640	0.1875
15	ア ル ミ 製 品		0.0520	0.1190	0.1410	0.1843	0.1220
16	その他金属製品	0.7840		0.0530	0.3370	0.2450	0.2092
17	機 械		0.0070	0.0340	0.1540	0.2784	0.2109
18	家 電 製 品			—	0.1190	0.1125	0.2151
19	通 信 機 器			0.1020	0.4490	0.5921	0.6737
20	その他電気製品			—	0.1210	0.0954	0.1432
21	輸 送 機 器			0.0660	0.0710	0.1012	0.0817
22	印 刷	0.2000	—	0.0480	0.0080	0.0673	0.0087
23	雑 製 品	0.2000	0.0010		0.6580	0.8933	0.6072
	合 計	0.4600	0.1063	0.1501	0.2034	0.2635	0.2476

（資料）　1927～1966 年については，Ching-yuan Lin, *op.cit.*, Appendix Table, A 19–23. 1971 年については，*Input-Output Tables of the Republic of China 1971*, compiled by Overall Planning Department, Economic Planning Council, Executive Yuan, June 1974.

とになろう．そしてなによりも，近隣の他の東南アジア諸国が輸出志向性を高める過程で，輸出国の労働集約財における比較優位の喪失はいっそう加速化されざるをえない．そのような過程が不可避的に進行していく以上，この面からも台湾，韓国は輸出構造自体をより高度化していかざるをえなくなろう．この点は，輸出志向工業化政策の本格的な展開にいっそう長い経験をもっている台湾には，よりあてはまるところが大きいものと思われる．台湾の製造業 23 部門の輸出係数の時系列的推移を各年の産業連関表により算出したものが表 4.3 であるが，これによると 1954 年以来急速に増大をつづけてきた製造業全体の輸出係数が 1971 年にいたって，はじめて若干ではあれ低下していることが注

目される．すでに指摘したように，1971年時点でみた台湾の輸出係数と輸出額の双方からみた代表的輸出産業は，通信機器，雑製品，木材製品・家具，繊維・衣類，プラスチック製品，皮革製品の6部門であり，同時にこれらはすべて製造業全体の平均的労働係数を上まわる労働集約部門であった．しかし1969年との比較でみれば，これら6部門のうち通信機器を除く5部門で輸出係数のめだった低下がみられる．その一方で，紙・パルプ，ゴム製品，薬品，その他化学製品，セメント製品，鉄鋼製品，家電製品，通信機器，の8部門において輸出係数の増大傾向が観察されるが，このうち紙・パルプ，セメント製品，鉄鋼製品，家電製品の4部門は製造業全体の平均的労働係数を下まわる，相対的に資本集約的な産業部門である．現在の台湾の輸出工業部門において労働集約財輸出部門が圧倒的な強みをもっているという点については，すでに再三にわたって確認してきたところであるが，しかし近年の傾向値としては相対的な資本集約財部門の輸出が無視しえざる規模で台頭しはじめ，台湾の輸出構造自体を高度化させる方向に動きつつあることに注目したい．

　労働集約財輸出部門のうち組立・加工工程が比較的簡単なもの，加うるに木材加工品のごとく資源立地上の優位性を保ちうるものについては，他の東南アジア諸国がその主たる輸出者となり，台湾ならびに韓国はより高度の輸出商品において他の先進国を「追い上げ」るという比較優位構造の変化が，従来の経験よりも加速化されて，近隣諸国に生じつつあることに気づかねばならない．

V　東南アジア諸国の輸出促進政策

　輸入代替工業化政策のもたらすデメリットをいちはやく予知し，輸出志向型工業化への急速な政策転換を試みたことによって，経済成長率と輸出成長率の双方にめざましい成功をおさめたアジアの代表国はこうして台湾と韓国であった．すでにみたように両国とも国内市場は狭小であり，国内資源基盤もまた乏しいという開発の「初期条件」を正しく認識し，そうした認識のうえにたって，豊富に存在する良質の労働力を最も有効に利用する方途として，労働集約財輸出に思いきった政策転換を行なったのである．

　こうした両国の輸出志向型工業化の政策の成功は，輸入代替工業化からの新

たな活路を求める東南アジア諸国に強い影響力を及ぼすことになったことは想像に難くない．従来，輸入代替にその工業化政策の中心をおいてきたいくつかの東南アジアの国ぐにに，タイ，マレーシア，インドネシア，フィリピンも近年に至ってようやく輸出促進政策に向かう気配をみせ始めた．ただし，前章でも指摘したようにこれらの国ぐにには公式の開発計画書で輸出促進政策を謳い，輸出部門への重点的な資源配分政策の重要性を唱えてはいるものの，個別の政策において，台湾，韓国のようなきめ細かな輸出促進措置が具体化されているといった例は少ない．輸出志向への意欲は明らかに看取しうるものの，その意欲が政策「体系」としてのまとまりをみせるにはなおしばらくの時間を要するとみられる．工業化水準においていまだ初期的段階にあるこれらの国ぐにでは，貿易保護によって工業化圧力を自動的につくりだしうるという輸入代替工業化戦略の魅力はなお捨て難いものであることも依然として事実ではあろう．そしてまた労働集約財輸出の「後発国」たるこれらの国ぐにが，先発4国との競合を覚悟してまで輸出志向型工業化への方途を潔しとする自信はまだもちえていない，というのもその原因の一部であろう．

　そのような意味で，台湾，韓国，これに香港とシンガポールを加えた4国を別にすれば，東南アジア諸国の工業化パターンが輸出志向工業化に向かうというはっきりした傾向はいまだ読みとることはできない．ただ旧来の保護された国内市場向けの輸入代替生産の持続を潔しとする国はすでになく，輸出がこれまでより重要な分野とならなければならないという認識では一致しているように思われる．このような認識の変化は大略三つの傾向的事実のなかにみられる．一つは，輸出インセンティブ政策が台湾，韓国の輸出志向工業化政策における重要な一部分であったという事実に鑑み，この政策を用いることによって組立・加工過程のできるだけ単純な労働集約財の輸出をはかろうという傾向である．二つには，国内に比較的豊富に賦存する自然資源に加工を施し，これを工業製品化して輸出に向けるというミントのいう「輸出代替」政策，いわば一次産品輸出加工工業化政策の方向がある[26]．三つには，これまでの東南アジア

---

26) Asian Development Bank, *Southeast Asia's Economy in the 1970s*, Ch. I, Overall Report, by H. Myint, London, Longman Group Ltd., 1971. 小島清監訳『70年代の東南アジア経済』日本経済新聞社，1971年．なお，輸出代替概念については，逸見謙三編『アジアの工業化と一次産品加

諸国の輸入代替政策の中心的な担い手であった外国民間資本の導入政策を大幅に改変して，外国民間資本自体に輸出志向性をもたしめるという特徴的な傾向である．

　第一の労働集約財の輸出志向は，いくつかの国で散発的にみられる．たとえばタイの1960年代は差別的関税と「産業促進法」(Industrial Promotion Scheme) によるインセンティブの付与のもとで，他の東南アジア諸国と同様の輸入代替工業化を経験してきた．保護障壁の内側で生産される輸入代替消費財の国内価格は輸入価格をはるかに上回るものであり，国内資源は高利潤を享受できるこの輸入代替産業に集中して，輸出とくに工業製品のそれはほとんど関心の対象とならなかった．しかし，1970年代とくに1971年に始まる第三次開発5カ年計画において，工業製品の輸出に政策の重点をおくことになった．1972年に「産業促進法」は輸出を有利化するように改正され，輸出産業にたいする税制上の優遇措置，補助金計画もそれに含まれた．特定の製造業輸出品にたいしては，投入財輸入関税，輸出生産に関わる事業所得税を免除するという特典を与えた．また27の輸出品には，その国内投入財に含まれる租税分を払い戻すという試みもなされるに至っている．

　タイの工業製品の輸出は1960年代に入ってから増大し始めるが，もちろんその中心は精米と砂糖，果物缶詰などの加工食品であり，工業製品全体に占めるその比率は，1960年において76%であったが，1972年においてもなお52%と高い地位を占めている．とはいえ，セメント，非鉄金属（錫精錬），繊維，織物，衣類，家具などの輸出は急速な増加率を示しており，これら加工度が低く，技術的に高度化していない労働集約財におけるタイの地位は将来かなり高まって，台湾，韓国のあとを追うことになるかもしれない．しかし上記の急速な伸びを示した輸出品も，その生産量に占める比率をみると，1972年においていまだ14.1%，0.7%，12.6%，8.7%，0.6%の低い水準にあり，タイの輸出志向型工業開発は実はいま開始されたばかりであるといえよう．

　マレーシアにおいても輸出工業部門の若干の発展がみられる．1960年代のとくに後半期における急速な輸入代替の結果として，衣類，木材製品，家具，

――――――――――
工』アジア経済研究所，1975年，に所収の諸論文を参照されたい．

紙製品，皮革製品，ゴム製品，非鉄金属製品等代表的な最終財の自給化率は1970年の時点ですでに80%を越え，輸入代替の初期的機会は1960年代央にほぼ涸渇したとみられる．この時点で輸出志向への転換は不可避だと考えられたものの，その方向への政策はいまだ整っていない．注目すべき政策としては1968年の「投資促進法」(Investment Incentive Act) において輸出関税の払戻し，輸出産業にたいする高い損耗率の許可などが新たにもりこまれたことである．1960年代後半以降比較的急速な伸び率をみせ，1972年において輸出比率が30%を越えた産業部門は，衣類，石油，石炭製品，錫を除く基礎金属，であるが，とくに衣類の輸出比率は74%に達している．タイと並んで衣類のような単純な工程を特質とする労働集約財の輸出増大傾向は，先発輸出国の地位を急追するきざしをみせ始めている．

　フィリピン，インドネシアにおいても，最終消費財の初期的輸入代替機会は1960年代にほぼ消滅したという認識が一般化しており，輸出促進への強い要請が出ている．とはいえやはりタイと同じく体系的な輸出インセンティブ政策は緒についたばかりであり，その前提条件である「市場自由化政策」もいまだ不十分である．この二国の場合，労働集約財輸出の面でどの程度の進出をみせるかその将来はいまだ予測しがたい．

　さて，第二の方向は輸出代替もしくは一次産品輸出加工工業化の方向である．しかしなまの一次産品輸出に変えて，一次加工，二次加工を経た資源集約財の輸出を試みようという政策も，東南アジア諸国のいずれにおいてもいまだはっきりとした意図的政策としてあらわれてはおらず，むしろ将来の可能性として主唱されている段階にすぎない．しかし伝統的に比較優位を有している一次産品の加工輸出である以上，ある程度の加工段階に至るまでは伝統的一次産品のもつ絶対的比較優位を消滅させることにはならないはずである．その意味で労働集約財の先発国に容易にはキャッチアップできないいくつかの東南アジア諸国にとって，漸進的な工業化の方途としてこれを推奨することはできよう．すでに若干なりとも大規模に試みられている「輸出代替」産業は，食品加工業と木材産業の二つである．しかし加工食品の輸出において自国の輸出商品項目中いうに足る規模をもっているのは，すでに食品加工業を伝統的な輸出部門としている台湾を除外すれば，マレーシアのパーム油，マレーシア，フィリピン

のパイナップル缶詰,フィリピンの砂糖など限られたものである．大半の東南アジア諸国の食品加工業は自国内消費者に向けた伝統的農産物の粗雑な加工製品であり，実際のところ多くは国内需要をすら十分に満たしていない．とはいえ労働集約財の先発4国に比較して加工原材料を国内に豊富に擁しているという資源立地の点で，加工のための技術，労働熟練度を向上することができれば，この分野の将来は暗いものではあるまい．

　木材加工における輸出代替はマレーシアとフィリピン，とくに後者で若干の進展をみせている．フィリピン政府は，丸太を国内加工用に確保するという目的のために，現在この輸出を禁止しており，さらに国内加工を進めるために造林から加工までを一貫するプロジェクトに大規模にのりだしつつある．加工原材料を国内で確保しうることによって，しかも木村製品の技術が他の製造業ほどに高度化したものではないという事実のために，本製品部門でフィリピン，マレーシアが先発4カ国に追いつく可能性は大いにありうる．

　第三の外国民間資本にたいする東南アジア諸国の態度の変化は，この地域の輸出志向政策においてかなりの重要性をもつものとなりそうである．ここでとくに注目されるのは，輸入代替工業化政策を支える不可欠の柱としてほとんど無制限に導入されてきた外国民間資本にたいして，その導入許可条件もしくは既進出の外資にたいする優遇措置付与条件として，輸出貢献度，国際収支への改善効果がいずれの国でも共通の重要な要件とされるに至っていることである．前章Ⅴで指摘したごとくこれまでの先進諸国の対東南アジア民間資本進出の主要な動機は，一口にいって「市場防衛型」と呼びうるものであった．この動機は受入国の高度の保護貿易主義に依拠して，保護された受入国市場での生産・販売を志向するというものであり，いいかえれば第三国もしくは本国の輸出市場にたいしてはさしたる関心を示さない型の進出であった．「要素志向型」の資本進出であれば，定義によってより生産費の低い生産がめざされることになるが，市場防衛型投資の場合には，これが受入国の高度の保護障壁を後楯とした非競合生産を目的とし，しかもこの非競合生産を国内市場基盤の小さい東南アジア諸国で行おうというのであれば，第三国への輸出を可能ならしめる生産費の低下を期待することができないのは当然であろう．

　こうした外資の性格は変更を余儀なくされるに至っている．認可基準の一つ

として，その外資が既存の第三国市場をどの程度もっているか，新たな市場開拓のノウハウはどの程度か，という判断が次第に重要性をもちつつあると見受けられるからである．

　もう一つ外資にたいして共通にみられる東南アジア諸国の態度は，国内原材料調達比率向上への要請である．この要請の背後にあるのは，一つにはこれによって国際収支の改善をはかろうという願望であるが，より重要な問題として，二つには，この要請が上述した輸出比率増大の要請と相まって，現地に賦存する原材料を集約的に利用した商品の輸出を外国資本の手で実現しようという輸出志向のたかまりがそのなかに示されていることである．これまでの輸入代替工業化過程では，最終消費財輸入は制限されるが，投入財は自由輸入というのが原則であり，実際のところ進出製造企業は部品・原材料あるいは機械のほとんどを本国親企業から輸入してきたものとみられる．しかしこの事実は，進出企業がそれら輸入された投入財の最終的な組立・加工という仕上げ段階のみに関心を向けることを意味し，したがって受入国に賦存する資源そのものを利用する機会を減殺することにつながったのである．

　こうして，導入される外国民間資本の行動様式をより輸出志向型に変更させる過程で，輸入代替工業化のデメリットを排除していこうという政策態度が，ここ数年の東南アジア諸国における外資法の変化の背後にあることに気づかねばならない．

第5章　外向型経済発展と社会的公正
韓国の工業化・人口移動・所得分配

序

　これまでの開発途上国のほとんどが，産業構造における工業部門とりわけ製造業のシェアを拡大することに最大の政策的優先順位をおき，その努力においてかなりの成果をあげてきたことはよく知られている事実であるが，にもかかわらずその雇用構造はそれほどには変化していない．工業部門の雇用寄与率はいぜんとして低く，失業率や不完全就業率のめだった低下もみられない．おそらくその原因は，多くの開発途上国がその工業化における戦略的役割を近代部門の一部の大規模経済単位に求め，これに多様な国家的保護を与えることによって輸入代替工業化を実現しようとしてきたことと無関係ではない．前章Ⅰで明らかにしたように国家的保護とは，まず第一に外国の競合的輸出者からの保護であり，第二に国内の潜在的競合者からの保護であった．前者の保護は輸入代替工業化政策に個有の貿易為替管理，高関税障壁によって与えられたが，後者の保護は低利の銀行資本や過小に評価された外貨を近代部門の大規模経済単位に優先的に配分する一方，爾余の部門はこれに容易に接近しえないような手だてをつくり上げることによって実現された．そのために保護による工業化は，近代部門の一部の大規模経済単位に対して自国の要素賦存状況に逆行する過度に資本集約的・労働節約的な生産方法を促すことになったと考えられる．他方，保護によって確保される高利潤が大規模経済単位に就業する労働者に高賃金を

可能にしたために，農村から都市に向から人口移動を誘発するという傾向をもった．農村における過剰人口化がもたらした人口の「プッシュ」がこの傾向を助長することになった．したがって工業生産の相当程度の増加にもかかわらず，一方その雇用吸収力が弱いために農村からの移住人口は都市周辺部に失業者，不完全就業者として滞留せざるをえない．

　実際のところ平均的な開発途上国の 1960 年代は，雇用吸収力を大きく越える労働力爆発の時期であり，その経済成長は実は大量の失業者，不完全就業者群の創出過程でもあった．一般的な数字で説明すれば，経済成長率 5〜6%，工業成長率 8〜10% の開発途上国の雇用増加率はわずか 2〜3% であり，開発途上国全体の工業化の雇用弾力性はこの数値から導かれる 3 分の 1 前後のものであった[1]．工業化の労働吸収力が弱い以上，大規模経済単位に就業して高賃金を獲得することのできる一部労働者を除く，大半の都市住民の生活水準は容易に上昇しない．要するに都市の所得分配は不平等化に向かったのである．また保護による工業化は，農産物価格に比較して国内工業品価格を高めることによって農家交易条件を悪化させ，かかる経緯を通じても都市農村間の所得分配を後者にいっそう不利にさせた．保護による工業化を大規模に遂行した多くの開発途上国において，近代部門の繁栄と伝統部門の停滞との対照はまことに鮮かなものであった．しかしこうした一般的な経緯と対照的に，高い経済成長率，工業化率を所得分配の平等化傾向と両立させた特異な事例を，われわれは数少ない開発途上国の経験的事実のなかに見出すことができる．前章で扱われた 1960 年代以降の台湾と 1960 年代央以降の韓国の二つは，その最も代表的な事例であろうと思われる．

　両国の輸出志向工業化は，これがもたらした高い成長力のゆえに開発経済学上の焦点の一つになってきたのは周知のところであるが，その高い成長力が同時に分配上の公正を実現する方途でもあったという事実が立証されうるならば，この工業化パターンが開発途上国の開発政策にたいしてもつ意味はいちだんと大きいものとなるはずである．上述した，工業化における戦略的役割を保護主義型の輸入代替政策に求めてきた大半の開発途上国の経済成長は，特定の産業

---

1) Morawetz, D., "Employment Implications of Industrialization in Developing Countries: A Survey," *The Economic Journal*, September 1974.

部門，特定の地域のみを利することによって，経済成長の恩恵にあずかることのできない階層の比重を増大させたという「一般的」事実が次第に明らかなものとなりつつあるからである[2]．とくに1960年代の急成長を輸入代替戦略によって実現し，すでに準工業国と呼ばれる水準に至ったいくつかの国ぐににおいて，経済成長と社会的公正との相克がいちだんと深刻なものとなったという経験は，両国のそれとの鋭い対照をなすであろう．ここでは韓国をその事例としてとりあげて分析を進めていきたい[3]．

　本章の関心は，輸出志向工業化政策のもとでの韓国の経済成長過程がいかなる厚生的意義をもったか，とくに所得分配構造をどのように変容させていったかを，一つの特有な観点から探ることにある．特有な観点とは，現代韓国の輸出工業部門の労働吸収力の大きさに着目する方法である（Ⅰ）．経済成長を主導したものが労働集約財輸出部門であったがために，輸出の大規模化は一つには都市内部の限界的労働者を急速に吸収していく一方，農村部から大量の労働・人口移動を誘発することになった（Ⅱ）．この過程で都市の失業・不完全就業人口ならびに農村の偽装失業人口は減少方向に向かい，1960年代後半期以降製造業部門の実質賃金は，それまでの停滞状態を脱して明瞭な上昇局面に入る．都市化率の急速な進行にもかかわらず，製造業部門の労働吸収力がこれ

---

2) Adelman, I., and C. T. Morris, *An Anatomy of Patterns of Income Distribution in Developing Countries*, Stanford, Stanford University Press, 1971; Chenery, H. B., M. Ahluwalia, C. L. G. Bell, J. Duloy, and R. Jolly, eds., *Redistribution with Growth*, Joint Study by the World Banks Development Research Center and the Institute of Development Studies at the University of Sussex, London, Oxford University Press, 1974.

3) Looney, R. E., *Income Distribution Policies and Economic Growth in Semi-industrialized Countries, A Comparative Study of Iran, Mexico, Brazil and South Korea*, Praeger, New York, 1975. なお，渡辺利夫「書評」『アジア経済』第18巻第9号，1976年9月参照．また，1960年代韓国の所得分配が平等化傾向にあることを示唆するものに，Chenery, H. B., and Others, *Redistribution with Growth*, Annex: Some Countries Experiece, "South Korea," by I. Adelman; World Bank, Economic Growth and Income Inequality in Korea, World Bank Staff Paper No. 240, February 1976; Brown, G. T., *Korean Pricing Policies and Economic Development in the 1960s*, Johns Hopkins University Press, Baltimore and London, 1973, Chs. 6, 7; Looney, R. E., *op. cit*. がある．なお Choo, H., "Some Sources of Relative Equity in Korean Income Distribution: A Historical Perspective," *Income Distribution, Emplement and Economic Development in Southeast and East Asia*, Vol. 1 (Papers and Proceedings of the Seminar sponsored jointry by The Japan Economic Research Center and The Council for Asian Manpower Studies, December 16-20, 1974), Tokyo, Manila, July 1975 がある．

を上まわることによって，都市勤労者の実質所得は大きく上昇すると同時に，強力な労働吸収力が限界的労働者に及ぶことを通じて都市の所得分配は改善の傾向をみせることになる（Ⅲ）．また農村部から都市部へ向かう大規模な労働・人口移動は農村労働力と農村家計数を減少させ，農村の1人当りおよび1家計当り所得水準を増加させる傾向をもったのであるが，この国内人口・労働移動が農家交易条件を有利化させる過程でその傾向を助長し，都市農村間所得格差を縮小方向に向かわしめたことも同時に推論される（Ⅳ）．さらに都市工業部門の労働吸収力に敏速な反応をみせたのは最も零細な農家家計であるが，農村において最下位所得階層にあり，また農家戸数において最大のこの階層の比重が大きく下がったために，農村内部の所得分配もまた平等化に向かったことが予測されるのである（Ⅴ）．こうした一連の推論を実証してみようというのが本章の目的である．

Ⅰ　輸出工業部門の労働吸収力

　1970年の産業連関表を利用して韓国の輸出工業品の高い労働集約性を分析することが前章Ⅳの課題であった．そこで明らかにされたことは，1970年の製造業各部門の輸出額において最高位三つを占め，その三つで同じ年の製造業輸出総額の60％を越える比率をもった産業部門（衣類，挽材・合板・木材製品，雑工業品）が，同時に輸出係数，労働係数，労働集約度係数のいずれにおいても最高位をとる，という明瞭な結果であった．

　実際のところ韓国における労働集約財輸出の伸長ぶりはめざましいものであり，たとえば衣類，挽材・合板・木材製品項目中の合板，雑工業品項目中のかつら，この三つの韓国輸出総額に占める比率は1961年においてはほとんどゼロであったが，1965年には11.8％，10.3％，1.3％，1970年には25.6％，11.0％，12.1％にまで達する．すなわちこれら労働集約財の輸出は1960年代の後半に至って加速化の様相をみせたのである．したがってこうした事実の背後になんらかの政策的措置があったと考えるのは自然である．この点についても前章で論じたので詳述はしないが，一つには周知の輸出インセンティブ政策があり，二つにはより大きな重要性をもつものとして，1960年代央に試みら

れた為替レートと銀行金利の「現実化」政策がある．為替レートと金利を長期市場均衡水準に見合うところに調整しようというこの試みは，ウォンの過大評価のもとで国内投入財に比較してより資本集約度の高い輸入投入財を集約的に利用する傾向を生んだ旧来の慣行，ならびに低金利政策のもとで労働よりも資本を選好しようとする企業家の行動様式を是正し，要するに自国の要素賦存状況に適した生産方法の採用を促進したのである．かかる政策方向が韓国の労働集約財に潜む比較優位を一挙に顕在化させたとみることができる．こうした市場自由化政策は輸出産業のみならず，韓国経済全体の資本集約化傾向を減速させることに寄与したのはいうまでもない．レイニスは1960年代央以降に韓国製造業の資本労働比率が安定的な低下傾向をみせたことを立証しているが[4]，これとは別に前章では限界資本産出高比率の時系列推移が検討された．そこでは4年平均でみたその趨勢値が1.50〜3.00の範囲を推移しており，とくに製造業部門のそれがはっきりと低下傾向にあることが注目された．

　かくして現代韓国の経済成長の，とりわけ製造業成長の雇用弾性値はかなり大きいものとなった．実際，製造業種中雇用指数において最大の伸びをみせた四つの部門は，衣料，雑工業，電気機器，木材であり，輸出志向型労働集約財の高い労働吸収力が製造業全体の労働吸収を牽引した主要部門であったことを予想させる．1960年代韓国の製造工業品輸出は，その量的規模においてどの程度の雇用吸収をみせたのであろうか．幸いこの点については信頼するに足る二，三の実証研究がある．それらのうちコールとウェストパルの共同研究ならびにリムのもの[5]は，いずれも分析の素材を韓国産業連関表に求め，各製造業部門の輸出額と労働係数とから輸出による直接的雇用吸収数を，産業間投入係数の逆行列表を用いて間接的雇用吸収数を計測している．結果は表5.1に示される．前者は産業連関表の利用できる1960，63，66，70年の4時点のすべてを計測し，リムは1960，66年の2時点の比較を試みている．両者の計測結

---

4) Ranis, G., "Industrial Sector Labor Absorption," *Economic Development and Cultural Change*, April 1973. なお, Fei, J. C. H., and G. Ranis, "A Model of Growth and Employment in the Open Dualistic Economy: The Case of Korea and Taiwan," *The Journal of Development Studies*, January 1975, pp. 32-63, reprinted in F. Stewart, ed., *Employment, Income Distribution and Development*, London, Frank Cass Co. Ltd., 1975 を参照.
5) 表5.1の（資料）を参照.

表 5.1 製造業品輸出の雇用吸収 (1960〜70年)

		1960	1963	1966	1970
製造業品輸出によって直接的に吸収された雇用数*	推計 A	12,000	23,000	113,000	225,000
	推計 B	11,667		89,677	
製造業品輸出によって間接的に吸収された雇用数**	推計 A	14,000	20,000	45,000	83,000
	推計 B	8,178		33,330	
合計 (L_{ie})	推計 A	26,000	43,000	158,000	308,000
	推計 B	19,845		123,007	
全製造業部門労働者数 (L_i)		523,000	674,000	832,000	1,189,000
全産業部門労働者数 (L)		5,962,000	7,662,000	8,243,000	9,475,000
L_{ie}/L_i (%)	推計 A	4.97	6.65	18.99	25.90
	推計 B	3.79		14.78	
$\Delta L_{ie}/\Delta L_i$ (%)	推計 A		11.26	72.78	42.20
	推計 B			33.39	
$\Delta L_{ie}/\Delta L$ (%)	推計 A		1.00	15.11	14.26
	推計 B			4.18	

(注) * nX：nは労働計数の行ベクトル，Xは輸出の列ベクトル．
** $n(I-A+M)^{-1}X-nX$：$(I-A+M)^{-1}$は産業間投入係数の逆行列，Xは輸出の列ベクトル．

(資料) 推計 A：Cole, D. C., and L. Westphal, The Contribution of Exports to Employment in Korea. Paper presented at KDI-Harvard IID Conference, June 25-28, 1974 (mimeo).
推計 B：Lin, Y., *Industrialization, Trade and Employment in South Korea*, Technology and Development Institute, East-West Center, Papers Series No. 2, 1974.

果には若干の喰い違いがみられる．これはおそらく労働統計の産業分類を産業連関表のそれに調整するに際して生じた不整合であろうと思われるが，公表された文献ではその点ははっきりしない．コール＝ウェストパル推計によれば，製造工業品輸出が直接的に吸収した雇用数と，製造工業品輸出が当該経済の産業連関関係を通じて他の補助・関連産業において間接的に発生させた雇用数との合計数は，1960年代の10年間にきわだった増加をみせた．1960年にわずか2万6000人であったその数は1963年4万3000人，1966年15万8000人を経て1970年には30万8000人に達している．製造工業品輸出によって吸収されたこの雇用数の製造業雇用総数に占める比率（L_{ie}/L_i）は，それぞれ4.97％，6.65％，18.99％，25.90％であり，1960年代後半の加速化を通じて1970年の時点に到達したこの比率の大きさは注目される．しかし輸出製造業部門によって新たに吸収された雇用者数が，観察期間中に拡大した製造業労働者数のうちどの程度の比率をもっているか（$\Delta L_{ie}/\Delta L_i$）をみると，それぞれ11.26％，72.78％，42.20％となり，とくに1964年から66年の3年間に増加した製造業雇用者の70％以上がこの間における輸出産業の拡大によって吸収されたという事実は一驚に値する．同一期間における全産業雇用数増加分との関係（$\Delta L_{ie}/\Delta L$）でみると，その比率は15.11％であった．

　同じ問題意識のもとに計測されたもう一つの成果は，渡辺進氏のものであるが，ここでは分析の素材を，韓国の代表的輸出品45項目について「韓国生産性本部生産性研究所」（The Institute of Productivity Research of the Korean Productivity Center）の行なった標本調査に求め，これを利用した実証性の高い研究が試みられている．渡辺氏は輸出の雇用効果を，(1)輸出財の生産に発する直接雇用効果，(2)輸出生産者が投入財を他生産者から購入した場合に発する連関効果，(3)輸出財生産に従事する労働者の消費支出の増大に伴って生じる乗数雇用効果，(4)輸出増大が輸入増大をもたらすことによって発生する生産・雇用効果，の四つに分類し，それぞれに妥当な推計を試みることによって，1969年の韓国製造業雇用総数122万6000人の29％，35万5000人が輸出生産によるものであり，また輸出生産の労働集約度が1960年以来変化していないものと仮定して，1963年から1969年までの雇用増加分59万2000人の約半分29万人が工業製品・半工業製品の輸出によって吸収されたという計測結果を導い

ている[6]．コール＝ウェストパル推計によれば，1963年から1970年までの，製造業部門の輸出によって吸収された労働者数の全製造業労働者数に占める比率は51.5%であるから，1969～70年に至る6～7年間の製造業輸出部門の雇用吸収力についての，両者の計測結果には大略の一致がみられたことになる．

このようにきわめて高い労働吸収力は，当然のことながらこの輸出工業部門の立地している一部工業都市に向かう労働・人口移動を誘発することになるはずである．1960年央以降の人口動態をトレースすることからこの問題を考えてみよう．

II 労働人口移動動態と都市化

現代韓国における工業部門の中心的立地点は，ソウル特別市，およびこのソウルの後背地である仁川，水原を含む京畿道，釜山直轄市の三つである．ちなみに製造業部門の事業所数，雇用者数，付加価値の地域別構成比をみてみると，1974年の時点でソウル市はそれぞれ25.8, 31.8, 30.2%，釜山市8.8, 16.9, 14.4%，京畿道10.5, 16.3, 15.5%である．とくにソウル市の比重が大きいが，この高い比率は1960年代とりわけ中期以降にみられた高成長によって実現されたものであり，1960年における製造業の工場数，労働者数の全国のそれに占める比率は17.0%，23.3%にすぎなかった．ただし付加価値の比率はこの時点ですでに30.9%であり，1967年の30.7%を経て1974年の30.2%とほぼ安定的に推移していることが注目される．これはソウル市が他地域に比較して労働集約的な製造業の拡張を通じて成長してきたことをマクロ的に示唆するものであるが[7]，ソウル市への労働・人口集中がたんにこの地域の事業活動の活発化によっただけではなくて，その事業活動の労働吸収力が他地域に相対してより強いという特性に由来したものであることをも考慮しておく必要がある．製造業労働者数の時系列推移を地域別にみると図5.1のごとくである．ソウル

---

[6] Watanabe, S., "Exports and Employment: The Case of the Republic of Korea," *International Labour Review*, December 1972.

[7] 林俊昭「アジア諸国における労働移動」楠田丘編『アジアの労働市場』アジア経済研究所，1974年．

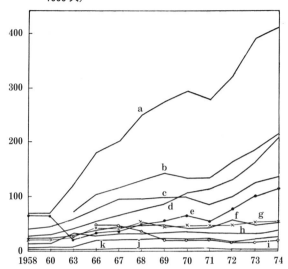

図5.1 地域別製造業労働者数の時系列推移（1958〜74年，1000人）

(注) a：ソウル市，b：釜山市，c：慶尚北道，d：京畿道，e：慶尚南道，f：全羅南道，g：忠清南道，h：全羅北道，i：忠清北道，j：江原道，k：済州道．

(資料) Economic Planning Board, Korean Reconstruction Bank, Republe of Korea, *Report on Mining and Manufacturing Census*, Series I-Basic Tables, Seoul, 各年．

市，釜山市，京畿道への労働力集中傾向には歴然たるものがある．

ところで製造業中心地に向かうこうした労働力の移動は，現代韓国の地域間移動動態にどのような帰結をもたらしたのであろうか．この点の分析に入ろう．しかしそれに先だって次の点を指摘しておく必要がある．1974年における地域間人口移動の動機を要因別にみた調査によれば，家族の事由によるもの（with family）が48.1％，職業上の事由によるもの31.8％，教育上の事由によるもの6.2％，その他13.9％となっている．家族の事由によるものとは，世帯主の移動にともなう家族成員移動を主とするものであるから，結局のところ新たに職を求めるか，よりよい職を求めての世帯単位の人口移動が現代韓国の地域間人口移動の中心をなすと考えてよいであろう．かくして人口移動を労働移動に移しかえて議論することには，十分な理由がある．

5年前居住地ベースでみた1966, 71, 74年の3時点での人口の各地域間純転入数（転入数－転出数）をみたものが表5.2, 5.3, 5.4であり，またこの表には各地域の純転入率（純転入数／転入総数）も同時に記されている．この表からわれわれは近年における韓国諸地域間の人口移動動態の概要を窺うことができる．第一に確認されるのはソウル市への激しい人口集中傾向である．最も大規模な集中をみせたのは1960年代の後半であるが，表5.2によれば1966年におけるソウル市への純転入数は55万3000人を越え，純転入率は実に38.4%の高さにあった．この結果表5.5から知られるように，1966～70年の5カ年における韓国全体の年平均人口増加数56万623人のうち43万476人すなわち実に76.8%に達する部分をひとりソウル市が吸収したことになる．しかしこの比率は1955～60年25.1%, 1960～66年32.3%, 1970～75年41.7%であるから，とりわけ1960年代後半においてその傾向が顕著であったが，1970年代に入ってからはそれが減速化していることになる．すなわち1970年以降現在に至るまでの大きな特徴は，むしろソウル市への純転入率が低下する一方で，釜山市ならびに京畿道のそれが相対的に大きくなり，人口集中の極が多様化をみせ始めたという事実である．

　既出の三つの表にみる限り，1971年の京畿道，1974年の釜山市における純転入数の増大ぶりは顕著である．とくに前者は1966年純転入数においてマイナスをすらみせていたのであるから，この変化はまことにめざましいものであったといわねばならない．結果として1966～70年において6.3%であった釜山市における年平均人口増加数の全国人口増加数に占める比率は，1966～70年には一挙に19.9%，京畿道のそれは1965～70年の10.9%から1970～75年の21.0%へと急増をみせたのである．ソウル市がその相対的比重を低める一方で，ソウル市をそのなかに含む京畿道の比重が急速に拡大しているという事実は，ソウル―京畿道が一つのまとまりをもった首都圏として近年急速に形成されつつあることを示すものであろう．ソウル市の比重が低下し，釜山市，京畿道のそれが増大するという傾向はみられるものの，それ以外のすべての地域がこの地域への人口の純転出地域であるという構造それ自体は1960年代以降ほとんど変化していない．慶尚南道，慶尚北道も工業中心地の一つであるが，地域の強力な人口吸収波に洗われて，地域全体としては少なからざる純転出地

表5.2 人口の地域別純転入数*（1966年、人、5年前居住地ベース）

	ソウル市	釜山市	京畿道	江原道	忠清北道	忠清南道	全羅北道	全羅南道	慶尚北道	慶尚南道	済州道	純転入総数	純転入率** (%)
ソウル市	—	44,673	69,811	28,983	46,105	128,121	61,634	70,960	71,083	33,897	2,056	553,301	38.36
釜 山 市	△44,763	—	△10,785	△3,543	△1,546	3,867	2,097	4,153	32,009	77,077	△2,054	56,512	3.92
京 畿 道	△69,811	10,785	—	△15,684	6,007	4,667	3,098	9,839	12,614	2,017		△36,468	△2.53
江 原 道	△28,983	3,543	15,684	—	△14,082	△351	4,028	1,049	18,951	8,803		8,642	5.99
忠清北道	△46,105	1,546	△6,007	14,082	—	△8,863	2,271	△3,650	9,532	△16,322		△53,516	△3.71
忠清南道	△128,121	△3,867	△4,667	351	8,863	—	△16,132	3,351	14,160	△1,049		△127,111	△8.81
全羅北道	△61,634	△2,097	△3,098	△4,028	△2,271	16,132	—	△3,092	△4,671	43		△64,716	△4.49
全羅南道	△70,960	△4,153	△9,839	△1,049	3,650	△3,351	3,092	—	△3,061	1,049	△7,803	△92,425	△6.41
慶尚北道	△71,083	△32,009	△12,614	△18,951	△9,532	△14,160	4,671	3,061	—	19,567	△503	△131,553	△9.12
慶尚南道	△33,897	△77,077	△2,017	△8,803	16,322	1,049	△43	△1,049	△19,567	—	△7,349	△132,431	△9.18
済 州 道	2,056	2,054					7,803		503	7,349	—	19,765	1.37
											638,220		
											△638,220		

（注）* 地域別純転入数は各地域への転入数から転出数を引いた値である。海外よりの純転入数は除いてある。
　　 ** 地域間転入総数（＝地域間転出総数）によって各地域への純転入数を除した値である。

（資料）Economic Planning Board, Republic of Korea, *Korea Statistical Yearbook*, 1971 より算出。なおこの統計の基礎数値は、Economic Planning Board, Republic of Korea, *Population and Housing Census of Korea*, 各年にもとづく。

第5章　外向型経済発展と社会的公正　423

表 5.3 人口の地域別純転入数*（1971 年，人，5 年前居住地ベース）

	ソウル市	釜山市	京畿道	江原道	忠清北道	忠清南道	全羅北道	全羅南道	慶尚北道	慶尚南道	済州道	純転入総数	純転入率** (%)
ソウル市	—	19,014	△54,890	25,703	29,682	44,622	50,496	54,165	46,870	33,467	3,560	252,689	18.97
釜山市	△19,014	—	△1,234	1,717	1,788	2,605	5,619	7,930	16,416	44,281	1,322	61,430	4.61
京畿道	54,890	1,234	—	8,397	8,778	12,830	11,959	13,491	5,998	3,313	387	121,277	9.10
江原道	△25,703	△1,717	△8,397	—	△1,896	214	1,133	1,100	△368	637	3	△34,994	△2.63
忠清北道	△29,682	△1,788	△8,778	1,896	—	△5,934	315	51	△775	19	△52	△44,728	△3.65
忠清南道	△44,622	△2,605	△12,830	△214	5,934	—	2,927	2,220	△461	△534	△120	△50,305	△3.78
全羅北道	△50,496	△5,619	△11,959	△1,133	△315	△2,927	—	797	△2,098	△560	△185	△74,495	△5.59
全羅南道	△54,165	△7,930	△13,491	△1,100	△51	△2,220	△797	—	△2,676	△2,002	△1,217	△85,649	△6.43
慶尚北道	△46,870	△16,416	△5,998	368	775	461	2,098	2,676	—	5,395	132	△57,379	△4.31
慶尚南道	△33,467	△44,281	△3,313	△637	△19	△534	560	2,002	△5,395	—	82	△83,934	△6.30
済州道	△3,560	△1,322	△387	△3	52	120	185	1,217	△132	△82	—	△3,912	△0.29

純転入総数: 435,396 / △435,396

(注) *, ** とも表 5.2 に同じ。
(資料) 表 5.2 に同じ。

表 5.4　人口の地域別純転入数*（1974 年、人、5 年前居住地ベース）

	ソウル市	釜山市	京畿道	江原道	忠清北道	忠清南道	全羅北道	全羅南道	慶尚北道	慶尚南道	済州道	純転入総数	純転入率**（%）
ソウル市	—	8,064	△41,527	22,170	28,368	35,529	44,180	48,047	40,472	27,550	6,209	224,062	14.10
釜 山 市	△8,064	—	2,874	4,433	3,510	5,309	7,967	14,010	23,867	58,441	1,090	113,437	7.14
京 畿 道	41,527	△2,874	—	9,137	7,035	13,077	9,302	11,686	3,541	△1,360	7	91,078	5.73
江 原 道	△27,170	△4,433	△9,137	—	△2,592	△122	541	937	△3,545	△4,170	△89	△49,780	△3.13
忠清北道	△28,368	△3,510	△7,035	2,592	—	△2,255	344	358	△1,946	△2,113	△21	△41,954	△2.64
忠清南道	△35,529	△5,309	△13,077	122	2,255	—	2,752	1,591	△1,878	△2,177	△86	△51,336	△3.23
全羅北道	△44,180	△7,967	△9,302	△541	△344	△2,752	—	△411	△3,094	△2,882	△172	△71,645	△4.51
全羅南道	△48,047	△14,010	△11,686	△937	△358	△1,591	411	—	△2,309	△3,898	△2,098	△84,523	△5.32
慶尚北道	△40,472	△23,867	△3,541	3,545	1,946	1,878	3,094	2,309	—	△875	111	△55,872	△3.52
慶尚南道	△27,550	△58,441	1,360	4,170	2,113	2,177	2,882	3,898	875	—	643	△67,873	△4.27
済 州 道	△6,209	△1,090	△7	89	21	86	172	2,098	△111	△643	—	△5,594	△0.35
												428,577	
												△428,577	

(注)　*、**とも表 5.2 に同じ。
(資料)　表 5.2 に同じ。

第 5 章　外向型経済発展と社会的公正

表 5.5 各地域の都市部，郡部別人口増加数の時系列推移 (1955〜75 年，年平均，人)

	全地域				市部				郡部			
	1955〜60	1960〜66	1966〜70	1970〜75	1955〜60	1960〜66	1966〜70	1970〜75	1955〜60	1960〜66	1966〜70	1970〜75
ソウル市	174,107	226,326	430,476	272,842	174,107	226,326	430,476	272,842	—	—	—	—
釜 山 市	22,862	44,390	111,595	115,532	22,862	44,390	111,595	115,532	—	—	—	—
京 畿 道	77,021	59,840	61,366	137,323	17,902	39,697	44,276	148,278	59,119	20,143	17,090	△10,955
江 原 道	28,093	32,625	8,227	△664	4,588	19,091	12,210	7,152	23,505	13,534	△3,983	△7,816
忠清北道	35,542	30,038	△17,418	8,363	15,897	7,241	6,733	13,347	19,645	22,797	△24,151	△4,984
忠清南道	61,082	62,857	△11,768	18,089	11,169	26,336	26,239	22,307	49,913	36,521	△38,007	△4,218
全羅北道	53,794	21,290	△22,768	4,913	14,281	9,590	14,708	24,446	39,513	11,700	△37,476	△19,533
全羅南道	85,096	82,903	△11,407	△3,997	23,809	24,522	34,041	30,925	61,293	58,381	△45,448	△34,922
慶尚北道	96,925	104,700	19,810	60,589	42,135	42,796	67,571	65,209	54,790	61,904	△47,761	△4,620
慶尚南道	59,505	26,338	△14,442	32,291	14,758	24,764	28,475	67,210	44,747	1,574	△42,917	△34,919
済 州 道	△1,453	9,278	6,952	9,377	1,562	3,259	4,681	5,785	△3,015	6,019	2,271	3,592
合　計	692,574	700,585	560,623	654,658	343,064	466,012	781,005	773,033	349,510	232,573	△220,382	△118,375

(資料) 表 5.2 に同じ．

表 5.6　地域別都市化率*の時系列推移（1955～75年，%）

	1955	1960	1966	1970	1975
ソウル市**	100.00	100.00	100.00	100.00	100.00
釜　山　市**	—***	—***	100.00	100.00	100.00
京　畿　道	17.04	17.91	23.50	27.06	40.82
江　原　道	13.05	13.33	18.16	20.46	22.41
忠　清　北　道	6.82	11.74	13.17	15.61	19.57
忠　清　南　道	7.79	9.06	13.32	17.21	20.47
全　羅　北　道	12.84	14.38	15.93	18.95	23.73
全　羅　南　道	15.40	16.91	18.46	22.07	26.07
慶　尚　北　道	19.40	22.43	25.02	30.51	35.33
慶　尚　南　道	12.39	13.61	17.61	21.59	30.77
済　州　道	20.83	24.14	25.95	29.10	32.81
合　　　計	24.53	28.00	33.59	44.29	48.39

(注)　*　各地域総人口に占める市部人口（人口5万人以上の都市の人口）の比率．
　　　**　ソウル特別市と釜山直轄市は市部自体が独立した行政地域となっており，定義上都市化率は100%である．
　　　***　釜山市が釜山直轄市として独立した行政単位となったのは1963年であり，これ以前の人口は慶尚南道に含まれる．
(資料)　表5.2に同じ．

域となっている．

　上述の人口移動動態は地域間のものであり，地域内のそれは除外してある．しかし当然のことながら地域内人口移動もきわめて大きく，その主たる内容は郡部（人口5万人未満の行政区域）から都市部（人口5万人以上の都市）に向かう人口数の着実な増大傾向である．出生率は市部より郡部の方が高いという格差構造を考慮すれば，この都市化率の拡大が向都人口移動を反映したものであることは当然である．地域別にみた都市化率の時系列推移は表5.6に示される．地域によってその時期と程度に若干の差違はあるものの，とりわけ1966年以降すべての地域でめだった都市化の進行が窺われる．もっともソウル市と釜山市は都市自体が独立した行政区域となっており，定義上都市化率は恒常的に100%である．この二つを別にすれば最近年における京畿道，慶尚南道，慶尚北道において都市化率の加速度的な進行が観察される．慶尚南道，慶尚北道は道内に重要な工業都市を含み，したがって都市化率は当然のことながら高いが，にもかかわらずすでにみたようにこの地域は人口の少なからざる純転出道でもあった．この事実の帰結するところは明らかに，郡部人口の大幅な比重減

少である．事実この2道の郡部人口は1966～70年，1970～75年の年平均でみて絶対数においてすら大きく減少をみせているのであるが，この事情は既出の表5.5より知られる．江原道，忠清北道，忠清南道，全羅北道，全羅南道においても事情は同じであり，京畿道では1970～75年にその傾向があらわれている．すべての地域で1966～70年にその傾向が顕著であり，郡部の人口減少分が都市部の人口増加分を越えてこの5年間に地域全体の人口規模を絶対的に減少させた地域は忠清北道，忠清南道，全羅北道，全羅南道，慶尚北道の五つを数える．

ところで各地域内部においては郡部から都市部に向かい，一国全体としては各地域からソウル市，釜山市，京畿道といった特定地域に向かう人口移動の態様が以上のように概観されたのであるが，しかしこの概観だけではかかる人口移動が工業化に伴う労働・人口吸収力に応じて生じたものであるとは，少なくとも論理的には結論することはできない．都市化は工業化とは独立に進行しうるというのが，むしろ開発途上国都市化の一般的な態様であるからである．この問題に接近するための概念に周知の人口の「プル＝プッシュ」という考え方がある．もっとも人口移動には経済的要因以上に多様な社会的，心理的要因が一般に作用しており，都市化率の拡大を「プッシュ型」と「プル型」に截然と分けることには無理がある．都市における明瞭な労働力不足と農村における絶対的過剰人口という対照は，いずれの社会においても概念上の設定以上の意味をもつことは少ない．

しかし少なくとも1960年代央以降の韓国農村の事情を概観するに，上述した大規模な人口の向都移動を，高い人口圧力のもとで生計を維持できなくなった零細農民が都市に「押出」されたことの帰結であるとする見解には与しがたい．なるほど人口向都移動の中心をなしたのは零細農家階層ではある．だが後のⅤで論じられるごとく，1960年代央以降零細農家の家計所得，家計消費支出がその相対的地位を中規模，大規模農家のそれに比較して低下させたという事実はみられない．実際のところ可処分所得から消費支出その他若干の支出を差引いた農家家計余剰においては，耕地規模において最も零細な0.5ヘクタール以下農家，0.5～1.0ヘクタール農家はその地位の改善をすらみせているのである．一方1960年代初頭より1966～67年に至る時期は，都市工業部門の急速

な拡大期であり，これもあとでみるようにこの時期には都市農村間の家計所得，家計消費支出が前者に大きく有利化する形で拡大している．とすれば，この時期における農村人口，農家戸数の減少は零細農家階層が都市でのより高い所得に意図的に反応して積極的に離農していったことの反映であるとみる方が事実に近いといえそうである．離農の主体が20〜29歳年齢層の青年男子であったという点もプル要因の強さを窺せる．しかし現代韓国の都市化におけるプル要因の強さを推測させる最も重要な要素は，大規模な都市化にもかかわらず進行した都市内部での雇用条件の改善と実質賃金水準の上昇傾向であろう．

Ⅲ 都市の所得分配

1960年代以降の非農家における雇用条件の改善傾向は明瞭である．図5.2はこの経緯を示している．ここでは経済企画院による五つの労働者階層分類，すなわち自家営業者，家族労働者，常傭労働者，臨時労働者，日雇労働者のうち，近代部門の労働者として常傭労働者，限界的労働者として日雇労働者をとってある．これによると全労働者数に占める前者の比重増大，後者の比重減少というのが少なくともこの数年間の大きな趨勢であることが観察される．ただし1970，71，72年の低い経済成長率を反映して，その時期については雇用条件は若干悪化していることが知られる．しかしそれだけに1960年代のとくに後半期における雇用条件の急速な改善傾向は改めて注目されよう．非農家における雇用条件の改善は失業率，不完全就業率の明瞭な減少傾向からもこれをみることができるが，これも上述の低成長期を例外としてこの10数年間にはっきりとした減少傾向をたどったことが同じく図5.2より知られる．労働力標本調査にもとづいた全国レベルの失業統計を，しかも時系列で利用できる国は，アジアにおいては韓国，台湾，フィリピンの3カ国のみであり，したがって正確な比較はできないが，諸般の傍証を窺うかぎりでは図にみられる韓国における失業率の顕著な低下傾向は，台湾とならんでアジア諸国のなかではきわめて稀有のものであることだけは事実である．フィリピンの高い失業率は1960年代を通じてほとんど変化していない．

雇用人口の急速な増大にもかかわらず生じた非農業部門における雇用条件の

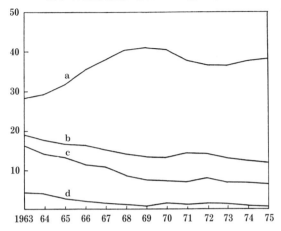

図 5.2 非農家における労働者階層，失業率，不完全就業率の時系列推移（1963～75 年，%）

(注) a：常備従業者比率，b：日雇労働者比率，なお a，b は 3 年移動平均値．
　　c：完全失業者比率，d：不完全就業者比率，なお d は週当り労働時間が 18 時間未満のもの．
(資料) Bureau of Statistics, Economic Planning Board, Republic of Korea, *Annual Report on the Economically Active Population*, Seoul, 各年．

　かかる改善は，製造業実質賃金の特徴的な上昇傾向のうちにも反映される．図 5.3 がそれを示す．3 年移動平均でとられた製造業労働者 1 人当りの月額実質賃金は 1964 年頃までのきわめて安定的な推移を経て，1965 年以降顕著な上昇傾向を開始していることが読みとれる．とりわけ急速な 1960 年代後半期のこの実質賃金の上昇傾向は，これも少なくともアジア諸国のなかにあっては例外的なものであることに注目したい．1964～65 年を前後するこの実質賃金の安定局面から上昇局面への移行は，製造業における低生産性—低賃金部門でも一様にみられる．1974 年における 1 人当り付加価値額と月額名目賃金の二つでみて最下位にある三つの製造業部門は繊維・衣類，家具・建具，雑工業であるが，この 3 部門のいずれの実質賃金も，全製造業実質賃金の上昇趨勢に若干の時期の遅れをもちつつ，それと同様の上昇曲線を描いていることが同じ図 5.3 から観察されるであろう．

図5.3 全製造業ならびに特定製造業部門の月額実質賃金*の時系列推移（1957〜75年，1人当り，1000ウォン，3年移動平均）

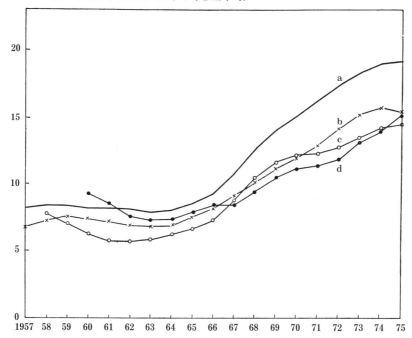

(注) a：製造業全体，b：繊維・衣類，c：家具・建具，d：雑工業．
　　 * 月額名目賃金をソウル消費者物価指数（1975年＝100）でデフレート．
（資料）Economic Planning Board, Republic of Korea, *Annual Report on Current Industrial Production Survey*, Seoul, 各年.

　製造業労働者の実質賃金のかかる推移は，都市の賃金・俸給家計実質所得の1965年を前後する時期以降の顕著な上昇傾向のなかに反映される．この傾向は図5.4から観察されるが，家計消費支出の急速な増大をさらに家計所得の伸びが上まわったことによって，家計消費余剰が1960年代はじめのマイナスの時期を経てそれ以降加速度的に拡大していったことがここから観察される．家計所得ならびに家計消費支出を1人当りでみてもほとんど同じ傾向を読むことができるであろう．

　都市の賃金・俸給家計間の所得分配については，1000前後の標本家計をもとにして1960年代央以降歴年にわたって試みられている．経済企画院の『都

図5.4 都市家計主要指標*の時系列推移（1962〜75年，1000ウォン，3年移動平均）

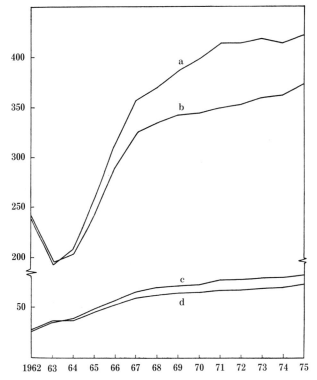

（注） a：家計所得，b：家計消費支出，c：1人当り家計所得，d：1人当り家計消費支出．
　　　＊ 時価をソウル消費者物価指数（1970年＝100）でデフレート．なおここでの家計とは賃金・俸給家計である．
（資料） Bureau of Statistics, Economic Planning Board, Republic of Korea, *Korea Statistical Yearbook*, Seoul, 各年．

市家計報告書』（*Annual Report on the Family Income and Expenditure Survey*）が利用可能である．本報告書からわれわれは，1960年代後半期に所得階層別にみた所得分配が急速に平等化し，こんにちに至っているという事実を知ることができる．歴年のジニ集中指数（δ）の変化を実質家計所得水準と結びつけて図示したものが図5.5である．ここに示されているごとくジニ集中指数は

図5.5 全都市家計の1家計当り所得水準*とジニ集中指数（δ）**の結合値
（1967～74年，10000ウォン）

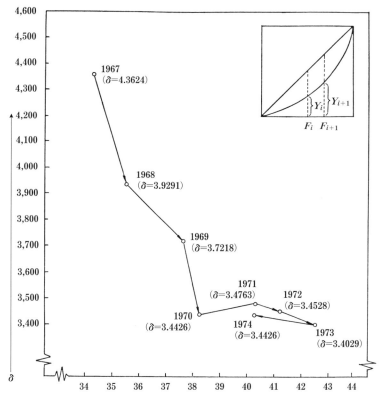

* 名目家計所得をソウル消費者物価指数（1970年＝100）でデフレート．なおここでの家計とは賃金・俸給家計である．
** ジニ集中指数（δ）は，上図のローレンツ曲線に示された記号を用いてあらわされるジニ係数 $a=1-\Sigma(F_{i+1}-F_i)(Y_i+Y_{i+1})$ との間に，$\delta=\dfrac{1+2a}{1-2a}$ の関係をもつ．

（資料） Bureau of Statistics, Economic Planning Board, Republic of Korea, *Annual Report on the Family Income and Expenditure Survey*, Seoul, 各年．

1967年以降急速に低下して1970年に大略最低水準を達し，以後現在まで大略この水準を持続している．しかもこの過程が1家計当りの平均所得水準のめだった上昇と同時に進行していることが知られるのである．

　労働集約財の大規模輸出を中核においた現代韓国の工業化過程は，それが発

揮した強力な労働吸収力のもとに，日雇あるいは臨時労働者の比重で示される限界的労働者比率を減少させる一方で，常備労働者比率を高め，また失業・不完全就業比率をも急速に低下させていった．実質賃金の全体的な拡大過程で生じたかかる雇用条件の改善傾向こそが，労働者間，都市家計間の所得分配を平等化させるのに最大の寄与をなした要因であることが推論される．

　ここで指摘しておきたい一つの問題がある．すなわち上記の分析から，韓国経済は1960年代のある時点において「転換点」を越えて「制限的」労働供給段階に入ったのではないかという推論が成立するかも知れないという点である．よく知られているようにルイス命題によれば，非資本主義部門（もしくは伝統部門）に「制度的賃金」率よりも低い限界生産力のもとにある大量の偽装失業者群が存在する限り，資本主義部門（もしくは近代部門）がこの制度的賃金をある程度上まわる賃金率を示すことができれば，資本主義部門は固定した賃金率のもとで拡大をつづけることができる．しかし資本主義部門の労働力需要が，非資本主義部門の偽装失業人口を吸収しつくす「転換点」を越えて，制度的賃金よりも高い限界生産力をもつ労働者にまで及ぶ場合には，資本主義部門はその高い限界生産力に相応する高賃金率を示さなければ，非資本主義部門から労働力を引出すことはできない[8]．

　図5.3に示した1964～66年を境とする製造業実質賃金趨勢における安定局面から明瞭な上昇局面への移行，とりわけ低生産性―低賃金製造業部門においてみられたそれは，たしかに「転換点」命題に照らしてこれを理解できるのではないかという期待をもたしめるに十分なプロフィールを示している．しかし目下のところこれに十分な答を用意することはむずかしい．というのは「転換点」命題が対象とする未熟練労働力の実質賃金趨勢を窺わせるようなデータが韓国においてはきわめて乏しいからである．図5.3に示された3部門の実質賃金は，低生産性―低賃金部門に属するとはいえ多分に近代的部門の常備労働者

---

[8] Lewis, W. A., "Economic Development with Unlimited Supplies of Labour," *Manchester School of Economics and Social Studies*, Vol. 22, May 1954, reprinted in A. N. Agarwala and S. P. Singh, eds., *The Economics of Underdevelopment*, London, Oxford University Press, 1958; Fei, J. C. H., and G. Ranis, "A Theory of Economic Development," *American Economic Review*, Vol. 51, September 1961; *Development of the Labour Surplus Economy: Theory and Policy*, Homewood, Illinois, Richard D. Irwin Inc., 1964.

のそれである．農業の日雇あるいは年雇労働力の実質賃金データを若干なりとも時系列で知ることは困難である．また「転換点」命題によれば，未熟練労働力の供給が「無制限的」である「転換点」以前においてはその実質賃金は一定であるが，一方供給がつねに「制限的」である熟練労働力の賃金率は恒常的に上昇傾向にあると考えられており，したがってこの局面においては賃金格差は拡大する．しかし未熟練労働力の供給が「制限的」となる「転換点」以後においては，その実質資金率は上昇局面に入ることになり，賃金格差は縮小の方向に向かうはずである[9]．この点に関する論証は，発展論上の関心からいえばぜひともなされねばならないところであるが，しかし熟練労働力と未熟練労働力の賃金格差という観点からの検討に値するデータが得られない以上，この論証はいまのところ，残念ながら不可能である．

IV 都市農村間所得分配

1960年代央に始まる韓国農家家計関連諸指標の改善傾向は明瞭である．図5.6の〔Ⅰ〕は農家1家計当りの(1)所得，(2)租税ならびに借入利子支払後の可処分所得，(3)消費支出，(4)可処分所得から家計消費支出その他若干の関連支出をさしひいた農家余剰，を農家購入総合物価指数でデフレートした実質額の時系列推移を示すものであり，またここには1人当りでみた所得，消費支出もトレースされている．1965年を境界線としていずれの指標も上方に転じていることがわかる．ちなみに1962年以降の可処分所得額が家計消費支出額をどの程度満たしてきたかをみたものが〔Ⅱ〕である．ここでは同時に農家家計所得の中心をなす農業所得をとりあげてこれを家計消費支出額と関連させることも試みられている．〔Ⅰ〕の農家家計余剰の増大傾向に示されたように，可処分所得は一貫して家計消費支出を上まわっているが，注目されるのは耕地規模の最も零細な0.5ヘクタール以下農家においてもなお1965年を唯一の例外としてこのことがあてはまるという点であり，しかもその家計余剰は増勢にあるという事実である．1971年になると平均的農家は兼業所得を考慮しない農業所

---

[9] 南亮進『日本経済の転換点――労働の過剰から不足へ』創文社，1970年．

図 5.6 農家家計主要指標の時系列推移 (1962～75年)

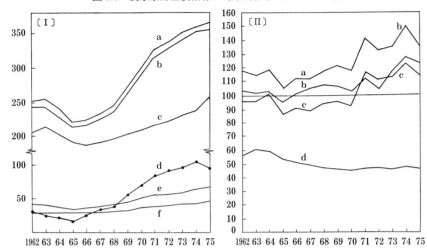

(注) 各指標とも時価を農家購入総合物価指数 (1970年＝100) でデフレート.
[Ⅰ] 単位 1000 ウォン, 3年移動平均. a：家計所得, b：可処分所得, c：家計消費支出, d：家計余剰, e：1人当り家計所得, f：1人当り家計消費支出.
[Ⅱ] %. a：可処分農家所得／家計消費支出, b：0.5ha 以下農家における可処分所得／0.5ha 以下農家における家計消費支出, c：農業所得／家計消費支出, d：農家家計エンゲル係数（食料費／家計消費支出）.
(資料) Ministry of Agriculture & Forestry, Republic of Korea, *Report on the Results of Farm Household Economy Survey and Production Cost Survey of Agricultural Products*, Seoul, 各年. Bureau of Statistics, Economic Planning Board, Republic of Korea, *Korea Statistical Yearbook*, Seoul, 各年.

得のみで家計消費支出を充足することができるまでに，所得額を上昇させている．この事実を反映して家計消費支出に占める食糧費で示されるエンゲル係数は，1963年の60.3%から1970年の45.9%まで急速に下降し，その後ほぼ安定的に推移するというパターンをとる．

　このような農家家計諸指標の顕著な改善にあずかって大きな力となったのは，いわゆる農家交易条件（農家販売総合物価指数／農家購入総合物価指数）の改善であろう．図5.7に示されるように，農家交易条件は，1962年の大不作の結果として生じた翌，翌々年の米価の異常高値を主因とする農家販売総合物価指数の高騰のために急上昇を示したが，この例外的な時期を別とすれば1960年代後半の安定期を経てこんにちに至るまでなだらかな上昇をつづけているとみることができる．かかる農家交易条件の改善の背後にある最大の要因はなん

図 5.7　農家家計関連価格指数の時系列推移（1961〜75 年）

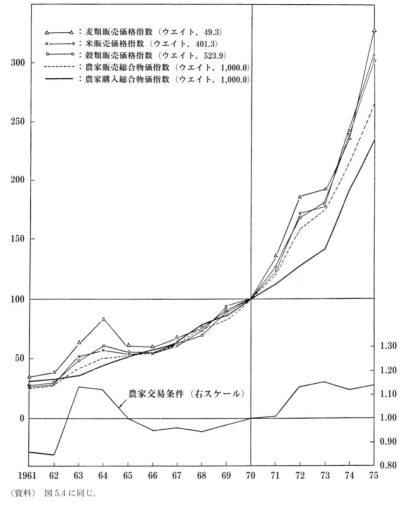

（資料）　図 5.4 に同じ．

といっても穀物価格のめだった上昇である．農業所得に寄与する圧倒的部分は穀物であり，その中心は米と大麦である．1975 年において農業所得に占める両者の比率はそれぞれ 63.0, 11.0％ であった．農家販売総合物価指数の計測において経済企画院統計部は総合指数を 1000.0 として穀物に 523.9 のウェイ

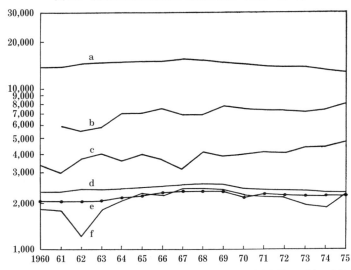

図 5.8 農業生産関連指標の時系列推移（1960〜75年）

(注) a：農家人口（1000年），b：食糧穀物（1000M/T），なお食糧穀物には米穀，麦穀，雑穀，豆類，薯類を含む，c：米穀（1000M/T），d：農家戸数（1000戸），e：耕地面積（1000ha），f：麦類（1000M/T）．
(資料) 図 5.4 に同じ．

トをおいており，米ならびに麦類のウェイトをそれぞれ401.8，49.3 としている．穀類とりわけ米の販売価格動向が農家所得の形成にいかに重要な項目となっているかが理解されるのであるが，図 5.6 に示された農家家計所得の顕著な上昇の背後にこの穀類の価格上昇があることが推測される．こうした事実の一方で，すでに前章で論じたようにとくに工業品の国内価格上昇率は 1965 年以降の「市場自由化政策」のなかで下降に転じ，これがもたらした農家購入総合物価指数の上昇率鈍化が農家交易条件の持続的な改善傾向を加速化させる要因ともなった．

ルイスならびにフェイ＝レイニス流の 2 部門モデルでは，非資本主義部門からの労働力供給が「無制限的」局面から「制限的」局面に入るとともに，市場において交換される農産物が相対的に不足し，これが非資本主義部門の交易条件の有利化（資本主義部門の不利化）をもたらすと考えられた．すなわち農業労働力の限界生産力がゼロである第一局面においては，非資本主義部門から資

本主義部門に向かう偽装失業人口は制度的賃金に等しい1人当り平均農産物余剰によってこれを養うことができるが，農業労働力の限界生産力がプラスに転じる第二局面以降になるとこの1人当り平均農産物余剰は制度的賃金を下まわることになる．したがって第二局面以降においては市場に出される農産物が工業生産物に比較して不足し，相対価格は農業部門に有利化するとされるのである．

　農業部門の物的生産性がめだった上昇を示さず，その一方で1960年代初頭以降農業労働力と農家戸数が絶対的な減少をみせるなかで，拡大する都市工業部門従業者への食糧供給が相対的に欠加し，相対価格を農産物に有利化させたという因果的説明は少なくとも1960年代央以後の韓国にはかなり説得的な推論であるようにと思われる．図5.8に窺われるように農家人口，農家戸数はほとんど横ばいをつづけており，1967～68年以降は絶対数において減少方向に向かっている．耕地面積も変化していない．食糧供給量の場合には漸増傾向が観察されるが，1970年代に入ってからは低迷状態を持続している．1973年以降の最近年における米穀の増産傾向は注目される．しかし実際のところ食糧輸入量は1970年代に入って加速化の勢いをみせているのであり，国内食糧不足は依然深刻化しつつあることは疑いない．

　既述した都市化と工業部門就業者数の顕著な増加趨勢のなかで農業生産とりわけ食糧供給量が低迷をつづけたことにより，工業品価格に相対した食糧品価格の一方的な上昇が結果したとみることは正しいであろう．その意味では現代韓国の農家交易条件の改善は「転換点」を示唆する一つの指標としてこれを予想することができるかもしれないのである．もっとも農家交易条件の改善については，その背後に高米価政策という「外生」要因をとりあげることができるかもしれない．すなわち物価上昇率にスライドして決定されてきた米価が1968年以降は，年度によってその幅は異なるものの，これを上まわる水準に設定されるという新たな政策方向がみられることになったからである．しかし現代韓国の高米価が「転換点」以後の市場原理によって成立した水準を政策によって「追認」したにすぎないものなのかどうか，いいかえれば高米価が市場均衡水準をどの程度越えて設定されているのかはあまり明瞭とはいいがたい．

　ところで上述してきたごとく1960年代以降の韓国における平均的農家の家

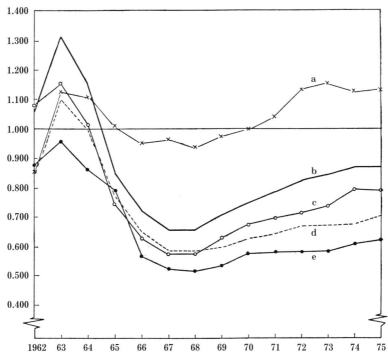

図 5.9　都市家計と農家家計の相対指標の時系列推移（1962～75 年）

(注)　a：農家家計の交易条件，b：農家家計実質所得／都市家計実質所得，c：農家家計 1 人当り実質所得／都市家計 1 人当り実質所得，d：農家家計消費支出／都市家計消費支出，e：農家家計 1 人当り消費支出／都市家計 1 人当り消費支出.
(資料)　図 5.4，図 5.6，図 5.7.

計所得，家計消費支出は明瞭な上昇傾向をみせたのであるが，しかしこうした指標を都市家計との相対関係のなかでみると，これはいかに変動してきたのであろうか．1960 年代初頭以降の都市農村間所得分配の変化をみてみよう．既出図 5.4 にみられたごとく，都市家計の所得，消費支出は 1967 年までの間めざましい上昇率をみせ，農家家計のそれを大きく上まわることになったが，その後増勢を減速させつつ現在に至っている．一方の農家家計所得は 1967～68 年頃まで低迷をつづけるが，この時期以後に加速度的な拡大を開始し，したがってこの時点を一つの境界線として都市農村間所得格差は次第に減少に向かう

440　II　開発経済学研究

ことになる．1967年を前後する時点までは相対所得が農家家計に急速に不利化し，それ以降一転して有利化の方向に向かってこんにちに至る推移は図5.9より明瞭である．この推移は家計消費支出をとってみても，また所得と消費支出を1人当りでみてもほとんど変化のないことが窺われる．そしてまたこうした変動の型が農家交易条件の変動の型と大略一致していることに改めて注目したいと思う．

V 農村の所得分配

こうしてマクロ指標から判断する限りにおいて，われわれは，1960年代央以降都市農村間の所得分配関係は後者を有利化しつつ現在に至っているとみることができるのであるが，それでは農村内部における分配関係はどう変化してきているのであろうか．最後にこの点を概観してみよう．所得規模別にみた農家家計の所得分配構造は農林部の Report on the Results of Farm Household Economy Survey and Production Cost Survey of Agricultural Products を利用してこれをみることが可能であるが，しかしここから知りうるのは1969，70，71，72年の4時点のみである．このうち1969年のものは所得階層がわずか五つであり，たしかな傾向はつかめない．さしあたりこの4時点のジニ集中指数 (δ) を示しておくと，それぞれ 3.6404，2.2717，3.9213，4.0390 である．

一方，農家階層を所有耕地規模別にみるという観点にたつならば，家計所得のみならず家計消費支出，家計余剰に至るまで整備された資料にもとづいてその時系列推移を観察することが可能である．実際のところ現在の韓国農家の95%以上が耕種農家であり，その所得はなによりも所有耕地規模によって左右されていると考えることは妥当であろう．この階層区分にしたがって農家家計所得分配のプロフィールを探ってみよう．それに先だってすでにIVで指摘したように，耕地規模において最も零細な0.5ヘクタール以下農家においてすらも，その消費支出が可処分所得を上まわって農家余剰をマイナスとしたのは1965年という，農業成長率がマイナスでしかも農家交易条件が大きく下降した例外年のみであり，他の年次はすべてプラスであるという点を指摘しておかねばならない．すなわち絶対的貧困農家はこれを耕地規模別階層でみる限りは

1980年代初頭以降存在していないことを確認しておきたい.

　平均的農家の所得，消費支出，家計余剰を1とした場合の各耕地規模別農家のそれぞれを時系列でみたものが図5.10である．ここから観察されるように各階層の所得と消費支出の比率はきわめて安定的に推移していることがその特性として理解されるであろう．0.5ヘクタール以下の零細農家の場合その所得比率はほとんど横ばいであり，消費支出比率が若干の低下傾向をみせたことによって農家余剰は上昇に向かっていることが窺われる．0.5〜1.0ヘクタール農家の場合その所得の相対的地位には上昇傾向が観察され，この上昇率が消費支出のそれを上まわったことによって農家余剰は1971年以後に上昇をみている．1.5〜2.0ヘクタール，2ヘクタール以上農家の場合には所得，消費支出比率とも大略安定的であるが，どちらかというと前者の伸び率が低下傾向にあり，農家余剰は減少傾向をみせている．1.0〜1.5ヘクタール農家の場合には確たる傾向を見出すことはできない．

　ところでわれわれがここで注目しなければならないのは，零細農家戸数自体の減少傾向である．図5.11にみられるように0.5ヘクタール以下農家戸数の絶対的規模での減少傾向はめざましく，この事実が1960年代央以降の全農家戸数の減少を帰結することになるのであるが，その一方で0.5〜1.0ヘクタール農家は漸増傾向を窺わせている．また1.0〜2.0ヘクタール農家戸数は1960年代初頭より中頃にかけて急増したがそれ以降一定に推移し，また2.0ヘクタール以上農家の比重は1960年代の初めよりほとんど変化していない．1960年代央以降の都市工業部門の急成長が大きな就業機会を創出し，すでにみたような都市農村間の所得格差を形成したのであるが，これに0.5ヘクタール以下の耕地規模の零細農民が大規模に反応し，その農家戸数の減少をみたと考えることができる．零細農家戸数の絶対的減少は，一つには零細農家1家計当り平均所得水準の下降を阻止し，二つにはそこでの土地労働比率を緩和し，ある場合には零細農家を0.5〜1.0ヘクタール，1.0〜1.5ヘクタールという相対的に上位の耕地規模農家へと引上げていったことも推測されるのである．

　そしてより重要なことは農家戸数において大宗を占めてきた，最下位家計所得階層である0.5ヘクタール以下農家比重が図5.11の〔II〕にみられるように1960年代初頭以降現在まで一貫して減少し，より上位の所得階層を形成す

図 5.10 耕地規模別にみた農家家計関連諸指標の相対比時系列推移（1962～75年, 3年移動平均）

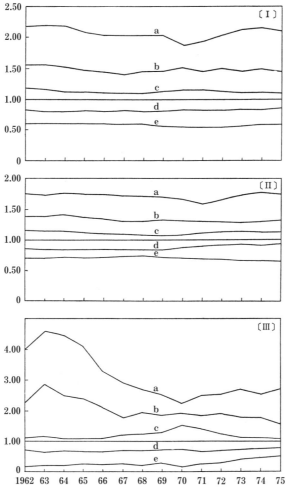

(注) a : 2.0ha 以上農家, b : 1.5～2.0ha 農家, c : 1.0～1.5ha 農家, d : 0.5～1.0ha 農家, e : 0.5ha 以下農家.
[Ⅰ] 農家家計所得, 全農家平均家計所得＝1.00
[Ⅱ] 農家家計消費支出, 全農家平均家計消費支出＝1.00
[Ⅲ] 農家家計余剰, 全農家平均家計余剰＝1.00
(資料) 図 5.4 に同じ.

第 5 章 外向型経済発展と社会的公正 443

図 5.11 耕地規模別農家戸数比率の時系列推移（1960〜75 年，1000 戸，3 年移動平均）

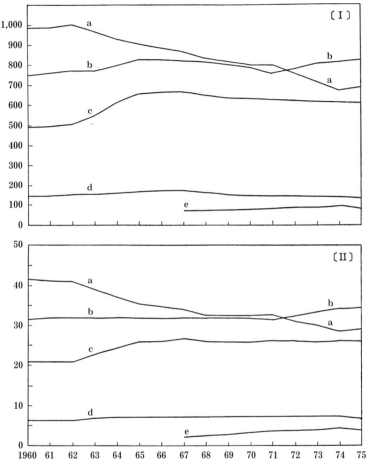

(注) a：0.5ha 以下農家，b：0.5〜1.0ha 農家，c：1.0〜2.0ha 農家，d：2.0ha 以上農家，e：耕種外農家．

(資料) Ministry of Agriculture & Forestry, Republic of Korea, *Report on the Results of Farm Household Economy Survey and Production Cost Survey of Agricultural Products*, Seoul, 各年.

る0.5～1.0ヘクタール農家，一部には1.0～1.5ヘクタール農家の比重が増大したために，農家家計全体としてみた所得分配は平等化に向かったと推論することができるという点である．このような議論が是とされるのであれば，この農家家計間の所得分配の平等化傾向も，やはり都市工業部門に発した強力な労働吸収力の帰結として理解できるのであり，改めて輸出志向工業化政策の厚生的意味づけに高い評価を与えねばならないと考えるのである．

VI 要　　約

　以上の観察事項を要約しておこう．
　(1)　1960年代中期以降の韓国の高度経済成長を主導したものは輸出であり，この輸出の大宗をなしたのは労働集約財であった．そのために韓国の経済成長は高い労働吸収力をもった．1970年において輸出量，輸出係数において最上位にあった代表的輸出部門は，衣類，挽材・合板・木材，雑工業品の三つであるが，この部門は同時に労働係数，労働集約度係数において最高位を占めた三つでもある．
　(2)　労働集約財の大規模輸出を通じる工業化は，輸出工業部門の立地しているいくつかの地域に向かう大規模な向都人口移動を発生させることになった．地域間移動を眺めると，ソウル市，釜山市，京畿道といった大都市もしくは大都市圏への人口集中が顕著であるが，この動きは各地域内における主要都市への人口集中と同時に発生している．結果として郡部人口は多くの地域において絶対的な減少をみている．現代韓国における人口移動動態は「プル型」のそれであることが推測された．
　(3)　すなわち都市部の急速な人口増加，労働力増加にもかかわらず，その雇用条件はめだった改善をみせた．非農家労働人口でみた失業率，不完全就業率は1960年初頭以降持続的に低下しており，また雇用形態別にみても常備労働者比率が上昇する一方で，日雇もしくは臨時の限界的労働者比率は一貫して減少している．
　(4)　なによりも製造業労働者の実質賃金は，1960年代央以降それまでの安定的な局面からきわだった上昇局面に転じている．製造業部門のうち生産性と

賃金の絶対水準の最も低い繊維・衣類，雑工業品，家具・建具の部門においても，製造業全体の実質賃金の上昇期に若干の遅れをとりつつ，しかしはっきりとした上昇局面への移行が認められた．

(5) 製造業労働者の実質賃金のかかる上昇は，都市勤労者の家計所得ならびに家計消費支出の急角度の上昇傾向のなかに反映される．実質額でみた都市家計の所得，消費支出は1964年までの停滞期を経て，それ以降1967年まで劇的な増勢をみせて農家家計との格差を拡大していくが，1968年以降その増勢は若干減速する．

(6) 工業労働者の賃金分配についてはデータの制約上はっきりしたことはいえない．しかし都市勤労者の所得分配は1960年代以降急速に平等化に向かったことを示す有力な標本調査結果がある．これによれば都市勤労者の1家計当り実質所得は1967年頃より急速に上昇するが，同時にジニ集中指数（δ）で示される所得分配度はこれも急速に平等化に向かって現在に至っているという事実が導かれる．

(7) 1960年代央以降の，農家1家計当りの実質額でみた所得，可処分所得，消費支出，農家余剰の改善ぶりは明瞭である．加えて1960年代初頭以降の平均的農家の可処分所得は一貫して消費支出を上まわっているが，耕地規模の最も零細な0.5ヘクタール以下農家ですらこの例外ではない．この事実をもたらしたのは農家交易条件の改善であろう．

(8) 農家交易条件は1960年代初めの異常な不作とこれに伴う高米価の時期を考慮の外におくとすれば，以降持続的に改善されつつある．農業労働力と農家戸数が絶対的に減少し，これが拡大する都市工業部門への食糧供給を不足させ，工業製品との相対価格を農産物に有利化させたというのが農家交易条件改善の背後にある事実であろう．

(9) 都市農村間の家計所得格差は，都市工業部門の急速な拡大期である1967年頃までは急速に拡大したが，それ以降都市家計所得の増加率が減速する一方で農家家計所得はそれまでの停滞状態から急速な伸長局面に入り，以後現在までの10年間格差は縮小の方向にある．農家家計の都市家計にたいする相対所得のかかる改善趨勢は，農家交易条件の改善傾向と軌を一にしている．

(10) 農家家計間の所得ならびに消費支出の分配を耕地規模別農家階層分類に

よってみると，1960年代初頭以降各階層間の格差構造は安定的である．しかし農家余剰面での階層間格差を眺めると，0.5ヘクタール以下，0.5〜1.0ヘクタール農家の相対的地位は明らかに改善されており，逆に1.5〜2.0ヘクタール，2.0ヘクタール以上農家のそれは下降傾向にある．

(11) 0.5ヘクタール以下の零細農家戸数は1963年頃より減少し始める．都市工業部門における就業機会の増大に零細農家が敏速に反応して離農していったことがその理由である．一方で0.5〜1.0ヘクタール農家戸数は増加しつつある．おそらくこれは大量離農の過程でとくに0.5ヘクタール以下農家におけるきびしい土地―労働比率が緩和され，彼らが相対的に上位の耕地規模農家階層に含まれるようになった，というところにその理由があったものと思われる．零細農家の全農家戸数に占める比重が大きく下がり，相対的により上位の農家階層比重が上がったことによって，全農家家計相互間の所得分配は平等化に向かったことが推論されるのである．

著者略歴

昭和 14（1939）年、山梨県甲府市生まれ。慶應義塾大学経済学部卒業。同大学院経済学研究科修了。経済学博士。筑波大学教授、東京工業大学教授を経て拓殖大学に奉職。拓殖大学元総長、元学長。専門は開発経済学・現代アジア経済論。（公財）オイスカ会長。日本李登輝友の会会長。平成 23（2011）年、第 27 回正論大賞受賞。
著書に『成長のアジア 停滞のアジア』（講談社学術文庫、吉野作造賞）、『開発経済学』（日本評論社、大平正芳記念賞）、『西太平洋の時代』（文藝春秋、アジア・太平洋賞大賞）、『神経症の時代 わが内なる森田正馬』（文春学藝ライブラリー、開高健賞正賞）、『アジアを救った近代日本史講義—戦前のグローバリズムと拓殖大学』（PHP 新書）、『放哉と山頭火』（ちくま文庫）、『新脱亜論』（文春新書）、『士魂—福澤諭吉の真実』（海竜社）、『死生観の時代』（海竜社）、『台湾を築いた明治の日本人』（単行本：産経新聞出版／文庫本：潮書房光人新社）、『後藤新平の台湾』（中公選書）など。

渡辺利夫精選著作集第 2 巻
開発経済学研究

2024 年 12 月 20 日　第 1 版第 1 刷発行

　　　　　　　　　著　者　渡　辺　利　夫
　　　　　　　　　発行者　井　村　寿　人

　　　　　　　発行所　株式会社　勁　草　書　房
112-0005　東京都文京区水道 2-1-1　振替 00150-2-175253
　　　　　（編集）電話 03-3815-5277／FAX 03-3814-6968
　　　　　（営業）電話 03-3814-6861／FAX 03-3814-6854
　　　　　　　　　　　　　　　　　　　　理想社・牧製本

ⒸWATANABE Toshio 2024

ISBN978-4-326-54614-5　　Printed in Japan

JCOPY ＜出版者著作権管理機構　委託出版物＞
本書の無断複製は著作権法上での例外を除き禁じられています。
複製される場合は、そのつど事前に、出版者著作権管理機構
（電話 03-5244-5088、FAX 03-5244-5089、e-mail: info@jcopy.or.jp）
の許諾を得てください。

＊落丁本・乱丁本はお取替いたします。
　ご感想・お問い合わせは小社ホームページから
　お願いいたします。

https://www.keisoshobo.co.jp

渡辺利夫精選著作集
全7巻

第1巻　私のなかのアジア　　ISBN978-4-326-54613-8
- Ⅰ　成長のアジア　停滞のアジア
- Ⅱ　私のなかのアジア

第2巻　開発経済学研究　　ISBN978-4-326-54614-5
- Ⅰ　開発経済学入門［第3版］
- Ⅱ　開発経済学研究—輸出と国民経済形成

第3巻　韓国経済研究　　ISBN978-4-326-54615-2
- Ⅰ　現代韓国経済分析—開発経済学と現代アジア
- Ⅱ　韓国経済入門

第4巻　中国経済研究　　ISBN978-4-326-54616-9
- Ⅰ　中国経済は成功するか
- Ⅱ　社会主義市場経済の中国
- Ⅲ　毛沢東、鄧小平そして江沢民
- Ⅳ　海の中国

第5巻　アジアのダイナミズム　　ISBN978-4-326-54617-6
- Ⅰ　西太平洋の時代—アジア新産業国家の政治経済学
- Ⅱ　アジア新潮流—西太平洋のダイナミズムと社会主義
- Ⅲ　アジア経済の構図を読む—華人ネットワークの時代

第6巻　福澤諭吉と後藤新平　　ISBN978-4-326-54618-3
- Ⅰ　決定版・脱亜論—今こそ明治維新のリアリズムに学べ
- Ⅱ　後藤新平の台湾—人類もまた生物の一つなり

第7巻　さまよえる魂　　ISBN978-4-326-54619-0
- Ⅰ　神経症の時代—わが内なる森田正馬
- Ⅱ　放哉と山頭火—死を生きる